巴金全传

修订版
[上卷]

陈丹晨 著

人民文学出版社

图书在版编目（CIP）数据

巴金全传：全2册/陈丹晨著．—北京：人民文学出版社，2013
ISBN 978-7-02-010119-1

Ⅰ．①巴… Ⅱ．①陈… Ⅲ．①巴金（1904～2005）—传记
Ⅳ．①K825.6

中国版本图书馆CIP数据核字（2013）第244526号

责任编辑	包兰英
装帧设计	陶　雷
责任校对	李晓静
责任印制	苏文强

出版发行　人民文学出版社
社　　址　北京市朝内大街166号
邮政编码　100705
网　　址　http://www.rw-cn.com

印　　刷　北京千鹤印刷有限公司
经　　销　全国新华书店等

字　　数　696千字
开　　本　720毫米×1020毫米　1/16
印　　张　51.5　插页2
印　　数　1—10000
版　　次　2014年7月北京第1版
印　　次　2014年7月第1次印刷

书　　号　978-7-02-010119-1
定　　价　178.00元（上下卷）

如有印装质量问题，请与本社图书销售中心调换。电话：01065233595

目 录

新版前言 001
自序 001

第一编 革命的梦（1904—1928）

第一章 爱之梦 003
1. 官宦人家 004
2. 诗礼相传 005
3. 温馨的童年 007
4. 母亲教我爱一切人 009
5. 放了他罢 012
6. 在"下人"中间长大 014
7. 剪掉了辫子 016
8. 启蒙先生 018

9. 死神的追逐 019

10. 祖父之死 020

第二章 英雄之梦 023

11. "五四"的产儿 023
12. 睁开了眼睛 025
13. 小孩子的幻梦 027
14. 梦中的英雄 029
15. 精神上的母亲 032
16. 天下第一乐事 034
17. 有了信仰 036
18. 自称安那其主义者 038
19. 做别人不许做的事 040
20. 摔掉一个阴影 042

第三章 殉道者之梦 045

21. 南京苦读 046
22. 苦闷呼喊 048
23. 狂热进击 049
24. 北上投考 051
25. 宣传无政府主义 052
26. 殉道者礼赞 054
27. 想去法国 056
28. 海行途中 058
29. 拉丁区之夜 060
30. 吾师樊塞蒂 063
31. 玛伦河畔与《平等》 065
32. 翻译《伦理学》 070

33. 为女革命家写传 071
34. 写了一本《灭亡》 073

第二编 文学的梦（1929—1936）

第四章 幻灭之梦 079
35. 梦的转折 079
36. "世界语" 082
37. "安那其"余波 083
38. 兄弟重逢 085
39. "洛伯尔"之梦 086
40. 重建道德理想 088
41. "安那其"理论 090
42. 南国之梦 093
43. 陈范予和丽尼 095
44. 《新生》之梦 097

第五章 激流之梦 100
45. 狂热写作 100
46. 大哥之死 102
47. 《激流》和救亡 105
48. 老家的梦 106
49. "我要做一个人！" 107
50. 中国式的"多余人" 111
51. 给我安静 112
52. 生活在友情中 114
53. 《海的梦》 116

54. 南国残梦 118

第六章　旅途之梦 120

55. 到北平去 120
56. 批评家的解剖刀 123
57. 流言和误解 125
58. 热情折磨我 127
59. 在乡村师范 130
60. 再去北平 132
61. 创办《文学季刊》 135
62. 新朋友们 137
63. 黑漆天空中的《电》 142
64. 剪刀和朱笔 144
65. 沉落的风波 146

第七章　编辑之梦 150

66. 漂洋过海 150
67. 神与鬼 152
68. 东京噩梦 153
69. 创办文化生活出版社 156
70. 《文季月刊》 158
71. 中国文艺工作者宣言 160
72. 喊喊嚓嚓 163
73. 悼念鲁迅 164
74. 平凡的忙碌 167
75. "幸福的巴金先生" 169
76. "我是一个充满矛盾的人……" 171

第三编 生活的梦 (1937—1948)

第八章 火之梦 181
77. 呼唤抗日 181
78. 创办《烽火》 183
79. 友人罗淑 186
80. 萧珊的故事 190
81. 春天是我们的 192
82. 在死神阴影下 194
83. 广州之行 197
84. 桂林火海 199
85. 孤岛著述 203
86.《秋》之梦 205

第九章 爱情之梦 207
87. 初访昆明 208
88. 成渝道上 209
89. 又是一次喊喊嚓嚓 212
90. 沙坪坝的苦夏 213
91. 再访昆明 215
92. 桂林寻梦 217
93. 我爱一切从土里来的东西 219
94. 翻译的收获 221
95. 花溪小憩 225
96.《憩园》旧梦 228
97. 和大后方作家们在一起 230
98. 平凡人们的生与死 231

第十章　家之梦 235
99. 尧林和陆蠡 235
100. "你骗了我们" 238
101. 最后的长篇 240
102. 爱得更深沉了 241
103. 动荡年代 243
104. 批评家的"喜剧" 245
105. 霞飞坊五十九号 249
106. 平凡的付出 253
107. 圣火在燃烧 260

第四编　"天堂"的梦（1949—1956）

第十一章　太阳之梦 267
108. 家的情结 267
109. 自由的文化人 269
110. 像是一部"交响乐" 272
111. 欢欣中的纳闷 276
112. "我是来学习的" 280
113. 太阳之梦 285
114. "事情难办" 289
115. 和平使者 291
116. 初访苏联 295

第十二章　改造之梦 298
117. 改造伊始 298
118. "我也该好好锻炼……" 303

119. 战地之梦（一） ………… 307
120. 战地之梦（二） ………… 314
121. 萧珊的梦 ………… 319
122. 纪念契诃夫 ………… 323
123. 第一次批评 ………… 328
124. 痛苦的选择 ………… 332
125. 跟着投石子 ………… 336
126. 渴望和恋念 ………… 339

第十三章　思考之梦 ………… 345

127. 呼唤创作个性 ………… 345
128. 追求真理 ………… 352
129. "鸣"起来吧！ ………… 358
130. "把文艺交给人民" ………… 364
131. 旧作再受欢迎 ………… 369
132. 家乡之梦 ………… 374
133. 评巴热潮 ………… 379

第五编　"天堂"的梦 (1957—1965)

第十四章　扭曲之梦 ………… 387

134. 在陷阱中挣扎（一） ………… 387
135. 在陷阱中挣扎（二） ………… 393
136. 天堂之梦 ………… 399
137. 《悲剧》的悲剧 ………… 404
138. 遭遇围攻 ………… 410
139. 狂热的梦 ………… 414

140. 低下了头 418
141. "……也是一个'歌德派'" 422
142. "改造"以后 427

第十五章　勇气之梦 432

143. 饥荒岁月 432
144. 艰难写作 437
145. 访问日本 443
146. 休养生息 448
147. "啊！他敢说这个话！" 454
148. 勇气和责任心 458
149. 轩然大波 461

第十六章　沉沦之梦 466

150. 送往迎来 466
151. 会海应酬 471
152. 访问越南和日本 475
153. "突出政治"（一） 480
154. "突出政治"（二） 484
155. 达摩克里斯之剑 489
156. 再访越南 494

第六编　炼狱的梦（1966—1976）

第十七章　"牛鬼"之梦 501

157. "烧掉我的全部作品！" 501
158. 亚非作家紧急会议 507

159. 上海文学界最大的"罪人" 512

160. 被侮辱与被损害 516

161. 抄家 523

162. 一个伟大的女人 526

第十八章 炼狱之梦 532

163. "游斗"了三四年 532

164. "幽灵"依然在徘徊 542

165. 辰山劳动 545

166. "批巴"新高潮 548

167. 对"神"的幻灭 552

168. 炼狱之门 556

第十九章 生死之梦 560

169. 干校噩梦 560

170. 萧珊之死 566

171. 跋涉在暗夜里 573

172. 故旧重叙 578

173. 韬晦将息 584

第七编 人间的梦（1977—2005）

第二十章 人 之 梦 591

174. 不再担惊受怕 591

175. 重新拿起笔 596

176. 又忙了起来 602

177. 恍若隔世 609

178. 用自己的脑子思索 616
179. 怀念萧珊 622
180. 再访巴黎 628

第二十一章　讲真话之梦 636
181. "文革"博物馆 636
182. 又访日本 642
183. "无为而治" 648
184. 呼唤"讲真话" 654
185. 点名风波 661
186. 自我拷问 671
187. 拒绝"名人之累" 677

第二十二章　回归之梦 686
188. 创建现代文学馆 686
189. 捐赠书刊 693
190. 病中 700
191. 也是世界的 706
192. 西湖之梦 719
193. 讲真话的书 729
194. 金坚冰洁的世纪情 736
195. 亲情和回归 748

附录　巴金年表（1904—2005） 761
后记 797

新版前言

2014年是巴金老人诞辰一百一十周年、逝世九周年。在这个特殊的时刻推出新版《巴金全传》，我的心中涌动着难以抑制的感情波澜，往事争相奔涌在眼前，以至不能自已。多少年来，难以忘怀巴老对我的教诲和爱护，也只有亲身感受过的人，才能体会到那种特有的深情厚义，惕励和警策自己在复杂的荆棘丛生的泥泞路上做一个好人。这是我人生中意外的幸运和福分，也因此在缅怀巴老之际不致愧对。这次潜心修订的《巴金全传》，尽其所能地向读者介绍一个真实准确的巴老的形象和心灵，并谨此祭献于巴老灵前，表达一点绵薄的但也是最真诚的感恩之情。

十多年前当本书初成之际，我曾在序言中说过："把巴金在这段历史中坎坷不平的经历，面对史所未有的严峻曲折的现实所发生的心态变化、灵魂浮沉、人格发展以至感情个性的扬抑……真实地描绘出来，希望借此略窥一点中国知识分子的某些侧影，进而感受一点近代中国的历史气氛，这就是笔者写作此书的初衷。"

个人传记本身就是社会历史的组成。司马迁的《史记》以至历代的史书最重要的部分就是人物传记。简单地说，写传就是写史。写巴金传就是写二十世纪中国历史的某个侧面。忽略或没有写出真实的历史面貌，就不能成为一部称职的传记。我在新版修订的过程中，初衷不变，特别注意加强和补充这方面的叙写，把传主的心灵、思想、生活、情感和创作活动与历史环境的变迁发展紧紧联系起来。也许这种研究方法和思路，为某些学者所不屑，但我不认为这个方法已经过时，更不应该随意被轻忽，恰恰是要真正做到做好并不容易。它需要扎扎实实地掌握大量材料，从历史事实出发，而不是随心所欲地自以为标新立异取胜。反之，如果没有对现实的深远思考和对历史的潜心研究，没有对传主的内心世界和文本的深入理解和探索，仅仅罗列材料也就不能真正认识传主的真面貌真性情。

如果说巴金从少年时代开始就有了一个"爱人类爱世界的理想……相信万人享乐的社会就会和明天的太阳同升起来，一切的罪恶都会马上消失"。那么他的一生就是执着地在追求这样的梦想的实现。这也是二十世纪中国先进的优秀的知识分子的共同理想和追求。但是，那是一个漫长的战斗历程，也是血腥的苦难的历程，一个荆棘丛生、艰难曲折、布满泥泞和陷阱、令人颠仆不止的危途，其残酷和悲壮为世界各国历史所罕见。人们不止要献出自己的青春、鲜血和生命，还要经受灵魂的煎熬和磨难、人格良知的拷问和沉浮……有多少人因此中途转向、迷失、堕落、背叛……书写巴金的一生命运，也就是探索和描绘二十世纪中国知识分子的奋斗史、心灵史、思想文化史，写出他们为社会改造而上下求索、九死不悔的中国传统文化精神。特别是像巴金这样以奉献为人生追求的目标，在于利他，在于使他人变得善良、美好、幸福，生命之花才会盛开得有意义；这样的信念贯穿于他的一生，尽管有过短时期的迷惘、坠失，但却从不曾改变过。直到暮年疾病缠身，也绝不退却，依然壮心如旧，勇猛呼唤"我还有一颗心，它还在燃烧，它要永远燃烧。我要把它奉献给读者"。[①]这样顽强执拗的战斗精神在中国知识分子中是非常珍贵的。正是因为有了这样一些杰出的思想文化英雄，才使中国在经历了二十世纪的惊涛骇浪后仍能继续向着自由之路奋然前行。

---

① 《再思录》第239页，作家出版社2011年版。后面有关《再思录》引文的版本均同此，不再赘注。

在探索巴金的思想心灵路程中，不可避免地会涉及到他早年思想的实质内容。长期以来曾为人们误解或以官方意识形态为准绳来衡量解读，结果完全南辕北辙。这就是涉及到对无政府主义的认识和评估的问题。许多善良的学者为了避免官方意识形态的高压和批判，总是想尽量淡化巴金的无政府主义思想，或强调说是"民主主义思想"，或说是受到"无政府主义思想的影响"，或认为是"爱国主义、人道主义、无政府主义"思想的混合……如果认真地研究无政府主义代表人物的理论观点，从巴金生平著作言行实际出发，在本书新补充的内容中可以更明确地看出，巴金对无政府主义理论上的研究和发挥、思想和实践、著述和翻译、信奉之坚定和虔诚、时间之漫长，直到1949年以后，中间几经曲折，再到晚年的回归和升华……这条思想脉络清晰可见，是不应该回避和淡化的。他的大量著译活动，已使他成为中国近代无政府主义运动史上一位重要的代表性的人物。

其实无政府主义并不像有些宣传的那么反动可怕。实事求是地说，这是一种美丽的社会理想，但又是不易实现的乌托邦空想。它所提倡的如人类自治、新村、工团以及恐怖暗杀等等方法并非那么有效、正确，甚至感化、苦行、教育等等也非万灵之药。但是，他们坚决反对专制强权，希望人类获得自由、平等、互助、幸福……却是万分真诚的美好愿望；他们总是身体力行，助人爱人。这种人文伦理思想对于无论何种形式的强权统治都是有力的冲击和挑战，都能唤醒呻吟在可恶的专制体制下的人民的觉悟。所以对无政府主义的积极进步作用理应有足够的估计和评价，不必绕着走避着说。至于巴金，新版里对他各个时期的思想做了更充分的记述和分析：他在二十年代和1949年前夕的某些见解，都相当准确而精辟地指出了苏俄模式的严重危害和弊病；对他的思想发展脉络，做了更明晰的充分的梳理和解读；对他晚年的思想提出了有别于各家的新的看法和评说，认为已不必用"主义"之类僵硬的概念套用到他头上，借此求教于方家。

关于巴金在艺术创造方面的贡献，新版里也作了一些补充，以此来说明他在人物创造上的特有贡献和意义，如中国式的"多余人"艺术形象，李冷、高觉新、周如水，以及汪文宣等等。明确叙述他通过办刊物、出版社等，聚集了一大批作家，形成了一个不打旗号、不发宣言，但是意气相投、艺术政治观点多样的自由作家圈，包括发展提携了一大批青年作者进入文坛，成为现代文学发展史上一股不同于左翼，也不同于其他文学流派的创作力量，其创作实绩占有相当重要的地位，巴金本人也无形中成为其中的"精神领袖"。

更为特别的是，巴金作品中那种悲天悯人的宗教式的人文情怀，是当代作家中罕见的。他时时祈望着人们成为好人，每个人都能够快乐而自由地生活，得到面包、教育、住宅和爱。他总是强调他反对的是丑恶的制度而不是具体个人。他的上帝是人类而不是威权的统治者。他宁愿自己受苦而不愿看到别人遭遇不幸。他追求自我道德的完善，也常常因此通过内省、苦行来洗净心灵的污垢而对别人的罪过则予以宽恕善待。尽管他的写作一直是"向一切腐朽、落后的东西进攻，跟封建、专制、压迫、迷信战斗……"即使到了晚年，他已"十分疲乏，我可能还要重上战场"。他就这样始终视文学创作为战斗，但可贵的是他一生没有私敌。有的研究者总是以此贬低他的作品艺术性粗糙、政治性太强，其实这恰恰是他的创作个性之所在。

新版还对许多细节史实做了订正和补充，力求更为准确和完满。因此全书的字数也有了相当的增加。

巴金研究在近三十多年来有了可观的成绩，值得我们欣喜。巴金遗赠给读者的是一个富饶博大的包括文学的思想文化宝库，在二十世纪的中国历史中是一个特殊的文化现象，有许多值得深思探索的内涵和课题。巴金老人回答采访者提问时常常爱说："请看我的《随想录》。"也就是说，想了解他则请尽可能多地关注他的著作。作家之有价值在于他的作品，离开作品文本就无从谈起。我们在研究中有时不免会离开作品和历史事实侈谈新见，诸如此类的玄秘议论虽惊世却不实在；也有把已经早就解决的问题当作新的发现而反反复复、津津乐道。至于不顾作品和历史事实随意贬斥的，就不值得一提了。其实，现在的巴金研究有了极好的条件，已出版的他的全集、译文全集等等虽不完全，但已大致收罗整理集中，新的资料也不断有所发掘，给研究者提供了相当的便利和基础。只要我们扎扎实实地下功夫研读深思,必有新的收获。并由此增进对二十世纪中国文学和历史的新的观照和了解,对推动人文伦理道德教育也将有重要的作用。

我希望通过修订,这本"全传"尽可能地做到丰富、准确、翔实,能成为建设这个重要的文化大厦中的一块小砖铺垫其间。但鉴于学术能力所限,难以避免浅陋错谬,尚祈读者和方家不吝指教和匡正。

陈丹晨
2013年夏于北京

自 序

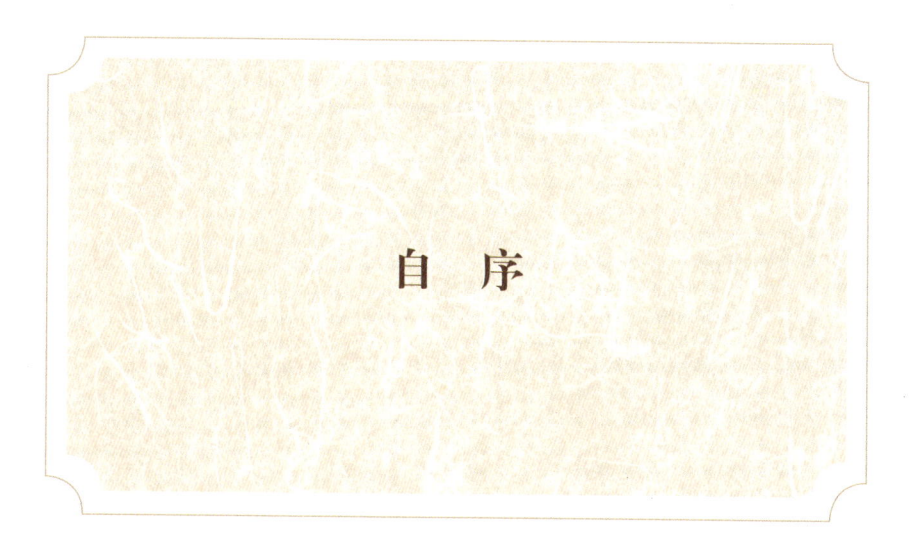

紧紧抓住梦,
如果梦消亡,
生活就成了一只折翅的鸟,
不能飞翔。

紧紧抓住梦,
当梦离开,
生活就成了一块不毛之地,
冰封雪盖。①

——[美]休斯

---

① 译文参见《美国现代六诗人选集》第323页,湖南人民出版社1985年版。

1

梦，是属于世界上神秘而难解的一种现象。人人都会有梦，没有一个梦会是一个样。有梦的人，是幸福的；没有梦的人，是悲哀的。

有人详梦、释梦、说梦，但又有谁能把梦的秘密参透说清！

中外古今的许多诗人作家写过梦，有的写梦的作品成了千古绝唱。可见梦对于人类生活，对于诗人作家竟是这样重要、这样受到喜爱、这样不可缺少。

也有这样荒诞的时代，人们丧失了做梦的权利，也就丧失了创造、想象和幻想的能力和情趣。人变成了一具不会思考和幻想的皮囊，连梦都不会做了。

巴金爱做梦。他说，"有梦的人是幸福的"。他赞成人们制造梦，用梦来安慰自己，却不要用梦来欺骗自己。

巴金多梦。他说，他从四岁起就做梦，至少做了七十多年的梦。他说这话是在1980年，那时他正七十六岁。他还说他这一生中不曾有过无梦的睡寐。他的梦真多啊……

巴金著作等身，成了世界著名的文学大师。他的作品以梦为题的就有将近二十篇。单是题名叫《梦》的就有一首诗、两篇散文。还有许多题为《我的梦》、《寻梦》、《说梦》、《海的梦》、《南国的梦》、《西班牙的梦》、《长崎的梦》……一连串的梦。

巴金在他的作品中谈到他的梦、描写他的梦，多得几乎俯拾皆是。

巴金作品中的主人公也好做梦。十多岁时，他最早写的诗歌中就有一篇题为《梦》的小诗，描绘贫困不幸的人们昏睡不醒。他的第一部小说《灭亡》中主人公杜大心就有过好几次梦幻。杜大心梦见家乡的恋人，梦见革命同志被杀头后的怪诞景象。《家》中的觉慧、鸣凤也都有过梦。觉慧梦见自己与已经投湖的鸣凤在出逃时，被惊涛骇浪所吞噬。《火》中的冯文淑梦见侵略者强加给中国人的战争灾难，使无数百姓和自己在烟火弥漫中奔突。《寒夜》中的汪文宣更是有许多古古怪怪的梦……

巴金为什么要做那么多梦，要写那么多梦？梦，是模糊的，混乱的，隐秘的，荒唐的，甜蜜的，可怕的，但也最真实、最坦率、最强烈……有人说，梦是生理现象；有人说，梦是心理现象，是睡眠中心灵刺激造成的。也有人说梦是人的潜意识活动引起的联想。无论怎么说，巴金的这些梦的的确确表达了他对人类世界强烈的痴狂的美好的渴求、憧憬和希望。有时，是在现实中未能实现，被移置到这梦幻中来表现了；有时，是因为他对生活过于理想化，执着于单纯和善良的企求。而当他看到人世间种种残酷的、暴虐的、不合理的、反人性的……他无法相信，难以接受和容忍，以至觉得这是人类生活中不可能存在、不应该发生、必须坚决驱除……他想这只能是一个噩梦，一个可怕的噩梦。

于是，他每夜都做梦，有好梦，也有噩梦……

在巴金十六七岁时，当他读了许多宣传新思想的书报，他第一次在梦中出现了一个崭新的万人幸福的社会，将和明天的太阳一同升起；他还梦见，在那里他可以爱夜空中照耀的星群，爱春天在桃柳枝上鸣叫的小鸟，爱那从树梢洒到草地上面的月光，爱那使水面上现出亮珠的太阳，爱一切的生物，希望幸福的微笑挂在每个人的嘴边；他还梦见为创造这样自由和爱的世界而献身的理想中的英雄。

这爱的梦，社会革命的梦，英雄殉道者的梦，从此成了他一生永远不能除去的记忆，再也不会弃绝的如醉似狂的执拗追求。

有一天，这些梦竟然在他的笔下得到实现、得到倾诉、得到宣泄。在这个文学的梦里，那爱、那革命、那殉道者，是那么自如地有声有色地绚丽多姿地一幕一幕地演映着……他感到满足，也感到悲伤。

兵燹、离乱、漂泊、友谊、爱情……他和普通百姓一起度过了人间苦难。他把他年轻的梦灌注到平凡的世俗的生活中去。因为他身边的那些痛苦无告的小人物更加渴望借助他的笔向世人呼号、控诉，希望人们变得善良些、纯洁些、对人有用些……

巴金有过充满传奇色彩的瑰丽奇异的英雄的梦幻，也有亲切、实在、充满人情味、平淡无奇的世俗的梦。他就是这样一个生活和心灵永远得不到宁静和平和的人。他永远让烦扰和困惑笼罩着自己，因为他时时刻刻追求的是人性的完美而不能容忍丑陋邪恶的侵略。于是，他把梦当作安慰，在梦的世界里寻求自由和解脱，忘记自己。这时，他把梦的世界和真实的世界连接起来。

后来，他还曾相信别人告诉他的天堂之门已经敞开。在天堂的梦里经历着新的欢乐、浮沉、搏斗，甚至困惑、挣扎和失落。他也还被驱赶到从未梦想过的炼狱中去经受可怕的磨难和凌辱，最终才回到人间……

人生如梦，也就说不上失败，谈不到成功。这是巴金的自我总结。他唯一感悟到生命的意义在于奉献。我们当然无须去判断他的成败得失，因为这是徒劳而没有意义的。我只是来描述他的梦的故事，来开掘他的梦的内涵。让我们在历史的时空转换中寻找他的梦的轨迹；越过生死的界限，摒绝世俗的观念，探求他的心灵秘密。那时梦中的巴金和真实的巴金将是完全合而为一了。

天才诗人雪莱有一首美丽的诗，描写他在梦中漫游了晶莹绚丽的未来世界以后，想到的是要把这世界中的一切美好的花朵奉献……他唱道：

> 我想我就用这些幻想和花朵／做了个花束，仔细捆在一起／使得季节女神们被囚禁的孩子①／都将它们在天然园林中彼此／融合或陪衬得同样万紫千红／握在我手中——于是兴高采烈地／我赶忙向着我走来的那地方飞奔／我好将他奉献给——哦，什么人？②

2

巴金写过许多关于"梦"的文章。他在年轻时，常常把"梦"当作最美好的安慰。他说："在梦的世界里……我只有一个现在，我只有一条简单的路，

---

① "孩子"，指各种花朵。
② 《一个未知世界的梦》，译文参见《英诗金库》第1443页，四川人民出版社1987年版。

我只有一个单纯的信仰。"梦中的信仰和生活里的信仰是完全一样的，是生了根的，像太白星那样放射着光芒。"把梦的世界和真实的世界连接起来的就只有这信仰。"①

因此，"梦中的我"越过了生死的界限，将人世的一切都置之度外，去探求那赤裸裸的真理；"真实的我"对于一切都是十分执着，却又陷在烦琐和苦恼的泥淖里而不能自拔。更何况还有他意想不到的许多噩梦不请自来，使他饱受煎熬和痛苦。于是，他的人生之路，充满着"梦中的我"和"真实的我"、理想和现实的冲突，也就必定是坎坷崎岖，荆棘丛生的了。

巴金晚年，曾多次形容自己正在，还将继续走着一条荆棘丛生的道路。他说，他写的《随想录》就是穿过荆棘丛生的泥泞小路，送到读者手里的。他用他的"随想"在荆棘丛中开出了一条小路，使他看到了面前正在出现的大楼——"文革"博物馆。他全力追求的是：说真话，做到言行一致。"我知道即使在今天这也还是一条荆棘丛生的羊肠小道。"②显然，巴金深深地意识到追求真理之路是多么艰险曲折和崎岖困难。这种艰难也并非自今日始，几乎贯穿在他的一生中，特别是二十世纪后半期，更加充满了惊涛骇浪。

古人说："人生识字忧患始。"由此引申一下，不妨说，人越有了知识，越勤于思考；越追求真理，越忧国忧民；越胸怀宽广，越放眼人类世界，其人生之路也就越艰难困顿，荆棘丛生。因为这样的人都是"苦人类之所苦者也"③，这也恰恰是巴金所尊崇的信念，对他毕生的思想和实践影响至巨。

在二十世纪后半期的中国，在这个特定的历史时期中，知识分子大致有三种情况：一种是像陈寅恪那样，公开宣称不认同、不合作。也有的虽不公开这样说，但其骨子里与此是一样的。这是极少数或个别的。一种是怀着先天下之忧而忧的热忱，对国是时事多有议论，但因此一开始或不太久就遭到排斥，或是迎头痛击。他们本无意于政治中扮演一个角色，正好就此躲进"小

---

① 《巴金文集》第10卷，第250页，人民文学出版社1961年版。
② 《随想录》合订本第723页，生活·读书·新知三联书店1987年版。后面有关《随想录》引文的版本均同此，不再赘注。
③ 《巴金书简》第158页，四川文艺出版社1987年版。

楼"（书斋）成一统，专心全力做自己的业务学问。像沈从文、傅雷等就是如此。他们在文化方面历经艰难而有了一些成果（如果有了较好环境肯定会有更大的成绩），但仍不可避免悲剧性的结局。相比之下，第三种却有更浓重、更悲惨的悲剧意味，走过的路也更是"荆棘丛生"。巴金是其中最富有代表性的一个。

这类知识分子从青年时代起，就怀着一颗忧国忧民的赤子之心，为了中华民族的新生而奋斗了大半生。他们在科学文化领域里都已经创造了卓越的成就，成为民族文化的精英。尽管他们按照自己的经历、接受的教育、形成的思想文化观念选择各自的道路，但在渴望中国富强，建设一个理性的、正义的、自由民主幸福的社会这点来说，却是殊途同归的。1949年革命胜利后，使他们相信以往的理想和追求与此时的变迁是可以对接起来的，感到往日的目标可以开始实现，反省自己觉今是而昨非，从而诚心诚意地接受中国共产党的领导，真诚地愿意改造思想，为新中国服务。这样美好的愿望，本应该得到鼓励和发扬；他们自己大概也以为前途似锦，从此走上了平坦的康庄大道。事实上，他们中间确实有相当多数的人受到了与前不同的以至从来没有过的重视和重用。但是无论如何不曾想到，竟也为此付出了与前不同的以至从来没有过的精神上人格上的屈辱和苦难，走的是一条荆棘丛生的泥泞之路。

反思这段知识分子的历史，是一个无法回避的极其重要的学术课题。也是众多学者所关心的，已经正在进行的。笔者学力所限，自知不能胜任，但是在众志成城中做一点铺垫总还是可以的。从事巴金生平的研究，把巴金在这段历史中坎坷不平的经历，面对史所未有的严峻曲折的现实所发生的理想追求、心态变化、灵魂浮沉、人格发展以至情感个性的扬抑……真实地描绘出来，希望借此略窥一点中国知识分子的某些侧影，进而感受一点近代中国的历史气氛，这就是写作此书的初衷。

巴金在这个时期，真诚地做过美好的天堂之梦，呼唤过我们要在地上建立天堂。然而"天堂"里却有着许多意想不到的挫折和罪恶、扭曲和沉沦。当这样美好的幻想曲正在人们中间吟咏时，历史老人开了一个大玩笑，让大家走错了房间,竟掉入到可怕的炼狱之中,经受种种磨难和苦痛,就如《神曲》的第一曲开始时说的那样,"把一切的希望抛在后面吧!"①这时的巴金,在经过痛苦的自我拷问和反思,在经历了荆棘丛生的小道之后,从回到人间起,真正地意识到人的回归,做一个平凡的好人,生命之花的盛开在于付出、奉献,才是他苦苦坚持追求的目标,才真正获得了生命的意义。这样的人生是美丽的。

　　读解巴金,也是读解中国优秀知识分子。让我们一起来关心他们的命运吧!

---

① 《神曲》第12页,人民文学出版社1980年第2版。

第一编

革命的梦

(1904—1928)

第一章
爱 之 梦

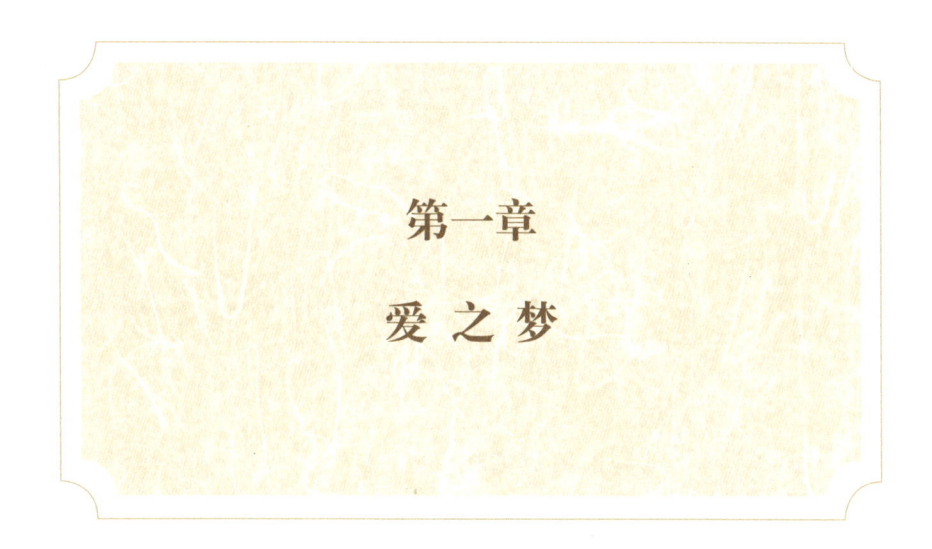

家,这是一个饱含着无限幽深的诗情的字眼。它对每个人来说,也许有忧伤,有痛苦,有不幸,但也会有温馨,有纯真,有梦幻。它是人们降临世上最早到达的人生第一驿站,是生命滋养成长的摇篮。它像一个幻影,将伴随着你走向新的旅程。直到耄耋之年,它还会是人们憧憬、眷念的精神土壤。那芬芳的乡土和风雨剥蚀了的门楼照壁,都会引起你对人生的怅惘和感慨。因为你的生命之水,越过乱山碎石,激荡汇聚而成的那股激流,在奔腾前行中,时时可以觉察到那源头最早迸射的水质的积淀和品格。

在巴金漫长的人生旅程和文学创作的印迹中,都能寻找到与这个"家"有着扯不断、理不清的千丝万缕、血肉交融的关系。

家的存在和变迁,在人类历史上,据说可以追溯到大约五十万年甚至更早以前。不同的家就是不同时代不同文化的象征。它作为社会的一个细胞存在时,本身往往就是一个社会。家庭是与婚姻、性爱紧密地联系在一起的,像是三位一体的产物。到了文明社会,由此派生出来的伦理、纲常、道德,就是用来维系家庭关系,进而维持社会秩序的。家对于人生和社会的影响,成了一种无可逃脱的网络。巴金多次在回顾以往的岁月时,总是把这个"家"

的渊源细加考问和剖析,流露了交织着爱和恨的深情。

1. 官宦人家

1904年11月25日,当巴金来到人世,睁开眼睛看到的第一个形象就是他的母亲的面颜:

> 一张温和的圆圆脸,被刨花水抿得光光的头发,常常带笑的嘴。淡青色湖绉滚宽边的大袖短袄,没有领子。

尤其使他不能忘记的是母亲温柔的声音。是她,让他在温馨、和平的气氛中度过了幼年时代。

巴金降生在一个世代做官、数世同堂的大家庭。在成都李公馆里,他"有将近二十个的长辈,有三十个以上的兄弟姊妹,有四五十个男女仆人"。他将在这个上百口人的小社会里生存成长。

李公馆里最高家长李镛,是巴金的祖父。他当过多年的县官,是位精明能干的官吏,宦囊颇丰。所以卸任以后,能够广置田产,在成都北门正通顺街购置修建了一座五进三重的大宅院,收藏了许多古玩字画。

李镛的祖父李介庵原籍浙江嘉兴,当年远迁入川,进入仕途。李镛的父亲李璠当过多处县官,置添了一

成都老家怡庐大门

些田产。然后，是李镛使李家大大发达起来。

李公馆在成都北门一带是有名的殷富，这条正通顺街就是官宦人家聚居的住宅区。李镛的大儿子李道河、三儿子李道洋都当过知县，二儿子李道溥，秀才出身，留洋日本，当过四品的"道台"，后来当过大律师。因此，在李镛父子努力下，李家达到鼎盛时期。李镛很自然要感激皇恩浩荡、祖宗荫庇，不仅出于因袭的封建礼教观念，也由于现实既得的利益，更加需要维护传统的等级森严的制度，传播传统的思想文化道德观念，来强化延续他们的家业。

李公馆上下近百口人，就在这样一个封闭的既定的秩序中生活，像钟摆一样日复一日原地运动。

2. 诗礼相传

当时的成都地区，依赖于天府之国的膏腴肥沃的土壤，温和的气候，富足的物产，聚居了大批官僚地主乡绅家庭，过着衣租食税、奢靡浮华的生活。

四川乡绅极有势力，地方公益、行政民风等等都在他们的把持影响之下。十九世纪以来屡屡发生的教案，几乎都是乡绅们领头闹起来的。原因可能是多样的，但其中之一无非是因为传教活动侵犯了他们的利益，也因为新的思想文化输入使他们有"礼崩乐坏"的危机感。辛亥革命前夕，各地发生的保路风潮也数四川最为激烈，因为四川集款最大，四川乡绅们组织的"保路同志会"也极活跃。这些社会风波不知不觉地也在影响着李公馆。

从李介庵开始，李家数代都还是书香人家。他们不仅通过仕途光耀门楣、发家致富，而且始终不忘儒家诗教，以为兴、观、群、怨的工具。李介庵虽出身儒生，但未见诗文传留。李璠、李镛则传存有自己的诗文集。李璠的集子叫《醉墨山房仅存稿》，李镛的集子叫《秋棠山馆诗钞》。清代印刷业发达，许多官僚撰写刻印诗文集广为赠送传播，不只是为了附庸风雅，表示自己并非不学无术之辈，也是当时官场风气，在作为交际之用的同时，反映了对传统文化的重视。

1907年，巴金全家合影。前排左一外婆抱着巴金，后排右一是巴金的母亲

李镛前后娶过两房夫人，都是知书识礼、能诗会文的大家闺秀，分别著有诗词集《晚香楼集》和《意眉阁集》。大媳妇陈淑芬，也就是巴金的母亲，更是一个熟读诗词、颇有文化修养的女子。李镛的几个儿子多数有较高的文化素养。当时虽然海禁开放，但也只有思想不那么保守的人，才有兴趣到外面世界去学习。特别是在1904年之后，四川留日学生突然大增，最多的时候达到两三千人。李镛的次子李道溥、三子李道洋，都留学日本。李道溥有很好的古文根底，从日本学习法律知识后，还从业律师，这在当时是一种很"洋气"的新职业。道洋会吟诗弄文，还翻译过日本学校里的讲义。李镛的大儿子李道河编过剧本，让家里人自演自娱。这家人都爱好《红楼梦》，巴金的父亲、母亲、大哥都各有一部。因此，李公馆不只是一个官宦人家，还是诗礼传家、文化氛围比较浓厚的家庭。

李公馆虽然封闭，也难以完全抵制外来文化。到了巴金这一代，兄弟们也都上了洋学堂，学洋文。巴金的大哥李尧枚高中毕业后，还曾想到上海、北京深造，将来到德国学习新兴的化工专业。这个意愿没有实现，因为祖父、父亲另有安排。李公馆这时就像一个容纳着驳杂文化的社会，也像正在无声地悄悄发生变化的社会。用唐诗中的一首诗来作譬喻，真是恰当不过的了："好雨知时节，当春乃发生。随风潜入夜，润物细无声。"①更为重要的是，这种变化带来了对这个家庭的人际关系、旧的生活秩序和思想观念的冲击。这个一度繁荣鼎盛的大家庭正面临着新生代的挑战。新生代出身于此，并将反过来成为反对和埋葬它们的叛徒。

巴金祖父李镛与大哥李尧枚

3. 温馨的童年

巴金原名李尧棠，字芾甘。"尧"是李家这一辈的排行。"棠"和"芾甘"取自《诗经》中的《召南·甘棠》篇。诗云："蔽芾甘棠，勿剪勿伐，召伯所茇。"大意是说，这棵小小的棠梨树，人们不要去把它砍伐掉，这是召伯曾经休息过的地方。周朝召伯有德政，这首歌表达了人们对他的怀念。"芾甘"，小树的意思。他早期发表文章，常用这个名字。巴金是他后来从事文学写作时所用的笔名。

1909 年，巴金的父亲李道河得到了一项任命，携带妻儿前往川北广元县就任知县。广元县在嘉陵江的上游，土地贫瘠，老百姓穷苦得一年到头连吃玉米都不能饱肚。李道河生平头一次独立主持一个县府管理，所以也很勤于政务，想做出一点成绩来。在他的治理下，政治似乎还清明，两年中间只发生了一件命案。这是一件谋财害命的案子，犯人是一个漂亮的青年，把一个

---

① 杜甫：《春夜喜雨》。

同伴砍成了几块。李道河倒也没有草率审理结案。

对于深居在县衙门后院的幼小的巴金来说，广元的生活是平静而愉快的。广元县衙门很宽大。进了大门是一大块空地，两旁是监牢。前后有六七进房子，周围还有草地和稀疏的桑林。巴金一家住在三堂。

白天，家里聘请了一位刘先生给他们五个兄弟姊妹上课，课堂就在二堂旁边。刘先生是一位温和善良的教师，轻易不责骂学生。他先教他们认方块字，继又教《三字经》、《百家姓》、《千字文》之类旧村塾常用的启蒙读物。这位刘先生似乎也多少接触了一些新学。他会绘画，有时候还要帮助李道河画地图。他的绘画工具，诸如彩色铅笔、圆规等等，在当时可算是比较"先进"的了，因而使巴金感到好奇而羡慕。刘先生画过许多人物和动物，送给他的学生。这在巴金，都是非常珍爱的宝物。

课余时间，巴金最亲密的伙伴是比他长一岁的三哥尧林，还有一位比他们长五六岁的小丫头香儿。香儿是一位活泼聪明的女孩，长着一张俊俏的瓜子脸。她领着巴金兄弟俩在后院游戏。有时，他们拾桑葚吃，吃得满嘴红红的，不由得开心大笑。有时，他们比赛谁先在草堆里找到鸡蛋。有时，他们指挥鸡群嬉戏，玩得非常欢乐。

有一个时期，每天晚上，在油灯下，他们兄弟俩依偎在母亲身旁，她慢声细语地教他们吟读《白香词谱》。巴金听着母亲的吟唱，体味着古代著名词家的精致歌词，成了他幼年时代的唯一美好的音乐享受。他们学词的课本是母亲亲手装订，用工整娟秀的小楷抄录的。这似乎是巴金最早接触到的文艺作品，也是巴金引为幼年时代的一桩乐事。

宁静的夜晚，二更锣声响了，巴金兄弟俩结束了学词，由杨嫂领着回房休息。

杨嫂也是他的童年时代的一位好朋友。她是一位不到三十岁的健壮的女仆，对待他们兄弟无微不至的关怀、照料，使他们过着一种舒适而愉快的生活。他们还常常躺在床上要求杨嫂讲各种各样神怪、剑侠的故事，然后怀着迷幻神往的情绪朦胧睡去。

过了几年，杨嫂病死了，死得很悲惨。由于病魔缠绕，拖延了许多时日，平日颇受大家喜欢的人这时渐渐被厌烦了，甚至盼望她早点死去。巴金兄弟俩到下房去看望杨嫂，看到原来活泼健壮、生气勃勃的那位年轻女人变成了又瘦又黄、奄奄一息的样子，心里非常难过。她的痛苦的呻吟声使巴金感到恐怖。后来杨嫂还变得疯疯癫癫，解开衣服捉虱子，捉一个，咬一口，边笑边骂；还脱了裹脚布放在嘴里咬。

杨嫂的死，使巴金第一次接触了"死亡"，看到了难以理解的世人的复杂情感，在他的心灵上烙下了难以平复的创伤。二十多年后，他在所写的小说、散文、自传性质的回忆文章中，曾多次描述了这位农村妇女不幸的身世和悲惨的命运，以此来寄托他的同情和哀思。

总的来说，巴金觉得——

在广元的两年的生活，我的确过得很愉快。因为在这里，人人都对我好。……

没有眼泪，没有悲哀，没有愤怒。只有平静的喜悦。

在这个人人都对他好的家里，影响最深的莫过于母亲对他的慈爱和教导了。

4. 母亲教我爱一切人

母亲陈淑芬爱所有的子女，其中又特别喜爱巴金。也许因为他幼年时比别人更淘气、可爱，也许因为他的生日和母亲是同日，这也会唤起一种特殊亲情。

她终年带着温和亲切的微笑，使人愿意和她接近、愿意爱她。在这个大家庭里，家族之间有许多倾轧攻讦，明争暗斗，有着数不清的繁文缛节和传统习俗的规矩。对于一个长房媳妇来说，有许多难言的委屈和辛酸，但她从不在孩子们面前流露出来。巴金父亲李道河官运蹇滞，有一次祖父李镛花了好大一笔钱给李道河捐了一个过班知县，到北京去验看，结果未成功。消息传来，李镛生气，兄弟妯娌冷言冷语，使母亲十分难堪，只能偷偷垂泪。这些事情还是在许多年后，巴金从大哥尧枚那里得知了一些。

陈淑芬原籍浙江，随她的做官的父亲移居四川。虽说，她在李公馆是一位知县老爷的夫人，却少有一般官太太的恶习，而更像一位书香人家的小姐。她是一位聪慧、有见识、富有同情心的善良贤淑的女性。她有才学，也有德行。她对人宽厚，注意教育自己的子女。她几乎不用打骂体罚的办法，总是耐心地轻声细语地向孩子们解释种种事情。这在当时是很难得的。有一次，尧林打骂了香儿，她就责备说："丫头和女佣都是和我们一样的人，即使犯了过错，你也应该好好地对她们说。"她说话温和，但却严格要求尧林保证改过。在日常生活中，她就是这样对孩子们进行爱的教育，培养了一种宽容厚道的泛爱精神。巴金曾经这样记叙道：

巴金的母亲陈淑芬

　　她教我爱一切的人，不管他们贫或富；她教我帮助那些在困苦中需要扶持的人；她教我同情那些境遇不好的婢仆，怜恤他们，不要把自己看得比他们高，动辄将他们打骂。

　　母亲并不是一个说教者，她的一生就是一个显著的例子：她永远是忘了自己地去爱人、帮助人的。因了她底好心我才能够在仆婢们底诚挚的爱护中间生长起来。

　　仆婢们把她当作他们底亲人一般地敬爱。在寒冷的冬夜里这爱也曾温暖了那些被幸福遗弃了的人底心。

母亲这些思想当然只是一种朴素的简单的观念。对于这样一个在封建礼教教育下，关在闺房里长大起来的女性，没有可能接受外界更多的先进思想，从而形成自己更完整的系统的观点。但是，在两千多年的中国文化传存中，也可以找到某些类似的思想轨迹。儒家学说中道德规范的核心是"仁"。《中庸》第二十章解释说："仁者，人也，亲亲为大。"就是倡导人与人之间要相互恻隐慈爱。《论语·学而》称："泛爱众,而亲仁。"就是倡导博爱大众。墨子的"兼爱"说，所谓"兼相爱，交相利"。"赏贤罚暴勿有亲戚弟兄之所阿。"在中国民间口口相传的，也有许多这种做人的道德观念。对于这些思想学说可以从不同角度去分析评估，但是，对于一位天性志诚仁慈的女性来说，她非常乐于认真、朴素地践行在自己的言行中。

巴金的二姐尧梽曾经在杨嫂得病后，带领过巴金兄弟。这位比巴金大六岁的长姊是一位懂事文静的女孩子。从广元回成都后不久，她患"女儿痨"病势沉重。有人介绍四圣祠教会医院的英国女医生来治好了她的病。这件在李公馆开风气之先的创举，恰恰是在母亲主持、同意下进行的。须知在十多年前，在成都刚发生过一次震惊中外的教案，四圣祠街的外国教堂被几千人捣毁。从这件小事可以看出母亲的勇气和思想开通。

从此，母亲和那几位英国医生（修女）成了朋友。女医生们能说中国话，也曾应邀到李公馆赴宴。母亲特意叫人买了刀叉做了西餐。后来，她还曾多次带巴金到医院去玩或去看病。女医生送了他们一些西式点心和书籍，其中包括汉译的《圣经》。那本精装皮面的书引起巴金浓厚的兴趣。他对那些和蔼可亲的外国女医生也有美好的印象。双方过从较密，直到母亲去世。

可以想象，这些修女必然不会忘记自己布道传教的责任，有意无意间会通过自己的言行传递给她们所结识的朋友。天主教教义的核心就是"爱"，就是宣扬天主对人的爱，体现在人与人之间彼此相爱。这样的思想与母亲的为人是很投合的，这才有医治疾病以后结成友谊往来的故事。

在中国现代文学史上，有一个奇特的现象，就是许多作家如鲁迅、胡适、茅盾、老舍、丰子恺等等,都得力于母亲的教育,才使他们成为杰出人才。另外，母爱也是五四文学的一个重要主题，如冰心所吟唱的。但是，巴金从母亲那里得到的不是经世致用的教育，也不只是对于个人的母爱，而是对于人类之爱的长期熏陶。巴金怀着无限的深情描述过这种爱的教育：

> 使我认识"爱"字的是她。在我幼小的时候，她是我的世界的核心。她很完满地体现了一个"爱"字。

正是从母亲那里，他得到了幸福温暖的爱，认识了爱的意义。童年时代的巴金"的确是一个被人爱着的孩子。在那时候一所公馆便是我的世界、我的天堂。"随着年龄的增长，爱愈来愈成为他思想性格中的基础。他自己也曾说："这是我的全性格的根柢。"他为自己被家里人所爱而欢愉，他也愿意为别人做一些事情，分担一些苦恼和不幸。他甚至宣称："我爱一切的生物，我讨好所有的人。我愿意揩干每张脸上的眼泪，我希望看见幸福的微笑挂在每个人的嘴边。"

尽管这种爱的思想空泛抽象，仅仅是一个孩子幼稚的朦胧的，也是甜蜜的梦，但却成为他的人生起点。这个爱幻想、沉溺于思考探索人生的孩子的心，像一只小鸟，正在渴望振翅飞往广阔的天空，去充实自己。因此，巴金感激地说："我的第一个先生就是母亲。"

5. 放了他罢

巴金的童年并不都是铺满了动人的玫瑰花朵。就在他家的大门里面，他也看到了另一个世界。许多人处在屈辱、贫困、被奴役的可怜无助的境况，深深地激起了巴金的同情心，也在他的幼小心灵中揳入了一个终生挥之不去的阴影。

在广元的时候，巴金可以在衙门里自由游逛。当他父亲审案的时候，他常常钻到二堂，站在公案旁边观看。他看到了许多奇异的事情：平日和颜悦色的父亲这时铁青着脸，拍着惊堂木，大声呵斥着；如狼似虎的差役们揪翻

清代知县审堂情景

了犯人狠狠地打板子；被打得皮开肉绽、鲜血淋漓的乡民忍着疼痛，挣扎着身子还要向大老爷叩头，感谢打板子的恩典。有时候，他的父亲还命令使用一种叫"跪抬盒"的酷刑，让犯人跪在抬盒上，两只手和两条腿弯分别穿放在杠杆里，腿下面是沉重的铁链，差役们一收紧杠杆，犯人们就会痛得死去活来。

"放了他罢！"站在旁边的巴金在心底恐怖地喊着。但他不敢说出口，也没有勇气再继续看下去。他跑到母亲那里诉说这个可怕的场面。母亲虽然嘱咐他小孩子不要再去看大人们做的事情，但却因此劝说父亲不要用刑。这话起了作用，以后父亲不再使用"跪抬盒"、"站笼"等酷刑了。

巴金还不止一次看到家中的佣仆遭到鞭笞。有一次，有几个仆人在门房赌博，被父亲捉了赌，打了一顿。又有一次，带领巴金妹妹的奶妈在婴儿出痘子期间偷吃了中医禁忌的黄瓜，被母亲发现后，就被拖到二堂，让差役们用鞭子抽打了二十下，撵走了。后来，母亲常为这件事情悔疚，说她"忘了自己，做了一件自己也不知道为什么要做的事情"。

母亲一向是慈爱的。巴金记住了母亲的话，也理解母亲。但他还是认为母亲也做了一件残酷的事情。他觉得有许多事情似乎不应该是这样的。他想不出其中的道理：为什么世界上有的人可以随便打人，有的人却只能随便被人打？为什么有的人挨了打还要向打他的人去谢恩？为什么一向厚道、体贴下人的母亲，也会这样残酷地对待一个无意犯过失的女佣？这些疑问在他的脑子里虽然还是朦朦胧胧的，但却影响深远。他常常为这些事情不快活，无形中，在他无忧无虑的童年，渗入了一些忧郁的因素。

直到半个多世纪以后，他也还不断遇到类似这样可怕的事情，在他所写的《随想录》里曾探讨这样的疑问。

6. 在"下人"中间长大

成都李公馆，经常雇用了三五十个男女用人。童年时代的巴金有相当多的时间是和家中这些佣仆们一起度过的。这也得到了开明慈爱的母亲的允许和鼓励。在广元时，他曾和杨嫂、香儿朝夕相处。到了成都，他又常到门房、厨房、马房里和仆人、轿夫们一起玩，帮他们烧火，看他们打牌、抽大烟。有时，他躺在轿夫们的破床上，听他们在氤氲缭绕的烟灯边讲述各种故事，这是在他的父母等长辈那里不可能听到的另一个世界里人们的语言和生活。六十岁的老书童赵升病死了，像一捆干柴般的遗体僵卧在大门外的石板上，只是凄凉地盖着一领破席。因为偷字画被赶出去的仆人周贵，沦落做了乞丐，惨死在街头。一个老轿夫从李公馆转到对门一家公馆做看门人，因为受诬陷偷窃被逼无路可走，愤而自缢……

污秽寒冷的马房，暗淡摇曳的灯光，这些悲痛的故事和轿夫们绝望的叹息，咬啮着巴金幼嫩的心，一次又一次震撼着他纯洁的灵魂。他被大家疼爱，他也爱大家。但他还只是一只小鸟，不能远走高飞。他只能暗暗发誓，长大了要做一个站在他们这一边、帮助他们的人。对不幸的人的同情心和对黑暗专横的不满、憎恨的情绪，在不知不觉中播下了种子。

在这些佣仆中，有一个年老瘦弱的轿夫老周特别引起巴金的注意。他有着丰富的生活经历和悲惨的身世。他当过太平军。当他在太平军失败后回到家乡时，老婆已经跟别人跑了。后来，他的儿子也当兵战死在战场上，只剩下他一个人孤零零地活着。为了生存，他做过各种各样的手艺和杂活，也跑过许多码头和城乡，饱经风霜和坎坷。在这个公馆里，他比谁都更知道社会和人生。他像一个"哲学家"，经常说一些闪烁着智慧和含有深刻哲理的话。他告诫似的对巴金说："要好好做人，对人要真诚，不管别人待你怎样，自己都不要走错脚步。自己不要骗人，不要亏待人，不要占别人的便宜。"

那时，轿夫们烧饭的柴灶是用干柴或草烧火的。巴金起初不会烧火，常把火弄灭。老周在灶孔里弄几下，火就燃旺了。他教巴金说："你记住，火要空心，人要忠心。"当时，巴金完全不能理解，这样一个遭到过如此不幸、处在困苦境地的人，竟然还有这样坚强而高尚的信念。这些近乎原始的简单的正义的信仰，深深地铭刻进了巴金的心灵，使他一生不能忘却，并成了他人生的一种生活态度。因此,巴金把他看成是自己人生的第二个先生。

巴金非常喜欢这些佣仆、轿夫,对他们有很深的感情。他说,"我不要做一个少爷",也不把他们当作"下人"看待。他们把他当作一个可以信赖的小朋友。他们向他倾吐自己的痛苦,也不讳言对公馆主人们的批评。他们彼此熟悉,渐渐结成了比较深厚的友谊。他从这群没有文化、"缺乏教养"的人们那里汲取了一种具体而充实的爱,陶冶了一种直爽的性格。

巴金在这些"下人"中间逐渐长大起来。阴暗、潮湿、污秽的马房对他竟是那样重要,成为他粗通人事时了解社会的启蒙。相比之下,大家庭主人们奢靡浮华的生活和繁文缛节,愈来愈使他厌烦,爱和憎也慢慢分明起来。有两次除夕晚上,全家人都在灯火辉煌的堂屋里欢乐地祭拜祖先,唯独这个"乖僻"的孩子躺在阴冷的马房里,躲避人们的寻找。每年农历七月,"至圣先师"孔子生日,学生们都要在老师的带领下磕头行礼,他也总是尽可能设法躲开。

这种厌恶好像是他与生俱来似的。在广元的时候,因为祖父在成都祝寿,父亲就在这里敬贺。巴金怎么也不肯磕头。母亲在旁边用鞭子威胁他,也没有用。结果挨了一顿打。这是他在广元的唯一一次挨打,也是他第一次挨母亲的鞭子,但他始终没有磕一个头。

直到三十岁时,有一次巴金在回顾自己以往的生活时,曾激动地说:"我是从'下人'中间出来的,我应该回到他们里面去。"他决意背叛原来的绅士家庭,把自己归属到那些穷苦无助的人们里面去。这说明他后来一生坚持不懈追求社会平等的种子,早在幼少年时代就已经播下了。

7. 剪掉了辫子

1911年的辛亥革命在中国历史上是一个划时代的事件。辛亥革命最大的历史功绩是把皇帝赶下了龙廷。从此中国永远结束了封建帝制。但是在本世纪漫长的岁月里,还不断有人想重做皇帝梦,继续进行专制独裁统治。巴金一生与这种旧的传统观念、专制制度好像有了不解之缘，不断受到来自旧的营垒的压制和迫害。他有过挑战和反抗，但也有过困惑和迷失。但他坚持与之作战，从不停止。

辛亥革命那年，巴金刚满七岁，全家从偏僻的川北回到成都。巴金对于这次革命并没有十分深刻的印象。这次革命给他们全家带来的变化是：父亲辞官回家；二叔三叔刚刚在一两年前从日本留学回来，但却失去了为清王朝效命做官的前程；那位喜欢附庸风雅、吟诗弄墨的三叔，还自称为"亡国大夫"；李公馆最高的家长李镛则感到深深的悲哀；全家男人终于都剪掉了辫子，挂起了五色共和旗，并没有出现什么认真的"保皇派"的抵抗。那时，巴金脑后也垂着一条小小的、用红头绳缠的辫子，每天早晨要由母亲和佣妇给他梳理。这次，把他一向讨厌的东西剪掉了，他还是很高兴的。

武昌起义后的一个月，成都宣布独立。四川总督赵尔丰被杀。在这些日子里，巴金所能听到的关于这场革命的消息和反映，主要是来自他的家庭教师那里。

这时巴金的老师已不是早先那位和善的刘先生了，换成一位似乎姓龙的先生。他可能是个新党，至少是革命的热情拥护者。他常常激动地谈论本省保路风潮的盛况。赵尔丰被革命党捉住杀头的消息传来时，这位先生感到特别兴奋。他的热烈情绪也感染影响了他的学生。

这年12月，成都发生了一场兵变，是因为各派政治势力争夺不休引起的。这给巴金留下了恐怖的印象。他听到了枪声，看到了火光。他看见父亲和仆人们紧张地埋藏银元和财物。他在母亲怀抱里和兄弟姐妹坐着轿子一齐逃难到外祖母家。深夜，他们又听到了街上可怕的嘈杂哭喊声、枪声，看见被火光映红了的天空。他们全家一个个爬着梯子翻墙逃出，顾不得寒冷，躲在菜畦里，直到第二天兵变平息以后，才平安回家。

就像辛亥革命没有能够根本改变中国面貌一样，当革命、兵变风潮过去以后，李公馆重又回到死一般沉寂的生活中。祖父仍是这个公馆的家长，全家不论老幼大小，早晚都要到他房里去请安，家中一切事务继续听命于他。

8. 启蒙先生

巴金仍然还在私塾读书。老师陈腐的教学方法和教材也没有变化，要求学生死记硬背古文，依照模式作诗文。巴金有时会为背不出书而挨先生的板子。同时，他也在这时期熟读了《古文观止》，二百多篇文章都能背下来，尤其喜爱其中的优秀抒情叙事散文，如《桃花源记》、《祭十二郎文》、《赤壁赋》、《报刘一丈书》等。后来，他在总结自己写作经验时，认为这是自己写作的"真正的启蒙先生"。

巴金爱看戏。父亲有时也带他上戏园看川戏、京戏。有一个时期，巴金父亲做了戏园的股东，有一厚本免费的戏票，巴金和三哥尧林几乎每晚都由仆人姜福陪着上戏园看戏。他更爱看武戏，回来还要模仿。也因为父亲和戏班子演员有来往，巴金和这些演员也很熟悉，有时还跑到后台去看演员化妆。他觉得父亲对待演员态度客气，尊重他们，把他们当作朋友，不像三叔是"玩小旦"。

李公馆的子弟们还曾组织过新剧团，在家里演出自娱。剧本是自己编的，没有一个女角，观众都是公馆里和亲戚中间的女孩子们，诸如巴金的姐妹、堂姐妹、表姐妹们。男孩子们用种种方法硬拉她们来看，还不许她们中途退场。巴金的父亲也曾被他们请来看戏，看得很有趣味，后来还为他们编过一本《知事现形记》的剧本。

巴金的六叔、二哥、香表哥还曾合办过一种手抄本的小说杂志《十日》，一个月出三次，每次复写五六份。大哥曾将他创作的言情小说在这个刊物上发表。因此，大哥李尧枚才是李公馆里第一个写小说的人。《十日》刊登的都是一些哀感顽艳的故事，用文言文写的，其实也都是东抄西凑而成的。巴金对于这种陈腐的故事不感兴趣，但他却是这个杂志的第一个"订户"，三个月积存起九本《十日》。

这些发生在李公馆里面的活动在当时并未引起注意，因为只是子弟们的一些娱乐消遣。但正是辛亥革命以后才可能引入家庭里面来的这些新的文化生活，是过去不曾有过的。巴金生活在这样文学艺术气氛浓厚的环境里，也受到了熏陶和感染。

9. 死神的追逐

母亲在1914年的一个夏夜去世了。

母亲病了二十多天。她在病中很痛苦。巴金和三哥住在隔壁房间里。每次他们兄弟走来探望，母亲总是流着眼泪。那时母亲大概已经知道自己病重难愈了。

有一天，巴金醒来时，看见棺木已经进门。母亲死在前一天夜里。他们兄弟都熟睡未觉。现在，他们呆呆地看着母亲遗体被抬进棺木，盖上红绫，听着那残忍揪心的钉棺盖的敲打声和围着棺木的人们的悲伤哭喊声，使巴金恨不得把以后几十年的眼光都用在这时饱看母亲最后的遗容。他一边流着眼泪，一边在心底喊着："我是母亲最爱的孩子。"

在后来的许多日子里，他每每走进父亲的房间还会情不自禁地温和地喊叫寻找"妈妈"，然后倏地想起妈妈已经永远地离开他们了。

他深深感到了失去母亲的孩子的悲哀。尤其因为他是母亲最爱的儿子，而她曾被他看成他的世界的中心。是她使他知道人间的温暖，知道爱与被爱的幸福。现在这一切都远去了。他的生活里所出现的空缺，是任何人所不能替代的。后来，只有在冰心的作品中，从那些亲切而美丽的语句中重温失去了的母爱。在这之前，他虽然经历过佣妇杨嫂的死亡，然而母亲的死，才第一次在巴金的心中出现巨大的失落，成为他人生第一记沉重的打击。他在朦胧中，体验到死的恐怖和悲痛。他好像从此长大了，渐渐地变得爱思索起来。

母亲的死，好像是死神进入了李公馆，不断把活生生的人逐个带走。就在母亲死后四个多月，巴金的二姐也死了。她本来患有女儿痨，如今因为丧母引起过分悲痛，几乎再也没有了笑容，每每提到母亲就哀哀地哭。祖父过生日，家里接连唱了三天戏，热闹非凡，只有二姐一个人寂寞地病在房内。三天之后，她永远地闭上了眼睛。那时巴金正在睡梦中。他梦见一个坟场，长满了艳美的野花，蝴蝶飞舞，山鸟啼唱。一个青春的生命还未来得及开花就悄悄地凋谢了。

第二年，父亲娶了一位继室，待巴金兄弟都很好，但却不能填补巴金失去母亲后的情感失落。又过了两年，川军和滇军在成都城里发生巷战，使巴金又一次看到了战争。这时，他的两个堂兄弟突然患白喉症死了。战事刚停，巴金和三哥也患了白喉症。他们的病还未痊愈，死神又一次追来，巴金的父亲病亡了。大哥哭着说："我们如今没有父亲了。"

巴金踯躅街头，想起父亲生前常带他上街闲走，斯时斯景浮现在眼前而无法抹去。他明白，他从此已是孤儿了。这个本来还应该躲在父母庇护下生活的孩子，如今因为孤独伤感，也因为埋首读书过于伤神，竟不断生病，整个冬天一直服用丸药。

父亲死后，李公馆有过一次分家。除了父亲购置的四十亩田外，还从祖父那里分得二百亩田。分家过程中，家族间种种倾轧的丑态代替了平日亲属血缘的和睦关系。他们这房孤儿寡妇备受欺负，使巴金看到了人情世态的炎凉冷暖，看到了在诗礼传家后面的丑恶。

10. 祖父之死

这时，大哥已经奉命娶妻生子。他在中学毕业后，本想出川到上海、北京等地深造，再到德国留学；他也曾悄悄恋爱着亲戚中的一位少女，但这些幻想早已破灭。他挑起了赡养本房家属的生活重担，也在李公馆内周旋于家族间各种矛盾，到处作揖让步，求得安宁。

巴金的三哥也进了中学。唯独巴金因为父亲死后无人做主进不了中学，只得请香表哥每晚到家教他英文，同时也学一点其他知识。这样延续了三年。因此，巴金对于这位香表哥怀着感激之情，认为自己的智力最初发展主要得到大哥和香表哥的开发。没有他们,"也许我至今还是一个愚蠢的孤僻的人罢"。

在巴金老家和周围的亲戚中,还不断发生许多青年女子的不幸故事。辛亥革命前,巴金有一位姨表姐被家长逼迫抱着已故未婚夫的牌位拜堂成亲。他也曾看到远房亲戚中的一位少女,因为死了父亲,境遇不好,要去带发修行,遁入空门;她穿着玄青缎子背心的形象给他留下深刻的印象。他也记得一位八九岁的堂姊因为缠足,每晚发出凄厉的哀叫。他也看见和他同辈的或年长的少女们怎样被幽禁在这个阴森的公馆里寂寞地度过岁月,日渐憔悴地枯萎下去。这一切,对于这个自小在爱的教育下成长起来的、爱思考的少年来说,都是很痛苦的刺伤。

他因此想起自己六七岁时,在姐姐房里看到过一本插图本《列女传》。因为图画的吸引,他很有兴趣地看下去,但竟看到许多美丽的古装女子的悲戚面容,或是用刀砍断自己的手,或是投身烈火,或是自沉江河,或是持剑自刎,或是悬梁自尽……从那时起他就不明白,为什么这些可爱的生命都会是这样可怕的不幸结局呢?他从母亲、姐姐那里得知,这些女子的命运竟是她们学习的榜样。他撕毁了这本带插图的《列女传》,但仍然不明白这样血腥的道理怎么会被这些活着的生命所接受。这些生活经历、思索疑问或情感的积蓄,都成了他后来写作灵感的重要来源。

随着年龄的增长,思想逐渐趋向成熟,巴金对于大家庭和祖父的专制统治愈益憎恶,感情也更加疏远。但是父亲死后,祖父对这个聪颖过人、失去父母的长房小孙子却格外关心起来。他看到巴金身体羸弱,经常得病,就订了一份牛奶给他吃。牛奶在当时还是一种新兴的营养食品,这说明祖父的特殊钟爱,故而使巴金印象深刻,到了成年以后仍然不能忘却。祖父还常把他叫到房里聊天。

父亲死后两年多,祖父也病倒在床,时常神经错乱发狂,看到巴金,枯瘦的老脸上流淌着泪水。祖孙间的感情有了沟通,发现彼此还是深深地相爱着的。巴金望着病重狂乱的祖父,想到这个富裕的大家庭原是他一手创建的,现在家族内部互相仇恨争斗的局面也是在他治理下造成的。特别是他最宠爱的儿子也就是巴金的五叔，腐化堕落成了败家子，使他受刺激太深以致神经错乱。他是这个家庭至高无上的尊者，但却没有人真正爱他，也没有人真正了解他，最后孤独寂寞地死去。

祖父的死，使巴金又一次失去了曾经至爱过他的亲人。在短短四五年时间里，死神连续夺去了巴金那么多亲人，该是多么伤心。他感到身为孤儿的悲哀，变得忧郁起来。但他又有一种庆幸，因为他发现大家庭里最后一个专制的统治者消失了，从此再也没有人可以代替祖父支配限制他的行动。

祖父刚死，大家庭里就爆发了争夺遗产的丑剧。巴金的叔父们甚至在祖父灵前就发生过争吵，他们匍匐在灵前的哀号声有一半是虚假的。从此，大家庭里尽管不断还有新的家长来维护旧的秩序，造成更多的争斗，但是裂痕在扩大，巴金敏锐地看到了它必然崩溃的命运。这位还没有走上社会的少年已经从家庭内部看到并体验到了人世间的复杂、人性的善恶和爱的失落。

第二章
英雄之梦

1918年秋,巴金入青年会的英文补习学校学习,不久因病辍学。当他看到三哥尧林每天自由地到学校里去上课,可以呼吸到一点公馆以外的空气,接触到较多的社会生活,而他自己却只能幽禁在这樊笼似的公馆里,这个有着一颗火热而寂寞的心的少年该是多么苦恼而烦闷啊!他渴望有一天能飞越过这个公馆的高墙,去看一看外面的世界。

11. "五四"的产儿

1919年5月4日,北京学生举行游行示威,抗议北洋军阀政府的卖国行径,要求在巴黎和约上拒绝签字,废止与日本签订的二十一条不平等条约。中国历史上第一次民众的政治性示威运动震动了全国。它像一把火炬,投进了巴金干涸的心田,一下子熊熊地燃烧起来。成都出版的《川报》及时报道了这些消息。从5月5日起,成都的学生以及各界市民,也陆续上街游行,集会声援北京学生,并向各县民众发出声讨卖国贼的通电。巴金从别人那里听到许多这类活动的盛况，感到非常兴奋和神往：如果自己能参与其中，又该多好！

巴金和大哥尧枚、三哥尧林天天等着报纸的到来，注视着有关北京学生运动以及后来上海罢工罢市的"六三"运动的进展。

二十世纪以来，中国的一些先进知识分子更加努力传播外来思想文化，创办各种新的书报杂志。到了"五四"运动发生后的半年内，各地新出版的具有进步倾向的报刊多达二百种以上。在"五四"爱国运动开展的前后，一个声势浩大的新文化运动出现在中国：提倡科学与民主；反对旧道德，提倡新道德；反对旧文学，提倡新文学。思想文化界呈现出一种从未有过的活跃局面。它是辛亥革命所缺少的，这时却应运而生。这次伟大的思想解放运动为中国历史揭开了新的一页。

巴金兄弟们对仅仅读一些本地报纸开始感到不满足了。那时成都只有一家华阳书报流通处经营销售各种省内外的新书报。于是尧枚就去买了许多《新青年》、《每周评论》，而且设法补买了自1915年创刊以来的《新青年》前五卷。这还不够，以后凡是传播新思想的刊物，只要有可能，他们就去买来。除了《新青年》、《每周评论》，还有《新潮》、《星期评论》、《少年中国》、《少年世界》、《北京大学学生周刊》、《实社自由录》、《进化》……以及成都出版的《星期日》、《学生潮》等等。尧枚索性拿出二百元钱存在书铺里，只要有新的书报，他们都要。尧枚每天下班回来，总能带回来许多。

这时，李公馆里的读者又多了一些，香表哥与六姐也参加进来。他们每天晚上热心地阅读这些书报，经常聚在一起热烈地讨论各种问题。后来他们五个人还组织了一个研究会，在花园里第一次开会就被六姐的母亲发现而流产。那个逆来顺受、与世无争、意志消沉的大哥尧枚好像变了一个样子，对生活有了一点新的信心，他的已经被遗忘了的青春，好像又重新被唤醒了。这些书报中所介绍的、所叙述的许多新的道理，都以一种不可抗拒的力量征服了这些长期被禁锢的年轻的灵魂，也打开了他们心灵的窗子，自由思考做人的道理和对美好的幸福生活的向往。

巴金几乎是怀着一种狂喜的心情去迎接这扑面而来的新思想、新事物。他仿佛看到了一个将要出现的童话般的新世界，对于那座他已经生活了十五年的、阴沉沉的、充满恶浊空气的公馆是一个彻底的否定。

巴金曾经激动地慨叹道：

我们觉得它们常常在说我们想说而又不会说的话。

那么，这些书报给予了他们一些什么思想影响呢？

12. 睁开了眼睛

"五四"时期各种思想学说纷繁驳杂。巴金兄弟经常阅读的一些书报都是影响较大的。如《新青年》《每周评论》是最有权威性的，也是他们读得最多、最为重视的。由陈独秀主编的《新青年》，在"五四"之前就曾鲜明地宣传民主主义思想，抨击封建礼教，揭露军阀统治，反对旧文化旧道德，提倡科学与民主。它在这个思想启蒙运动中，在青年读者中享有很高声誉。《新青年》曾大量介绍西方重要思想学说，诸如马克思、尼采、斯宾诺莎、罗素、杜威等。"五四"运动发生后的一个星期，李大钊在《新青年》上编辑了《马克思主义研究专号》。这个"专号"在宣传马克思的同时，也宣传了巴枯宁，在介绍马克思主义的同时，也介绍了伯恩斯坦、克鲁泡特金对马克思主义的批评。

其他杂志如《每周评论》，先由李大钊、陈独秀主持，后由胡适接手。它对封建势力、军阀政府、帝国主义（尤其是日本帝国主义）的抨击极为猛烈。《新潮》是由北大学生组织编辑的文学性较强的综合性杂志，以强烈反对封建伦理道德、纲常名教而著名。它痛斥封建家庭为万恶之源，提倡个人自由和个性解放、婚姻自由与男女平等。这使巴金兄弟更感亲切而有启示。《星期评论》是"五四"以后在上海出版的一个刊物，以研究和介绍社会主义和国内外工人运动著称。他们鼓吹"阶级平等"，"凡是天下的'你'、'我'、'他'都可以当作一个人，团成一个'爱'，不分穷富，全力建设新村"。《少年中国》主张建立一个没有阶级、没有剥削、没有贫穷的国家。他们组织半工半读的

"工读互助团"，轰动一时。《北京大学学生周刊》则以经常直接批评和揭露军阀政府，要求改变社会制度为突出特点。几乎每期都有抨击军阀政府、总统、警察机关等等的文章，还陆续翻译介绍巴枯宁、克鲁泡特金的生平和著作，和《实社自由录》以及后来的《进化》杂志，都是宣传无政府主义的刊物。

在成都，当时也出现了许多进步刊物，如少年中国学会成都分会李劼人主办的《星期日》周刊、成都外国语专科学校学生主办的《威克烈》、四川省学联主办的《学生潮》等，都是巴金常读的刊物。四川著名学者吴虞在《新青年》上发表《吃人与礼教》、《家族制度为专制主义之根据论》；在《星期日》周刊上发表《反孔》等文章，以大胆冲击封建礼教、文化道德而被人们传诵。

巴金当时还只是一个十五岁的少年。他从童年时代起就已蕴积的朦胧的泛爱思想，对于穷苦人们的同情心，对于旧礼教、家长制的憎恨，和对旧思想文化伦理道德的厌恶，从这些书报中得到印证，得到新的启示，看到有力的批判和理论上的阐释，大大开拓了他的思想视野。他像一个饥饿虚弱已久的孩子尽情地吮吸这些思想乳汁，来丰富充实自己。巴金曾说：

> 我常常说我是"五四"的产儿。五四运动像一声春雷把我从睡梦中惊醒了。我睁开了眼睛，开始看到了一个崭新的世界。

到了晚年，巴金仍然怀着深情追忆这段难忘的少年生活：

> 我说我是"五四"的儿子，我是"五四"的年轻英雄们所唤醒、所教育的一代人……"五四"使我睁开了眼睛，使我有条件接受新思想、新文化，使我有勇气一步一步离开我的老家，离开那个我称为"专制的黑暗王国"的大家庭。
>
> 提到"五四"，我总是充满感激之情。①

---

① 《无题集》第176、179页，香港三联书店版。

13. 小孩子的幻梦

"五四"运动的热潮渐渐退落了。李公馆里的钟摆仍像昔日一样在走动，但是潜在的变化却慢慢显露出来。

同样读了那么多的新书报，大哥李尧枚赞成、接受的是刘半农的"作揖主义"和托尔斯泰的"不抵抗主义"。他把这种理论和他在大家庭中的现实处境联系起来。他在精神上过着双重人格的生活。在长辈亲属之间，他是一位老成持重、听话顺从的乖孩子；和兄弟姐妹在一起时，他又有了一点新的生气。他内心的痛苦是家里任何人都不能理解的。大家庭里的倾轧逼迫，流言飞语，使他精神上极受刺激，因为过分压抑酿成一种癫狂的倾向：有时深夜跑到大厅里，独自坐在轿子里，把轿窗砸得粉碎。这种摧裂人心的声音使睡在邻室的巴金痛苦惊恐得蒙起被子掉泪。

那时的巴金在兄姊眼里还是一个小孩子，人们不曾想到他却接受了更激进的思想。他和三哥不愿戴着虚伪的面具去敷衍那些假仁假义的长者，他们经常对家里那些不公道的事情发表议论和批评，使叔婶们非常恼恨，因此迁怒于他们的大哥。

巴金的祖父是在1920年初死去的。同年暑假，巴金和三哥尧林考进了成都外国语专科学校，从补习班读到预科、本科，在那里接连读了两年半的书。这家学校的负责人廖学章对新文化运动很支持，所以学校生活也较开放。吴虞原来也曾在外专教过书，但在巴金入学时，他到北京大学当教授去了。虽然，他被胡适赞誉为"只手打倒孔家店的英雄"，但是巴金对他喜欢玩女人、闹小旦、写艳体诗的封建文人作风颇为反感。

在成都外专学习，巴金有机会接触西方文化。美国作家华·欧文的《随笔集》、英国作家狄更斯的《大卫·科波菲尔》（或译《块肉余生录》）、司蒂文森的《金银岛》，这些英文原著都是他喜欢而熟读的。

就在这时，他先后读到了两本使他终生难忘的小书。

一本是克鲁泡特金的《告少年》。这是作者在日内瓦出版的法文刊物《反抗者》上发表的一篇宣传鼓动性的文章。后来作者于1883年在法国被捕入狱，判处监禁五年。他的法国友人爱·邵可侣（E.Reclus）将他在《反抗者》上发表的所有文章编辑成书，题名为《一个反抗者的话》出版。"五四"时期有一位署名真民的，从中节译了此文用小册子形式出版。巴金从朋友那里得到此书。他一边读一边激动得流下了热泪。他觉得这本书说得太好了，"多么明显，多么合理，多么雄辩"。他完全倾倒了。他把它当作心爱的东西，放在枕边，无数次地翻看。他觉得它像阳光照亮了他的眼睛，使他看清了世界的面目。他说：

> 从《告少年》里我得到了爱人类爱世界的理想，得到了一个小孩子的幻梦，相信万人享乐的社会就会和明天的太阳同升起来，一切的罪恶都会马上消灭。

《告少年》主要是对青年读者讲述人生道路。克鲁泡特金用浅显的语言、生动具体的实例分析社会的不公、贫富的悬殊和对立。他认为，只有社会革命成功，把现社会根本改造，才能使每个人分享创造的成果。他因此号召各行各业怀着美好理想的青年加入到"我们的队伍里面来"，做一个社会主义者，做一个革命者，"和我们一样为社会革命努力工作"，"以求得真正的平等、真正的博爱和永久的自由"。《告少年》最后号召说：

> 我们一切吃苦受罪受人侮辱的人，我们的数目是数不清的。我们就像大海大洋一般，一切东西都可以被我们沉没，一切阻碍都能够被我们冲破。只要我们大家有决心，我们马上就可以把正义建立起来！地上的一切暴君都会跪倒在我们的脚下。①

---

① 巴金译：《告少年》，平明书店1938年版。

少年巴金，正是在多梦时节，对生活充满着美丽幻想和热烈追求，一本小册子可以成为他的福音，一句热情鼓动的话可以叫他把自己的生命奉献出来。所以当他读到《告少年》以后，就觉得心胸间的热情像火一样渴望喷发出来，急于想寻找一个实践这种主张的机会，但又不知从何入手。

《告少年》的译者真民就是早期无政府主义者李石曾，但巴金那时并不知道。书中也无通信地址可供联系。于是，他想到了他所敬仰的一个人。有一天晚上，他怀着一颗战栗的和求助的心，写信给《新青年》的主编陈独秀。这是他一生中第一次写信，几乎把自己的全部心灵和生命都托付在这里面，谦卑地求教，请他指引一条道路。他等着陈独秀来吩咐他怎样献出自己的一切。

《新青年》是巴金的革命思想的启蒙者，也是他最信任爱读的刊物。陈独秀是著名的教授、民主运动的先驱者，"五四"运动以后更是声名大噪。也许因为忙，也许因为这封十七岁少年的信没有引起他的注意，也许他根本就没有看到这封信。而巴金却像等待着自己的亲人的讯息一样热切地盼望着，盼望有机会来消耗自己那种不能控制的生命活力。时间一天一天过去了。回信始终没有来，这对他不能说不是一个挫折，他有点懊丧了。

但是，《告少年》里的一些革命道理和对社会生活本身的形象叙述方法，给巴金的印象太深刻了。他后来写的文学作品，像《灭亡》中就有许多这样的描写。他也没有忘记，把"地上的暴君都会跪倒在我们的脚下"这样充满激情和希望的词句写在自己的作品中。

14. 梦中的英雄

当巴金从上海邮购到一本剧本《夜未央》后，他还没有平静下来的心情又一次掀起了波澜。

《夜未央》是波兰剧作家廖·抗夫（L.Kampf）逃亡德国时作于 1905 年的剧本。最初曾遭禁演，1907 年在巴黎上演，大获成功。剧本描写沙皇黑暗统治下一群知识分子的革命活动。男女主人公华西里和安娜在地下秘密斗争中产生了情愫。华西里认为个人的感情会玷污、有碍神圣的革命事业，但要除去爱情，"整个生命也就完结了"。他在这种矛盾和苦恼中，还是坚定地去执行暗杀总督的任务。戏的末尾，由安娜亲手点燃信号通知华西里行动。华西里因此壮烈牺牲。这个场面写得惊心动魄，安娜的痛苦、恐怖、绝望的心情，深深地感动了人们。整个戏交织着爱与恨、生与死、革命事业与爱情的冲突。

革命青年像殉道者一样的献身精神，是从小听到过无数故事的巴金从未听说过的。这使他的灵魂为之震动。

俄罗斯女革命家苏非亚·柏罗夫斯卡娅

他和戏中人物一起哭、一起笑。他感到幸福，因为这本小书给他打开了新的眼界，使他第一次找到他梦境中的英雄，也找到了他的终身事业。

在这之前，他就已经在别的书报中接触过类似的人物。这就是俄国民粹派女英雄苏非亚·柏罗夫斯卡娅（Sophia.L.Perovskaya）。她是在1881年因为图谋暗杀沙皇而牺牲的。巴金从《新小说月报》、《民报》十五号、《自由血》等书报中读到她的感人事迹。他为之流了不少眼泪，"在那时候我所知道世界中最可敬爱的人就是她一个"[①]。戏剧中的华西里也好，历史上的苏非亚也好，以年轻美好的生命殉于自己的信念，他们都是巴金理想中的英雄。

文艺作品对于人心的潜移默化是难以估量的。巴金读过的许多外国小说戏剧对他都产生过深远影响。易卜生是"五四"时期风靡一时的挪威剧作家。《新青年》于1918年6月出版的第4卷第6号有一个"易卜生专号"，刊登了易卜生的一部分代表作和胡适的论文《易卜生主义》，还有袁振英的《易卜生

---

① 李蒂甘：《俄罗斯十女杰》，太平洋书店1930年版。

传》。这是一次易卜生主义的普及。易卜生对社会、家庭中专制主义的猛烈抨击，要求个性解放和自由的呼喊，曾经打动了千千万万青年男女。他的《娜拉》在知识分子中无人不知，许多台词成了人们传诵的名言。

易卜生对于巴金同样有深刻的影响。后来，他在小说《家》中描写的正在挣脱旧家庭旧思想枷锁的少女琴，就是以易卜生的书来指导自己的人生道路。下面这段《娜拉》中的台词，就是《家》中人物用来鞭策鼓舞自己的一种思想动力，也是巴金最欣赏的：

> 我想最要紧的，我是一个人，同你一样的人……或者至少我要努力做一个……我不能相信大多数人所说的……一切的事情都应该由我自己去想，由我自己努力去解决。

那时，巴金喜爱的文学作品还有屠格涅夫的《春潮》、《初恋》等这些刊载在《青年杂志》和《新青年》上的短篇小说。1921年，沈颖翻译的中篇小说《前夜》出版，巴金很快就读到了。屠格涅夫的热情细腻的文笔，对自由的执着追求，都引起他的兴趣。他得到《前夜》后，爱不释卷。女主人公叶琳娜违抗父母的意志，不顾社会舆论的压力，毅然主动和一个平民知识分子英沙罗夫相恋，弃家投向社会革命的故事吸引了他。书中许多话，像"我们是青年，不是畸人，不是愚人，应当给自己把幸福争过来"等，他都可以背下来。他读《前夜》时的种种激动、兴奋的感受，所得到的启示和鼓舞，后来也都被作为《家》中的觉慧的经历，进行了充分而详细的描写。

在这些日子里，巴金从"五四"以来的社会生活变动和书报阅读中，开始想到人生的意义，并渐渐有所理解和感悟。他的眼界宽广了。他明白应该做一个怎样的人。因此他更加厌恶面前的现实生活，发现在他四周有许多无形的栅栏，使他不能摆脱。

这些新书报告诉他，应该到民间去。为了爱人类，揩干每个人脸上的眼泪，使每个人都有面包，都有自己美丽的青春和生命，他应该参加社会革命。人是最重要的、最根本的，要争取做一个独立的人的权利，要争取做一个享有充分自由权利的人。这些作品中的人本思想、人道精神、民主自由意识，以及为之献身殉道的决心都像神明一样潜入他的心中。他读这些作品经常激动得寝食不安，充满幻想和向往，好像点燃了炙热的生命之火，急于要求实践，要求行动。这只稚弱的小鸟的羽翼渐渐丰满，可以冲出樊笼到宽广的天空中去搏击翱翔了。

他在读完《夜未央》之后，当作宝贝似的介绍给外专同学们。他们一字一句地抄录下来，还曾排演过几次。他们渴望自己也能成为像华西里、安娜那样的人。

15. 精神上的母亲

在当时各种新的思想学说中，给予巴金影响最大、印象最深刻的是无政府主义。他以为，这是他所获得的人生信仰。

二十世纪初，无政府主义思想经过一些留法、留日学生介绍、宣传，输入中国。中国早期的无政府主义者如著名的刘师复等，在政治上反对清朝政府，在思想文化上则激烈反对传统礼教。辛亥革命后，人们对于民主共和国的幻想破灭，对当时军阀专制极端憎恶之余，也就比较容易接受这种要求废除一切国家、政府形式的激烈主张。"五四"运动前后，出现了许多宣传无政府主义的刊物，对于处在革命热潮中的人们特别有吸引力。

少年巴金读到的书报中有许多是无政府主义者主办的。《告少年》的作者克鲁泡特金固然是无政府主义的代表人物，《夜未央》的作者廖·抗夫也是无政府主义者。易卜生一度曾是激烈的无政府主义者。屠格涅夫作品中第一个使用"虚无主义"（nihilism）名词称呼平民知识分子革命者，与后来的无政府主义有很深的渊源关系。所以，巴金把无政府主义看作是一种美丽的理想，是很可以理解的。

在美国人高德曼（E.goldman）的文章《无政府主义》中，巴金第一次接触到无政府主义的理论。这篇文章由《实社自由录》第一集译载，《新青年》也先后译载了高德曼的《近代戏剧》《婚姻与恋爱》等文章，鼓吹"剧曲固属历史上传播自由思想之利器也"①。痛斥"婚姻及人生之不幸事"，热情歌颂自由恋爱是"人生最要之元素""可宝可贵"②。高德曼出生于立陶宛，1886年移居美国，参加无政府主义活动，因此被捕。后曾在欧美旅行演讲，先后出席1899年在巴黎、1907年在阿姆斯特丹召开的无政府主义者大会，1924年再度到美国作演讲旅行。高德曼在文章中激烈鼓吹用暴力来破坏现存社会，废除政府、宗教和有产者，提倡个人独立和自由。她还对妇女解放、婚姻自由有

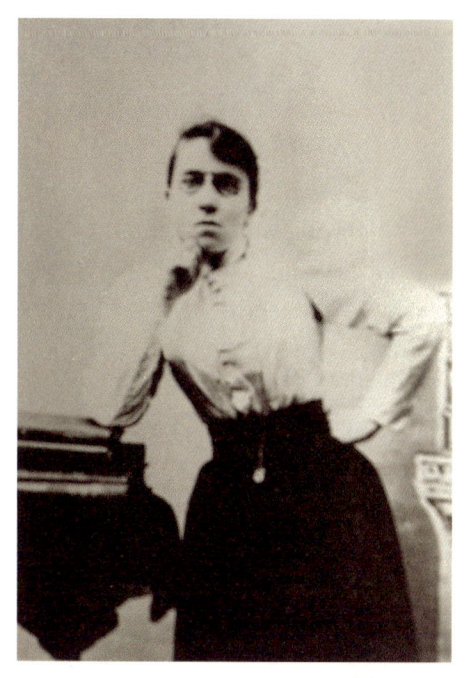

曾被巴金视为"精神上的母亲"的高德曼

很多论述，认为婚姻制度是使女性丧失独立人格的根源。因此鼓吹男女恋爱绝对自由，彻底废除婚姻制。

　　高德曼的文章对巴金是又一股强劲的冲击波，使他感到那么痛快淋漓。他说，他的感动，他的喜悦，他的热情……是无法形容的。他好像看到自己面前的黑暗世界在高德曼思想冲击下崩溃了，那些传统观念、制度不容怀疑地给否定了。他觉得自己完全被高德曼的文章征服了。他说："她是第一个使我窥见安那其主义的美丽的人。""在这时我才有了明确的信仰。"他后来甚至觉得她好像是他的"精神上的母亲"，哺育和引导他走上人生的新路，使他充满了一种愿为崇高的理想而生活而死亡的渴望。因此，过了一些年，他还是寻找机会与她有了通信联系。

---

　　① 《新青年》第6卷，第2号。
　　② 《新青年》第3卷，第5号。

16. 天下第一乐事

在这个时期，巴金还陆续接触到无政府主义代表人物的一些著作。

"五四"时期宣传较多的无政府主义者巴枯宁，是无政府主义的创始人之一。1866年，他在意大利起草的《国际革命协会的原则和组织》，第一次系统地阐述了他的无政府主义观点。他主张"否定现实的、存在于世界之外的人格化的神的存在，也否定任何启示和神对世界对人类事务的任何干预。消灭对神的信仰和迷信"。要"用对人的尊敬和爱去代替对神的迷信。我们宣布：人的理想是真理的唯一标准。人的良心是正义的基础，个人的自由和集体的自由是人类秩序的唯一创建者"。"自由应当成为人类社会的政治和经济组织的唯一建立原则"。据此，他要求"彻底废除任何官方的宗教和享受特权的，甚至仅仅是受国家保护、资助和支持的任何教会"，"废除阶级、等级、特权和任何差别。男女在政治权利方面无条件平等"，"废除和消灭起监护统治作用的中央集权的国家"①，等等。

十九世纪，正当欧洲资本主义日益发展，向世界进行殖民扩张，沙俄帝国农奴制面临崩溃，宗教势力仍还十分强大的情况

俄罗斯革命家、无政府主义创始人之一巴枯宁

---

① 《巴枯宁言论》，生活·读书·新知三联书店1978年版。

下，巴枯宁的这些主张是很具有针对性的。因此在欧洲一些动荡的社会中颇有影响。但是这种乌托邦的政治理想在现实生活中显然难以实现。

另一位在"五四"时期被宣传最多、影响最大的无政府主义者就是克鲁泡特金。他与巴枯宁把个人、个人利益、自由置于首位的观点不同，他主张把社会利益放在个人私利之上的"利他主义"，消灭生产资料和生活资料的私有制，在经济上实行社会主义；他反对强权，同样主张废除一切形式的国家，在政治上实行

中国早期著名的无政府主义者刘师复

无政府，因此又被称为无政府共产主义。他的代表作《互助论》，在"五四"以前就已译介到中国。李石曾、刘师复以及《新青年》、《北京大学学生周刊》、《实社自由录》都反复宣传介绍过他的生平和主张，译介过他的著作。

这些思想家对巴金都有很深的影响，反对对神和权威的迷信，崇尚自由、崇尚"利他"等精神都深深地揳入他的灵魂。他对克鲁泡特金尤其崇拜。在后来的日子里，他不仅大量翻译了克鲁泡特金的重要著作，还在自己的文章中宣传介绍他的思想。

巴金还读到刘师复的著作。刘师复是一位极受中国无政府主义者推崇和敬重的精神领袖，在传播无政府主义思想方面起过很大作用。他深受克鲁泡特金的"无政府共产主义"和托尔斯泰的泛劳动主义、无抵抗主义的影响。1907年曾因企图暗杀广东提督李准未遂而入狱。1911年又到北京企图暗杀摄政王载沣，因清朝亡而作罢。从此专心从事宣传无政府主义，曾在广州组织晦鸣学会，编印《晦鸣录》，刊行各种无政府主义的小册子。1912年，因敬

慕托尔斯泰为人，组织心社，订立十二条戒约①。他的重视人道，反对强权，要求废除家庭制，反对迷信等等主张，在这些戒约中都有反映。他自己躬行实践，以后又发起组织世界语研究会；创办颇有影响的《民声》杂志。

刘师复认为，无政府主义"最要之道德格言，不外'各尽所能，各取所需'二语"②。这也是克鲁泡特金的思想。因此，他以为克鲁泡特金比蒲鲁东、巴枯宁更精确，称之为"科学大家无政府主义之泰斗"③。他还曾详细列述了实现无政府共产主义的目的和手段。手段有两种：一种是进行宣传教育，一种是采用包括暗杀在内的暴力手段。他在个人道德修养方面律己很严，患肺病危重时，有朋友建议将印刷机出售所得之款用来治病，被他拒绝，说："余之忧《民声》，比忧病为更甚。"1915年病逝，年仅三十岁。

从1919年"五四"运动爆发到1923年初春，巴金离开四川老家这四年时间，正是巴金十五岁到十九岁之间，这个热情的富于幻想的少年几乎沉浸在读书的欢乐之中。他得到的那本《告少年》小册子后面印了一些警句。其中有一句："天下第一乐事，无过于雪夜闭门读书。"他觉得这句话千真万确。这些思想家的著作给了他新的知识和新的思想观念，使他变得丰富充实起来。他们的品格、言行修养和献身精神熏陶和冶炼了他的酷爱自由、严于律己的品质，使他感到快乐而兴奋。

17. 有了信仰

巴金从小在爱河里长大，在他的人生旅途中，最先认识的就是一个"爱"字。父母的爱，亲情的爱，人间的爱，以至爱一切人，爱一切生物。因为被人爱，

---

① 心社十二条戒约是：(一)不食肉，(二)不饮酒，(三)不吸烟，(四)不用仆役，(五)不坐轿及人力车，(六)不婚姻，(七)不称族性，(八)不做官吏，(九)不做议员，(十)不入政党，(十一)不做海陆军人，(十二)不奉宗教。参见《师复文存》所收《师复先生传》。

② 《师复文存·无政府浅说》，革新书局1927年版。

③ 《师复文存·驳江亢虎》，革新书局1927年版。

才知道把爱分给别人，才想到为自己以外的人做一些事情。他同情弱者，爱护在困苦不幸中的人们。他的人类之爱近似一个纯真的梦幻，但却贯穿一生。因为他开始看到，"人类所追求的都是同样的东西——青春、生命、活动、爱情……""失去了这一切以后所产生的悲哀，乃是人类共有的悲哀"。他就这样，从对周围的人的爱，丰富发展到了爱人类爱世界的理想。

因为爱，他更加憎恨那个封建大家庭对青春和生命的摧残。现在他开始把这个黑暗王国的存在与那个罪恶的社会制度联系起来。他想："我们是不是能够改造它（不合理的社会制度），把一切事情安排得更好一点。"这就要通过社会革命，才能求得真正的平等、博爱和自由。革命的梦似乎有些幼稚、虚幻，但是因为接受了无政府共产主义思想，对于万人享乐的幸福社会终会出现的信念，反倒更为明确坚定了。

于是，他特别崇敬那些为推翻黑暗社会而献身的英雄。他赞美这种殉道者精神。他在这个时期参加了社团活动，也是在"等着一个机会来交出我们个人的一切"。他相信在这样牺牲之后，理想的新世界就会很快出现。他后来翻译过、写过许许多多作品，赞美俄国革命、法国革命中那些有自我牺牲气概的革命者。他后来写的小说中多次描写这样的献身精神。

也许崇尚自由与一个人的禀赋有所联系，所以，在同样环境中一起长大的兄弟中，巴金比别人更富有反抗精神，尤其不能忍受对于自己个性、思想的束缚。"五四"狂飙给他最深刻的影响恰恰是个性、思想的解放，无政府主义使他最满意的地方是它重视个人自由。人道主义的核心思想就是对于人的尊重。现在巴金从各种富有民主思想的书报中都可获得这种观念：万物以人为中心，重视个人价值，维护人的尊严和自由意志。这种酷爱自由的精神与巴金追求人类之爱、人道思想是相通的，在他身上表现得也最为突出，与后来现代文学史上别的作家比较也最为明显强烈。

巴金几乎与刘师复一样推崇克鲁泡特金，心仪托尔斯泰，也十分欣赏刘师复的心社戒约等。原因在于对他们的道德自我完善、劳动互助和利他主义精神的敬服。有一次，他在一本关于托尔斯泰传的书中读到这样一句话："自约翰·卢梭以来，沸腾世界之良心，莫如托氏（托尔斯泰）者，他实苦人类之所苦者也。"这对他有很大影响。他曾说:"我虽不能苦人类之所苦,而我却是以人类之悲为自己之悲的。"①巴金在后来的漫长岁月中,对道德人格的修养十分注重和严格,正是自觉发轫于这时。他在以后小说创作中对封建家庭、卫道者的揭露,许多内容是属于道德批判的范畴。这与封建礼教假借伦理道德观念来束缚人的思想,扼杀人的意志和生命有关。

如果说,巴金把无政府主义作为自己的明确信仰,那么他的实在的具体的内涵却包容了上述许多方面。

18. 自称安那其主义者

就在巴金进入成都外国语专科学校的第二年,他读到了成都出版的《半月》杂志上刊登的一个叫适社的团体介绍,所说的意见和组织情况正是他朝夕所梦想的。于是,他写信给《半月》杂志,编辑们热情邀他去见面谈话,从而得知适社是设在重庆的一个团体。从此,他和《半月》的朋友们相识了,并且从投稿进而加入了这个刊物的工作。

当时《半月》杂志成员有成都外专高年级同学吴先忧、高等师范学生袁诗尧(成都著名学生刊物《学生潮》编辑),还有一个比他年长较多的施居甫。巴金在和他们相处的过程中,发现他们是那样坦率、真诚,对待团体的事业热心而富有牺牲精神,对于社会变革持有许多新奇精辟的见解。他们朝气蓬勃,充满理想。他们把办刊物、宣传主张看做是社会革命实践,全力以赴。这样的青年是巴金以前在公馆里从未遇见过的。

第一次见面,巴金就把自己的苦恼和渴望毫无保留地向这些陌生的朋友倾诉。他们鼓励他。他感到友情的温暖,增强了信心。巴金是这样记叙这次见面的:

---

① 《巴金书简》第158页,四川文艺出版社1987年版。另见《复仇集·序》,《巴金全集》第9卷,第3页,人民文学出版社1989年版。

在那里的两小时的谈话服彻了我的灵魂。我好像一只被风暴打破的船找到了停泊的港口。我的心情昂扬,我带着幸福的微笑回到家里。就在这天的夜里,我怀着佛教徒朝山进香时的虔诚,给适社的负责人写了信。

巴金由此与在重庆的适社负责人陈小我有了通信联系,后又由陈小我介绍与在内江师范的学生、另一些无政府主义青年卢剑波、张履谦、毛一波,以及江疑九等通信;与无政府主义前辈郑佩刚也是这个时期开始通信联系的。这以后,巴金与许多无政府主义者结识,都是通过类似的通信,而且有许多时候是使用世界语。与胡愈之就是在1920年冬天第一次通信,探讨世界语的前景,从此有了联系。这种联系方式在当时青年中是很流行的,就如今天的年轻人通过网络结识朋友一样。

1921年春天,巴金自参加《半月》杂志工作以后,每天白天上学,晚上怀着一种紧张而严肃的心情,走过几条漆黑的街巷,到杂志社去。杂志社设在一个商场的楼上。巴金到了那里,就忙着卸下铺板,打扫房间,处理读者来信和各种琐碎的杂事,接待前来借阅书报的读者。他的第一篇文章《怎样建立真正自由平等的社会》就刊登在1921年4月《半月》第17期上,内容为解释安那其主义(Anarchism,即无政府主义)是理想社会。

接着,他们又组织了一个团体,叫均社,一个月举行两三次会议,地点是在朋友家中。会议之后,必有一番忙碌:编刊物、通信、散发传单、印书。5月1日劳动节,他们印了一种传单,到处张贴散发。巴金也曾挟了一大卷传单,跑到离家很远的街巷散发。有一次,散发的传单是攻击本省军阀的。巴金还悄悄叫了一个公馆里的小听差帮忙提着一桶糨糊跟他一起去张贴。这也许有点滑稽。但那时,他们却像过节一样兴奋,幻想不久旧社会就会在他们的脚下崩塌。

巴金从此告别了自己的幼年,开始进入社会,并在那时自称"安那其主义者"。

19. 做别人不许做的事

每当巴金回忆这段往事时，总是怀着崇拜的心情谈到一位朋友，称他是继母亲、老周之后的又一位老师。他就是《半月》杂志社同事吴先忧。

吴先忧原是成都外专高班同学，是《半月》创始人之一。刊物的大部分经费是他设法筹措的。均社成立后，还要刊印别的小册子，费用更多。但他毕竟是一个青年学生，没有多少经济来源，姐姐管家，对他很严。这时，他中途辍学，到裁缝店当学徒，也是为了实践社会主义教义："不劳动者不得食"，"劳动是神圣的事。"他每天认认真真在裁缝店学手艺，有时手指上扎上许许多多针眼。他还实行素食。平时喜欢说无政府主义流行的一句格言："人的道德为劳动与互助。唯劳动乃能生活，唯互助乃能进化。"他与朋友们讲述裁缝店里的劳动生活，总是兴致勃勃。团体和杂志社经费短绌时，他除把自己微薄的工资捐助外，还会毫不犹豫地走到当铺脱下身上的长袍，或棉袍、皮袍，典当来的钱交社里应付需要。所以，他有时会闹出冬天穿夹袍的笑话。

吴先忧言行一致和苦行、牺牲的精神，不顾社会舆论和家庭责备毅然实践自己主张的勇气，给巴金留下不可磨灭的印象，使他进一步懂得了如何做人，也看到了信仰的力量。

《半月》的销路，渐渐增加达一千多份，但也多次遇到当局干涉。有一次，因为学生演戏筹款，军人捣乱，引起与学生的冲突。《半月》就此事发表了一篇短文加以抨击。当局下令抽去此文。《半月》的编辑们不仅没有抽去，反倒在此文上加印了一行朱红的大字："本文奉×××命令抽去。"进一步揭露了当局专横的嘴脸。刊物照常发行，引起更多读者的注意和同情。

《半月》的年轻人为自己巧妙而坚定的奋斗取得胜利感到高兴。后来，又因针对省警察厅禁止女子剪发的告示，连续发表文章批驳。那时的某些统治者是相当愚妄的。巴金和朋友们在《半月》上不断鼓吹革命否定现行社会制度，当局并不在意。但是提倡剪发却使他们惶惶然不能容忍。当时北京大学已开始招收女生。成都有三个女学生因为剪掉发辫而受到攻击,无法存身,终于逃到上海、北京去。于是,警察厅不仅对《半月》的这些文章进行干涉,索性蛮横地没收刊物,禁止继续出版。

这些年轻人当然不肯就此罢手。他们编印了一期停刊号,秘密发行。上面登载了袁诗尧写的一篇描述禁刊经过的文章。文字慷慨激昂,猛烈抨击当局。巴金读到这篇文章时,竟觉得热血沸腾,抗争的意志也更加坚决起来。

这时,有几位年纪较大的朋友正在筹办《警群》月刊,邀请巴金、吴先忧等加入。巴金用芾甘的名字发表了一篇题为《爱国主义与中国人到幸福的路》的文章。他借用托尔斯泰的话批评当时流行的一种狭隘爱国主义,认为中国人要走幸福自由之路的障碍是"私产、政府和宗教"。他说,只有把"这些东西消灭后,再分配财产,自由组织,互相扶助,各尽所能,各取所需,各图众人之利益、众图个人之安宁。这岂不是幸福吗"?①

巴金、吴先忧的这种思想太激烈了,和《警群》原来那些人的观念很不相同。刊物出了一期就分手了。

1922年春天,巴金和吴先忧又一起创办了一个新的周刊《平民之声》,由巴金负责编辑工作。杂志社通讯处就设在巴金家里。第一期印完同时,送警察厅检查的稿件回复来了,指责刊物言论过激,"对于国家安宁恐有妨害",因此不许发行等等。但他们仍然利用半公开的方式卖了第一期刊物。从此,《平民之声》的办刊过程,成了与警察厅检查员不断周旋的过程。几乎每期都要去和他们打交道,想尽办法瞒过检查员的耳目宣传自己的主张。巴金在这个刊物上登过一篇《托尔斯泰的生平和学说》,内容主要是参考《新青年》第三卷第四期无政府主义者黄凌霜的同名文章。在终刊号上,他们还编辑了《师复纪念号》,登载了刘师复心社十二条戒约等。这类文章、资料,在过去的无政府主义刊物上都已宣传过,现在他们又重复刊登,正是说明巴金等的重视和认同。

---

① 芾甘:《爱国主义与中国人到幸福的路》,参见《无政府主义思想资料选》(上)第543页,北京大学出版社1984年版。

20. 摔掉一个阴影

巴金写作这些政论文章，就像听到了许多新奇有趣而受感动的故事和道理以后，急于想告诉别的朋友一样。他后来曾很坦率地承认，自己知道的实在有限，这些文章"自然说不上研究，唯一的秘诀就是抄书"。这对一个十七八岁的青年来说是很真实的。这些文章的主要内容是热情鼓吹"废除政府及附属政府的机关"，"推翻那万恶的政府和万恶的资本阶级"，实现安那其主义的自由、平等和世界大同。他以清朝政府、北洋军阀政府，以至外国政府的状况来论证，认为他们所维护的旧社会制度都是阻碍人类进步的万恶的东西，只能通过社会革命加以铲除。

这些文章表现了一个年轻人的强烈的正义感和美好的愿望。他不断用法国革命家佐治·丹东（G.Danton）的豪言来鼓舞自己："大胆，大胆，永远大胆。"他也拿这样两句话作座右铭："奋斗就是生活，人生只有前进。"

那时，他走的路是直线的。即使为了一篇文章被杀了头也算不了一回事，他会为此感到幸福。人们对他的文章和活动，可以挑剔他的幼稚、肤浅，但不可忽视他的真诚和决心。这是他人生重要的起步。远航的船是从这里最早得到动力起锚，驶向人生的大海。

像许多别的年轻人一样，当巴金抑制不住内心喷薄欲出的热情之火时，也常借助于诗歌倾诉自己的心事。当然，也可能受到"五四"新文学运动的感召。他很喜欢郑振铎的《悲鸣之鸟》，冰心的《繁星》。他读这些新诗，有时会感动得流泪。他也开始写作新诗，还投寄上海《时事新报》的副刊《文学旬刊》。相比之下，他的新诗要比那些稍嫌空泛呼号的政论文更有意思些。

1922年7月，在《时事新报》上刊出巴金的《被虐待者底哭声》组诗共十二首，每首只有两句，颇有哲理意味。《路上所见》、《惭愧》、《丧家的小孩》，都是对挣扎在贫困、死亡线上人们的不幸生活的速写，初步显现了巴金的艺术才华。

8月,《时事新报》刊登了巴金致编者(郑振铎)的一封信,认为当时像《礼拜六》、《快活》、《游戏世界》等消遣刊物很发达并不是好现象。他主张:"现在最好一面做建设的工作,一面做破坏的工作;双方齐进,那末就可得很大的效果;将来中国文学便可立足于世界文学之间,并能大放光明。"这位十八岁青年刚涉足文学写作就强调文学的社会功能,就把中国文学的未来放到世界文学的格局中,不只显现了他的气魄,也说明他的思想一开始就是开放的、放眼世界的。

巴金对于语言学习也有很大兴趣。不仅学英语,还自学世界语。他根据英译本翻译了俄国迦尔洵(V.M.Garshin)的短篇小说《信号》。这是巴金第一篇译作。描写一个对现实不满、备受欺侮的巡道工瓦西里有一次撬掉一截铁轨制造破坏事故,被他的邻人谢明发现了,用自己的鲜血染红了布条向

1923年,巴金和三哥尧林离家前合影。后排左二起:
大哥、三哥、巴金。中坐者为巴金继母邓景蘧

开来的火车挥舞信号。谢明昏倒了,瓦西里的善良本性战胜了邪恶的报复心,他接过红布条继续挥舞,使列车得救了。这篇小说表现了善良和爱的力量,打动了巴金。他热心地翻译了出来。

这位年轻作者同时写政论文,又写诗歌,又翻译小说。虽说都只是刚刚起步,却已经透露了他更具有艺术气质和诗人的禀赋,更适合做一个文学家而不是革命家、政治家。这在当时不仅不为别人所注意,恐怕连他自己也还没有觉察到。老家的环境使他愈来愈憎厌和不能忍受,成都的封闭落后也使他感到沉闷。在那些新的思想和吴先忧这样朋友的行动影响下,他一直在酝酿一个离开家庭走向社会的打算。

>   我的初衷是:离开家庭,到社会中去,到人民中间去,做一个为人民"谋幸福"的革命者。①

巴金后来在《激流三部曲》中侧面描述主人公觉慧到了上海做了革命党人,正是他在老家时的这种理想追求的具体记叙。1923年春天,因为外国语专科学校规定:没有中学文凭,即使在本校读了两年半的书也不能发给毕业证书。这件事成了他们离家的一个契机。尧林提出去上海念书,得到巴金的竭力赞成和鼓动。

在一个暮春的清早,巴金和尧林离开了家乡。在烟雨濛濛的江边,大哥流着眼泪送他们上了木船。巴金悲哀、伤感,因为这里有他所爱的人仍在阴暗生活中呻吟挣扎,但他并无留恋。他激动、快乐,因为希望在前面招手。他向他的老家告别,就像摔掉一个可怕而沉重的阴影。他鼓起勇气,踏上新的征程,扬帆远去。

---

① 《巴金选集·后记》,人民文学出版社1980年版。

第三章
殉道者之梦

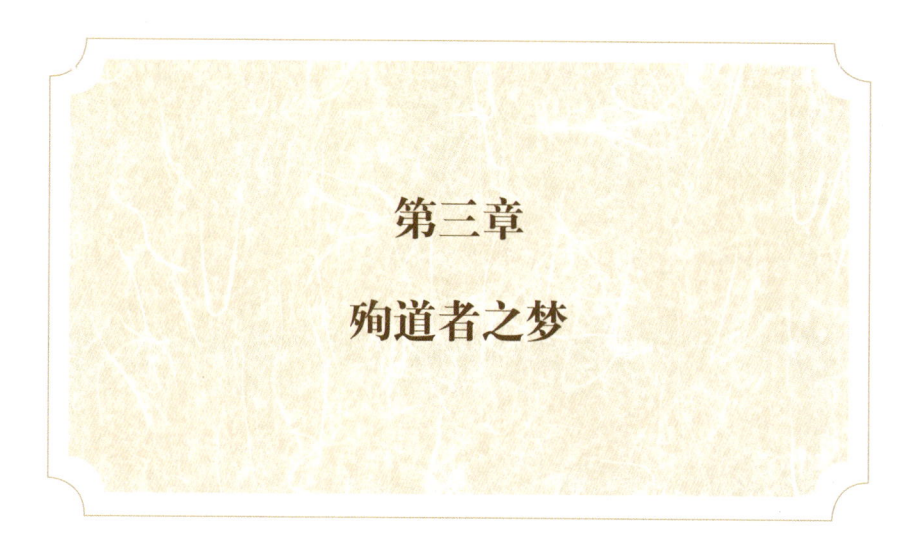

巴金和三哥尧林满怀着离愁和信心泛舟东下。

木船缓缓漂流,夜幕渐降,江面一片漆黑,耳畔响着咿呀的橹声,却辨不清航行的方向。这时,巴金孤寂的心里,又想念起刚刚分手的亲人。

他想起,那天清早踏出老家的大门时,对自幼熟悉的一切投去那说不清的留恋的一瞥:门内照壁上四个绛色篆文大字"长宜子孙",门外台阶下一对大石缸,门口那条包着铁皮的门槛,两旁一对石狮子,屋檐下悬挂着一对红纸灯笼,门槛上是红底黑牌对联"国恩家庆,人寿年丰"……现在统统都告别了,永远不想再见到它们了。然而他所爱的亲人们还在那里,那么不想离开他们,甚至痴想着马上回去再与他们厮守在一起。那份寂寞难耐的思念啊,伴随着江岸上纤夫低沉悲凉的号子,和三峡上空弥漫的苍茫迷雾,使巴金更加迷惘悲哀:

  这种时候要说是快乐吧,自己心里又不舒服;要说是痛苦吧,又是自己愿意做的事情。这是怎样的矛盾啊!我一生就是被这种矛盾支配了的。

然而，他仿佛看见江水远处，有一盏红灯闪闪烁烁，在牵引着他的心，在指引着他的未来。他的感情活跃起来，冲动起来，酝酿成了一首小诗：

　　天暮了，
　　在这渺渺的河中，
　　我们的小舟究竟归向何处？
　　远远的红灯啊，请挨近一些儿吧！①

21. 南京苦读

巴金和尧林就这样怀着凄惶和忐忑不安而又充满着幻想和希望的矛盾心情，踏上了东方最大城市上海这块陌生的土地。

1923年的上海，有鳞次栉比的工厂、商店、大楼，有繁华喧闹的街市，也有趾高气扬的大腹贾和到处乞讨的叫花子，以及穿红着绿、涂脂抹粉的妓女。这两位大公馆里的少爷到了这里，成了淹没在人海中的"乡巴佬"。他们上了码头，坐马车途中，因违反交通规则被弄到捕房罚款，然后又被拉到最为嘈杂的四马路的一间小旅馆里。旅馆对面是"神仙世界"游戏场。傍晚时，不断有人力车从门前经过，车边装着小电灯，车上坐着浓妆艳抹的姑娘，车后还跟着一个男人。他们知道这是出堂差的妓女。他们实在不能忍受这样的环境。经过一位亲戚的介绍，很快移住在春江旅馆。巴金随即写信约一位有通信联系的无政府主义朋友江疑九见面。经江疑九介绍，他们又搬迁到一幢四川同学聚居的地方。

十九岁的巴金，在初次见面的江疑九的眼中，是一位脸庞圆圆、额头宽大的聪明青年。但说起话来却有些迟钝，口齿不很清楚。他们兄弟俩按照原来计划，先到上海附近的嘉兴，祭扫先祖李氏祠堂，发现祠堂年久失修，破败不堪。于是回到上海写信给成都二伯父报告，二伯父就寄来大洋八十元给

---

① 佩竿：《黑夜行舟》，原载《妇女杂志》第9卷，第10期。

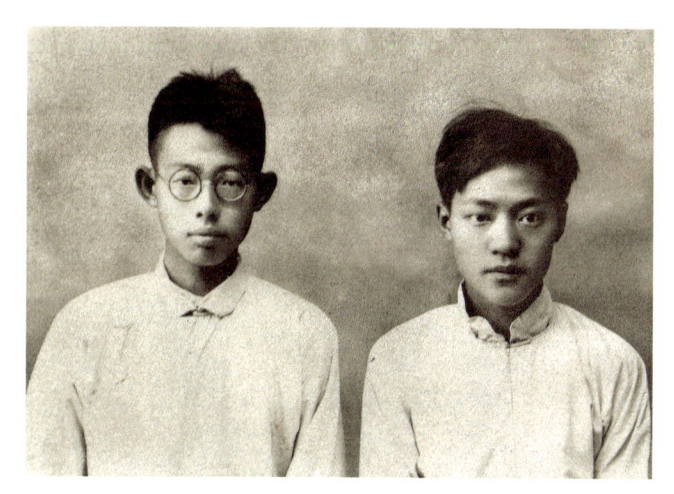

1925年在南京，三哥尧林（左）和巴金（右）

住在嘉兴的四伯祖负责整修祠堂。他们兄弟俩急于要找一个栖身、上学的地方。这年夏秋之间，他们进了南洋中学读书。这个学校是五年制中学，巴金只能插班到二年级，尧林插班到三年级。这样重复读书所费时间太长，所以到了年底他们再次到嘉兴祭扫查验修建后的李氏祠堂后，又经江疑九介绍，直接到南京就读于东南大学附中。这个学校允诺他们插班学习一年半，成绩优良可获得高中毕业证书。

在南京一年半的生活是十分清苦的。他们俩住在北门桥鱼市街二十一号的一间屋子里。家徒四壁，空空荡荡，除了他们仅有的几件铺盖行李外，别无他物。他们只好用小皮箱做坐凳，借着微弱的煤油灯埋首在破方桌上读书。每天早起晚睡。朗读外语声常常传入四邻。他们没有娱乐，没有交际，没有休息，除了和同寓的三四个同学谈谈天，摆一会儿龙门阵外，几乎过着封闭孤寂的生活。半年之后，他们又迁到一个更狭小阴暗的屋子里。他们只是默默地读书，让书本啃蚀着青春。兄弟俩相依为命，情谊更笃，每天上学同去同回。下雨天，两人合打一把雨伞。夏夜，没有蚊帐，只好躺在木板床上任凭蚊群的叮咬。后来巴金有一段对那时生活的抒情描写：

　　三年前在南京我住的地方有一道后门，每晚我打开后门，便看见一个静寂的夜。下面是一片菜园,上面是星群密布的蓝天。星光在我们的肉眼里虽然微小,然而它使我们觉得光明无处不在。那时候我正在读一些天文学的书,也认得一些星星,好像它们就是我的朋友,它们常常在和我说话一样。

巴金有很敏慧的艺术和生活感觉,然而这段话却也可以使人触摸到他那颗寂寞的心。

大哥不间断的来信,对他们是最好的安慰。1924年11月的一封信给他们带来了不幸的消息,他们的三姐李尧彩难产死了。巴金非常悲伤。他们离家前一个月,三姐还是一位刚出阁的新嫁娘。她是给人家做填房,上轿的时候,挣扎痛哭的情景给巴金留下深刻的印象。旧时女子出嫁并不知道对方是何等样人,将会有何等样命运。后来知道,她的丈夫性情还算温良,只是公婆颇多折磨。这位丈夫后来堕落成了鸦片鬼。三姐的死,使巴金又一次体验了一位青春少女寂寞地活着、寂寞地死去,从未得到过真正的爱。他的心里不能不又激起对封建家庭的憎恨和诅咒。他想,什么时候才算是个结束呢?

22. 苦闷呼喊

渐渐地,他与一些志同道合的朋友有了一些交往。卢剑波是他在成都时通讯认识的。卢是四川合江人,也是一位无政府主义信徒,这时正在南京读书、办刊物。巴金常与他聚晤、饮茶、议论时政、探讨无政府主义。

巴金还在学校里看到一位叫张光人的低班同学,他就是后来大名鼎鼎的胡风,当时是位活动分子。巴金比他高两班,但曾在一起听过世界史的课,在校刊上读到过他的文章。1925年五卅运动发生时,巴金听过张光人在学校讲台上慷慨激昂的演讲。演讲完了,巴金也被鼓动起来,和同学们坐着小火车去下关工厂参加活动。在那里,他看到罢工工人们激烈的情绪,一位女工正在讲述自己宁死也不复工。这时,他有一种深切的痛悔,觉得学生不过是演讲、发宣言、拍通电、作文章,而真正受苦的却是工人。

五卅运动在中国历史上是一次影响深远的政治事件。1925年5月15日,上海日本厂主向罢工的工人开枪,打死十余人。5月20日,青岛纱厂日本厂主再一次枪杀工人。上海工人、学生为了声援罢工,在5月30日举行了大规模的示威运动。英租界巡捕向南京路上和平示威的群众开枪,杀伤十余人。这个血腥事件震惊中外,引起上海以及全国各地的罢工、罢市、罢课的浪潮。

巴金当时在南京,并没有目睹"五卅惨案"现场,但是通过媒体还是非常迅速而详细地得悉了近在咫尺的上海所发生的一切。这是他有生以来第一次比较直接体验到外国殖民者对中国人民的凶暴和残忍,让他感到异常的激愤。巴金参加了学校里的声援活动。本来,这是一次行动实践的机会,但他却深感自己的呼喊却是那样软弱和空泛,不能有力地直接打击敌人。这种矛盾焦躁和渴望献身的热情,使他发出了爆发式的激愤的呼喊:

> 我不愿再坐下来安安静静地读书。我的血,我愿意把它流出来。只要快一点给我一个机会做一点事情,尽一份力量,叫这做奴隶的、受苦的人民站起来,争回他们的自由。你给我死也好,只是你不要使我这样活着受罪,不要使我这样无用地浪费我的青春。

23. 狂 热 进 击

自从来到南京以后,巴金一直没有停止过阅读有关无政府主义的书报。他继续接触和思考这方面的动向和问题。这时,他得到了有关著名的日本无政府主义活动家大杉荣被政府杀害的材料,就怀着一腔不可抑止的义愤连续写了一系列的文章,悼念大杉荣,抨击日本政府和军阀。

1923年东京大地震。大杉荣因长期进行无政府主义宣传活动颇为日本政府忌恨,这次竟借大地震中混乱之机,将他们夫妇和他的七岁外甥桔宗一逮捕绞死后抛尸入井。这件惨案被揭露后引起世人的震惊和抗议。巴金写有诗歌《伟大的殉道者——呈同志大杉荣君之灵》、《悼桔宗一》。还写了《大杉荣著作年表》、《大杉荣年谱》。他盛赞大杉荣是"伟大的殉道者",桔宗一是"光明的先驱者"。他激昂地高唱"血染透的旗帜是永久在我们的手中的",并一定"要使饮你的血的毒剑转去喝一切恶魔的血啊!"

巴金还编译了《东京安那其主义者一九二三年十月二十五日的报告》、《一九二三年日本大地震中日本政府军阀及反动党对于安那其主义者的攻击》,谴责日本当局是迫害日本、中国、高丽无政府主义者的元凶,号召世界上的同志们继续战斗。他还登载《苇甘启事》,广泛征集无政府主义著作。这些文字署名苇甘,发表在广州无政府主义刊物《春雷》、《惊蛰》上面。

接着他又注意到苏联镇压无政府主义者。他同样不遗余力地写、译、编,一篇又一篇地发表在《民钟》上面。其中有根据高德曼文章编译的《玛利亚·司皮利多诺瓦的迫害事件》。司皮利多诺瓦曾因暗杀沙俄总督而被捕,备受酷刑迫害。十月革命后又为苏联肃反机关契卡囚禁。巴金还根据高德曼另一篇文章编写了《"欠夹"——布尔雪维克的利刃》,翻译了高德曼的情人、无政府主义者柏克曼的《俄罗斯的悲剧》,响应了高德曼等国际无政府主义者发起的援俄在狱党人运动。

1925年初,他从报纸上得悉高德曼将要来华访问的消息。有一位朋友秦抱朴曾在莫斯科认识高德曼,现在还有通讯联系,这时就介绍巴金与高德曼通讯。巴金先后写了两封信,倾诉自己对她的钦佩、敬重和对无政府主义的信念。高德曼很想访华,但并没有成行,却很快给巴金写来了复信。她说:安那其主义,"在我看来是一切理想中最美丽的一个","我看出来你是有着每个青年叛逆者所应有的真挚和热情。我很喜欢。这种性格如今更是不可缺少的……"①

高德曼的信使巴金感到鼓舞和兴奋。他对无政府主义钻研得更加勤奋了。

到了南京以后,他继续在成都时就开始的学习世界语,每天一小时,从不间断。世界语创始人柴门霍夫(Zamenhof)是一位和平主义者,受到无政府主义者的推崇。他们把推广世界语看成是实行社会理想的一部分,所以一

---

① 巴金:《忆》第113—114页,文化生活出版社1936年版。

般都能掌握运用。刘师复就认为世界大同当以语言统一为先导，于是发起组织世界语研究会，热心提倡世界语。巴金学习世界语不到一年，就可用以阅读、写作。那时，这些无政府主义者互相之间的通信，有时就使用世界语。有些同伴就是从学习世界语、用世界语通信而互相认识的。

巴金也并没有放松正课学习。最初，他的化学成绩很糟糕，是全班最末一名。但到高中毕业考试时竟得了一百分。巴金与尧林都以优异的成绩毕业于东南大学附中高中部。

24. 北上投考

1925年暑假，巴金兄弟俩中学毕业，面临前途选择。这时，巴金对自己的行动可以完全独立自主，不再需要得到别人的认可。他决定北上，投考北京大学。尧林准备就近投考苏州东吴大学。他们自幼朝夕相处，同居一室，形影不离。尧林虽只比巴金大一岁，但巴金却颇得他的关怀和照顾。如今他们第一次分手，要各奔前程了。尧林一直把巴金送到浦口，看他登上北去的列车才挥手告别。那依依惜别的情景给巴金留下深刻的印象，但巴金却又朦胧地感到一种从此独来独往的莫名兴奋。何况，北京曾是"五四"运动的发源地，是他长久以来向往的地方。

8月，巴金到达北京。经一位原就有通信联系的朝鲜朋友沈茹秋的介绍，住在北大附近北河沿的同兴公寓。沈茹秋和周索非都先后当过北京《国风日报》副刊《学汇》的编辑。《国风日报》是景梅九主办的。景梅九是早期同盟会会员，后又信仰无政府主义。《学汇》创刊于1922年10月，基本上是一个宣传无政府主义的副刊。巴金曾连续给《学汇》投稿，发表过《柏克曼传纪》、《无政府主义与暴行》等多篇文章，因而与他们结识。但这时《国风日报》刚刚停刊。

人生就如旅途，有许多意想不到的小事往往会改变人的命运。巴金一心想到富有民主传统的北大上学，但这时经医生检查，说他似乎患了肺结核。那时肺结核是一种难治之症，巴金情绪因此十分恶劣。尽管学校仍然允许他参加考试,但他自己已毫无意趣了。他只身住在公寓里,过着寂寞苦闷的生活。他读鲁迅的《呐喊》。他认识了一位朝鲜青年柳絮。夜晚,在公寓的天井里,他们静静地坐着,望着晴朗的明月,听着槐树枝叶拂动的沙沙声。柳絮悲愤地叙述朝鲜沦亡在日本统治下的悲惨生活,和他们对日本占领者的抗争故事。这使巴金感到新鲜而又兴奋。他并不完全赞成他们的抗争方式,但他尊敬他们。这时他又惭愧地想道:"文人的笔算得了什么!"他觉得只有这样壮烈的血的抗争才是不能使人忘记的,只有这样殉道者的血才永远活在人们的记忆中。

巴金从来看重人们对暴虐者的抗争和殉道献身的精神。所以,他与这些异国朋友从此长久保持着友谊的往来。在他后来的作品中也曾多次描写朝鲜人民的抗争。

巴金既然无意再入北大,就重新回到南京。他和尧林小别重聚,倍感亲切高兴。尧林陪巴金找医生治病,诊断结果有轻度肺病。然后,他们又到鸡鸣寺、清凉山尽情地游玩一番。兄弟俩再度分手,巴金去上海养病,尧林到苏州进东吴大学继续深造。

25. 宣传无政府主义

在上海,巴金开始过一种既不须上学,又没有固定职业的生活。那时他正患肺病,日子过得极为辛苦。他不愿再增加老家大哥的负担,宁可自己节衣缩食。他得到一些稿费宁可花在买书、办刊物上。那些无政府主义朋友们和他一样,都是受理想鼓舞,信仰"私有财产就是偷窃"的观点,不重视金钱,只想对社会做些有益的工作,常常是谁有钱谁就拿出来大家花。他们对于生活要求得很简单,每顿饭就在小饭馆里,两碗饭一碗豆腐汤,或是两个小面包加开水就打发了。巴金穿着洗得发白了的蓝布长衫,扣子都掉得不全了,下雨天也不打伞不戴帽子。总之不讲修饰,不讲物质享受。他们办刊物、书店、出版社、学校等等,都不是为了赚钱,不求回报,相反还把自己仅有的钱投入到文化教育事业中去。巴金养病,但并不真正休息,而是更加勤奋写作。

那个时期写的文章主要发表在广州的《民钟》和他们自己创办的《民众》上。这都是当时比较有影响的无政府主义刊物。

《民众》创刊于1925年9月，是巴金和一些朋友们筹办的。号称半月刊，实际上是不定期的。发起人除巴金（芾甘）外，还有周索非、沈茹秋、卫惠林、毛一波、秦抱朴、卢剑波以及《民钟》主编黎健民等。他们在《出版〈民众〉半月刊宣言》中强调说："民众的利益，需民众自己去谋"，所以"要把为资产阶级所独占的学术取回交与民众全体"。

《民众》社成员大多数是像巴金这样一些二十岁左右的血性青年，抱着改造社会的热情，虔诚地信奉无政府主义，以为世界将由他们这种宣传而改变。中国的无政府主义本就没有一个统一的严密组织。从二十世纪初期直到二十年代曾有过许多各自为政的松散的小团体，办过许多报刊，进行过大量的宣传活动。1921年，《新青年》展开过一场马克思主义与无政府主义的著名论战。

随着国民党和共产党的发展，无政府主义的活动和影响明显缩小，队伍也有分化。有的加入了共产党，如曾经译介过大量无政府主义著作的李震瀛；有的加入了国民党，如另一个做过大量译介工作的黄凌霜。至于早在二十世纪初就在国外进行无政府主义活动的老一辈人物如吴稚晖、李石曾等，这时也已加入了国民党。

巴金不同于这两种人，他仍然相信无政府主义，对别的政党都持批判态度。这时他刚刚读过无政府主义创始人蒲鲁东的代表作《财产是什么？》。蒲鲁东曾被巴枯宁奉为"是我们所有人的大师"。他在书中提出"财产即盗窃"的名言，曾引起当时社会的震惊。巴金和尧林在南京读到这本著作时，使他们的灵魂中充满了一种愿为崇高的理想而献身的渴望。巴金说："这位大师虽是我们不认识的，然而，他在精神上却是和我们非常接近，他叫我们前去为理想而奋斗。"

于是，巴金在这期间写了大量狂热地宣传无政府主义的文章。一种是为声援外国无政府主义活动的，如《芝加哥的惨剧》是颂扬在芝加哥"五一"大罢工中被捕的美国无政府党人。《再论无产阶级专政》《列宁论》是批判苏联共产党（布），声援在苏联狱中的无政府主义者。《东京的殉道者》是为日本无政府主义者古田大次和田久太郎等而写的。他们要为大杉荣报仇，企图暗杀关东戒严司令官未遂而被捕杀。

另一种是与非难无政府主义的观点进行论辩的。1925年秋，当他看到陈启修的《劳农俄国之实地考察》，正面宣传肯定了十月革命后苏联社会的某些成就。巴金完全不能容忍，就根据柏克曼等人著作中提供的苏联经济资料，撰文驳斥。同年年底，巴金看到郭沫若发表在《洪水》第八期上的《新国家的创造》一文，批评国家主义歪曲马克思主义是否认国家的，指出他们连马克思主义和无政府主义都没有区分清楚。巴金年少气盛，就写文章批评郭，由此展开了一场论战。后来创造社成员、《洪水》主编周全平发表《致芾甘信》调解这场论战，希望"我和别人都能少作口舌上的争辩而多在思想上和行为上努力"。

其实，这时期他做的最有价值的工作就是耗费许多时光翻译了一些无政府主义的经典著作，其中包括蒲鲁东的《财产是什么？》、克鲁泡特金的《面包略取》等，为系统介绍传播近代西方学术思想中一个重要流派做出了贡献。此外，他还翻译了阿利兹、若克尔、高德曼等有关宣传无政府主义的论文。

26．殉道者礼赞

巴金这样热衷于无政府主义理论的翻译、阐释、论战，也就把两年前开始了的诗歌创作搁置一边不顾了。在他心里念念不忘的、不能平静下来的是他所崇敬的殉道者的献身精神，他必定要把他表现出来才感痛快。

1926年初，他收集材料后，连续撰写发表了《俄国虚无党人的故事》、《法国虚无党人的故事》，介绍这两个国家的虚无党人的革命事迹。其中借法国安那其党人瓦扬之口说："有一个时代来了，那时人民不再与他们讲理了。他们像暴风一样的吹过来，却又像急湍一样的流过去了。那时我们会看见他们的头带着血被缚在桩上。"[①]

[①] 引自《断头台上》，参见《巴金全集》第21卷，第142页，人民文学出版社1993年版。

这些故事就是宣扬这种牺牲精神，巴金称他们是"拯救人类的先驱者"。所以后来结集出版时，书名就叫《革命的先驱》。

如果说，巴金在老家时，曾经目睹许多年轻女子美好生命的委顿和死亡，因此开始了对女性命运的关切；那么，这时他更注意到那些外国革命家中有相当一部分女性做出了惊天动地的业绩。当他得知朋友卢剑波翻译了高德曼的《俄国革命之妇女》，感到非常高兴。恰好，章锡琛脱离商务印书馆和他主编的《妇女杂志》，在胡愈之等朋友的支持和创议下，新创办了《新女性》杂志，卢剑波和巴金先后寄稿给他表示支持。巴金编译了《〈俄罗斯革命中的妇女〉补》和《妇女解放的悲剧》。就在这时，他从高德曼给他信中得到一张"在赤俄游放地和监狱中的著名女革命党人姓名表"，共有七十一人，大多数都是二十岁左右的女子。巴金感叹说："可见至今俄国女子底殉道事业还未终止呢！"这都成为后来巴金写作《俄罗斯十女杰》的最初酝酿和准备，也是他在以后一系列小说创作中注意描写年轻革命女性形象的最早的艺术和思想的积累。

因此，巴金在那时狂热宣扬无政府主义的一个重要核心就是热情赞美殉道者精神。他在《芝加哥无政府主义者殉道后的四十年》（史话）一文中热烈地称颂说："社会的进步是一部殉道的记录，人类进化的每个时代中都浸透着殉道者的热血。"① 这时，他又据《革命的先驱》稍加改变，出版了《断头台上》。他立下誓愿说：

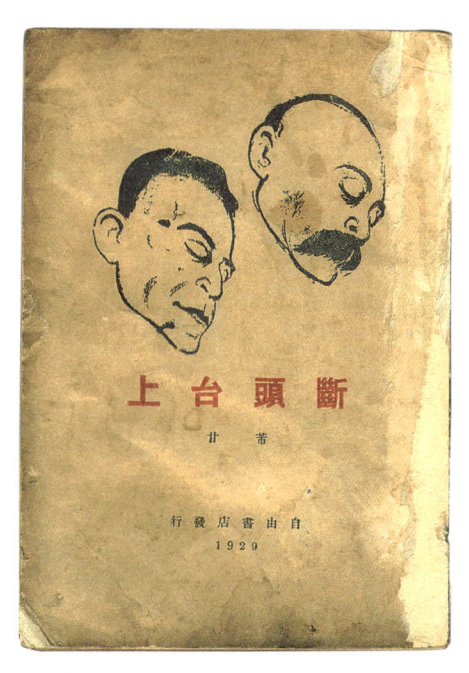

巴金撰写的《断头台上》一书的封面

---

① 引自《断头台上》，参见《巴金全集》第21卷，第55页。

只要我的生命存在一日,便要一面宣扬殉道者的伟大崇高的行为,一面继续着他们的壮志前进……①

巴金崇敬殉道者的感情一直延续贯穿在他后来的岁月中,也影响着他的个性品格。但是他也明白,"无政府主义者反对的是制度,而不在于个人,制度不消灭,杀了个人也无用的"。他在一篇《杂感》中引证了许多历史上的暗杀事件,说明恐怖手段的弊端。②

在上海一年多的"养病"时间里,他几乎过着一种脱离人群的自我封闭的生活。他并未能真正实践克鲁泡特金的"到民间去"的号召。他并不准确切实了解中国民众的思想、觉悟和生存状况。他所渴望出现的美好世界何时可以到来呢?怎样才能到来?他是迷茫困惑的。当他看到无政府主义内部的许多弱点,很多人正各奔左右,他也是很苦恼的。这一层一层的矛盾紧裹着他,使他无法解脱。他连给两位哥哥的信都很少写了。他自己也承认:"这一年我是一天天地走向孤独了!"

27. 想去法国

那个时候,巴金结识的朋友大多是无政府主义者。不仅有国内的,他还和许多外国无政府主义者有通信联系。他所注意、思考的问题和撰写的文章,涉及苏俄、法国、美国、日本、朝鲜等地无政府主义活动。他一开始就有一种放眼世界的人类意识,思考的是全人类共同性的问题,这是二十世纪中国作家中并不多见的思想境界。

就在那时,巴金开始萌发到法国留学的念头。他和法国人格拉佛、正在法国留学的吴克刚写信联系。他对国外无政府主义活动和法国革命历史有浓

---

① 引自《革命的先驱》,参见《巴金全集》第21卷,第11页。
② 苇甘:《杂感》,载《民钟》第1卷,第16期。

厚的兴趣,他想做进一步系统的研究。他也想学点经济,想读点书,当然也还因为法国有一个宽松自由的环境,相对来说比较容易接纳中国学生,费用也不算贵。

1926年初的寒假,他到苏州探望三哥尧林,说起这个想法。尧林永远是个忠厚善良的好哥哥,很少责备弟弟。当初巴金长途跋涉到北京,连考场也不进就回来了,尧林不仅没有半句责怪的话,反倒安慰他。巴金长年没有固定学习和工作的场所,他也不说一句埋怨的话,反倒劝慰他好好养病,少活动。如今巴金说想去法国,他也不反对,只说了一句:"家里也有困难。"巴金写信给大哥尧枚,希望得到他的支持和资助。尧枚不赞成,因为家里要为此拿出一大笔钱。尧枚希望巴金能进工科大学,学得技术早日工作,显身扬名,重整已经破落下来的家业。他劝巴金暂缓考虑此事。兄弟俩在信中为了此事发生过争执,经过较长时间的商量,最后尧枚还是同意了。

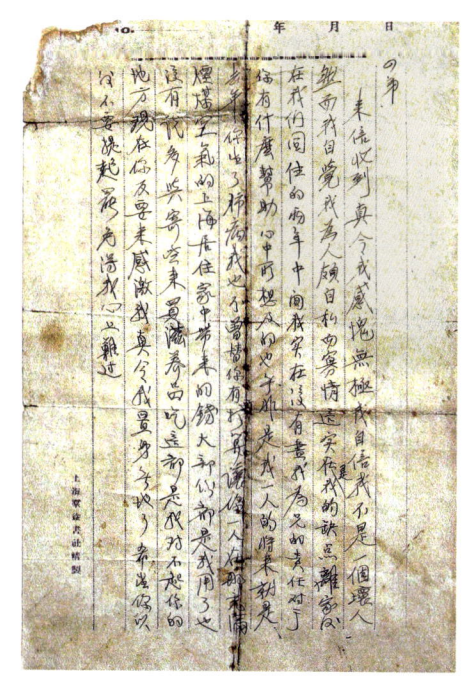

1926年,三哥尧林写给巴金的信

当巴金准备齐全,在去法国的前夕,收到三哥尧林从苏州寄来的一封充满深情的来信,做哥哥的对兄弟的个性确是相当的了解,对他未来的生活更是殷切地关心和叮咛:

> 你这次动身,我不能来送你了。望你一路上善自珍摄。以后你应当多写信来,特别是寄家中的信要写的越详越好。你自来性子很执拗,但是你的朋友多了应当好好的处,不要得罪人使人难堪,因此弄得自己吃苦。××兄年长,经验足,你遇事最好虚心请教。你到法国后应当以读书为重,外事少管,因为做事的机会将来很多,而读书的机会却只有现在很短的时

间。对你自己的身体也应当特别注意，有暇不妨多运动，免得生病……①

巴金读到这封信，渴望能再见到三哥一面，但他已没有时间再去苏州告别了。他写了一封回信，答应沿途写信告知见到的一切，使三哥跟着他去游历世界。但是，对尧林那些谆谆劝告，他并不完全能够听进去。

28. 海行途中

1927年1月15日，巴金和友人卫惠林一起登上法国邮轮"昂热"（Angers）号离开上海。如果说，四年前离开成都时，他有更多的勇气和希望，那么如今却有更多的苦恼和悲哀，更多的对祖国和亲人的眷恋。他看着邮轮慢慢地驶离黄浦江，祖国的土地隐没在茫茫的海雾中，眼里竟是热泪涟涟，心中升起凄哀的离愁。他竟喊出沙俄时代西伯利亚流放犯人的一首歌："再见吧，我不幸的乡土哟！"

他在旅途中陆续记叙了沿途见闻，一开始就是近些年的苦闷心情：

在这里我看见了种种人间的悲剧，在这里我认识了我们所处的时代，在这里我身受了各种的痛苦。我挣扎，我苦斗，我几次濒于死亡，我带了遍

1927年，赴法留学护照上的巴金照片

---

① 《随想录》第570页。

体的鳞伤。我用了眼泪和叹息埋葬了我的一些亲人，他们是被旧礼教杀了的。

……

这里有美丽的山水、肥沃的田畴，同时也有黑暗的监狱和刑场。在这里坏人得志、好人受苦，正义受到摧残。在这里人们为了争取自由，不得不从事残酷的斗争。在这里人们在吃他的同类的人。——那许多的残酷的景象，那许多的悲痛的回忆！

……

啊，雄伟的黄河，神秘的扬子江哟，你们的伟大的历史到哪里去了？这里的国土！这样的人民！我的心怎么能够离开你们！

……

再见吧，我不幸的乡土啊！我恨你，我又不得不爱你。

当邮轮驶入印度洋上，他给两个哥哥的信中又诉说了近年来的孤独和矛盾的心情。在给一位年长的朋友的信中，则执拗地再次表示了自己的信念：

我现在的信条是：忠实地生活，正当地奋斗，爱那需要爱的，恨那摧残爱的。我的上帝只有一个，就是人类。为了它我准备献出我的一切……

在"昂热"号同行的中国旅伴并不多，先后有六七位留学生和另几个中国人。海上旅行生活是漫长而寂寞的，旅伴们朝夕相处，倒也和睦亲密，谈天说地，毫无顾忌。巴金和卫惠林沿途观赏游览。他们在香港茶楼饮茶，到西贡动物园看热带风光，在科伦坡游览卧佛寺。巴金对香港茶楼打扮得年轻漂亮的女郎、锡兰服饰鲜艳的乱发黑美人、蒙头盖脸额鼻挂着牛骨环子的阿拉伯女人……种种异国风情感到好奇。

当船驶入吉布提时，又看到印度洋和红海的海水完全不同的颜色，显示分界的景观。通过苏伊士运河时，巴金独自上岸随一位英国人参拜了英国教堂。在地中海，巴金坐在甲板上默默地看着浪和风的搏斗。

在一个月的海行生活中，巴金也没有忘记读书。他读德国斯托姆（T.Storm）的《茵梦湖》，对照着世界语、德语，借助字典既读原著，又学另一种语言。一次，在倚靠甲板的栏杆阅读时，他刚翻到有吉卜赛姑娘的歌那页，书飘舞着掉入了印度洋，这使他痴痴地懊恼了好一会儿。有时，他在船舱里伏枕写作苏菲亚传。那个充满传奇色彩的少女面影老在他的眼前浮现。他会继续啃那本艰涩难懂的克鲁泡特金的《伦理学》。当邮轮将要到达马赛的前夜，他正埋头读狄更斯的《双城记》而不能释卷。

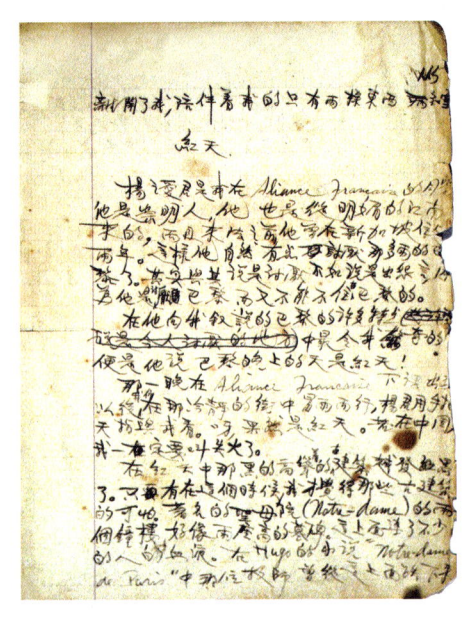

1927年，巴金写作的《海行杂记》中未发表的一篇《红天》手稿

29. 拉丁区之夜

到达巴黎的第二天，巴金就病倒了。吴克刚和卫惠林很尽心地照顾他。窗外白雪皑皑，他心里感到落寞。吴克刚正坐在一旁看报，忽然说：

"乔治·勃兰兑斯病故了！"

勃兰兑斯是丹麦著名文学批评家，也是有无政府主义思想倾向的作家，强烈呼唤自由思想和人道主义，所以为他们所关注。

吴克刚和巴金是通信多年的朋友，此番初次见面，他帮助巴金在巴黎拉丁区的一家古老公寓租借了五层楼上的一间小屋。拉丁区曾被人们称为"穷学生区"。这里住了大量的外国移民，包括外国流亡来的革命者。巴金后来也结识了其中一些朋友。

每天清晨，巴金到卢森堡公园去散步，白天消磨在读书中，晚上到夜校补习法文。住在陌生的异国环境里，巴金更觉得寂寞、忧郁。

他想念他的两个哥哥，也想念国内的朋友。他把沿途记叙的日记寄给已经转学到燕京大学读书的三哥。尧林读完后再转寄给老家的大哥。他在给两个哥哥的信中悲哀地叹道：

我虽然知道我们的心不会被那无边的海洋隔断，但是现在我的心确是寂寞得很！冷得很！望你们送点火来吧！

我永远是冷冷清清，永远是孤独……没有你们在，纵有千万的人，对于我也是寂寞……

晚上十一点钟后，巴金从夜校出来。花都的夜晚也很热闹，灯光映照的天空像在燃烧似的。但这与巴金并不相干。他孤寂而忧郁。他踽踽独行在被小雨打湿了的僻静的街道上，仰望着矗立的巴黎圣母院的古老钟楼，浮想联翩。他来到卢梭的铜像下，不自觉地伸手去抚摸那冰冷的石座，就像抚摸一个亲人。他看着那个拿了书和草帽站着的思想巨人，多么想对他倾诉自己的苦闷！那时，他正大量阅读和研究法国大革命的历史著作。他赞颂这些革命家的理想和为自由、平等、博爱而奋斗的精神。他崇敬这位民主思想的先驱者。他想，如果这时他能够开口对他说些什么该有多好啊！

深夜，他回到那个坟墓似的死寂的房间里。对面是黑黝黝的建筑物，室外总是传来窒息人的煤气味和洋葱味。巴黎圣母院悲哀的钟声鸣响着，沉重地敲在他的心上。在那寂寞难耐的日子里，往昔在老家和上海的一些见闻和生活场景常在他眼前浮现，他在练习本上断断续续记叙了一些这样的感受。这就成了小说《灭亡》最初的部分章节。

有一天他和两位朋友一起去巴黎蜡像陈列馆参观。他看见法国大革命时期著名革命家马拉（J.P.Marat）被刺的场面。那蜡像和大卫的油画一样逼真：马拉躺在浴盆，胸前插着一把匕首，血流淌着……门口站着刺客夏洛蒂·哥代，昂然望着浴盆中的死者，好像正在得意地想着：法国得救了！

巴金几乎是怀着一种莫名的激愤走出蜡像馆的。马拉是一位被称为"人民之友"的革命者，深得民众信任。哥代则是以一种献身精神去刺杀一个她以为是杀人恶魔的马拉。所以，后来也有一个与哥代完全不相识的青年鲁克斯甘心陪伴哥代一起走上断头台。这极富浪漫色彩的历史悲剧引起巴金感情上很大的波澜。许多年后，他都不能忘却。这时期，他正读了一大批关于法国大革命的书，其中有拉马丁（Lamartine 1790—1869）的《吉隆特党史》、马德楞（L.Madeline 1871—1956）的《法国革命》、道布生（Dobson 1840—1921）的《四个法国妇人》、布洛斯（Blos 1849—1927）的《1789—1804年的法国革命》等等。他说："我的思想落进书中去了。"

在巴黎，巴金还曾结识了从波兰、意大利、西班牙等国来的流亡者。由于侨居异国随时可能会遭受驱逐，更因为彼此信仰相同，也就比较容易接近，感到亲切友好。巴金初到巴黎时，还由吴克刚陪同，与卫惠林一起去约·格拉佛夫妇家中做客。和吴克刚一起参加Plus Loin刊物组织的聚会，认识了爱·邵可侣、亚·柏克曼。意大利的路易·发布里、波兰的亚丽安娜、英国的托马斯基鲁，都是在这时先后认识的。奥地利的奈特罗是通信认识的，给了他安慰和鼓励。

塞纳河畔是一个富有诗意、景色如画的地方。清晨，薄雾掩映，潮水泛涌，波光粼粼，空气清新。巴金常到这里来散步。河边一带的书摊也是他经常光顾流连的地方。他在这里买到过一些好书，得到了另一种情趣。这一切给了他希望。他在给大哥的信中说：

> 我的生活曾是如此地绝望和痛苦，然而春天又把希望和勇气给了我，使我仍然抱着坚强的决心继续与环境搏斗……

这时友人吴克刚正和亚丽安娜相爱。他们接到了法国政府的驱逐令，原因是他们参加了在巴黎召开的无政府主义国际大会，同时被驱逐出境的还有二十几位外国无政府主义者。吴克刚把亚丽安娜给他的动人的告别信给巴金看，诉说了自己的苦恼。亚丽安娜身材娇小，有一头美丽的金发。他的姊姊因为参加革命被捕后发狂死在狱中。她因波兰政府通缉逃亡到法国，现在回去，等待她的是监狱和死亡。吴克刚为马上要失去恋人痛苦得快要发狂了。巴金就用左拉在《萌芽》里的一句话劝慰朋友:"我们不应该相爱,我们爱,我们就有罪了!"当吴克刚离去后,巴金却反复自问:我们爱,我们就果然有罪吗?显然,这个思想连他自己也是怀疑的。他是矛盾的,因为他又常用这来规范自己。

巴金和吴克刚是用含着热泪的微笑送别了亚丽安娜的。当亚丽安娜的身影消失时,巴金感到自己似乎沐浴在一种崇高的感情中。

30. 吾师樊塞蒂

1927年4月,发生了两件使巴金思想十分震动的事件。

一件事是国内传来"四一二"事变的消息。曾经标榜不做官吏、不做议员的无政府主义者李石曾等人,不仅在1924年就已经做了国民党中央监察委员,而且在1927年4月2日参加国民党中监委会议,通过决议清党的同时,李石曾和吴稚晖还联合通电,呼吁"护党救国"。这使巴金十分愤慨。他平生最恨暴虐、残忍和专制。他写了许多文章,寄给美国旧金山出版的、由华人刘钟时编辑的无政府主义刊物《平等》,表示了自己的看法。

另一件事则引起他感情上更大的激动。这就是两位无政府主义者,意大利工人樊塞蒂(Vanzetti)和萨柯(N.Sacco)被美国政府诬陷抢劫罪关押六年之后,将要执行死刑。这件事引起世界各地的抗议。在巴黎许多地方几乎都有声援活动,有到美国大使馆去示威抗议的;有关于这个事件的大幅海报张贴在街上,印着"讲演会"、"援救会"、"抗议会"等等的开会日期。报纸几乎每天都有这方面的消息。

有一天,巴金读到樊塞蒂的自传《一个无产阶级的生涯底故事》(英文版)。樊塞蒂说:"我希望每个家庭都有住宅,每张口都有面包,每个心灵都受到教育,每个人的智慧都有机会发展。""我在众人的自由中求我的自由;在众人的幸福中求我的幸福……我用我的诚实的汗挣来我的面包。我的手上从不曾染过一滴他人的血,我的良心也是极其清白的。"巴金从中看到了一个伟大的心灵和精神世界,感受到他对生活、对人类的真挚的爱,觉得他是自己人生道路中又一位"先生"。他虔诚地写信给远在美国波士顿牢中的樊塞蒂,诉说自己的胸怀和希望。没有想到这位已经在狱中度过六年正等待死刑的囚徒,竟给他寄来四大张双面书写的长信,还送了他一包书。他用颤抖的手展开信笺,流着泪读信,读了又读。樊塞蒂说:"你必须再生活若干惨痛的岁月,才能懂得你给了将死的老巴尔托(樊塞蒂的名字)以何等的快乐和安慰。"他像一个亲人那样勉励巴金要忠实地生活,要爱人,帮助人。他谈但丁、莎士比亚、巴尔扎克,他从容地走上电椅死亡,又是一个活生生的殉道者!这一切给了巴金深刻的影响,使他觉得"从此我的生活有了目标"。试想一个正在苦苦追求生活的真谛,开始立志献身社会改造的青年,是多么渴望有人能够给予理解、指引和启示、勇气和信心。高德曼、樊塞蒂这些从未谋面的外国革命者、活生生的殉道者的信,适时地给了巴金以温暖和力量,其影响是那么深远以至终生难忘。巴金后来不仅翻译、撰写了许多篇关于樊塞蒂的故事《一个卖鱼者的生涯》(后改名《我的生活故事》)、《电椅》、《我的眼泪》等等,还在许多文章中抒发了自己对他的崇敬和赞美之情。在后来的一生中,他常常引述或想起樊塞蒂的话,来勉励自己。

8月22日,樊塞蒂和萨柯被杀害了。这时巴金已在沙城养病。这个消息

巴金敬为"先生"的意大利无政府主义者樊塞蒂和萨柯

使他战栗、惊恐,他绝望地在屋子里来回狂走,他窒息得快要疯了。他写了一封又一封的信,寄到各处去,抒发自己的怒火和对美国政府暴行的控诉。

这个事件沉重地打击了巴金那颗软弱而正直的心灵。他感到整个世界几乎都沉沦在疯狂的深渊,到处都是压迫、杀戮、流血。他痛苦、愤怒;为什么在刽子手面前,人们都没有能取胜呢?他无法回答这样的问题,也难以忍受这样残忍的折磨。

就在那样情况下,巴金开始根据英译本翻译克鲁泡特金的《人生哲学:其起源及其发展》。为了这个翻译工作,他又读了亚里士多德、柏拉图、斯宾诺莎、康德等人的著作和《圣经》。他在给一位朋友的信中说:"在中国人大开杀戒的时候,我埋头翻译讲道德的书……"这是对自己逃避现实的自嘲,坦白承认想寻找精神的寄托;这也是他寻求解救的出路的继续。革命的梦似乎也从那时起有了变化。

31. 玛伦河畔与《平等》

1927年夏,巴金旧疾重犯,听从医生劝告,又得到吴克刚的帮助,移居巴黎以东一百公里玛伦河(今译玛恩河)畔的一个叫沙多—吉里的小城(今译蒂埃里堡)去休养。同住的还有两位中国学生,一位是学哲学的詹剑峰,另一位是岳煐。其间巴恩波、桂丹华也来住过一些日子。他们寄宿在拉封丹中学,同时学习法文。

沙城的风土人情使巴金喜欢。这里的人们朴素、善良,把他们当成远方来的亲友。中学的司阍古然太太和她的做花匠的丈夫都是年过六旬的老人,对他们生活上的照顾周到亲切。于是巴金过了一段相当安静舒适的生活,使他很久以来的苦闷压抑的心情得到了舒缓和休息。

拉封丹中学周围的环境非常优美幽静。巴金和朋友们经常踏着松软的土地,在河边轻快地散步和聚谈。空气中飘浮着麦香,传来鸟儿的啼鸣。巴金充分享受这大自然的美景,直到夜色浓重、星光闪烁的时候才尽兴归来。这时,

1928年春在法国，巴金和詹剑峰、桂丹华

好心的古然太太像慈母一样倚门等待他们。玛伦河桥头花店有一位金发小姑娘曼丽，遇见他们总是含笑招呼。

学校附近有一座墓园，也是巴金常去散步的地方。高高的桦树，矮墙上的常春藤和许多白木十字架，向人们诉说着长眠在此的人们的故事和梦想。

巴金就在这样宁静的生活环境里度过了一年零一个多月的时光。

但是，巴金的脑子并没有休息，他继续撰写和翻译了大量杂感、政论、通讯。在法国不到两年的时间，他写的这类文章多达三十篇左右，分别发表在旧金山的《平等》和上海的《民钟》等刊物上。

《平等》创刊于1927年7月，几乎与巴金移居沙多—吉里是同一时间。这是一本薄薄的近乎简陋的无政府主义政论性的小册子，是设在美国旧金山平社主办的。主事者刘钟时是一位华侨工人，负责印刷出版事宜。经费由各地热心于无政府主义事业的同志捐助。刘钟时出资最多。每期稿件总字数约一万多字。虽由各地同志寄来，但巴金身在巴黎，却与吴克刚等成为这个刊物的主要编辑者和撰稿者。巴金写的稿最多，几乎每期都有多篇。有时整个一期都是他写的。有时因他生病致使稿件不能及时供给而影响了出版。有时他与吴克刚以本刊编辑者身份回答读者问题。他经常变换着使用各种笔名如黑浪、鸣冬、极乐、李冷、芾甘、壬午、春风、佩竿、赤波等等。据说，黑色是颜色中排列最后的一种，巴黎公社时无政府主义派就以此为标志。巴金常用"黑浪"，卢剑波笔名"黑囚"，都有这层意思在内。后来因巴金回国，

1928年，在法国沙多—吉里城的拉封丹中学

不能继续保证供稿而不得不减少出版次数，直至停刊。巴金和旧金山刘钟时一直没有机会见面，但结成深厚友谊，保持通信联系直到五十年代初。

如果说，巴金在成都时，对无政府主义是初步的学习和接触；那么，1925年中学肄业后在上海则开始全力参与无政府主义宣传活动。如今到了法国这样一个国际无政府主义活动活跃的环境中，他就更加激情满怀地投入其中，极其热心和积极，写的文章极富论战性和批判性。这些稿件内容有正面介绍、阐释蒲鲁东、巴枯宁、克鲁泡特金的理论主张的。他说："真正值得被称为无政府主义之父的还是巴枯宁。"巴枯宁认为：二十世纪正是自由和强权"决死战斗的时代"。"团聚在这（自由）旗帜下的有无政府主义者……只有无政府主义者才懂得自由，才酷爱自由。"（黑浪：《无政府主义原理》，见《平等》第15期）巴枯宁视"上帝与国家两大怪物"。"主张废除一切国家及政府，反对任何中央集权的组织，主张自由联合主义，他又是自由共产主义者，所以主张废除私有财产制度，而同时又反对马克思派所主张的国有财产制的强权共产主义。"（黑浪：《巴枯宁底无政府主义》，见《平等》第13期）他译介了克鲁泡特金关于工团主义、司法方面等许多论述。先后介绍了苏俄、日本、法国，以及维也纳、芝加哥的工人运动，特别是连续好几期花了许多篇幅报道、评述、声援樊塞蒂、萨柯事件。

他对无政府主义的政敌作了大量的激烈的批判。他翻译的俄国司太恩堡的文章认为俄苏"布尔塞维克所主张的劳工专政中央集权的国家一党专政统治苏维埃等以及它的专制的和残酷的行动"已遭到人们强烈的反对。文章指责联共（布）对所有政见不同的政党和个人采取残酷的排斥和迫害，说："它又毫无顾忌地杀戮囚禁各派社会主义者和无政府主义者，'其卡'和后来的'格别乌'等杀人机关也就创设起来了。"该文还深刻洞察其中的弊端，颇有先见之明，指出：联共（布）"的缺点不仅是因为它已经变成一党包办的机关，而且同时因为它一身兼有政治的、经济的、文化的、社会的职务。一个机关握着这样大的权力，干着这么多的工作自然会变成极其专制腐败，到了无可监督的地步了"。（《俄国左派社会革命党运动略史》，见《平等》第9期）这也正是联共（布）以及后来中国共产党也长期坚持视为两大基本的革命经验即无产阶级革命（阶级斗争）和无产阶级（全面）专政的思想。这段话竟印证了后来几十年的历史事实。

巴金还对早期中国无政府主义者李石曾、吴稚晖等改投国民党也非常反感，言辞相当激烈，视为"仇敌，我们应该鸣鼓而攻，与众共弃"。（平社同人：《通信》，见《平等》创刊号）

巴金在《平等》发表的文章中，有两件事特别值得注意：一是过去他既批判国民党，也批判共产党，原因就是他们都主张搞强权专政。但是，当国民党发动"四一二"事变清党，屠杀共产党的时候，他毫不犹豫地站出来连续写了许多篇文章仗义地为共产党说话，对国民党痛加批判，严正谴责。他在《理想是杀得死的吗？》中说："单靠着刀枪的力量，纵然弄到伏尸万万人，流血万万步，也是没有用的……"在《李大钊确是一个殉道者》中驳斥了对李大钊的污蔑，说："……李大钊后来却以从容的态度，无畏的精神走上了绞首台，为主义而死。在法庭上那样慷慨申辩，临死时又如此勇敢！在主义上他虽是我的敌人；在行动上，我对于他却是极其钦佩……"（见《平等》第2期）二是就在无政府主义活动进入低潮时，无政府主义者中间出现分化，被君毅（吴克刚）等称为"大多数都已变节"（《一封公开信》，见《平等》第8期），他们或消沉，远离政治斗争；或投向国民党，或成共产党……但巴金却在这时又多次斩钉截铁地声称："你就杀了我的头，我也相信我和自巴枯宁以来直到高德曼诸伟大的无政府主义者的主张并不相反的……无政府主义是我的生命、我的一切，假如我一生中有一点安慰，这就是我至爱的无政府主义……这

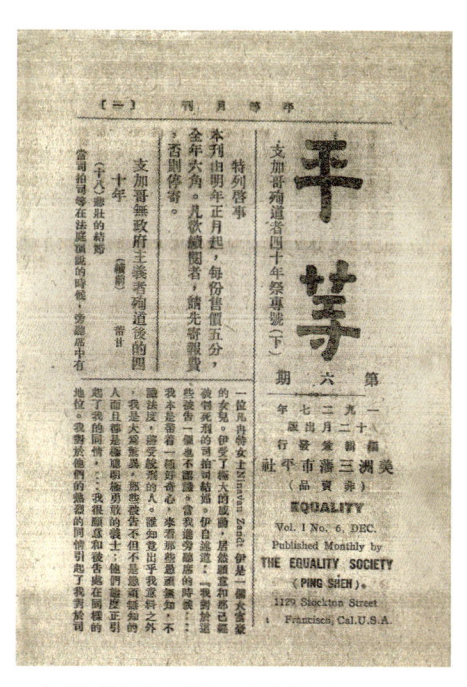

巴金参与编辑的《平等》杂志封面之一

美丽的无政府主义理想就是我的唯一光明……我是一个无政府主义者，一个巴枯宁主义者，一个克鲁泡特金主义者。不但过去如此，现在如此，将来也永远如此……"（《答诬我者书》，见《平等》第10期）巴金在这个时期的行动、著译和所交往的同志、朋友都足以证明此言不虚，他成为中国近代无政府主义运动史上的一位代表性人物。

因此，他完全不能容忍无政府主义内部的分化，即使对于好朋友也不能原谅。之前，毕修勺从法国留学回来，经巴金推荐，接手主编《民钟》。巴金决定赴法留学，毕修勺就热心地帮他奔走办理出国的种种手续。现在，当巴金在法国听说毕修勺离开《民钟》，去主编由李石曾等筹资创办的《革命周报》时，他就非常反感，写信给毕修勺声明绝交，也不再写文章给毕修勺主编的刊物。他认为毕修勺与李石曾、吴稚晖合作是"堕落"。

巴金参与无政府主义政治活动，决心做一个社会革命家，几乎到了狂热的地步，这是信仰在推动他，也是他热情奔放的个性表现。他的青年时代就是一个革命的梦。

32. 翻译《伦理学》

巴金写作、翻译了许多阐释无政府主义的论文，如《无政府主义与实际问题》的一部分，《无政府主义与恐怖主义》、《中国无政府主义与组织问题》、《无政府主义与工团主义》，以及无政府主义运动历史的书，如《俄国革命党人眼中的克鲁泡特金》、《俄国左派社会革命运动略史》。

其中最重要的是他在这时翻译了克鲁泡特金的巨著《人生哲学：其起源及其发展》（上编）。从1927年5月着手翻译，到1928年4月完稿。在最后两个月，他的全部精力和时间都耗费在这本书的翻译，常常译写到深夜，有时直到鸡鸣数次，才惊悟过来，放下了笔，疲乏地倒在床上入睡。他给尧林写信说："近来我在拼命地译《人生哲学》，我底全部力量都用在这上面了……自然要这样地度过一个人底青春，也许是可怜的事，然而现在我也找不到更美丽的方法。"①

　　为了翻译这本艰深的哲学著作,除了他所依据的英译本外,还参考了法、德、世界语等好几种语种译本。他也读了许多西方古代的近代的哲学经典著作。他觉得自己就像克鲁泡特金在俄国革命受到摧残打击的情况下写作此书的心情一样,翻译这本书成了他唯一的安慰、唯一的快乐。他认为"它坚强了我底信仰,鼓舞了我底勇气"。②

　　那么,这本著作中的什么东西这样有力地吸引着巴金呢?

　　巴金认为,中国革命所以弄到现在这个地步,就是因为没有崇高的道德理想。巴枯宁曾经写过一部没有完成的《人生哲学》,主旨就是认为,"一个人如果不同时使他底周围的人解放,他也不能解放自己。万人底自由就是我底自由"。克鲁泡特金撰写此书的主旨与巴枯宁完全一样。他说:"真正的幸福乃是由在民众中间与民众共同为真理和正义的奋斗中得来的。"他把人类崇高的道德理想归纳为三个要素:"互助;正义;自己牺牲。"

　　克鲁泡特金是一位科学家,他还从自然科学的基础上探讨人类的道德问题。他认为这不只是法律准绳强迫人们必须遵守,也不是硬性规定人们的行为准则。他告诉人们,希望过一个美满的生活是要靠他自己充分发挥所有智慧和情操的力量来达到的。这也是人类区别于动物而特有的社会本能。这个理论观点与达尔文是一致的。达尔文说:"丝毫没有此种本能的人,便是怪物。"

　　这本著作的基本思想,伴随着巴金走过了漫长的艰难的人生旅途。即使后来,无政府主义信仰淡化了,革命的梦逝去了,但这种道德理想的光辉却从未泯失,一直渗透在他的血肉言行之中。

33. 为女革命家写传

　　在沙城,他还继续撰述俄国女革命家的传记。在这之前,他已完成了

---

①② 芾甘:《〈人生哲学:其起源及其发展〉译者序》,自由书店1928年版。

苏菲亚传。现在他又继续写薇娜·妃格念尔（V.Figner）传。她和苏菲亚一样，也是民意党领导人之一，曾因图谋暗杀沙皇被囚禁二十二年。他写薇娜·沙苏利奇（V.Zassoulitch）传。沙苏利奇是著名的民粹派、劳动解放社的创始人之一，因图谋暗杀彼得堡市市长未遂而轰动一时。他写布列斯科夫斯加亚（C.Preshkovskaya）传。布列斯科夫斯加亚出身贵族，因参加革命活动，两次被送到矿山罚做苦役，后又被长期流放在人烟稀少的外贝加尔区。她有"俄罗斯革命之祖母"的美誉。他写巴尔亭纳（S.Bardina）传。巴尔亭纳参加秘密团体，到工厂做极其劳累困苦的工，坚持向工人宣传，被捕后在法庭演说，语惊四座，使人们认识到这是一位为人民献身的圣徒；后被流放、罚苦役，四年后从西伯利亚逃亡出国。因过于病弱，不愿成为别人负担，竟自杀，但连开枪都虚弱无力，伤重痛苦了十二天死去。

民粹派是以平民知识分子为主体而组成的革命力量，在理论上主张激进的民主主义和社会主义，受巴枯宁影响很深。他们对沙皇统治进行了有力的冲击，表现了一种坚韧不拔、无所畏惧的献身精神。那种英雄气概十分感人。巴金觉得自己在这样一些女子面前，实在是太渺小了。他不仅完成了这些女革命家的传记集《俄罗斯十女杰》，而且在许多年之后写作的小说中，女主人公也常常以苏菲亚、妃格念尔作为自己的精神楷模，得到鼓励。

巴金还翻译了廖·抗夫的《薇娜》、司特普尼亚克（Stepniak）的《三十九号》、蒲列鲁克尔（Prelooker）的《为了知识和自由的缘故》等描写沙俄时代新女

巴金与著名的无政府主义女革命家高德曼曾经通信联系

性形象的作品。

这时期，巴金与许多外国无政府主义者包括与高德曼有通信联系。他告诉高德曼关于吴克刚被驱逐的事，他也曾为樊塞蒂与萨柯被杀向高德曼诉说自己的悲哀。他从她那里总能得到有力的鼓励和亲切的安慰。巴金觉得，高德曼是唯一了解他的痛苦的人。她成了他最信赖的老师和朋友。他把高德曼的《斯特林堡底三本妇女问题剧》、《易卜生底四大社会剧》的论文都翻译成中文。这是对高德曼思想的信服和认同，也是出于一种友情，更是巴金对于女性问题的关注和兴趣。

巴金的青年时代执意从事革命，从无什么浪漫故事；但对女性却又特别同情、关切和钟爱。他是严肃的，也是真挚而多情的。所以，他从未间断过对女性问题的研究。高德曼在他心目中正是活着的苏菲亚一类的女子，一直是他最敬佩的女性，曾经被他视为"精神上的母亲"。

34. 写了一本《灭亡》

巴金总结他在法国不到两年的生活时说："结果我什么也没有学，连法文也不曾念好，只是毫无系统地读了一大堆书，写了一本《灭亡》。"

且不说这个自我评估是否带着解嘲的意味，但《灭亡》确是他这个时期的一个最大成果。

《灭亡》是巴金创作的第一部小说。他开始写作时，只是作为自己极端苦闷寂寞心情的宣泄，求得情感上的满足。1928年，他结束了《人生哲学：其起源及其发展》的翻译以后，长期和枯燥艰深的哲学理论打交道的脑子得到了解放和松弛。他又可以轻松地自由地读小说、诗歌，读托尔斯泰、莎士比亚和惠特曼了。玛伦河畔的安静生活使他能够冷静思考，也使他的情感得到怡悦和丰富。他把这些复杂的思考和感情尽情地倾泻在自己的笔端，把已经开始了的小说写作，把那些零星的、不连贯的片断加以整理，改写。他很意外地很快地就顺利完成了。

大哥尧枚仍然不断来信。信中总是殷切地期望他早日学成，可以"兴家立业"。这个家，在尧枚来说，总是一心一意要把它恢复兴旺起来；在巴金看来却是早已告别了的，已经被摔掉了的阴影。但是尧枚信中的温情和感伤却又不能不使巴金感到痛苦。他想把这部小说写完后献给尧枚，表明自己的人生意向，希望尧枚能够了解自己，让他安心走自己的路。

1928年8月，《灭亡》写成后，署名"巴金"。这个名字第一次是用在他从世界语转译的托洛斯基写的《托尔斯泰论》。那时世界上正在纪念托尔斯泰诞辰一百周年，是胡愈之推荐给他翻译的，并让寄给上海的《东方》杂志于1928年10月10日刊出。所以采用这个名字是因为一位在拉封丹中学朝夕相处过的中国同学巴恩波不久前投河自杀了。这使巴金很难过。为了纪念他，故取名"巴"，而"金"字，则是另一位同学詹剑峰根据巴金刚译完克鲁泡特金的著作而随意提示的。"巴金"这个名字从此一直沿用下来。①

巴金将《灭亡》书稿寄给正在上海开明书店当门市部经理的周索非，希望用自己翻译高德曼的《近代戏剧论》所得的稿费自费印刷。周索非将小说稿送给当时正在主持《小说月报》编务的叶圣陶看。叶圣陶读后非常欣赏，决定采用发表。

这时巴金已把家里提供的生活费用完，其间还得到过旧金山《平等》杂志的主编刘钟时的接济。家里再也无力供给他了。他只能靠译著换取稿费度日，所以在沙城寄宿较久，与这里日常生活花费较少有关。他感到在法国无法久留，也禁不住对祖国和亲人的思念，于是用刘钟时资助的路费，决定回国。

他先回到巴黎，遇到用世界语通信联系了七八年的胡愈之。胡愈之因起草对"四一二"事变的抗议书而被迫流亡法国，此番两人在异国他乡第一次见面倍感亲切。巴金多次到胡寄住的拉丁区寓所看望，谈国事，谈信仰，十分投合，从此成为知交。胡愈之比巴金年长八岁，早在"五四"运动后就活跃在文化出版界成为著名人士。他也是1926年成立的开明书店最早的创议者，《东方》杂

---

① 文学界和读者中长期以来流传着一种说法，认为"巴金"两个字，取自巴枯宁和克鲁泡特金这两位他所崇敬的人的名字的首尾。但巴金否认了这种说法。还有一种认为，早期署名用他的本名"芾甘"，有时用川音"佩竿"，英文缩写P.K，如此发展而来成为"巴金"。这也可备一说。

志的主编，上海世界语学会负责人。巴金与这些书店、杂志、学会一直保持密切联系，成为长期撰写稿件的作者或工作人员，都与胡愈之的关心直接有关。

他又到巴黎郊外圣·克洛特寓所访见柏克曼。他给巴金写信使用的是柏林办事处的信纸，纸上鲜明地印着"没有神，没有主人"的字样。这也是无政府主义者在工人运动中常用的口号。巴金深深感受到柏克曼经历了十四年监狱生活仍然坚定不屈的风姿，所著的《狱中记》被人们称为"人类心灵之记录"，神不存在的事实成了这本书的要旨，由此显示了比神更伟大的存在了！没有想到的是，七十年后，巴金晚年写的一篇三百字的短文题目，又借用了"没有神"这个口号，而且因此使刊登这家报纸的"文革轶事"专栏随之被关闭。可见这个思想对巴金影响至深而久远。这是后话，暂且从略了。

柏克曼是一位著名的无政府主义者，也是高德曼的情人，被囚禁过十四年。柏克曼写过大量无政府主义著作。他是一个身材矮小结实的秃顶老头，却很有神采。巴金对他一直很尊敬。

10月18日，巴金离开巴黎来到马赛。因为海员罢工，他滞留了十二天。他住在小旅馆，晨昏时分，站在窗前可以观看到地中海迷人的景象，晚饭后去海滨散步，在广场上看街头艺人演奏小提琴。他过去很少看电影，但在马赛不仅常去电影院，而且从此有了爱看电影的癖好。更多的时候，他关在小旅馆里读左拉的《卢贡——马加尔家族》系列。他一口气读完了十部。左拉的小说吸引了他，许多人物活跃在他的眼前，以至引起了他的创作欲望，不禁跃跃欲试。左拉小说中的一些艺术手法，连续性的小说构架都曾对他后来的创作有明显的影响。

12月，他回到上海，从周索非那里得知小说《灭亡》将在第二年1月份的《小说月报》上连载。《小说月报》是当时历史最久、影响最大、销行超过一万份的大型文学杂志。

巴金没有想到，从此以后，他走上了文学创作的道路，成为"五四"以来文坛的一名杰出作家。早年梦想投身革命竟被写作生涯所代替，使他的人生有了根本的变化。

第二编

文学的梦

(1929—1936)

第四章

幻灭之梦

小说《灭亡》描写一个出身内地乡绅人家的青年革命者杜大心，曾因封建包办婚姻造成过失恋，也看到过贫苦百姓的受苦和死亡。后来杜大心来到大城市，仍然看到一派人间的苦难，使他满怀激愤和仇恨，希望革命早日到来，但又不知何时才能取得胜利、怎样才能取得胜利。出路又何在呢？他为此迷惘而苦闷。他患着严重的肺结核，又忘我地工作。他既从事秘密团体活动，又是充满激情的诗人。自从遇到少女李静淑后，他为她的纯洁、善良的爱心所吸引。他生活在爱与恨、生与死、革命事业与个人爱恋的矛盾之中。不久有一位同事被捕遇害，他在绝望之余去进行暗杀活动，想用自己殉难的血去唤醒麻木的群众，最后事败被杀。

35. 梦的转折

《灭亡》中的人物和故事弥漫着浓重的悲剧氛围。巴金在《序》中明白地宣称："横贯全书的悲哀却是我自己底悲哀，固然我是流了眼泪来写这本书的。"

他又说:"我是为了自己(正如我在序言所说是写给我底哥哥读的),为了倾诉自己底悲哀而写小说。"小说的书名却是受俄国诗人雷列叶夫的诗句启发所得的。雷列叶夫原诗中云:"我知道,灭亡等待着第一个起来反抗压制人民的暴君的人。"那是因为革命的先驱者正是为历史开辟道路而献身的意思,是一种积极的赞美。因此,小说不只表现了巴金自身的苦闷、不满和失望,寻求宣泄和满足,制造一个考问自己、实现自己的梦;而且杜大心的悲剧恰恰正是表现了时代的苦闷,因而引起了众多青年读者的强烈共鸣。

巴金曾经兴奋地谈到这本小说的末尾,写到李静淑后来成为一个工人运动的领导者,领导了上海纺织工人大罢工,取得了胜利。他说,这个"第二十二章在本书内是非常重要的。我把我自己底希望寄托在这一章上面"。尽管这一笔交代在艺术描写上不过是一个生硬安装上去的光明的尾巴,但重要的是表现了作者的思想倾向:巴金写《灭亡》不完全是悲观、伤感、绝望的,而仍然是充满希望的。他把希望寄托在另一代思想健全的青年身上。

于是,既是狂热地追求献身,又悲观地认为最先起来反抗的人必然灭亡;既呼喊暴风雨般的群众革命的到来,又同情暗杀的盲动行动;既热情地传播了爱心,又表达了强烈的憎恨;既描写了纯洁真挚的爱情,又认为在千千万万人还在受苦的情况下,革命家就没有资格接受这样的爱。这些矛盾的思想交织成一幅错综复杂的情感网和艺术的画面,这也许正是本书最激动人心、最富于启示性的所在。

巴金描写了杜大心和李静淑的爱情的崇高和真挚,超越了一般的男欢女爱。他在书中几次写到李静淑对杜大心的爱常使他感受到一种母爱的温暖,"在他一生中像这样劝慰过他的,只有他底母亲一个"。"我深深地觉得在她面前,我只是一个小小的孩子。"李静淑在杜大心病中,"像慈母般地照料他、看护他。在这样的情形之下,他底拼命压抑下去的爱情就很快地发展成熟了"。他觉得,"女人底灵魂深处有一种极其高贵的东西,这是我们男子所没有的"。"只要她真正爱一个人,便可以像母亲爱护小孩子一般地爱他、看护他,只要能够使她所爱的人得到幸福,纵然牺牲她自己底一切,她也甘愿。"

巴金对女性的爱看得如此纯真、高贵、真诚,正是他对女性的尊重和赞美。

他从描写李静淑开始，在以后所有的小说作品中所写的女主人公，都按照自己的理想塑造成优美、善良、勇敢、富于母性的形象。

从许多方面都可以看出，《灭亡》是巴金构筑文学之梦来代替青年时代革命之梦的转折，也是两者的连接点。譬如把炙热的激情和酣畅的笔墨融为一体，描写杜大心对爱情的渴望、对革命的追求，以及对死的恐怖心理和牺牲的决心，都达到极致，渲染得十分浓烈、紧张和淋漓，有一种迫人的气势。书中借助文学手段把现实生活和梦境连成一片，连续写了许多梦：杜大心梦见过自己置身于黑暗的荒原、狭小的囚笼；梦见过少年时代的失恋；梦见那怪诞而可怕的太阳；和李静淑也还都有过一个凄美的梦……

《灭亡》在1929年的《小说月报》第20卷第1至4期连载后，引起了强烈的反响。它远远地超越了当时流行的革命加恋爱一类的公式化的小说，给人以耳目一新的感觉。许多读者纷纷打听"巴金是谁"？《小说月报》编者却表示，"连我们也不能知道，他是一位完全不为人认识的作家，从前似也不曾写过小说，然这篇《灭亡》却是很可使我们注意的"[1]。

到了年终，编者叶圣陶又一次高兴地总结说：1929年这年中，该刊发表的巴金的《灭亡》、老舍的《二马》是两部"很引起读者的注意，也极博得批评者的好感"的长篇，并预言"他们将来当更有热烈的评赞的机会的"[2]。这个预言后来得到了应验。许多批评家认为是少见的优秀作品，"轰动当时（1929年）文坛的杰作，当首推《小说月报》上登载的巴金的《灭亡》"[3]；"在怠惰和疲惫的状态下支持着的文坛上，近年来只有巴金可以算是尽了最大的努力的一个"[4]。有一位青年读者给《开明》杂志写信说，"这部书实在有激励人心之效"，自己原有的享乐主义被它打消，"情愿去为大众工作"[5]。

---

[1] 《小说月报》第20卷，4月号。
[2] 《小说月报》第20卷，12月号。
[3] 王哲甫：《中国新文学运动史》，北平杰成印书局1933年版。
[4] 《一九三二年中国文艺年鉴》，现代书局1933年版。
[5] 《开明》杂志第2卷，第20期。

对这部作品，文坛也有许多分歧的认识。有的认为是宣扬了无政府主义，有的说是虚无主义，有的说是安那其主义、人道主义、虚无主义的"人格化"。有的说是新写实主义，有的说是当时流行的浪漫主义新的延续。总之，莫衷一是，好不热闹。

36."世界语"

1928 年底，当巴金回到阔别两年的祖国时，上海还是那个老样子。他在《灭亡》中描写的都市的种种黑暗状况没有丝毫改变，不同的是当年轰轰烈烈的罢工、集会、起义等等在城市里看不见了，社会生活保持了表面上的平静。思想文化界的气氛低沉，无政府主义思潮开始退落。

巴金到了上海，经友人周索非介绍，先寄住在闸北鸿兴坊世界语学会，搭了一个帆布床。半个月后，就搬迁到附近的宝山路宝光里，租了一间房子，楼上是刚刚新婚的周索非夫妇。周索非那时既在开明书店做事，又是世界语学会的秘书。巴金从 1920 年与胡愈之通信开始，就与他负责的上海世界语学会保持联系，因此也就参加了学会的工作，不久被选为理事。他为学会编辑会刊《绿光》，也为世界语函授学校做点教学工作。

那时，巴金根据世界语陆续翻译了好几本书，如意大利爱·亚米契斯（E. Amicis）的独幕剧《过客之花》、苏联阿·托尔斯泰的剧本《丹东之死》、日本秋田雨雀的独幕剧《骷髅的跳舞》、匈牙利尤·巴基的中篇小说《秋天里的春天》等。这是巴金参加上海世界语学会的世界语活动最集中的时期。

1929 年 10 月，开明书店出版了单行本《灭亡》。巴金随手就将版税送给了朋友。他那时觉得为写作收稿费很不好意思，所以常常放弃稿酬，或转送朋友。重要的是这本小说的成功，鼓起了巴金继续进行文学创作的兴趣和信心。他原想做社会工作，现在感到写小说表达自己的信念也许更合适些。像《灭亡》那样把自己长期积累的思考、情感充分宣泄出来，也是一种满足。但是，当时他正继续翻译克鲁泡特金的《人生哲学：其起源及其发展》（下），不得不把写小说的念头暂时搁置起来。1929年他没有写出新的小说。

这时许多报刊常常通过周索非向巴金约稿。有的人甚至还不知道巴金的真实姓名。巴金也常将写好的稿子交给周索非代交给别的编辑朋友。巴金仍然和以前一样，每天看书写作。他不大喜欢交际，不善于同陌生人打交道。他的写作经常通宵达旦，才搁笔睡去。周索非在第二天早晨上班前，会到他屋子里从桌子上把写完的稿子带走。

天气渐渐暖和了。有一天晚上，巴金在周索非家里遇到一位陌生人，说起来却是传闻已久的老乡马宗融。巴金读过他翻译的法国短篇小说，也听朋友讲起过他的豪爽为人。这次一见如故，没有说上几句话就成了好朋友。他们一起去看电影《浮士德》，去喝咖啡，直到咖啡店打烊，马宗融还兴致勃勃，意犹未尽。他很健谈，第一次见面就告诉了他自己恋爱的秘密。过了一些日子，他突然又出现了，而且还有那位姑娘。他们刚从四川出来，准备启程去法国，是来辞行的。姑娘就是罗世弥（罗淑），是一位端庄大方温柔甜美的少女。巴金从此与他们开始了深厚的兄弟般的情谊。

37."安那其"余波

1927年秋，一些无政府主义者在上海办了一个自由书店，由留法学生朱永邦（笔名乐夫）负责经营，专门出版有关无政府主义的书籍。巴金翻译的克鲁泡特金的《面包略取》就是自由书店最早出版的一批书籍之一，而且销路也很好。巴金回国后，他们就约请他主编一本新创刊的《自由月刊》。巴金化名马拉，共编辑出版了五期。他在编者的《说几句开场白》中说这本刊物是自由书店和主顾（读者）之间的"通信机关"，是一本"半文艺半广告的刊物"。他自己在这个刊物上每期都译、写一点文章，也为自由书店出版的书籍撰写广告词。

有一次，巴金还在《自由月刊》与左翼评论家钱杏村展开论战。因为钱杏村认为托尔斯泰是个"卑污的说教人"，对普希金的作品也作了不恰当的理解和评论，因此巴金十分反感，著文反驳，讥讽钱杏村是"现代文坛上最有力的批评家"。他还在刊物上登了托尔斯泰的头像，声称："我们要永远赞美他，不仅赞美他底伟大的天才……而且还要赞美他底不可制服的道德的勇气。"① 巴金早年在成都时就写过关于托尔斯泰的文章，从这时一直到晚年他都为捍卫托尔斯泰的声誉辩诬。可见他对托氏的尊崇，并深受他的影响。

巴金还担任了自由书店的编辑，参与这个书店的经营，积极筹划出版十卷本《克鲁泡特金全集》，还筹备出版自由小丛书。巴金自己的一些有关宣传无政府主义的重要译著也都是在自由书店最早出版的。如《面包略取》、《断头台上》、《革命的先驱》、《人生哲学：其起源及其发展》、《一个革命者的回忆》（克鲁泡特金的《我底自传》）。后来朱永邦在经营书店过程中经济上有了些问题，与巴金等朋友们也出现了一些分歧。不久，当局封闭了自由书店，这才结束了这段活动。

关于宣传无政府主义的杂感文章，巴金还继续写了一些，多数寄给旧金山的《平等》杂志发表。《平等》于1927—1928年间基本上是每月一期。1929年就减少出版次数，只出了六次（其中三次是两期合刊）。后来又勉强出过一期就停刊了。就像整个无政府主义活动已经退潮一样，这些文章也没有什么新的重要的见解，倒是登在《平等》上的一篇散文《我的心》，却诉说了巴金当时的苦闷。许多年来怀着满腔热情参与社会运动，到这时有一种落寞的感觉；无政府主义活动在中国的败退消失，不能不给他带来悲哀。这篇散文就是流露了巴金那种苦苦挣扎的心情：

> 我有了这颗心以来，我追求光明，追求人间的爱，追求我理想中的英雄。到而今我的爱被人出卖，我的幻想完全破灭，剩下来的依然是黑暗和孤独。受惯了人们的凌辱，看惯了人间的惨剧。现在，一切都受够了。

---

① 《自由月刊》第1卷，第4期。

38. 兄弟重逢

1929年夏天,大哥尧枚和几位亲戚从四川来到上海住了一个多月。尧林正在北京读书,虽然很想来上海与大哥见面,因考虑往返路费是一笔不小的开支而作罢。

分别六年以后,巴金和大哥重逢,那份喜悦难以形容。他们本来就情谊笃厚,如今在一起叙谈这些年的生活经历,老家的人事变迁,真是有说不完的话题,既高兴又伤感。巴金还是那么挚爱自己的哥哥,但是,他发现彼此思想上的距离愈来愈远,各有自己的人生追求。尧枚完全成了一个地道的乡绅,当年"五四"运动曾经在他身上激起过的一点波澜早已消失得了无痕迹。巴金对于社会、人类发展的思考、探索和献身精神是尧枚所不能理解的。尧枚想的还是怎样把这个破败的家重新振兴起来,这不能不使巴金失望。但有一点是共同的,就是巴金想以老家的变迁为素材,写一部长篇小说,尧枚极为赞成,一再鼓励他把这本小说早日写成。他说,急切希望读到这本书。

尧枚离开上海回成都时,兄弟俩都非常伤感。那天,巴金送尧枚上了船,船舱非常闷热,几乎没有心情再说什么。尧枚泪流满面地握着兄弟的手说不出话来。巴金也只说了一句"路上保重……"当巴金正要离去时,尧枚又叫住了他,递给他一张唱片,是巴金喜爱的格蕾西·菲尔特(Gracie Field)唱

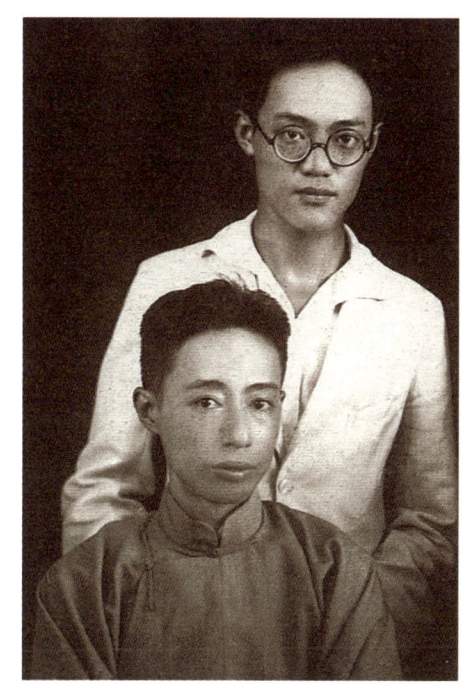

1929年,巴金与大哥尧枚在上海

的《宝贝儿子》，是他在两个星期前代尧枚买的。巴金不愿意把大哥也喜爱的东西留下，但他最后还是默默地接了过来。

在暮色的苍茫中，他从停泊在江心中的轮船上跨到一叶小舟，在风浪颠簸中，划向外滩码头。那里已是华灯初放，一片灿烂。但他觉得自己在这个都市里是一个孤独的人，长久以来内心的寂寞和这时惜别的凄凉之情一齐涌上心头，他流下了热泪。

后来，他们兄弟间在通信中又继续谈到这部写老家历史的作品。因为巴金对作品将涉及到家族中的人事关系，包括对大哥的认识，心存顾虑；尧枚却一直给予热情的鼓励。

巴金还曾在给尧枚的信中诉说自己的苦闷，"所足以维系我心的只有工作。终日工作，终年工作。我在工作里寻得痛苦，由痛苦而得满足"。又说，"我在心里筑了一堵墙，把自己囚在忧郁的思想里……""我怕记忆。我恨记忆。它把我所愿意忘掉的事，都给我唤醒来了。"

39."洛伯尔"之梦

于是，巴金几乎把全部的时间和精力都消磨在写作中。写作使他的感情得到排遣和宣泄，精神上得到很大的满足和快乐。但是有时仍然不免沮丧。他问自己："文章究竟有什么用处……我没有勇气再写下去了。"

话虽这么说，但他还是不断地写。1930年春，他花了不到一个月的时间写了一部中篇小说《死去的太阳》，是以"五卅"事件为背景，写一个青年知识分子由热情参与渐至幻灭的故事。最初的写作启示是由前几年在法国时，在报上看到一个越南青年自杀引起的，但是这部小说的"激情"比较空泛，缺乏《灭亡》中的深刻的思想冲突和浓烈瑰丽的艺术色彩。因此，小说最初投寄《小说月报》后被退了稿。以后修改了再发表时，评论界的评价也不高，尽管巴金开始时有点不以为然，但还是承认这是一部"失败的作品"。

这时他还写短篇小说。据说，1923年在成都老家时，他也曾写过一个短篇，发表在《时事新报》副刊上。到了南京读书期间，又写过一个反战题材的短篇，投寄给《小说月报》后，给退了回来。时隔多年，他在《灭亡》得到成功以后，再写短篇小说时，第一个作品《房东太太》是根据朋友朱永邦的初稿改写增补的。小说描写第一次世界大战时，战争给法国普通老百姓带来的灾难。儿子早已战死，母亲却还日夜抱着儿子的衣服倚门痴望征人归来。第二个作品《初恋》，有明显的模仿屠格涅夫的小说《初恋》写法的痕迹，写在一次聚会上，每人轮流讲自己初恋的故事。但是巴金这个作品的素材是在法国沙城一起相处过的同学桂丹华给他信中叙述的亲身经历。当时巴金把它写成《一个爱情的故事》，编入《灭亡》第八章。现在则又改写成一个独立的短篇。

这些作品写得并不成功，使巴金很扫兴，几乎怀疑自己也许不适宜文学创作。有一天晚上，他从梦中醒来，眼前一片漆黑中似乎看到了什么，寂静的深夜里又似乎听到了什么……他无法再安睡，一种创作的冲动使他文思泉涌，一口气写完了一个短篇小说《洛伯尔先生》。那时已经天明，空中升起大片红霞，他感受到一种创作的愉快。

从此，他连续写了许多短篇。这时期写作都是以法国沙多—吉里小城作为背景的。《洛伯尔先生》就是写一个小镇上的音乐师的爱情故事。沙城的墓园、花店、小河、麦田、学校……以及花店少女、镇上的音乐师、校长夫妇……都成了活动在这些作品中的人文环境。他特别喜爱屠格涅夫的小说，所以那时的小说创作受屠格涅夫影响较深，如用第一人称叙述方式，用主观的热情的抒情与叙事相结合的方法，表现爱情的不幸、战争的灾难、穷苦人民的苦痛、日常生活中人际的爱爱恨恨，等等。

巴金创作这些小说有其特殊意义。他说，在这些短篇作品中，"差不多每篇都有我的一个朋友，都保留着我过去生活里的一个纪念"。因此，巴金才能把他所熟悉的、泛起过情感波澜的生活故事写得那么委婉动人。像这种以域外异国生活为题材的小说，在中国作家创作中是很少见的。在巴金看来，外国人和中国人"追求的都是同样的东西——青春、活力、自由、幸福、爱情，不仅为他们自己，而且也为别的人，为他们所知道、所深爱的人们。失去了这一切以后的悲哀，乃是人类共有的悲哀"。所以，中国读者更需要这些内容，因为他们失掉青春、生命、活力、爱情的机会更多。

巴金从事文学创作之始，就重视文学的社会功能，把作家的历史责任感放在第一位。同时又明显地表现了他的开放的人类意识，他几乎不以民族、国家的不同作为区别是非爱憎的依据，他追求的是全人类的爱、和平、幸福和解放。

巴金把主要写于1930年，以及少量写于1929或1931年的共十五个作品结集成第一个短篇小说集《复仇集》，于1931年8月在上海出版。

40. 重建道德理想

翻译克鲁泡特金的《人生哲学：其起源及其发展》是一件很艰苦的工作。巴金在法国翻译上册时已经体验过了，现在继续下册的翻译仍然如此。但同时又有甘之如饴的感受。他曾引述日本作家有岛武郎访问克鲁泡特金时的经历："恰如柔顺的小儿在老亲之膝下静听慈爱的训言。"巴金说他在译述此书时也有此感觉，使他在浊流滔滔的大海中可以成为一块坚定的岩石。

克鲁泡特金写作此书时已是一位八十岁老翁，在西欧亡命数十年后回到苏联，幽居乡间，一字一字地写出了他的最后巨著。他认为，俄国革命没有创造出一个建立于自由与正义的基础上面的新社会制度，是因为缺乏崇高的道德理想所致。所以，他致力于这本书的写作是有非常现实的针对

俄罗斯著名无政府主义革命家克鲁泡特金

性的。同样，巴金也正从往昔热衷于社会活动与政治宣传渐渐转为根本理论的研讨，像克鲁泡特金一样深感道德理想重建的重要性，是社会改造的基础。他理解克鲁泡特金的伦理公式是"无平等则无正义，无正义则无道德"。

因此，巴金在1929年连续翻译出版了克鲁泡特金的《人生哲学：其起源及其发展》（下）和《蒲鲁东底人生哲学》两本书。

接着，他又于1930年初翻译出版了克鲁泡特金的《我底自传》（《一个革命者的回忆》）。这是由几个朋友集资印刷的，第一次印了1000本，大多数赠送给朋友和熟悉的读者。几乎像布道传经一样，巴金希望把这个伟大人物的人格成长和发展的记录介绍给青年读者，从中得到一些慰藉、鼓舞和启示。

因此，巴金翻译这本传记时倾注了自己全部的心血和情感。在译述的同时还加了许多注解，以期帮助读者了解历史背景。书前十五幅插图都是巴金在国外苦心搜集得来的。而他所参照的英、法、日三种译本却很少或根本没有插图。现在不仅有作者不同时期的照片，还有他亲笔所绘的在彼得堡监房中做器械体操和在法国克雷服监狱的牢房的图画。巴金把这个版本称之为插图本《我底自传》。他还托周索非转请丰子恺为这本书题写了书名。他在南京读书时就非常喜欢丰子恺的漫画，对他描写古诗词意境和儿童心灵非常欣赏。这时他们还没有见过面，但已同是开明书店的作者。巴金对丰子恺的清静无为、纯真博爱的人品心仪已久。所以，他想到用他的书法来配这位崇高的革命家传记最完满不过了。

《我底自传》记叙克鲁泡特金六十年传奇般的生涯。他在书中写了老家的温馨，母亲、姊妹们美好的面容和友爱，也写了下层民众的心理，使人看到旧俄罗斯的必然崩溃命运和正在出现的新的生气。他写自己，既无骄矜伪饰，也无忏悔感伤。他很少谈论自己的爱情和婚姻生活。他只是从自己充满戏剧性的生涯中描述了对民众的热爱、关心和忠诚，以及温和而有教养的气质是如何形成和发展的。

巴金译完此书后写了一篇代序，以给他的小弟弟一封信的形式写出：

你也许会像许多人那样反对他底主张，你也许会像另外许多的人那样信奉他底主张；然而你一定会像全世界的人一样要赞美他底人格，将承认他是一个纯洁伟大的人，你将爱他、敬他。那么你就拿他做一个例子，做一个模范，去生活，去工作，去爱人，去帮助人。你能够照他那样地为人、那样地处世，你一生就决不会有一刻的良心的痛悔，决不会有对人对己不忠之事。你将寻到快乐，你将热烈地爱人，也将为人所爱。那时候你就知道这本书是青年们底福音了。①

正是因为这个原因，巴金把这本书当作道德理想重建的一个重要方面。他说："这是我最喜欢的一部书，也是在我的知识的发展上给了绝大影响的一部书。"直到抗战期间，他写的《火》三部曲的第二部中，描写一位战地工作团团员李南星离开时，将这部曾经激励自己人生成长的心爱之书、始终带在身边的克鲁泡特金的《我底自传》留赠给了战友冯文淑。可见巴金对此书的珍视。但是，五十年代巴金因为政治原因在修订《火》第二部时却将留赠的书改成了苏联作家法捷耶夫的《毁灭》。

41. "安那其"理论

这个时期，巴金还写了唯一的一部政治理论著作《从资本主义到安那其主义》。这是巴金最系统地阐释自己的无政府主义主张的著作。以前他写过许多单篇的论文，但从未有过这样的系统论述。这部政治理论著作，采用通俗性的讲话形式，可以说是他对自己从事无政府主义宣传活动十年的一个总结。从此，巴金几乎就不再写作直接论述或宣传无政府主义的作品了。

他写作《从资本主义到安那其主义》这样一部著作的愿望，许多年前就有了。因为他深感外国无政府主义著作繁多丰富，但在中国，却很难找到一本浅显系统的书；对于无政府主义的解释又是众说纷纭。因此，在与高德曼

---

① 引自《克鲁泡特金自传·译者代序》，参见《插图本克鲁泡特金全集》第1卷，第2页，新民书店1933年版。

通信中曾谈到过这件事。高德曼告诉巴金，柏克曼正在写作这样的书。巴金在巴黎郊外柏克曼寓所见面时也曾谈论过这本书的写作问题。1929年柏克曼写完了《安那其主义的ＡＢＣ》，就寄赠给巴金一部。巴金非常欣赏，认为把第一次世界大战以来资本社会的实际变化和俄国革命经验也联系起来加以考察，正是此书的特点。但是他并未按高德曼的意思翻译此书，而是自己写了这部《从资本主义到安那其主义》，只是利用了柏克曼书中的一些素材和论据。他再一次申明：

> 我愿意做一个克鲁泡特金主义者，这就是说我信奉克鲁泡特金所阐明出来的安那其主义的原理。所以如果有人读了这书，觉得我的安那其主义是和中国安那其主义书报所说不相同或者还相冲突的话，那么请你们原谅我，因为我只是一个克鲁泡特金主义者。①

巴金在写完本书时，正好天色大明，故在书的最后添上一句："我祷祝安那其的阳光早日普照全球。"这些都说明在1930年初，巴金仍然还是一个相当虔诚的无政府主义者，只是与其他派别有所区别而已。

《从资本主义到安那其主义》共分三个部分。第一部分题为"今日"，是对资本社会的道德、经济、政治的批判和否定。同时又几乎用三分之一的篇幅论述了俄国革命，认为"十月革命乃是法国大革命以后世界上最重要的事实。它比法国大革命还要伟大些，因为它进入社会的根柢更深。固然法国大革命是带有社会革命的性质，但俄国革命才算是有史以来唯一的社会革命"。他盛赞布尔什维克革命，"接近民众，故能了解民众的要求"，"它喊出民众争自由与正义之热望，它志在废除一切使人为奴隶，受压迫的事物"。凡此，都是巴金第一次用如此热烈肯定的语气评价十月革命。但是他也尖锐地指出十月革命后建立的专政机器正是与安那其主义存在根本分歧，因为"在革命后十余年的俄国内，没有人能够享受经济的独立、政治的自由与安全"。"对于非

---

① 《从资本主义到安那其主义·序》，自由书店1930年版。

布尔什维克的人,俄国成了一个大监狱"。

巴金在这部书的第二部分"安那其主义"、第三部分"社会革命"中,从政治到经济,从理论到组织管理,从基本概念到具体革命设想都有详细的论述,中心思想就是"安那其主义反对一切的政府",它希望"民众由他们自己的组织来决定管理他们的事务,并不要受任何政党的命令"。所以安那其主义自称为"自由共产主义者"。也就是说,"自由代替了政府,这就是安那其;平等使用代替了私有财产制,这就是共产主义"。

巴金在这部书中把少年时代以来就憧憬的乌托邦社会理想作了全面具体的描绘,还为达到这种目的所要采取的手段和途径作了种种设想。这部书是用浅显的文字阐释复杂的理论问题,意在传播无政府主义思想,"来指明革命的道理"。但这部书出版不久,就被明令查禁,并没有引起文化界和读者的特别注意。巴金也很不满意后来有些评论家不读他的这部书,常对他有种种误解。

1930年夏,刘师复的妹夫郑佩刚和卢剑波等邀约了一些无政府主义者在杭州聚会,①巴金和卫惠林也参加了。那是一个月色皎洁的夜晚,他们在西湖画舫一边游览,一边商议宣传无政府主义。最后商定由卫惠林和巴金主编一种新的月刊《时代前》,由郑佩刚做发行工作。卫惠林化名卫仁山,巴金化名李一切。郑佩刚比巴金年长十多岁,是一位老资格的无政府主义者。《时代前》自1931年初

1930年夏,巴金第一次游访杭州

---

① 据郑佩刚的回忆,说是有四十人参加,疑有误,当时不大可能集中那么多人。郑佩刚:《无政府主义在中国的若干史实》。参见《无政府主义思想资料选》第970页,北京大学出版社1984年版。

创刊，共出版了六期。与过去不同的是，它的主要内容是以登载文艺方面的小文章为主，即使巴金自己写的，用"一切"、"苇甘"、"金"署名的文章，情况大致也是如此。

他在这段时间里所做的这一切，继续表达了他的信仰，也自以为很坚定。事实上，他对这种乌托邦理想不仅不再像少年时代那么天真地以为很快就会实现，而且未尝不感到这种理想带着浓厚的虚幻的色彩。但是作为一种律己的人生信念，他仍然是执着的。他对当时现实的失望引起的苦闷与他不懈的追求和思考，交织成思想上的矛盾是相当激烈的。

他对于历史和未来作了冷静的理论上探索的同时，仍然无法忘情于先驱者们的壮烈事迹和圣徒般的殉道精神。这种无私的崇高的道德情操仍然像一团火一样在燃烧着他、激励着他、催动着他。他渐渐地把这样一些无法遏制的激情和执着的追求转移、宣泄到文学创作中去，并且由此摆脱了思想危机，走出了苦痛之谷。

42. 南国之梦

1930年秋，巴金应老朋友吴克刚的邀约，到福建晋江（现在的泉州）做了一次旅行。那里有两所中学，一所叫平民中学，设在文庙（孔庙）；一所叫黎明高中，设在武庙（关帝庙），校长就是吴克刚。

巴金从上海先到厦门，游了鼓浪屿。长期生活在嚣闹的上海，住在斗室写作的人，偶然置身在这个风景瑰丽的地方，不禁心驰神往。夜晚，他荡着小舟，在海上仰看满天的繁星。那闪烁着神秘的光亮的星星似乎在喁喁细语。海是这样宽大。他在做着未来的梦。

在鼓浪屿的一家海滨旅馆，巴金遇到了作家王鲁彦。巴金在中学时就读过王鲁彦的作品。王鲁彦的散文《灯》、《狗》中强烈的人道主义精神曾经感动过他的年轻的心。现在他们不期邂逅，感到格外高兴。他们谈文学，谈社会，谈自己。王鲁彦当时正过着飘泊不定的生活。巴金感受到了他的内心也是孤独而寂寞的。他们谈得很投合,成了情谊很深的好朋友。

三天以后,巴金到了晋江,住在黎明中学,不仅和老朋友吴克刚重逢,而且还先后结识了陈范予、林憾庐、丽尼(郭安仁)、叶非英等许多新朋友,这些人在他后来的生活中都有过相当深的交往、友情和影响。

黎明中学最早是由一群无政府主义者在1928年夏秋间创办的。那时,无政府主义活动在国内开始趋于低落,从北京、上海等各地退避下来的众多无政府主义者渐渐聚拢在闽南地区,像秦望山、范天均、陈君冷、梁龙光等曾经一度想组织民众武装,建立根据地;后又从事工会、农会、办报、办学校、办读书会、办世界语教学……开展一系列活动;还与当地军阀、劣绅、土匪有过斗争,一度相当活跃,被看做无政府主义的小天地,称为"世外桃源"。黎明高中就是在这样的历史背景下创办的,经费向各界民众和华侨筹集。第一任校长就是梁龙光。教员多为原来的少年中国无政府主义联盟的成员和劳动大学教师,都是年轻的有志之士,渴望中国社会变革。在当时国民党政府统治下,他们不可能在政治上再有什么作为,就在这个中学里做些踏踏实实的有益的教育工作和科学研究。先后在黎明中学、平民中学任教的有音乐家吕骥、戏剧家周贻白、张庚、文学家王鲁彦、丽尼、陆蠡、翻译家吴朗西、伍禅、诸侯(陈瑜清)、林憾庐、历史学家杨人楩、生物学家朱洗、陈范予、教育家叶非英、社会学家卫惠林等等。一时人才荟萃,互相之间赤诚相见,像是生活在一个和睦的大家庭里。在巴金的眼中,看到的是:

> 在这里每个人都不会为他个人的事情烦心,每个人都没有一点顾虑。我们的目标是"群"、是"事业";我们的口号是"坦白"。

他们虽然蛰居在这个古老僻远的小城里,但关心的是人类、祖国的前途,热切地希望用自己点滴的工作来推动社会进步。长久以来,对于政治活动相当失望和厌倦了的巴金,生活在这个团体里,感受到了生气和希望。与过去那些停留在口头、纸面上的呼喊不同的是他们的实实在在的工作,充满理解和友情的人际关系。他和这些朋友们散步在寂静的公园里,兴奋地谈论那些为之热血沸腾的问题。

有时在夜晚，打着火把，走过黑暗的窄巷，去参加聚会，围坐在微弱的煤油灯前。他还到散发出牛粪味和草香的小村镇去看望朋友。那正是耀眼的龙眼花盛开的时节。龙眼是四季常青、凌冬不凋的常青树。那灿烂的晚霞，那明亮的红土，那新绿的榕树，那繁茂的相思树叶……这是多么富有生命力的图画！巴金在这里度过了一段快乐而富有情趣的生活，驱散了他在上海时郁积的悒抑情绪，对于他这颗寂寞的心是很愉悦的安慰。

巴金在黎明中学住了一个月左右。他住在吴克刚寝室里，寝室外有一个凉台。晚上，常有朋友来这里谈天。吴克刚不久患伤寒重病住医院。学校里的事务就由陈范予帮忙照料。巴金却也受感染发高烧，幸有陈范予等朋友的细心照顾，很快就恢复健康了。他在这里休息，写短篇小说，翻译小说，也帮着做些学校事务。有时，在实验室里，陈范予还教他在显微镜下辨识小生物，如草履虫、阿米巴虫等。黄昏时，他们坐在凉台上，或和学生们在老榕树下，看着夜色渐浓，热情的话语在晚风中追逐，他感受到一种新的生命力量在活跃着……

这时，叶非英从广州来此担任数学教员。他是一个漂亮的青年，穿着整齐干净，特别喜欢、关心学生们。巴金与他也成了好朋友。

43. 陈范予和丽尼

陈范予早期与潘漠华、汪静之、冯雪峰、柔石结伴合作，从事文学创作活动。后来做过厦门《民钟日报》编辑、劳动大学教师，致力于生物、天文等自然科学的研究和教学。但又热心社会改革，仍能保持科学的冷静的头脑。巴金从他那里得到了许多科学知识，更从他的为人中得到许多启示。

陈范予在散文《战士颂》中这样写道：

我激荡在这绵绵不息、滂沱四方的生命洪流中，我应该追逐这洪流，而且追过它,自己去制造更广、更深的洪流。我如果是一盏灯,这灯的用处便是照彻那多量的黑暗。我如果是海潮,便鼓起波涛去洗涤海边一切陈腐的积物。

十多年中,陈范予在默默地教书、研究之余,还抱病完成了《科学与人生》、《达尔文》、《科学方法精华》三部译著。巴金觉得陈范予这个人像一个播种的农夫,永远在撒播生命的种子;也像一个殉道者,把一切的不幸和困难都引到自己身上,直到耗尽心血。后来,在陈范予逝世之后,他曾这样激动地说:

> 在你这里我看见了无穷大的世界,在你这里我也看见了那无穷小的世界。我知道人并不是宇宙的骄子,我知道生命无处不在,我知道生命绵延不绝。你的生活哲学影响了我的。你的待人态度也改变了我的。倘使我今天从我的生活中完全抽去了你的影响,则我将成为一个忘恩的人而辜负了死友的期望了。

黎明中学英语教师郭安仁笔名叫丽尼,是纪念他幼年时代一个外国小女伴的。他是一位很有成就的散文作家和翻译家,心地善良充满温情。他和巴金也成了好朋友。但是在巴金回到上海不久,听说丽尼遇到了麻烦。他和一位姓吴的女学生有了爱情,这位女学生原先由家长做主,与一位绅士有了婚约。于是丽尼被赶出学校,逃到鼓浪屿友人家里。吴不肯屈服,在婚礼举行的前夕,冒雨来寻找丽尼,愿意与他一起流浪到天涯海角。但是丽尼没有勇气接受这样的爱。吴绝望地回到家中听凭命运的摆布。这件事使巴金久久不能平静。

巴金回到上海后,回忆起晋江那段生活,动情地说:"我一生中最快乐的日子(可惜非常短促)就是在那样的土地上度过的。"他喜爱那块明亮的红土,那里仿佛有他长久追求的乌托邦的影子,但却比较实在、美好。所以,后来"我的脚两次、三次重踏上南国的红土。我老实说,当那鲜艳的红土在无所不照的阳光下面灿烂地发亮的时候,我真像一个游子又回到慈母的怀中来了"。

他在小说《新生》中,将借作品中人物之口,一再描述说,在A地,我"会见了不少的朋友,个个都充满着信仰和热情"。李静淑动员李冷到 A 地去,说"在那里不是充满着活力与生命吗"？到了那里以后,"你底生活史上又会翻开一篇新页了"。这 A 地指的就是晋江,但巴金还是离开了它,因为他正从文学中寄托和寻找自己的梦想。除了《新生》,他后来创作的许多小说都曾直接或间接以这里的生活环境作为背景,如《爱情的三部曲》、《春天里的秋天》、《星》等。

44. 《新生》之梦

1930 年与 1931 年之交,巴金动笔创作构思已久的中篇小说《新生》。这是《灭亡》的姊妹篇,是巴金计划中要写的连续性系列作品之一。巴金在法国读了左拉的《卢贡——马加尔家族》这套连续性小说后,也曾设想尝试写成五部连续性的小说,甚至连书名也已拟好:《春梦》、《一生》、《灭亡》、《新生》、《黎明》。《春梦》写杜大心的父母;《一生》写李静淑的双亲。后来又有新的构思,要在《春梦》中写一个苟安怕事的人接连遭遇不幸而毁灭。《一生》写一个官僚地主的荒淫无耻生活,最后疯狂。《黎明》则写理想中的社会,在若干年后人们过着幸福的生活。但是这只有书本上所描绘的虚幻的乌托邦,缺乏实际生活基础,后来虽曾多次想动笔,终于认识到这个不可逾越的困难而未能实现。关于前两部的构思,也曾陆续写过一些片断,后来分别用在《死去的太阳》和《家》中,整个创作意图有了新的丰富和发展。

他写《新生》,采用日记体裁第一人称自叙的形式。故事描写杜大心虽然死了,但是理想不灭,更多的人起来奋斗。李静淑和朋友张文珠都穿上蓝布短衫到工人中去办夜校,出刊物,领导工人运动,筹备"五卅"惨案周年纪念等等。人们从这里或多或少会感受到为巴金倾心赞美的俄国民粹派到民间去的历史在她们身上的延续。

但是作品着重描写的是李静淑的哥哥李冷的故事。由于杜大心的死,他的思想引起矛盾,既放弃了过去的优裕生活,又不愿投身到革命中去,过着孤独而寂寞的生活。他喊叫:"我只知道我自己。在我底世界中我当然是中心。"

《春梦》（一九二八年曾计划写的中篇小说）残稿。

巴金 一九九二年二月三日

底里沉下去了。水面吐出了一个圆涡，慢慢地扩大，最后扩大到没有了。水面又恢复到从前的状态了。那个掷石子的小孩已走开去了。

一种奇异的思想忽然来到杜大心的心里。他想回转了眼睛经意地望着水面想看出那颗小小的石子落在什么地方。然而它早已不在水面了。他定睛向碧绿的水瞪了他的眼光。他所能看见的只是一个石子，一直沉在水底了。

水底，那春不见的不可思议的水底一定是一个很好的安息地方。在那里没有人间的悲剧没有一切的好坏，只有凝着清水的要爱的脸，看见那里没有带着要爱的油滑的脸至少不会有假面和隐瞒。在那里有美丽颜色的水草，在那里有各种大脚所看不到的鱼虫，软软的污泥便是他成了虚无主义、个人主义者,说:"我否认一切,我反抗一切,便是你们奉为神圣的人民我也反对。"于是他只能陷在绝望之中,觉得自己的前方只有黑暗的坟墓。他的妹妹李静淑、恋人张文珠,以及许多朋友给了他爱,使他走上了革命的路。后来他被捕,梦见一个可怕的残忍的杀戮两位少女的场面,激起了他的复仇之火。他虽然牺牲了,但是集体的生命仍在延续。本书结尾,巴金借用《圣经·约翰福音》中的一句话来点化主题:"一粒麦子不落在地里死了,仍旧是一粒;若是落在地里,就结出许多子粒来。"

《新生》在艺术上保持了作者原有的热情奔放、酣畅描写的风格,但是比起《灭亡》来,似乎缺少了一些更深刻的新的思考。

《新生》有两个稿本。第一个稿本和刊载这部小说的《小说月报》在1932年初都被毁于日寇武装侵犯上海时的炮火,他又重写了第二个稿本。《新生》和《死去的太阳》出版后,在1934年11月和1935年3月,先后被当局所禁止。《新生》的罪名是"鼓吹阶级斗争",《死去的太阳》的罪名是传播"普罗意识"。

第五章

激流之梦

从晋江回来以后，巴金仍住在上海宝光里原址。他的创作开始进入一个旺盛时期。

晋江的旅行生活，使巴金的身心得到较好的休息。温馨的友情对他是很好的慰藉和鼓舞。他以惊人的毅力和勤奋，日夜不停地写作，以此来倾吐郁积在内心已久的激情。他忘了疲倦，忘了健康，如他自己所说，还常常忘记了自己。比当年从事政治理论写作和宣传还更狂热地投入到文学写作中去。他的个性就是这样，只要认准了一件事，就会奋不顾身，全力以赴。

45. 狂热写作

那时报刊约稿也很多，编辑们催逼索要甚急。他几乎来不及从容地在思想上、艺术上多做琢磨，稿子刚写完就被送到报刊变成铅字。这些编辑中有不少是熟悉的朋友，巴金重友情，不好意思推托回绝人家，只有使自己辛苦些，尽量多写来满足读者和编辑的要求。何况，不管在什么情况下，他的写作态度总是非常严肃的。他说：

> 当初我献身写作的时候，我充满了信仰和希望。我把写作当作我的生活的一部分，我以忠实的态度走我在写作中所走的道路。

也就是说，他把文学写作当作当年信仰和宣传无政府主义时一样虔诚和狂热，不过换了一件武器而已。

1931年是巴金创作旺盛期的开端。他的一些著名的代表作，如《激流三部曲》之一《家》，《爱情的三部曲》之一《雾》，《革命三部曲》之二《新生》（第一个稿本），以及其他十几个短篇小说都是在这一年中完成的。这些作品，他先后开笔，同时交叉进行。《新生》开始写作于1930年底；次年4月就开始写作《家》；同年夏又开始写作《雾》，几乎是和《新生》同时完成的。

先是上海《时报》编辑吴灵园通过世界语学会的朋友约请巴金写一部长篇小说，每天一千字左右，在报上逐日连载。巴金答应了。他决心完成他酝酿已久的《家》的写作。他要写一部旧家庭的历史，一个正在崩溃中的大家庭的悲欢离合。这部小说就是原来构思中并与大哥谈论过的《春月》。

这部小说在《时报》最初连载时，是以《激流》为题的。巴金一开始先送交了《引言》和头两章《两兄弟》、《琴》，从4月18日开始逐日刊出，报馆编辑还下了功夫，将书名、作者名都套了红，在版面上用大字突出介绍作者是"新文坛巨子"等等。

当小说刊出时，巴金多么希望大哥能读到它，使他能够因此睁开眼

1931年，也是最早连载《激流》(《家》)的时报馆大门

睛看清自己的生活处境,开始另外一个新的人生。然而,这一切都已经太迟了。巴金收到老家发来的电报:他的大哥从事投机事业失败,服毒自杀。大哥永远也不会再读他的小说了。

46. 大哥之死

李尧枚的死使巴金非常震惊、痛苦。自从父母辞世以后,李尧枚作为长兄挑起了全家重担,对于几位兄弟十分爱护关心,竭尽全力支持帮助他们的学业和事业。巴金一直把两位哥哥看成是相依为命的亲人。现在,听到这个噩耗,他几乎不敢相信。他痴痴呆呆,独自跑到灯火辉煌的街上,在人流中无意识地狂走。他的思想麻木得像停止了的钟摆。

那天晚上,他失眠了。他重新思考了生活和正在写的小说。他决定调整《家》的结构,要把大哥作为主要人物的原型来写。

自从老家日渐败落,经济入不敷出,祖传的田地卖掉以后别无其他来路可供贴补。于是李尧枚就存了侥幸之心从事投机生意,先得过一些小利,然后大胆了,愈做愈多。因为几家银行倒闭,李尧枚仅有的养家糊口的钱财大部分化成了灰。他虽十分恋生,几次三番写遗书,写了又毁,毁了又写,最后还是自我毁灭,把痛苦遗留给了他的妻儿。

巴金永远不能忘记大哥曾经给过他的亲情和帮助,即使他给大哥带来过麻烦,与大哥发生过争执,但最终,大哥还是依顺了自己。他爱大哥。浮现在他眼前的大哥的形象是含着眼泪、忍气吞声、一生顺从别人给他安排的命运。不管别人如何欺负他、迫害他,也不管面临的生活如何不合理、不公道,也不管所爱的人遭到多大的不幸,他都是妥协、忍受,默默吞咽苦果。在巴金痛苦的回忆中,又多了一个旧制度下的牺牲者。旧家庭的许多冤魂好像又都出现在他面前申诉和哀号。他要把二十多年积聚的全部的爱和恨,统统宣泄在这部小说中。他要向人们展示这样一幅真实的图画:这儿是伤痕,这儿是血,这儿是尸首,这儿是屠刀!他要把一个垂死制度的牺牲者摆在人们面前,

大哥李尧枚写给巴金的信

希望从这些鲜血淋漓的尸体上寻求出一个未来的新生的合理的社会。

巴金继续《家》的写作。他不断在挖老家的历史，在挖掘自己铭刻至深的记忆。他翻看大哥、三哥给他的信。这些信给他的创作提供了许多丰富的素材。他每隔一个星期写一次《家》，写完一部分送给报馆，可以连续刊登十天或半个月，这样他就在这间隙时间写《雾》、写《新生》。老家的生活、人物、事件对他太熟悉、感受太深了，他本来酝酿思考已很久了，相当成熟了，

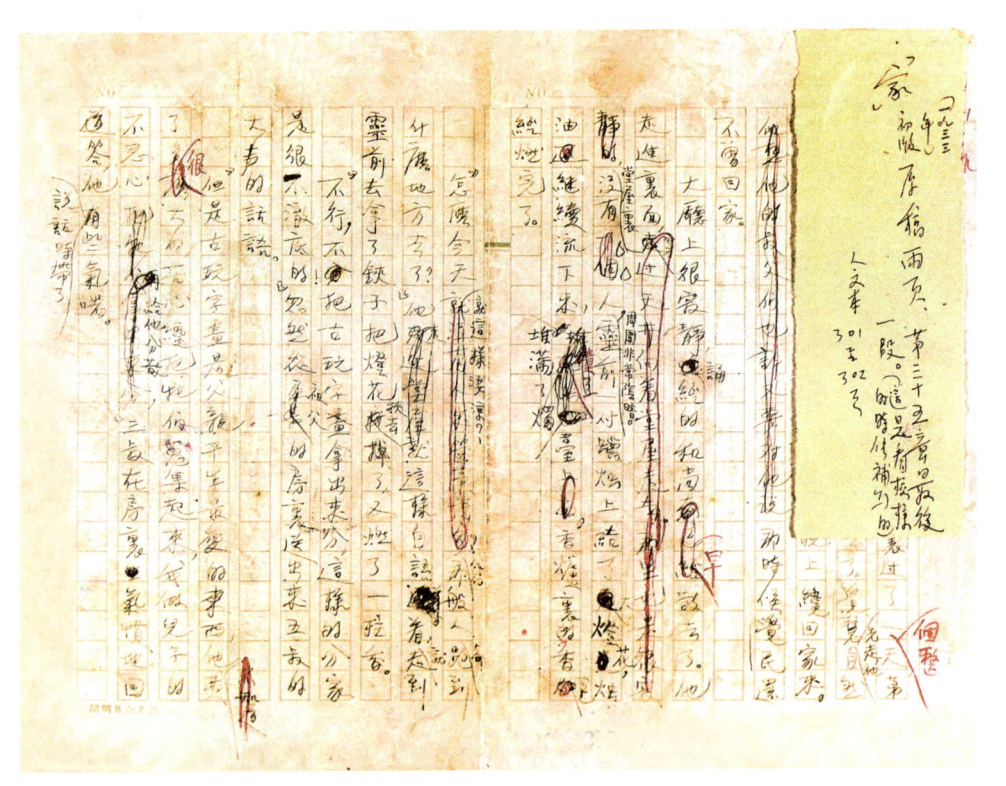

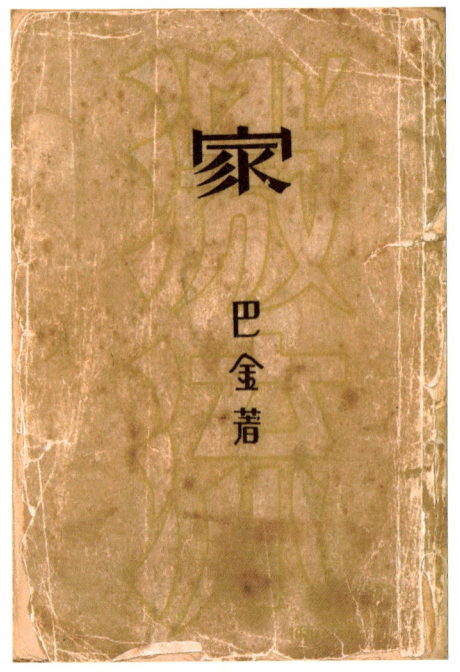

《家》初版本手稿已佚，这是仅存的其中一页

《家》第四版封面

大哥的死又进一步激起他的创作激情。因此，他创作《家》的过程十分顺利，每写一部分，都是一气呵成的。有时写到某些情节，常常激动得不能平静下来，又是叹息，又是流泪，甚至愤怒、痛苦得丢下笔在屋子里来回走动。他把自己的血和泪、爱和恨、悲哀和欢乐都浸染到这个作品中去了。

47.《激流》和救亡

1931年9月18日夜，日本驻华的关东军发动突然袭击，攻占北大营，继而侵占了沈阳。全国最大的沈阳兵工厂、制炮厂和二百架飞机就这样不费一枪一弹落入日寇手中。

"九一八"事变后，日本军队在三个月内鲸吞了整个东北。长久以来被压抑得万马齐喑的中华民族被激怒了，发出了救亡的怒吼。一个大规模的罢工罢课，集会请愿要求抗日的爱国救亡运动遍及全国。上海救亡运动的规模声势尤其浩大。各界不仅连续举行数万人罢课罢工，还纷纷派代表到南京政府门前呼吁抗日。在这些日子里，巴金也没有心思和时间关门写作了，他热情地投入到这个救亡的浪潮中去。

9月底的一个深夜，他写了一篇散文《我们》和一首诗《我说这是最后一次的眼泪了》，都是控诉日本军国主义的。前者写兄弟两人的对话。弟弟对于闯进城里举着太阳旗的日本兵到处抢劫、放火、杀人，非常愤慨，责问哥哥，为什么只关在屋子里怀着恐怖心情等待死亡。哥哥则呼唤"我们要站起来，像一个人"，"我们要靠自己来决定我们的命运"。

那时，叶圣陶正在开明书店编《中学生》月刊，巴金常寄稿给他。巴金给一位青年读者写了一封公开信，登在这个杂志上，劝慰他们不要悲观，要"在荆棘中开辟一条平坦的路"，"在黑暗的后面便隐藏着光明"。他主张应该到民间去，到中国的腹地去，才会知道他们真正需要的是什么，他们的幸福怎样才可获得。

当时《时报》和别的报纸一样，大量篇幅用来报道东北抗战和各地救亡的消息。《激流》（《家》）也就暂时停刊了一个时期。过了几个月，报纸版面渐渐恢复正常，小说之类的稿件也重新刊登了。巴金又开始紧张地续写。他的住所楼上原是周索非夫妇居住的，现已搬走，巴金就从楼下搬到楼上住。这个房间很宽敞，除了床桌椅外，还有一张吴克刚留赠给他的小沙发。这是巴金生平第一次自用的沙发。当时周围居民几乎天天都有搬家迁入租界的。邻近有一个日本海军陆战队的兵营，随时都有发动袭击的威胁。他们还举行武装演习，挑战的气氛愈来愈严重。在这样一种异样的恐怖和死寂的环境里，巴金关门对着一盏孤灯写作。

《时报》编辑吴灵园请假回乡去了，换了另一个编辑，写信给巴金，借口嫌小说写得太长了，不想再续登了，这使巴金很不高兴。因为当初并未明确规定多少字数，但他不愿和报馆多费口舌，去争论这样一个无聊的问题。他把已经写完了的几万字续稿送到报馆，还附了一封信表示歉意，希望他们斟酌刊完。他说，这件事于他并不重要，但为了对读者负责，使读者能够读完全书，他还是希望有始有终。他声明他可以放弃稿酬。这个建议促使报馆改变了"腰斩"的企图，总算将小说刊登完毕。这份《激流》（《家》）的最早手稿也就此被时报馆全部丢失。巴金却说："我总算尽了我做作家的责任。我不是为稿费写作，我是为读者写作的。"

48. 老家的梦

《家》是《激流三部曲》之一，是巴金第一部长篇小说，也是他最著名的代表作。"五四"以后十多年的新文学运动虽然有了重要成绩，但是有影响的优秀的长篇小说却寥若晨星。《家》的出现成了新文学史上的一块里程碑，轰动了整个文坛。

《激流》（《家》）在《时报》连载后，到1933年5月由开明书店出版单行本。在以后近二十年中出版了三十三版，销行数十万册。这在当时是一个很可观的数目，也是现代新文学最畅销的作品。1953年以后转为人民文学出版社出版，到2008年共印行了九十次，达四百三十七万册。它还曾先后四次被改编拍摄成电影，此外还被改编成话剧、越剧、电视剧、舞剧等等，受到更广大观众的欢迎。一部文学作品经过了半个多世纪的考验，受到几代读者的认同，说明它的成功不是偶然的。

《家》描写了一个正在崩溃中的封建大家庭，取材于巴金的老家。许多人物、故事以至细节、生活习俗，都是巴金极为熟悉、深有感受的。小说中的高觉新以巴金大哥李尧枚为原型，觉民和觉慧两兄弟的某些性格特征和某些故事，也有李尧林和巴金自己的影子和痕迹。其他如祖父、四叔、五叔，以及梅、蕙等也都可以在现实的李公馆中找到相应的原型或素材，某些对话、信件、故事直接取材于李尧枚的通信稿。当然，艺术创作有其真实的生活依据，但并不意味着作品中的人物、情节和真人真事是一回事。

巴金从小生长在封建大家庭，对家族及其礼教制度的专横、残忍、不人道，以及其自身必然没落的命运有特别深刻的体会。他还耳闻目睹许许多多年轻可爱的生命横遭摧残、吞噬的惨剧，使他满腔悲愤一直郁积在心。他离开成都老家时，自以为把老家像一个阴影摔掉了；其实这个阴影一直伴随着他。不仅大哥的来信不断报道着老家发生的种种变故，例如三姐惨死，家庭中落，变卖田地，以及公馆、家族中人事变迁，直到大哥自杀等等，都使这个阴影成为挥之不去、无法解脱的梦。

长期以来，巴金在对社会、人类解放进行探索的过程中，明显地包含着对于老家的思考。老家就是这种人生思考的起点。他在法国写作《灭亡》之初，就在酝酿以自己最熟悉的老家作为写作素材。因为老家历史、人物丰富复杂，值得把它写出来。他读左拉的《卢贡——马加尔家族》说："我的手就痒了，我的脑子也痒了。换句话，我也想写小说了。"只有把自己长久以来郁积的感情倾吐出来，他才感到一种解脱和满足。

49."我要做一个人！"

《家》描写了高公馆衰败史中的种种纠葛和冲突。高公馆的长孙高觉新因

中国现代文学馆中玻璃镶嵌画《家》中鸣凤投湖场景

家长逼迫,放弃学业,放弃理想,也放弃了自由恋爱的梅表妹。结婚以后,既满足于新娘瑞珏的温顺贤淑,又不能忘情于旧恋人。老三觉慧最激进,参加了学生运动,又爱恋着婢女鸣凤。鸣凤抗拒主人逼迫,不愿嫁给老乡绅冯乐山做小老婆,投湖自尽,使觉慧痛苦万分。老二觉民与琴表妹心心相印,在觉慧帮助下反对家长的包办婚姻,用逃婚抗命的办法取得了成功。梅病死了。瑞珏也因家族间倾轧折磨,难产死了。觉慧决心与这个旧家族决裂,离家出走。故事进展过程中,还写了许多旧家族的风尚习俗、繁文缛节、人情世故。诸如高公馆过除夕、元宵,庆贺高老太爷寿辰,兵变逃难,等等一系列场面和事件,以及不同人物在这些事件中的各种心态。

但《家》最突出的还是对家族制度的猛烈抨击。巴金曾经多次反复表示,写作这部小说,是"要向一个垂死的制度叫出我底'控诉'",他"要宣布一个不合理的制度的死刑"。①"五四"以来,许多先进的知识分子都对家族制度有过激烈的批判,但通过艺术形象,在如此广阔的画面上展开生动描写,却还是第一次。与二百年前的《红楼梦》比较,显然具有更自觉的现代意识。重要的是作者着重描写了以觉慧为代表的青年一代的叛逆者形象,是作者倾注心血和理想去全力完成的。觉慧虽然还只是"一个幼稚然而大胆的叛徒",但巴金把希望寄托在他的身上,要他给人们带来一点新鲜空气。这也成了这部作品吸引和震撼了千千万万颗年轻心灵的魅力所在。这也是巴金为什么把这部书名称之为《激流》的奥秘。他认为:

生活并不是一个悲剧。它是一个"搏斗"。
……
我无论在什么地方总看见那一股生活的激流在动荡,在创造它自己的道路,通过乱山碎石中间。②

---

① 《〈家〉十版代序》,人民文学出版社1962年第2版。
② 《〈激流〉总序》,人民文学出版社1962年第2版。

呼唤自由意志、人道精神、民主思想在《家》中贯穿始终，成为作家强烈爱憎的基石。许多受尽摧残和迫害，要想争取生存和发展权利的青年男女都不禁发出"我是一个人"、"我要做一个人"这样悲愤的呼喊。这些口号产生于非人的黑暗的生活现实，是对剥夺人的起码生存权利、扼杀人的意志、感情、欲望的暴虐统治的抗议；也来源于西欧、俄国革命家、进步作家、思想家以及文学作品的启示。《家》中一再写到青年男女主人公们在读了托尔斯泰的《复活》、屠格涅夫的《前夜》、易卜生的《娜拉》以及廖·抗夫的《夜未央》和苏非亚故事等等以后，为之神往、激动，引为楷模和指导。他们从这些书中看见另外一种新奇的生活。那里也有像她们这样年纪的女子，但却是多么勇敢，多么自然。她们为争取支配自己命运的权利向生活挑战。她们要自由地生活、自由地爱。

巴金在《家》中又一次表现了对女性的深刻同情。他描写了大批妇女受到最残忍、最野蛮的虐待情景：鸣凤、梅、瑞珏等等的惨死，淑贞的缠足，婉儿遭受的种种虐待……无论是小姐，还是丫环，都只是一头任凭摆布宰割的牲口，而不配有更好的命运。她们连出门、读书都要遭到干预或禁止。这就是琴为什么要喊出"我要做一个人"的原因。巴金深深地感受到在封建专制统治下，女性所受的压迫更为深重。因此，在巴金的作品中，女性几乎都是美好的形象，是美的象征，女性的悲惨命运正是美的毁灭。

巴金对过去十多年狂热地从事无政府主义理论研究、宣传活动后所感到的幻灭，在文学创作中得到一种补偿和满足。巴金在这部小说一开始就宣布："我不是一个说教者，所以我不能够明确地指出一条路来，但是读者自己可以在里面去找它。"这"里面"就是那股由爱与恨、生与死、欢乐与受苦所组成的动荡不止的生活激流。

与《灭亡》、《新生》中充满激情的呼喊不同的是，《家》更注重于写实，注重于对客观生活的精细、逼真的描绘，和对人物心理、性格的刻画，注意通过错综复杂的社会关系的剖析和描写，来揭示人物之间的矛盾。那位性格软弱、充满矛盾的高觉新，那位具有"五四"新文化运动影子的新人高觉慧，都是中国现代文学史画廊中的重要创造。《家》也重视情节的丰富性和戏剧性，注意细节、典型环境和氛围的描写，所以一直被文学史家视为现实主义代表作之一。

50. 中国式的"多余人"

1931年夏天，有一位从日本留学归来的朋友寄住在巴金的宝光里寓所。有一次，这位朋友兴奋地谈到最近的一次恋爱经历。他絮絮叨叨地对巴金讲述那个恼人心绪的少女和她的肉香。他几乎完全沉溺在那个苦恼的单相思中。这个故事引起了巴金的创作冲动，据此创作了小说《雾》。但是，这位朋友读完后，非常恼火，觉得巴金歪曲和误解了他。因为他把小说当作摄影和个人传记看待了。巴金解释说，"我是在创造一种典型，而不是在描写我的朋友"。

《雾》讲述的是一个从日本留学回来的青年周如水爱上了少女张若兰。他对爱情那么渴望、执着、苦恼，但当少女直接、主动向他表示爱情时，他又犹豫、害怕起来，怯懦地退却了。他对事业也是说得多做得少。当事情不成时渴望至极，事情成功时又不敢接受。这种性格造成他一生无所作为的悲剧：不仅失去了爱情，也写不成著作，办不成事业，更成不了革命青年，最后除了自杀别无出路。这是中国式的"多余人"典型。巴金认为，"在中国具有这种性格的人是不少的"。

巴金在这时发出这种感慨不是偶然的。1931年，巴金写作的几部重要作品《新生》、《激流》（《家》）、《雾》中都有这样一个怯懦、软弱的人物。在强大的敌对势力的压迫下，沮丧、颓唐、沉溺于个人主义的李冷；在封建家族迫害下，忍让顺从，吞食苦果的高觉新；想爱不敢爱的周如水。他们都是好人，巴金对他们充满同情和哀怜。巴金既写了社会环境的影响，也发掘了他们人性的弱点。巴金憎恨和不满这样的性格，真诚地希望他们振作起来。他常常因为这些人而写作，但在写作过程中又出现了觉慧、陈真、李静淑这样一些反叛性的、勇于行动的人，形成鲜明的对比。

《雾》是一部分量不大，但艺术上堪称精细的作品。已故评论家刘西渭

（李健吾）不欣赏《雾》，认为"《雾》的失败由于窳败"。巴金不同意刘西渭这个批评，曾撰文辩驳。其实，《雾》既有刘西渭所说不顾一切的热情叙述，也从中生动地开掘了人物内心的矛盾和性格特征，这就是艺术上的成功。整个作品的氛围描写如涓涓细流，淙淙泉水，细小而清澈，使读者置身其中可以感受到一种温暖的气息；在憎恨怯懦、空谈、无能性格的同时，鼓舞人要有勇气，要有生活的信心，要敢于去爱人、爱大众。

《雾》的完成，引发了巴金继续写作另一个连锁式系列的想法。这就是包括《雨》、《电》在内的《爱情的三部曲》，在后来几年中陆续完成。

51. 给我安静

这年冬天，巴金应朋友李少陵的邀请，到浙江长兴煤矿做客。李少陵原是当年一起从事办《民众》、《时代前》等无政府主义宣传活动的朋友，又名三木，搞过工会工作，这时在煤矿当科长。巴金在那里住了一个星期，接触了一些矿工，参观了煤窑。就在巴金去访问前一个多月，煤窑发生过一次瓦斯爆炸事件，死了十五个人。巴金还是下到窑井里去看工人作业，和工人谈天。这似乎有点冒险，但巴金并非出于写作的打算。煤矿工人的悲惨生活遭遇给他留下了不可磨灭的印象，他似乎在涌动一个想学左拉写一本中国的《萌芽》的念头。

几个月以后，他因"一·二八"战事迁居到步高里，与两位留日学生黄子方、伍禅住在一起。黄子方是云南人，他对巴金讲了许多有关云南个旧锡矿中淘砂工人的情况，使巴金大为激动。黄子方每每谈起砂丁就动感情。他去过个旧，原想在那里工作，但看到黑暗悲惨的生活实在无法忍受，如不离去，结果不是发精神病，就是被杀害。他希望巴金能把砂丁现状写成小说。但是巴金对于个旧、锡矿、工人都是陌生的，当时连文字资料都难找到。他只是凭着热情、勇气和想象，竟把它写出来了。这就是《砂丁》。1933年，他又依据长兴煤矿这段短暂的生活经历写成了《萌芽》。故事结尾描写矿工暴动遭到镇压。这是巴金仅有的两部描写工人的中篇小说。尽管写完后他一直觉得不算是成功的作品，但是他"仍旧爱这两篇小说"，因为他描写的这些画面和情节都是真实存在的，实际情况比所写的还要可怕；他说写《砂丁》也"浸透了我的血和泪，贯穿着我追求光明的呼号"。即使到了晚年，他重读旧作时，"觉得也并非不堪问世之作"。

1931年，用巴金自己的话说，那年的光阴，"才是完全花费在创作上面的"。他写的小说多达五六十万字，如果再加上译作、散文随笔，就达八十万字以上。他把自己关闭在阴暗的屋子里，日也写，夜也写。他把自己的心血化作墨水一笔一笔写在纸上，把自己的悲欢尽情地倾泻在纸上。

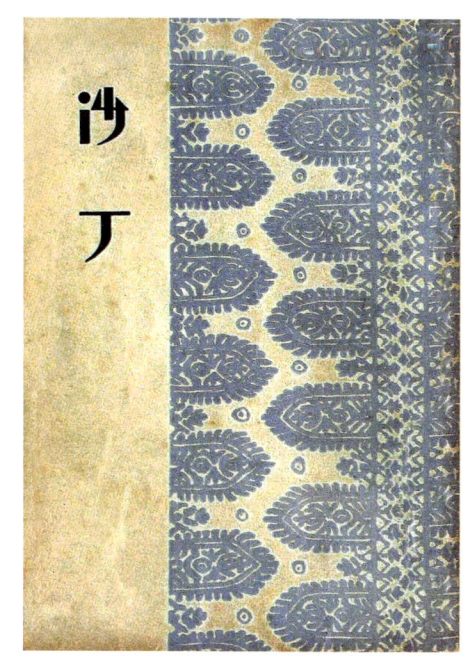

《砂丁》初版封面

他甚至觉得写作时有一种情不自禁的冲动，好像有一根鞭子在驱使自己。人生的许多悲惨的图画和许多熟悉的人物面影时时浮现在面前，好像"全人类都要借我的笔来倾诉他们的痛苦"。

这时期，他还写了许多短篇小说。有写法国生活的，其中有一篇《亚丽安娜》就是以吴克刚和渡兰少女的故事为素材的。有写普通小人物苦痛生活的，如《狗》、《杨嫂》、《奴隶的心》、《爱的十字架》等十多篇，从不同角度描写了贫苦人民、佣人、妓女、奴隶、船夫以及革命者的悲惨遭遇。《狗》是巴金较为满意的一篇，带有一点寓言的味道，表现形式有点荒诞，把狗的遭遇拟人化。当一个生命刚刚降生就感到"我并不是一个人，不过是狗一类的东西"。狗连蜷缩在墙角痛哭都会遭到斥责："滚开，这里不是你哭的地方。"后来，它被关进一个黑洞里，隐喻人被囚在牢房。但它不甘心，要叫，要咬断绳子跑回破庙去。《杨嫂》取材于巴金幼年时家里那位善良的佣妇杨嫂，年轻时丈夫死了，只好置儿子于不顾给别人家去当奶妈，后来亲子跌在河里死了，她悲痛欲绝，凄凉死去。这些作品发表后都得到好评。

虽然巴金那样狂热地写作,但有时却怀疑自己写作的价值到底对人们有什么益处?闭门写作,使他的心灵有时变得寂寞而孤独,情绪有时也变得有点恶劣。所以到了1932年新年伊始,他在日记中写了这样一段话:

> 奋斗、孤独、黑暗、幻灭,在这人心的沙漠里我又过了一年了。
>
> 心啊,不要只是这样地痛罢,给我以片刻的安静,纵然是片刻的安静,也可以安舒我的疲倦的心灵。
>
> ……
>
> 心啊,不要痛了,给我以力量,给我以力量来抵抗一切的困难,使我站起来,永远站起来,一个人站在人心的沙漠里。①

52. 生活在友情中

有一天,巴金在周索非家里认识了一位文学评论家贺玉波。巴金的温和态度和诚恳的谈话给贺玉波留下了深刻的印象。贺玉波后来写了一篇篇幅很大的《巴金论》,对巴金已经发表的中短篇小说作了全面、系统的分析,这是当时出现的最有分量的关于巴金及其作品的研究论文。他认为《灭亡》"是近来文坛上不可多得的作品","在描写革命与恋爱一派的小说中是占有重大的位置的"。贺也指出,作者常常说自己写作时是为了"人类底受苦而哭","这,固然是他的真情的流露,但未免太儿女气了"。因此,他的作品里只充满了伤感悲哀的情调,只布满了阴郁幽暗的气氛。他希望"他把悲观的成分减少","那层阴沉的面幕,他最好去掉,他最好去掉"②。

1931年初夏,巴金与评论家毛一波等友人一起游苏州,观看友人杨人梗

---

① 《〈爱情的三部曲〉总序》,开明书店1938年版。
② 贺玉波:《巴金论》,大光书局1932年版;《现代中国作家论》第2卷。

参加的京剧票友演出。毛一波也是四川人，他们都曾与巴金一起从事过无政府主义宣传。毛一波还写过文章评论《灭亡》，在内容和艺术上都给予很高评价。杨人楩后来是著名的历史学家，现正在中学教书。这次他们游苏州，又见到了东吴大学学生朱雯和女友罗洪。朱、罗后来结成伉俪，成了著名翻译家、作家。他们也都成了巴金很好的朋友。

在上海，巴金认识了正在复旦大学国际贸易系读书的章靳以。他们的小说在《小说月报》同期发表，成了他们相识的契机。后来他们在文学编辑工作中多次共事，成了最亲近的知交和合作者，先后达三十年之久。

巴金还到南京去看望朋友左臂之，结识了散文家缪崇群。缪崇群与章靳以原是南开中学同班同学，这也是与巴金结交的起因。当时缪崇群正代朋友编《文艺月刊》。他们过去互相读过对方的文章，神交已久，所以一见如故，倾心相谈。以后，巴金应缪崇群的邀约，多次寄稿给他发表在《文艺月刊》上。缪崇群做编辑工作非常认真，即使对朋友的文章也会直言说出自己的批评意见。有一次，巴金寄了一篇小说《我的眼泪》给他，是写樊塞蒂故事的，但杂志社的老板不愿采用，缪崇群为此与老板发生了争执。巴金闻讯，为避免给缪崇群带来麻烦，又另寄了一篇《一封信》。此文虽然发表了，缪崇群仍不妥协，在他的力争下，《我的眼泪》仍在下期刊登出来。这是友情，也是对作家的负责态度，更是为了争取创作自由的权利。文弱的缪崇群在这时一点也不示弱，十分执着地履行一个编辑的职责。

巴金在这时结识的朋友虽然同样也是热衷于社会改革，但不再是从事政治宣传、信仰无政府主义的热血青年，而是另外一些继承"五四"新文化运动传统，追求自由、进步，投身文学创作的一群青年人。连同过去从无政府主义宣传的"战场"上退下来的老朋友，在巴金周围无形中有一个意气相投、重视友情、自由主义色彩较浓的务实的文学圈子。

1932年初，他怀着惆怅的心情，带了刚刚开头的小说《海的梦》的草稿，在微雨中离开上海，到南京去旅行。因为陈范予正在南京教书。他写信告诉巴金，吴克刚从河南百泉中学来南京小住。还有卫惠林正在中央研究院工作，已经有了未婚妻。于是巴金应约到南京与他们相聚，还去探望了缪崇群。

53.《海的梦》

1932年1月28日晚上，巴金搭宁沪快车起程回上海。火车行驶到丹阳站不能再往前行了，因为日本军队对上海发动了进攻。这就是著名的"一·二八"事变。火车只得将旅客送回南京，已是清晨四点钟。巴金在寒冷的车站上，听旅客们讲述上海遭到日寇蹂躏和屠杀的情景，使他热血沸腾。他从心底发出对敌人的仇恨诅咒，但又深深感到自己的软弱和无力。

当天下午，他赶到缪崇群处。缪崇群正为他担心，见他安全回来感到意外惊喜。他们看到报纸号外所载日寇暴行的消息，愤慨极了。既然日寇火烧上海闸北等地区，巴金的寓所一定也被殃及。缪崇群劝慰他在南京暂住几天。但是，巴金总是心神不宁。他想他应该回到上海去经历那许多人正在经历的痛苦。他离开缪崇群，行走在南京街上，夜色浓重，异样安静，偶然有几声报童的叫卖声打破这不祥的死寂。他从市民的街谈巷议中感受到了这些和平的居民似乎软弱但却充满仇恨和反抗的决心。只有这时，他才得到一些鼓舞和安慰。

这时南京到上海的水陆交通阻滞，巴金困居在南京数日，目睹平静的南京城也慌乱起来，一些文武官员忙着出逃，鼓吹迁都。街上到处是搬家逃难的混乱情景。他实在忍受不了这种难以形容的压抑和痛苦。

上海地区的抗战持续了一个月，十九路军在没有后援的情况下，只好退出上海。在这次战争中，日寇对上海狂轰滥炸。和巴金住所同处一条马路的中国最大的出版机构商务印书馆被彻底炸毁，残存的书籍、财产也被日寇劫掠一空。巴金的《新生》稿本和载有这篇小说的《小说月报》第23卷新年号，也在这次浩劫中被毁。

2月5日，巴金回到上海。他看到了硝烟和火光。他在宝光里十四号的寓所已成废墟，他的"家"这次是在日寇野蛮暴行中失去的。他无处栖身，暂时辗转借住在步高里的朋友家里。他还未来得及安定下来，就投身到抗日救亡的活动中去,参加了中国著作家抗日会成立大会,在《中国著作者为日本进攻上海屠杀民众宣言》上签了名。在这宣言上签名的有戈公振、丁玲、陈望道等一百二十九名文化界人士。他还赶写了《从南京回上海》的纪实文章,报道了日寇的暴行,发表在《大陆杂志》上。

他还曾两次在朋友的陪同下回到宝光里的瓦砾堆里,寻回了一些劫后余剩的书稿。途中,他看到往日的住宅、商店都成了烧焦的瓦砾。往昔经常去参加活动的鸿兴坊里的世界语学会也成了一片焦土。他也看到了侵略者得意洋洋的丑恶嘴脸。每当夜晚,这座城市的北部大半个天空都被炮火映红,黑烟遮蔽,他的内心被愤怒填塞得想爆炸。战后,有一次,他陪老教育家匡互生去江湾立达学园旧址。这个学园是匡互生心血的结晶,现在成了废墟。学园的残壁上还残剩日寇涂抹的口号:要杀尽支那人。这使巴金清醒地深信:只有抗战,别无出路。他在一篇文章中警告说:"历史上没有一次的血是白白流了的。我们的血会淹没了你。我们的血会给我们带来解放。"

过去,他曾宣传过无政府主义的"工人无祖国""'爱国主义'是人类进化的障碍"的思想,其实这里说的国家就是指政府、教会等这些强权的统治机器,他们历来宣称"君命天授"、"朕即国家"、人民代表、革命救星等等,借此成了国家的象征或代表,实则进行专制统治,剥夺了作为国家一分子的平民应有的权利。所以对这些强权包括"国家"作了彻底的否定。但是,每逢外国侵略者对中国肆虐欺凌时,如1925年的"五卅"惨案、这次"一·二八"事变,以及1927年初夫法国留学临行时对祖国国土和人民的依恋挚爱之情,都说明他内心一直蕴积着爱国热情,每逢到具体的事件就会爆发出来,总是毫不犹豫地鲜明地站在中国人的立场,为捍卫祖国而强烈呼唤抗日救亡,但并不意味着他爱现在的国家机器和统治者。

就在上海战事尚在进行的时候,巴金就把一腔爱国热情融化在写作中。他继续已经开始了的小说《海的梦》的写作,几乎是不假思索地一气呵成。他改变了原来的构思,把《海的梦》写成抗日的题材,洋溢着爱国的热情和战斗的呼唤。《海的梦》的副题是《给一个女孩的童话》,假托一个岛国中住着酋长、贵族、奴隶三种人,外国人和酋长、贵族互相勾结对奴隶进行残酷统治。后来另外一支外国军队侵入，烧杀抢掠，使这个岛国居民陷于水深火热之中。从贵族中叛逃出来的美丽少女里娜和奴隶们站在一起进行了不屈不挠的斗争，决心要用鲜血来争取自由。这明显的是寓托抗日的内容。《海的梦》中有许多关于美丽的海的描写，有浓烈的幻丽的色彩，奇特浪漫的想象。主人公又是一位有献身精神的贵族少女。这既是一个动人的童话，又是战斗的呼喊。

54. 南国残梦

4月，他写完《海的梦》。晋江平民中学生物教师袁志伊来访他。袁志伊也是一位无政府主义者，这次是为购买蜂箱来的。他热情邀请并陪同巴金又一次到晋江，还到他的养蜂场去参观。

这次巴金住在平民中学，校址设在文庙。巴金与叶非英住在一起，但是叶非英已不再像一年多前看见的那样干净整齐，而是老了、瘦了，衣着也变得邋遢了。他过着苦行僧般的生活。他把自己的心血全部奉献给这个学校。学校办得生气勃勃，他的健康却毁了。不管巴金怎么劝慰他，他都执拗地认为工作更重要，应当多做工作，而不愿多想自己的病弱身体。巴金被他这种殉道献身的精神感动，后来一直戏称叶非英为"耶稣"。

有一天，晋江书店店主沈先生在谈天时谈起一位正在生病的少女，引起了巴金的注意。那是一个雨后的晴天，他们走过泥泞的小径去看这位乡绅家庭的女儿。她相貌端丽，只是默默地笑，笑得像哭一样。在半个小时的逗留中，他们竟找不到什么话可说。当他们离去时，她流下了眼泪。这是一个因为家庭逼婚，不许她再继续上学，因而被迫害致疯的少女。巴金走出女孩子的家门，痛苦得要哭了。他又想起了老家的许多年轻美丽的少女的命运，想起了前一次来晋江后听到的丽尼和女学生的恋爱悲剧。千百年来，旧家庭的专制摧残了千千万万年轻人的心灵和生命，现在这样悲惨的故事还在继续发生。

巴金回到上海，根据这个素材，很快写出了一部中篇小说《春天里的秋天》。小说用浓郁抒情的笔调，优美洗练而又诗意的文字，充满哀伤动人的色彩。巴金在作品中再一次诉说了自己美好的希望：每个人都得着春天，每颗心都得着幸福，每个人的发展都得着自由。他希望自己的作品能唤起人们对于光明的渴望。

当时上海的一家大报《申报》正准备创刊一本《申报月刊》，文艺编辑黄幼雄与巴金是老朋友。他邀请巴金为创刊号写稿。巴金依据不久前从朋友黄子方那里听到的云南个旧锡矿的故事创作了一部中篇小说《砂丁》。原来《小说月报》编辑徐调孚与巴金也是老朋友，也来找他约稿。徐调孚当时正在编辑即将复刊的《东方杂志》文艺栏。他希望巴金重写《新生》。巴金也答应了。那时巴金暂时借住在舅父家里。7月炎夏盛暑，小房间像蒸笼似的。巴金日夜赶写，花了半个月时间，重新写完了这部十多万字的作品。他把这次重写的小说看成是帝国主义的炸弹所不能炸毁的"纪念碑"，作品将"永久存在下去，来证明东方侵略者底暴行"。当徐调孚拿到这个新稿本时，不禁惊叹起来："巴金毕竟是巴金，他终于使《新生》新生了。"

巴金说，他那时写稿好像浑身有使不完的劲。他正年轻，创作力旺盛，写得快，一坐就是半天，完全可以不理会周围的纷扰。他单身一人，毫无牵挂，就这样写啊写啊……

第六章

旅途之梦

三十年代初,巴金还不到三十岁,但已是创作果实累累,盛名远播,拥有大量青年读者的作家。他的生活却很简单,或是废寝忘食地写作,或是到处旅行看望朋友。即使在旅途中,他也笔耕不辍。1932年他从晋江归来,连续写完了中篇小说《春天里的秋天》、《新生》(第二稿本)、《雨》(《爱情的三部曲》之二)等。9月又动身北上,开始了一次新的旅行。

55. 到 北 平 去

巴金先到青岛探望正在青岛大学教书的沈从文。他在去法国之前就已读到过沈从文的作品。在巴黎也曾听胡愈之讲起沈从文,盛赞他的作品。今年,他们在上海初次见面,是由南京《创作月刊》编辑汪曼铎邀约一起吃俄国大菜。善良正直的作家的心灵最容易相互沟通。他们谈得很投机,饭后还舍不得马上分手。沈从文又邀巴金去他下榻的一品香旅馆坐坐,谈了许久。继而,巴金又陪沈从文走了远路,去到闸北新中国书局,介绍推荐沈从文的中篇小说

《虎雏》，当场拿到了稿费。①当他们在书局门口分手时，天色已经不早，沈从文还热情邀约巴金去青岛游玩。

这次，巴金果真去了。他在青岛沈从文家里住了一个星期。沈从文把自己的房间让给他住，使他晚上照样可以写作。短篇小说《爱》和《〈砂丁〉序》就是在那几个晚上写成的。巴金和沈从文像有几十年交往的老朋友一样，相处得非常愉快、随意。沈从文的妹妹正在青岛大学读书，也常来看望他们，一起到海滨散步游览。那时，巴金已知道沈从文正在热恋着一位淑美的少女张兆和。不久，他们就结婚了。

后来，巴金接触了一些沈从文的朋友后，发现他们对沈从文都有很深的感情。有一次和曹禺偶然谈起沈从文，他们一致认为沈从文是"在朋友中待人最好，最热心帮忙"。

巴金离开青岛来到北平。缪崇群

缪崇群

已从南京迁居至此，刚刚新婚。他们夫妇俩热情欢迎巴金的到来。用缪崇群的话说，他们把他"当作蜂王，当作长老"一样来接待。那也正是缪崇群最幸福的日子，自称过着"蜜蜂一般的生活"。新娘张祖英听说自己寂寞的丈夫还有这么一个孤独的友人，感到意外的欣喜。缪崇群一直非常喜欢、尊敬巴金，认为他心地纯洁，生活洒脱。后来他在一封信中曾对巴金说："只要在得着一

---

① 此处材料主要根据巴金的《怀念从文》。另据糜华菱：《找寻记忆：巴金与沈从文相识时间考》，称巴、沈相识时间可能于1931年（？）；巴金推荐沈从文的书稿不是《虎雏》，而是《都市一妇人》。

刻沉静的时候，我便追怀着你。"

张祖英特地缝制了一床新被送来给巴金用。因住处窄小，她自己就到娘家去住。巴金和缪崇群抵足而眠。巴金曾把缪崇群从梦呓中唤醒，缪崇群也听见巴金辗转不眠的声音。

巴金虽非初次来北平，但前次是在学生时代为了投考北大而来，没有心思游览。这次他玩了好些地方。故宫三大殿和颐和园是缪崇群、张祖英陪着去的。缪崇群正患肺病，连走路都很吃力。到了故宫，他只好坐在门口等候，让巴金一个人进去游玩。还有一次，他们一起去看电影，然后又到东安市场广东酒家吃饭。他们喝了几杯白玫瑰酒。巴金看到面前这对善良的夫妇，过着清贫的生活，脸上映衬着病态的颜色，深知他们正被绝症折磨得非常衰弱，心里隐隐作痛。那晚，巴金醉了。回到住所，他却写起文章来，这就是那篇痛彻心肺的《灵魂的呼号》的开头。过了几天，巴金又去天津。缪崇群夫妇送他上火车。他无论如何没有想到，四年以后，张祖英就病故了。

在天津和三哥李尧林会晤是一件使巴金极为欣慰的事情。自从1926年在南京的中学毕业后，七八年来他们兄弟就劳燕分飞，天各一方。八年后，难得有这次聚首，就成了非常可珍惜的亲情倾诉。当年在成都、南京，他们两人形影不离，冒着风雪在泥泞路上并肩上学的温馨情景始终萦绕在巴金心头。如今，尧林从燕京大学毕业后，在南开中学当英文教师。八十元一个月的工资在那时还不算低。但自大哥去世，成都老家的赡养担子，就由尧林挑了起来，按月寄款回去，从未有过间断迟误。他是一位认真工作的好教员，学生们很敬重他。因为穷困，他不再想建立小家庭。也有过一些女性向他暗示过爱情，他却心如死灰。尧林的寂寞清苦生活使巴金很难过，也有歉疚。他想是自己的生活方式连累了他。

这年10月，巴金回到上海。第二年的春天，尧林又南下探望他。他们在一起盘桓了十天，还曾去杭州游玩，然后巴金和表弟高惠生一起坐火车送尧林到南京，过了长江，在浦口，他们看着尧林登上北去的列车，才依依惜别。

当时华北的政治气氛很紧张。日本军国主义继1931年"九一八"事变吞并中国东北，1932年"一·二八"进攻上海后，又于1933年1月出兵侵占山海关，2 月占领热河全省，然后又大举进攻长城各口，遇到中国军队的抵抗。平津一带的人们明显地觉得受到战争的直接威胁。有的朋友曾劝尧林暂时不要回去。尧林却说："这又有什么办法呢？"

这句平淡的甚至带着笑意的话，在巴金听来却是深深的悲哀。他没有说一句劝阻的话。因为他明白，为了老家的生活负担，尧林已经失去了自我。他没有偷安的可能。如果那里千千万万的人民遭受敌人铁蹄蹂躏的时候，尧林一定还会舍弃自己的平淡而痛苦的生活投身其间，去为他们做一些事情。每每谈到这里，巴金总会从尧林软弱的疲倦的面颜上看到一种生气和光彩。

56. 批评家的解剖刀

也在这时，在报刊传播媒介上出现了许多对巴金和他的作品的评论。他收到青年读者的来信也愈来愈多。各种各样截然不同的，但又都很强烈的反应使巴金有点苦恼，也很困扰。他写了一些答辩和反驳的文章，有时甚至激愤到三个月不再动笔。他说，他"宁愿把时间花费在马路上、火车中和朋友家里来消磨我的年轻的生命"。

这些评论意见，有艺术方面的，也有政治方面的。左翼批评家们的批评往往是政治方面的，是很尖锐的不满的。他们批评的主要指向点是对着他的无政府主义思想倾向，同时也期待着他转变立场，转到无产阶级、共产党方面来。值得注意的是，这种来自左翼的批判声音断断续续地一直延续到四九年后。巴金对于这些批评和批判的主要论点是不同意的。

1932 年 9 月，施蛰存在《现代》杂志第 1 卷第 5 期上对巴金的短篇小说集《复仇》作了评论。他认为这些写域外生活的作品是"因袭"，是"凭书本、凭想象、凭皮毛的见闻"而创作的。作品中所表现的悲哀是"中国人所万万不会有的"。巴金就写了《我的自剖》登在《现代》杂志第 1 卷第 6 期，他再次说明"人类所追求的都是同样的东西——青春、生命、爱情，不仅为他们自己，而且也为别的人……失去了这一切以后所产生的悲哀，乃是人类共有的悲哀。

这对于中国人无论如何绝不会是例外的"。巴金也承认，就如已经有许多人指出过的那样，他的作品"结局常常很阴暗，没有给读者指示一条出路"。但是巴金却另有想法，他不希望在文学作品里扮演一个说教者，或在作品后面"加上一个光明的尾巴"。他对自己的作品有过一个重要的概括：

> 我只是把一个垂死的制度的牺牲者摆在人们的面前，指给他们看："这儿是伤痕，这儿是血，你们看！"也许有些人会憎厌地跑开，但是聪明的读者就不会从这些伤痕遍体的尸首上看出来一个合理的制度的新生么？

巴金说他自己太热情了。他觉得在创作中常有一种比艺术更有力的东西吸引着他。这就是少年时代孕育成熟的社会革命意识，使他不能把小说当作一件纯粹的艺术品来制作，不能很好地注意形式、布局、焦点等等，这在他已经成为习惯。他说，"在艺术方面失了生命，在另一方面我就会得到新生了"。

1932年12月，谷非（胡风）在《文学月报》第1卷第5、6月号发表了一篇题为《粉饰、歪曲、铁一般的事实——用〈现代〉第1卷创作做例子，评第三种人论争中的中心问题之一》的文章。《文学月报》是当时左联的机关刊物，"谷非"又是有影响的左翼文艺批评家。此文涉及到对巴金的《罪与罚》、《海的梦》的批评。文章的题目就是政治性的，不仅冗长，而且吓人。谷非说："作者是应该在实践的社会关联里去表现的。像作者所写的，没有从现实生活出发的统一了解感性与理智的实践情绪，只有抽象的、'对于自由、正义以及一切的合理的东西的渴望'。"因此，谷非判决《罪与罚》、《海的梦》在政治上是错误的，是"人道主义、安那其主义的观点观念地发挥了"。艺术上是失败的。谷非劝告他，要"和新兴阶级的主观能够有比现在较好的接近"。①巴金写了《我的自辩》刊登在《现代》第2卷第5期上。他说，对他的批评是"左翼批评家的解剖刀"，对于把他列入"第三种人"深表反感。但他也不

---

① 《文学月报》第1卷，第5—6月号。

愤怒，不认为批评家怀有恶意。他只是觉得"这批评是来自一个政党的立场"，先拿出一个政治纲领的模子来衡量一个作品，这是他所不能同意的，他不愿意接受这种政治要求。

1932年底，巴金到台州去探望朱洗。朱洗是留法出身的生物学家，与巴金是好朋友。他曾多次向巴金介绍过台州的风土人情如何如何美，邀他去玩。巴金的另一朋友毕修勺夫妇也出身于台州，并在临海回浦中学教过书。巴金到了台州，就住在回浦中学，果然觉得很满意。一天下雪，巴金在中学图书馆里遇到正在此教书的徐懋庸。徐懋庸刚二十岁出头，思想左倾，言谈颇为偏激。据说这个图书馆里许多马克思主义新书就是按他提供的清单去选购得来的。他们俩人见面后，大谈了一通文艺创作上的问题，徐懋庸听了不大高兴。后来写了一篇《巴金到台州》刊登在上海《社会与教育》杂志上，就是记叙这次见面的谈话情况。徐懋庸认为巴金作品结局阴暗，建议他到农村去观察，中国社会问题的核心就是农民问题，写农村生活题材的作品容易获得读者等等。巴金拒绝了这些意见，认为"艺术的使命是普遍地表现人类的感情和思想，伟大的艺术作品不拘其题材如何，其给予读者的效果是同样的"①。

57. 流言和误解

不被批评家们所理解，是出于不同的政治、艺术观念。这已是令人困扰的事情，但还是正常的。因为这毕竟还可以有对象地著文公开讨论、反批评。最讨厌的是文坛那种叽叽喳喳的人身攻击。

1932年秋天，巴金从北方回来，几乎就陷入在这种造谣、攻击、利用、捧场等等恶浊的气氛中。有些无中生有、捕风捉影的报道文字说他写那么多作品是为了"贪图巨额的稿费"；又如徐懋庸凭空生造出巴金自叹他的创作或将写完的话；也有人把他和专写三角恋爱的张资平并列，以为他想借写作发财；

---

① 《社会与教育》第5卷，第13期。

也有称他是"第一流的作家",说他将写一部长达几千万字的长篇小说,要打破世界纪录;还有说他将去西班牙、阿根廷游历,用世界语写这部长篇小说,云云。

巴金实在无法忍受来自各方面的明枪暗箭。造谣、诬蔑对他的刺伤,有时使他想丢掉自己的笔,有时甚至希望有一个机会使自己年轻的生命毁灭。他写了《灵魂的呼号》、《我的呼号》、《我的梦》等文章,再一次剖明心迹,驳斥种种谣言。当时许多杂志登载了他的文章,他写得确实很多很多。但是这些作品一方面是出于他的写作热情,耗费着他的青春、生命,牺牲了休息、娱乐、睡眠写出来的。另一方面确实由于许多友人热情邀约催促。他是一个重情面、重友谊的人,不好意思回绝这些主持杂志工作的编辑朋友,只有让自己辛苦点,多写一点来满足这些朋友的要求。他说,那些诬蔑他或误解他的人"也许不会知道为了友情没有稿费也会写文章的事情"。

有一次,他相当激愤地还击文坛各派对手说:"我因为谨守明哲保身的遗训,故不敢抓住时代的洪流描写。我未失恋,亦未打过某一位女人的主意,故不会写爱情小说。我又未进舞场,又未曾到轮盘赌窟巡礼,故不明白都会主义。我生性愚蠢,既不知宇宙之大,又不知苍蝇之微,故不懂幽默。要之登龙乏术,投机无力。我所写的不过是一些平凡人的平凡的悲哀而已。"这段话是化名黄树辉在《我的中年的悲哀》一文说的,相当充分地流露了他的愤慨之情。

但是,巴金的多产也引起爱护他的朋友的关心。他们真诚地劝他:"你近来发表的文章真是太多,差不多什么杂志上都有你的稿子。我爱惜你,所以不得不劝你:像你这样浪费地写下去是不行的,不仅会妨害你的健康,还会妨害你的名气。你简直在糟蹋你的文章。"施蛰存在评论中也对他的"生产的多量和迅速"不以为然。叶圣陶、徐调孚让周索非带口信给巴金,劝他慎重发表文章。他感谢朋友们的好意和友情,但他不同意他们对他的作品的评估。他说:

> 我在写作中所走的路与我在生活中所走的路是相同的。无论对于自

己或者别人,我的态度都是忠实的。

……

我愿意它们广泛地被人阅读,引起人们对光明爱惜、对黑暗憎恨。

……

我的文章是写给多数人读的。我永远说着我自己想说的话,我永远尽我在黑暗里呼号的人的职责。

使巴金最为不安的是大量青年读者的热情来信。他们对他表示了敬慕之情。有的说爱他又恨他,因为他让青年看到了光明和黑暗,但又无法挣脱黑暗的束缚走向光明。有的则表示愿意跟他去死。有的怀着痛苦求助于他。但是,现在他自己却陷于感情与理智的冲突之中、思想和行为的矛盾之中,无法寻找到一条出路。面对残酷的现实,他又常常感到写作是软弱无力的。他又能给予这些青年什么样的切实的帮助呢!

巴金写的作品几乎都是以青年读者为对象的。也正是这些年轻的、天真的、纯洁的心灵才真正理解他、信任他,给他以安慰、温暖和鼓励。这使他感激。他们像找老师,找知心朋友那样读他的作品,把自己隐秘的思想和感情、苦恼和快乐,坦率地告诉这位作家,希望他能分担他们的悲欢,得到他的帮助。他从来不惮其烦地几乎每信必复。他成了一位拥有最大读者群的作家。他们使他有信心和力量继续写作,并且感到是和大家一起在探索人生的真谛。有一个女孩怀着同情写信说:"我怜悯你,因为我知道你的心实在太苦了。"

58. 热情折磨我

正是这样忧郁不快的心情,他应《东方》杂志邀约写了一篇短文《新年的梦想》,这是这本杂志的主编胡愈之为了应对当时的政治形势策划的一个专栏名字,在1933年新年号刊出一百四十二位著名作家学者记者教授等社会人士应征写的有关文章。"九一八"东北沦陷后,在日本帝国主义武装侵略威胁下，社会空气沉闷，杂志主编想请大家借此抒发对未来的希望，鼓舞人们的勇气和信心。但是，《东方》杂志的老板是商务印书馆王云五，他对此大为不满，胡愈之因此被迫离开工作了二十年的商务印书馆，成了当时文化界颇有影响的一场风波。

巴金在文章中说："在现在的这种环境中，我连做梦也没有好梦做……只能够使我做噩梦。"他表现了极为悲观且又少见的矛盾的说法。他既说："那黎明的将来是一定会到来的，我的理想并不是一个不可实现的幻梦。"但又反复说，"可悲的是也许我们中国民族会得不着新生……终于逃不掉那悲惨的命运……""我要努力奋斗，即使奋斗结果，我们依旧不免于灭亡……""奋斗的生活毕竟是最美丽的生活，虽然里面也充满了痛苦……痛苦就是我们的力量，痛苦就是我们的骄傲。"

就这样，巴金怀着这种不愉快的心情，开始了新的漂泊生活。1933年5月，他和朋友陈洪有从上海出发去广州。

陈洪有是一位很有经验的、一心致力于乡村教育的教育家，在广东新会创办了一所西江乡村师范，自任校长。他也是匡互生的学生。匡互生曾是"五四"时期学生运动中火烧赵家楼的闯将，也是著名的教育家。曾信仰无政府主义，长期从事教育事业，先后在湖南一师、浙江白马湖畔的春晖中学任教，有许多教育改革的创举。为了创办这个有创造性示范性的立达学园贡献了全部心力。他主张通过教育改造个人的心灵，进而改造社会。立达学园的校训就是"立己立人，达己达人"。影响所及，有人把它与军事方面的黄埔军校相比。它的前身上海劳动大学、后来的晋江（泉州）的黎明中学、平民中学和这个西江乡村师范都是匡互生教育思想实践的体现。巴金对他一直很尊敬。匡互生的学生、同事、朋友中有许多是巴金的朋友，陈洪有就是其中的一位。

这时，匡互生正卧病在医院。巴金和陈洪有一起去探望他，并且得悉他患了肠癌，将不久于人世，他们的心情很沉重。

5月的一个夜晚，巴金和陈洪有登上济南号轮船。轮船将于次日清晨起航，送行的朋友中有一位袁志伊留宿在船舱上，畅谈通宵。他向巴金诉说了自己心里的秘密：去年先后有两位女性向他表示爱情，他都没有接受。他内心很痛苦，为了献身理想，决心不再涉及感情生活。这种思想上的追求在当时的革命青年中视作一种崇高精神的表现。巴金也是赞美的。他说："在我的朋友中像这样拒绝爱情的并不止他一个。但是也有不少的人毫不顾惜地让爱情毁了他们的理想和事业，等到后来尝惯了生活的苦味，说出抱怨爱情的话来时，已经太迟了。"

巴金一直把革命事业和爱情生活看做是互相对立的。他对待自己的感情生活也持节制态度，至少不急于涉及爱情。在潜意识中他似乎还有景仰苦行、禁欲主义、独身主义的倾向和想法。所以，在他的读者中，有一些女学生来信向他表示感情时，他都回避了。现在，这位朋友的倾诉又一次引起他思想上的震动和思索。轮船在海上航行，海的吼声和旅客们的鼾声此起彼伏，他却久久不能入睡，他说："思想折磨我，热情折磨我……"他整整想了两天。

济南号驶抵厦门，他们弃舟登车，第三次来到晋江度过一个星期。他们住在叶非英当校长的平民中学。红土、青山、绿水、明亮的阳光、茂盛的榕树和龙眼树……这些迷人的景物，这个南国的古城，又一次出现在他眼前。这里有他许多好朋友，和他们生活在一起时，他觉得自己年轻了，像美丽的梦幻一样使他感到单纯和温暖。

平民中学设在当地孔庙，是一个规模较大，殿宇轩昂，院落宽阔的古建筑。学校在叶非英主持下又有了新的发展，但是叶非英的健康状况更差了。他总希望贫家子弟也能得到知识的启发，得到人间友爱的温暖，能为社会多培养一些有用的人才。他和学生们像兄弟姊妹那样随和自然。这里的环境还是很艰苦，经费不多，叶非英和他的同事们却毫无怨言。巴金看到这样动人的情景，觉得每个有良知的人都会为之流下感激的眼泪。

巴金住在孔庙第一进的左侧厢房里，常接待同学们来访、座谈，回答有关读书写作方面的问题，也介绍了"一·二八"事变上海抗战的故事。他还结识了当时在黎明高中教书的陆蠡。陆蠡是个沉默寡言的人。虽然，这次他们并未有很多交谈，但日后一样成了好朋友。

59. 在乡村师范

巴金和陈洪有再次过厦门，游览了鼓浪屿的日光岩，次日乘船去香港。这是巴金第一次游览香港。他们坐登山电车到太平山顶俯瞰香港全景。离开香港时已是万家灯火。巴金站在甲板上，回首眺望远去的香港，竟像是一座星光灿烂的世界。第二天到达广州，正好是端午节，途中看到龙舟竞渡的热闹场面。

巴金到陈洪有当校长的西江乡村师范过了五天快乐的日子。像在平民中学看到过的那样，又一次感受到崇高的献身精神和坚强、乐观的信仰。

西江乡村师范设在广州西南新会县的一座山脚下的三间大祠堂里。内部设施齐全，相当现代化。这使到过巴黎的巴金慨叹："和欧洲一些中学校的寝室没有大的差别。"

巴金有时到图书馆看书，有时和朋友谈天，有时进城访友，有时到公园里喝茶，有时到泳池看学生游泳，有时到田畴散步、看牧童放牧。有一次，他还到"鸟的天堂"探幽寻胜，看到那棵枝叶繁茂的老榕树，一片翠绿明亮的颜色在他眼前闪耀，似乎每一片树叶都是一个新的生命在颤动；他也看到鸟群的飞舞，到处是动人的啼鸣声。

傍晚时分，天空是乳蓝色的，山是青的，一条发亮的小河穿越田野延伸到天边。晚霞燃烧，紫红相间，平静而迷人的乡村使巴金陶醉了。他看到眼前那片校舍，想到陈洪有倾其家产办学校的精神，陈洪有和学生们水乳交融的友爱关系使巴金十分感动。他想，他们是在为建设理想社会默默地献上一块小小的基石。在这里，他仿佛看到自己长期以来追求的那个乌托邦信仰和殉道者精神的影子。

学校同事梁朝令、叶渠均和太太，有一次还陪巴金到附近市镇、农村去走访。巴金还参加过一个农民集会，听他们讲述和当地土豪劣绅对抗的情形，讨论如何组织农会。

他们还乘火车作过一次短途旅行。过潭江时，是由轮渡载着火车过河的。

巴金看见那些工人管理机器、指挥轮船的自如神情，使他忽然从心底涌起一阵诗情。他觉得这是"机器的诗"。他想，"诗应该给人以创造的喜悦，诗应该散布生命"。在白茫茫的江面上，看着渡轮载着数百人和巨大的车厢慢慢驶近彼岸时，他又想，如果这时有人能把这些工人心里的感受写下来，将是一首多么好的诗啊！

在离开西江乡村师范的前夕，巴金参加了学生们的一次谈心会。那晚有皎洁的月亮，人们围坐在草地上。学生们发言结束后，巴金应邀作了一次演讲。他从十九世纪英国作家汤·库珀（T.Cooper）的一个小故事说起，讲了许多前人包括一些俄国和法国革命家对待生活的态度。他又一次将自己的生活信念诚恳地告诉这些青年朋友：

忠实地行为，热烈地爱人民；帮助那需要爱的，反对那摧残爱的；在众人的幸福里谋个人的快乐，在大众的解放中求个人的自由。

南国多姿多彩的生活和温馨的友情，使巴金忘记了上海。那个大都会里的一切就像噩梦似的被这里的清风吹散了。

巴金是在一个黄昏时分离开西江乡村师范的。校门前站满了送行的学生。巴金心里反倒有一种说不出的惆怅。后来，他写了一篇题为《朋友》的散文赞颂友情：

在短促的过去的回顾中却有一盏明灯，照彻了我的灵魂的黑暗，使我的生存有一点光彩。这盏灯就是友情。我应该感谢它，因为靠了它我才能够活到现在；而且把旧家庭给我留下的阴影扫除了的也正是它。

巴金还依据这段生活经历中的某些见闻写成两篇重要的短篇小说《还乡》和《月夜》。

接着，巴金又到广州住了几天，看望了正在中山大学教书的朱洗，受到热情的款待。他到海珠桥去漫步，这是他在中国都市中看见过的最大的一座铁桥。他在长堤漫步,到鬼棚尾(租界附近)去走走,那污秽的街头,许多茶楼、画舫里招摇出入的妓女,使他不胜厌恶。他在戏院里看粤剧名优薛觉先的古装戏,对那些把陈腐的封建观念当作"东方文化"宝藏的现象颇为反感。他还在广州酒楼里看到公开标价买卖姨太太,身价议定后,买主还要当场验看姑娘身体。这使他愤怒得几乎要疯了。所以,当他离开广州时,他困惑得连自己都说不清:这个城市似乎也有很丰富的一面。但却又觉得,这也是一个谜一样的地方。

在坐船返回上海的沿途,他又看到过豪赌者、杀人的女佣、熟练的扒手、市侩式的贪婪的和尚等等。还有许多荒唐的苛捐杂税,连每个挑夫的一根扁担都要纳税,以致有人写文章说将来放屁也要征税。这形形色色社会底层的丑陋腐朽的画面,都被巴金用洗练精细的笔触形象地记录下来,收入《旅途随笔》一书。巴金感受到一种社会危机:"这情形是不能长久继续下去的。将来不是那一群贫民被压成肉饼,就是他们站起来,抛开桌面,去干他们自己的事情。"

60. 再去北平

1933年8月,巴金回到上海,与从法国归来不久的马宗融、罗世弥夫妇相聚甚欢。又与从南京来沪的卫惠林夫妇欢聚一番。

在这之前,他还在《文学》社傅东华举行的聚会上第一次见到鲁迅和茅盾。《文学》杂志创刊于1933年7月1日。但早在春天时由胡愈之为生活书店策划创办,受到早期文学研究会和当时左联的一些重要成员的支持,有意推出政治色彩不浓的傅东华任主编,茅盾、郑振铎、胡愈之、叶圣陶等任编委。鲁迅原是编委,后因发生矛盾退出。巴金是《文学》的基本撰稿人,在相当一段时间里为这本杂志供稿。巴金平日很少参加上海文学界的活动,但在4月6日由傅东华出面宴请的《文学》社组稿宴会上,他初次见到了鲁迅、茅盾等,留下深刻印象。他觉得鲁迅是一个和蔼可亲的小老头,没有架子,十分亲切随和。

就在这时，巴金还参与了《中国著作家欢迎巴比塞代表团启事》的签名。同时联合签名的有鲁迅、茅盾、胡愈之、叶圣陶等一百零五人。启事登在《大美晚报》，内容是控诉日本帝国主义侵占中国东北领土，拥护在上海召开世界反战会议。

9月，巴金又从上海出发北上。他几乎是临时决定的，在路过旅行社时，下意识地走进门买了当晚的火车票。就在这时，他忽然感到，把时间花费在火车上、轮船中，该是一件怎样不幸的事情啊！

这次他坐的是三等车，当然不大舒服。车过南京时，原想下车去探望已经回南京居住的缪崇群夫妇。他们最近还来信诉说思念之情呢！但是那天风雨交加，他终于没有下车。火车过了长江，愈往北驶行，南国明亮翠绿的景色一下子消失了，代替的是一片苍凉、空旷的大平原。他想起去年在津浦线旅行时，一个老妇人因为没有车票，被赶在车厢接头处度过寒夜。一个土匪在车上劫财被乘警追击。这次听说，那位乘警后来被害了。两个星期前，津浦车又被土匪打劫过一次。这个动荡的社会……

巴金的心情永远是矛盾的。旅行使他了解、体验了社会的众生相和平日无法接触到的各种生活层面。他开拓了视野，也享受了友情的滋养，使他那颗被流言和误解伤害的心因此得到弥合，快活而舒畅。他在旅途始终没有搁笔，随时都在写作，但是时间久了，又不免为中断了长篇作品的写作而出现焦躁情绪。

巴金先到天津，去南开中学看望三哥尧林。几天以后，他到北平，住在沈从文家里。

缪崇群著《晞露集》

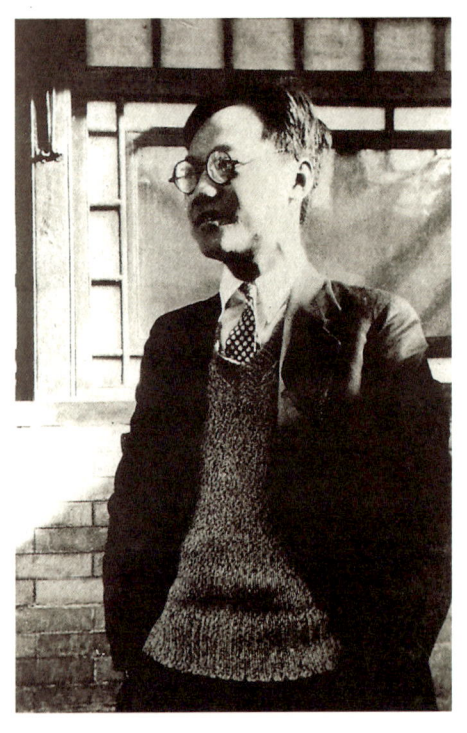

1934年，巴金在北平沈从文家中

沈从文是应杨振声之约，一起从青岛转到北平的一个编教材的机构工作。他刚刚新婚。巴金在上海得到喜讯就打电报祝贺。那时，沈从文成了一个大忙人。除了到编教材机构上班，还为天津《大公报》编文艺副刊，还写文章。丁玲在南京被捕不久，沈从文就写《记丁玲》在《国闻周报》连载。接着他又写中篇小说《边城》。沈从文夫妇热情地接待了巴金。这里安静舒适，巴金很快写完了《爱情的三部曲》中的一个插曲《雷》。他感谢沈从文夫妇的细心关照，开玩笑说他是他们家的食客。至今还可以看到的那时拍摄的一张很有纪念意义的照片，是在沈家庭院里的合影。沈从文和太太张兆和、小姨子张充和、妹妹沈岳萌四个人紧挨站在一起，巴金站在他们的右边，和最近的岳萌间隔了一个人的空档。这不知是否因为在年轻女性面前腼腆之故？

当时沈从文家里来往客人很多，大多是教授、作家、学生。沈从文那股默默地顽强工作的精神使巴金非常感动。沈从文常告诫巴金，以及章靳以、萧乾："不要浪费时间。"

沈从文家在府右街达子营。不久，因为创办《文学季刊》，章靳以在三座门大街十四号租了房子。巴金就迁到那里居住。两处相距甚近。三座门往西就是北海、北京图书馆，所以他们还经常到那里去见面。有时沈从文为《大公报》文艺副刊宴请作者，巴金也常是座上客。这类宴聚中，客人多数是北平的著名文人，如饶孟侃、胡适、周作人、闻一多、俞平伯、朱自清、叶公超、梁思成、余上沅等等。巴金既结识了他们，也默默地观察了京派文人的一些风度。

61. 创办《文学季刊》

当时北平正弥漫着一种沉闷压抑的空气。华北一直在日寇觊觎威胁之下。1934年5月，吉鸿昌、冯玉祥等在张家口成立察绥抗日同盟，收复失地多处，但很快就失败了。

巴金到北平时，刚好郑振铎也来北平担任燕京大学教授。郑振铎是"五四"运动时就已崛起的文坛老将，为人热心，做事积极干练，各方面的人认识也多，影响较大。巴金从巴黎回国不久就认识他，也常见面。对他的正直、厚道非常信赖。章靳以原是郑振铎在复旦大学讲课时的学生，后来郑振铎编《小说月报》时又扶持过章靳以。这时刚好章靳以也在北平。有一家书局约章靳以编一本刊物，他自觉力量单薄，就商请郑振铎支持合作。巴金到北平后，他们会聚在一起，决心一起筹办这个刊物，定名为《文学季刊》。办刊宗旨就是要组织、推动作家，特别是年轻的进步的有朝气的作家，用新的创作来打破当时北平文坛的沉闷的空气。

1933年10月，他们在什刹海宴请北平的一些著名作家，筹划《文学季刊》创刊。出席的有朱自清、周作人、杨振声、沈从文等。刚从法国回来的李健吾也参加了。会后，章靳以和巴金还先后到冰心、周作人家里走访组稿。

周作人是北平文坛名人，正热衷于提倡明代公安派、竟陵派的小品文，把它和"五四"新文化运动相提并论，

青年时代的章靳以

1933年，巴金在北平圆明园

与上海林语堂办《论语》等杂志正好南北遥相呼应。周作人认为"文学只有感情没有目的"①，完全放弃了当年"为人生"的文学观。林语堂主张文学的生命所在就是"个人性灵之表现"，"性灵就是自我"。小品文应"以自我为中心，以闲适为格调"②。这些论点遭到鲁迅等的反驳，引发了一场关于小品文的论争。巴金对周、林这些主张也是很反感的。周作人那时虽然每天写作，都有文章发表，但在《文学季刊》出刊两年时间里，始终未为它提供一篇。这大概就是道不同不相为谋吧！

《文学季刊》于1934年1月1日创刊。发刊词态度鲜明地表示了强烈的社会使命感，说：1932年1月28日日本的大炮硫磺弹"烧夷得了我们物质上的建设，却绝对毁灭不了我们文化的火苗——反而更要煽炽了它们的火焰"。"在这大时代里，我们也将要尽我们的心力，以更健壮勇猛的精神，从事于新文学的建设。"还明白表示要"继续十五年未竟全功的对于传统文学与非人文学的攻击与摧毁工作"。也就是说要继承"五四"新文学运动的传统。郑振铎在创刊号上的论文题目就是《大众文学与为大众的文学》，主张为大众的文学

---

① 周作人：《中国新文学的源流》，人文书店1932年版。
② 分别见于林语堂的《论文》、《〈人间世〉发刊词》两文。

从形式到内容都应是新的。

《文学季刊》由郑振铎、章靳以担任主编，巴金参加了许多实际编辑工作。编委会名单在两处出现时略有出入。《文学季刊》创刊号载明该刊编辑人为：冰心、朱自清、沉樱、吴晗、李长之、林庚、章靳以、郑振铎。该期再版时，这个名单删去未再刊载。巴金的名字未登是因为他的作品《萌芽》刚被禁之故。就如在上海《文学》发文章时，傅东华将其名改成"比金"用意一样。但上海《文学》第2卷第1期末尾广告介绍《文学季刊》创刊号时，刊登的编委会名单，比上述八人还多了巴金、徐调孚、傅东华三位。从这个名单看，编委们都是一些无党派的自由知识分子。刊物出版后，销路很好，先后印了三次。一时间，与上海的《文学月刊》成为1932年初《小说月报》停刊以后出现的两个大型刊物，也是南北遥相呼应。上海、北平两地作家写的作品相互投寄在对方刊物上，出现一种新的生机。

过了一些日子，他们又创办了另一个文艺月刊《水星》，由巴金、卞之琳主编，于1934年10月创刊。这是一个只发表创作不发表评论和译作的文学刊物，刊物出版时，巴金已回上海，编务实际上是由卞之琳负责的。

62. 新朋友们

自从筹办《文学季刊》，巴金就从沈从文家迁到三座门大街十四号，这里既是章靳以住处，也是《文学季刊》编辑部。他们共同处理稿件，看校样，做编辑工作。巴金还继续写作。他们常常在同一张大写字桌的两边工作；在同一盏台灯的照明下，工作到深夜。累倦时，就放下笔谈天。有一次，他们和郑振铎还去圆明园废墟凭吊过，到长城、十三陵去漫游过。他们的友谊从这时开始加深了。

在这个小小的院落里，平时总洋溢着欢乐的生气。李健吾、曹葆华、蹇先艾、卞之琳、何其芳、万家宝（曹禺）、萧乾等都是常客。他们都是一些年轻人，常来送稿、会朋友，或是从郊外进城顺道来"歇脚"。他们谈论国事、社会生活，

1933年，巴金与章靳以在北平圆明园

研讨文学写作，倾诉各人走过的道路和生活里的悲欢。一个文学刊物的编辑部可以起着一个没有组织的但却类似文学团体的作用，《文学季刊》就这样很快成了一个推动创作、发现提携青年作家的园地。许多著名的有影响的作家如鲁迅、郑振铎、冰心、老舍、王鲁彦、张天翼的作品都发表在这里；许多名不见经传的青年作者如何其芳、卞之琳、李广田、丽尼、陈白尘、李健吾、陈荒煤、田涛等等的作品更是大量地发表在这里，这里成为不少作家的文学事业的起点。

那时被称"汉园三诗人"的何其芳、李广田、卞之琳都是大学生，他们的作品常在这里发表。李健吾与巴金初识就成了好朋友，他的著名译作《包法利夫人》的评介文章最早就是发表在《文学季刊》创刊号上的。陈荒煤是一个失业青年，才二十一岁，刚刚开始练习写了一篇《灾难中的人群》，自己毫无信心，但经友人丽尼推荐给巴金，在第三期发表了，由此为他打开了文学之门。

巴金和曹禺也是在这个时候认识的。曹禺是清华大学学生。他和章靳以原是南开中学同学。有一次，巴金和章靳以商量怎么能把《文学季刊》办好，想法争取多发表和发掘一些优秀的作品。章靳以说："家宝（曹禺）有一部剧作在我这里，你拿去看看。"巴金一看就再也放不下，一口气把它读完，鼓动章靳以在《文学季刊》第1卷第3期（1934年7月）发表。这就是轰动了文坛、被誉为中国新文学运动以来戏剧创作最大收获之一的《雷雨》。一个优秀的现代剧作家就这样闯进了文艺界。

在这件事情上，长期以来文坛传言很多，说是章靳以把曹禺的剧本扣押了一两年之久；有的甚至还渲染说：巴金从章靳以办公桌底下抽屉里发现这部稿件时，上面布满了灰尘。其实，《文学季刊》筹备始于1933年9、10月间，1934年初正式创刊。曹禺的《雷雨》是在同年7月第3期一次性刊完的。如果说耽搁，最多也不超过半年。这对一个季刊的正常发稿周期三个月来说，实在谈不上什么延误。可见有时文坛的流言也会三人成虎。

那时曹禺和章靳以、巴金往来很多，他们经常兴高采烈地去广和楼看京剧，看杨小楼、余叔岩……的精彩演出。曹禺在《雷雨》《日出》等剧本出版的后记里,都热情地说到巴金、章靳以对他创作、出版方面的帮助。

巴金是个感情真挚、重友谊的人。因此文学朋友们都容易和他结成挚友,他也由此得到温暖和力量。1933年冬天,他在北平为这一年的旅途随笔结集所写的序中就着重吟唱过这样的友情:

> 我要到各个地方去看望朋友们的亲切的面孔,向他们说一说感谢的话,和他们在一起度过几天快乐的时间……虽然我也很想知道这个地方人民的生活状况。
>
> ……
>
> 我有勇气,我也还会有勇气,因为我有着无数的好心的朋友。
>
> ……
>
> 我的眼眶里至今还积蓄着朋友们的泪,我的血管里至今还沸腾着朋友们的血。在我的胸膛里跳动的也不止是我一个人的孤寂的心,而是许多朋友的暖热的心。我可以毫不夸张地说一句:我是靠着友情才能够活到现在的。

朋友对巴金来说有着特殊重要的意义。巴金从在成都家乡读书时起,就热情真诚地结识志同道合的朋友,主要都是无政府主义信仰者,这与他当时一心从事改造社会的革命活动有关。这应是他人生旅途中第一拨相交的朋友,曾经互相扶持并肩作战了许多年。他曾为这样的友情由衷地歌唱过。现在,从他走上文学之路后,结识的作家、文学青年越来越多,有许多因为意气相投而引为新的知交。这些文友几乎多为对党派采取超然态度的自由知识分子。有些则是过去同为无政府主义现在转而从事文化教育出版写作等等。他们一样重视友情,或继续相信无政府主义中的要旨——"互助"。文学观念也比较相近。无形中,从《文学季刊》开始,接着是文化生活出版社包括编辑出版《文学丛刊》、《译文丛书》、《文季月刊》以及《文丛》等,直到四九年后的平明出版社……以此为平台,在巴金的周围不知不觉地慢慢地聚拢了一个没有旗子也无宣言、不是社团也非流派、有影无形似无却有的文学圈,巴金则是其中隐身的精神领袖。萧乾就说过，那时朋友们曾"戏称巴金为我的'家长'……那两年我没大迷失方向，不能不感激他那潜移默化的指引"。不仅把巴金看做是文学道路上的引路人，也是他"在人生旅途中的一位主要领路人"。长时期以来，文学界的人们也都感觉到有这样一个文学圈的存在，这对古今中外的文学家生活来说原是很自然很正常的，但在1949年后的中国，就不然了。1952年在一次批判胡风的座谈会上，周扬说到"小集团"问题，说："'小集团'很多，巴金就有一个'小集团'，但巴金这个'小集团'不反对毛泽东文艺思想，而你胡风的'小集团'却反对毛泽东的文艺思想，这就不行了……"①很显然，周扬的话更多的是政治上的判断，但还是证明了这个文学现象的存在。

总之，这是又一拨与以前不完全相同的朋友，他又一次放怀热情地歌唱了这样美好的友情。

那年初冬，他应沈从文的朋友夏云（夏斧心）的邀请到郊外燕京大学的蔚秀园教职员宿舍里去住了三个星期。夏云是燕大心理学讲师，对巴金非常热情友好，也曾写过题为《所谓心理的描写》的文章刊登在《文学季刊》创刊号上。蔚秀园原是清代的一座王府花园，环境幽静优美。巴金住在那里，很快地，几乎是毫不费力地，如同喷涌的泉水一样，流畅自然地写完了《爱情的三部曲》的最后一部《电》。岁末除夕，燕京大学国文学系同学会举行年终聚餐，出席者除一部分燕京大学教员顾颉刚、郑振铎、谢冰心、郭绍虞等，还请了许多新文学运动中有成就的作家，如胡适、周作人、俞平伯、沈从文、巴金等。席间，胡适对巴金好像很关注，问他姓什么？巴金当时没有回答他。散席临上车时，才由章靳以作了介绍，胡适听错以为姓刘。在当天的日记里特别提到此事。那天聚餐后，他们还到冰心家喝茶叙谈。在这种场合，巴金总是比较沉静寡言的。到了下次《大公报》副刊宴请时，胡适与巴金又遇见了，这才由巴金告诉他姓李。那年胡适四十二岁，比巴金长十三岁，当然是前辈了。

在燕大读书的萧乾常来看望他，他们交谈非常融洽。萧乾说到自己从巴金文章中得到启发和鼓舞，因为巴金反对强调灵感与天才的作用，这给他

---

① 《舒芜口述自传》第239页，中国社会科学出版社2002年版。

1934年在北平。左起：萧乾、曹禺、沈从文、章靳以

这个正在文学道路上踌躇的青年增加了勇气。巴金对萧乾说："一个对人性、对现实社会没有较深刻理解的人极难写出忠于时代的作品。"巴金读了萧乾的小说《邮票》，深为欣赏，多次鼓动萧乾说："写吧，只有写，你才会写。"从那时起结成的友谊，在萧乾后来漫长而困顿的创作和人生道路上一直起着温暖的作用。萧乾始终把巴金看成可信赖和依靠的良师益友。

63. 黑漆天空中的《电》

巴金的《萌芽》于1933年8月出版后，即被国民党上海市党部以"内容鼓吹阶级斗争"为由查禁。巴金是在北平的时候从上海施蛰存等来信中得悉此事的。接着《新生》也被查禁。

1934年初，巴金带着刚写完的《爱情的三部曲》之三《电》，从北平风尘仆仆回到上海，得知早先已经邮寄给上海《文学》编辑部的《电》前四章又被国民党图书杂志审查委员会审查时"枪毙"了。他把稿子带回北平，和朋友们商量了几次，将《电》中的人物改了名字，将《电》改名为《龙眼花开的时候》，作者化名为"欧阳镜蓉"。小说开头引用《圣经》的话，结尾托称写于"九龙"，借此避开国民党检查官的耳目，上下两次登载在4月和7月出版的《文学季刊》第2、3期上。

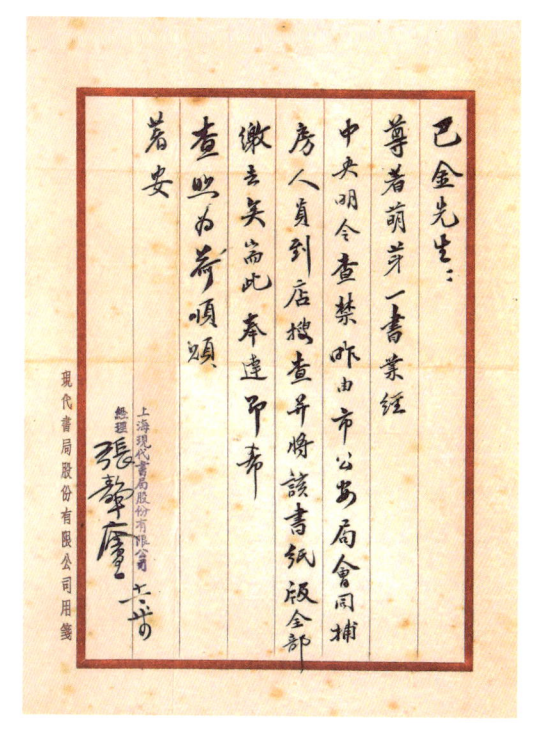

上海现代书局张静庐通知巴金关于《萌芽》被禁的信

巴金另外写了一篇散文《倘使龙眼花再开时》说，写作和发表这篇《电》，就"像一个产妇把孩子生出来，我把我的血寄托在小说里面"。后来，他还说，"这本书是我的全部作品里面我自己最喜欢的一本。在《爱情的三部曲》里面，我也最爱它"。因为他写了一群革命青年的牺牲精神、英雄气概和纯洁的心。他说：

> 我写这本《电》时，我的确看见黑漆的天空中有许多股电光在闪耀。

《电》的故事背景取材于福建一个古城的生活。这个古城的统治者陈国辉出身土匪，改编为旅长后，在那里作威作福，引起当地居民和进步人士的反抗，有人还行刺过陈国辉。最后因为告发他的人太多，又因为上层矛盾爆发，陈国辉还是被当局捕杀了。《电》就是描写这样的社会背景下，一群青年的思想、感情、生活和他们反对黑暗统治的搏斗和牺牲的故事。小说中的人物性格较前两部都要开朗、健全。巴金全力塑造一个青年女革命家李佩珠的形象。他说，李佩珠"是一个近乎健全的女性，但也是'近乎健全'"。他使用了与往昔不同的色彩斑斓明快的画笔，渲染了李佩珠投身革命事业后的乐观欢愉的情绪。整个故事气氛和环境的描写也是明朗而富有生气的。小说描写的焦点是一个革命团体在军阀残酷镇压下反抗——失败，大批青年悲壮地牺牲了。

64. 剪刀和朱笔

就在北平旅居生活中，巴金又重新读起拉马丁的《吉隆特党史》作为消遣。这部关于法国大革命的历史著作早在法国时就已熟读，但每读一次都使他沉浸在回忆和思考中。也许还由于当时法西斯文化专制政策激起他愤懑不平的情绪，因此，当上海《文学》编辑部傅东华来信催约稿件时，他就根据这段历史中的一个故事加以剪裁，写成历史小说《罗伯斯庇尔的秘密》。

罗伯斯庇尔原是法国大革命中的领袖人物，巴金在小说中没有写他正面的历史贡献，而是着重写了他执政后实行恐怖镇压政策。巴金说："我当时并非在写历史，我只想说明一件事情：单靠恐怖政策不能解决问题。"他心里明确针对当时社会现实中可憎恨的国家恐怖主义，所以小说中有"打倒暴君"的呼喊，确是借他人的酒杯浇自己胸中的块垒。他想，写历史也许可以躲开图书检查官的眼睛。又因为那时的巴金已经成了"敏感人物"，于是他信手又用了一个"王文慧"的化名作掩护。巴金并不觉得这篇小说是成功的。但是《文学》编辑部的朋友却来信鼓励，希望他继续写一些这类作品。于是他又续写了《马拉的死》、《丹东的悲哀》。他一下子把法国大革命中三位领袖的故事都写到了。这就是他后来编成短篇小说集《沉默集》中的主要作品。

为什么把这本小说集叫做《沉默集》呢？巴金在《序》中曾说是借用十九世纪八十年代美国芝加哥工人领袖阿·司皮斯（A. Spies）的一句话。至于这是一句什么话却并未引说。因此读者并不明白。可见当时钳制言论的白色恐怖对于作家所造成的心理压力是多么严重。那种欲语又止的压抑对于巴金是很痛苦的。那位司皮斯的原话，是在他走上绞刑架时说的：

> 我们在坟墓中的沉默比我们今天被你们绞死的声音更有力的时候快到了。

这句话当时在巴金内心里产生着很大的共鸣，几乎是他想喊出来的声音啊！

出于这种憎恨和愤懑的激情，他在1934年8月，还将被禁的《萌芽》中的人物改名换姓，重写结尾，改书名为《煤》，由上海开明书店出版。但是国民党图书杂志审查委员会的检查官们在看到小说校样后，还是马上通知停印。巴金还不甘心，就向书店自费买下纸型印了一版，改书名为《雪》，假托是在美国旧金山出版，实际是托生活书店秘密发行的。到1936年又由文化生活出版社公开出版，作品终于存活了下来。

不久，巴金在他的自传性回忆录的一篇文章《小小的经验》中讲述他在成都学生时代办刊物如何和官府的检查员周旋、应付他们的剪刀和朱笔的情形。他用极为轻蔑的口吻嘲笑这些可恶而无能的检查员

1935年，巴金创作的《萌芽》被禁后，改名《雪》，假托美国旧金山平社名义自费出版

说:"我们专门研究他的心理,分析他,试探他,激怒他,欺骗他,各种的花样都用过,而且屡试屡效。"这篇文章正是针对当时实际情况,故意写给国民党图书杂志检查官看的,这也是巴金顽强地出版和发表上述这些作品的心理写照。

65. 沉落的风波

1934年夏秋之间,巴金在北平、上海写了几篇关于知识分子生活的作品。《春雨》描写一位到处作揖、软弱无能的丈夫去世后,妻子决心投身革命。《化雪的日子》描写一位留学生有了新的信仰,要想回国参加革命,和妻子分道扬镳。另一类作品,如《知识阶级》,写一些大学教授之间尔虞我诈的种种丑态。《沉落》写一位大学教授为日本侵略中国辩护,认为日本侵占华北,搞伪满洲国都是客观存在,既是存在就有"它存在的理由",所以主张"勿抗恶"。

这后两篇作品显然是巴金在北平的一段生活观察、体验所得。或多或少对周作人一类知识分子有所影射。所以有一位朋友就提醒他,这会得罪不少的人,劝他换一个笔名。巴金没有听从。小说发表后,沈从文从北平写信批评他:这小说可以不写,说"写文章难道是为着泄气"。巴金很不以为然地回答他,自己写文章,没有一次不是为着"泄气"。但是,所谓"泄气"并非出于个人恩怨,而"攻击的是一种倾向、一种风气。这风气、这倾向正是把我们民族推到深渊里去的势力之一"。他表示自己无论如何不能闭着眼睛放过它们,不管别人对他这种关注民族命运的心情是否理解。

既然他在当时成了"敏感人物",他的名字为某些人所忌讳,于是他就化名"余一"、"余三"、"余五"、"余七"等笔名,写了许多杂感随笔,发表在《文学季刊》上。其中一个突出内容是对当时文坛的恶劣风气提出批评。譬如,他认为,"在中国似乎是读者比批评家更能够认识作品的价值"。因为有些批评家老是从自己的政治立场和一时的印象出发,对作家作品或吹捧,"说上了天";或攻击,"骂之入地"。报刊对于作家,则热衷于搞些"捕风捉影之谈"。他不仅对此很反感,他对自己的生活也发了许多牢骚。

沈从文看到这些文章心里很着急。他们在通信中不断讨论、辩驳。后来,沈从文在1935年底出版的《文学季刊》上公开发表了一篇《给某作家》的长信,非常诚恳真挚地批评和劝导巴金。沈从文认为巴金太为两件事扰乱心灵:"一件是太偏爱读法国革命史,一件是你太容易受身边一点现象耗费感情了。前者增加你的迷信,后者增加你的痛苦。两件事,混在一起,就增加你活在这个世界上感觉方面的孤独……说不定你还会感觉到世界上只有你孤单、痛苦,爱人类而又憎人类。"

沈从文在信中还说:"你感情太热,理性与感情对立时,却被感情常常占了胜利。"他希望巴金能"使自己灵魂在人事中有种'调和',把哀乐爱憎看得清楚一些,能分析它,也能节制它"。他说:"雷电的一击,声音光明皆炫目吓人,但随即也就完事了。一盏长明灯或许更能持久些,对人类更适用些。生命人格,如雷如电自然极其美丽炫目,但你若想过对于人类有益是一种义务,你得做灯。"沈从文承认巴金"代表了多数年轻人的感情,也因此得到多数年轻人的爱敬";但他希望巴金"多有点理性",这影响力量会更大一些;如若勇敢些,深入到内地军队、工厂、灾区等等生活一段日子,自己的观点就会有不同。他怀着挚友的感情亲切地劝巴金不要为一些闲言小语而动火,他认为这种感情的浪费真可惜①。

当时沈从文很受胡适、徐志摩、杨振声的赏识和器重,与周作人、朱光潜、梁实秋、朱自清等著名学者、教授来往也很密切。他在1933年发表《文学者的态度》一文,把南北作家分为"海派"、"京派",赞京派而薄海派,他自居京派。其实,他是过分推崇这批绅士派的教授学者,故而对于巴金批评这些知识分子大为不满。这与沈从文的人生主张,"即独立思考对于工作的长远意义"②也是有关的。但沈从文也确实看到,并且比较准确地把握了

---

① 沈从文:《给某作家》。《沈从文选集》第5卷,第44—48页,四川人民出版社1983年版。
② 沈从文:《在美国哥伦比亚大学的演讲》。《沈从文选集》第5卷,第273页,四川人民出版社1983年版。

巴金的个性特点和弱点。这就是他所说的感情上的过分的热，火气太大，有时偏激。

巴金不同意沈从文的观点，但也开始感到自己需要有所克制，也懂得沈从文讲的"从一堆沉默的日子里讨生活"的重要。所以，辩论归辩论，分歧归分歧，并不伤害他们的友情。巴金称沈从文是他的"敬爱的畏友"。

以后，评论界对《沉落集》的作品评价逐渐多起来，评价比过去一些短篇小说要高。人们对巴金是理解的，对他的个性特点给予了赞美。与沈从文的担心不同，并未引起什么大的风波。这只说明巴金所把握的更符合年轻一代进步的时代的心理。

有一位署名张振亚的评论文章说："巴金底小说则是给人以'力'的"，"出发点和归宿点都是全人类"，"凭借一点不加文饰，近于粗糙，然充溢着原始的、自然的美和力的呼号，近于迫切地呈露"。这位评论家还说：全书燃烧着一股烈火般的热情，无情地烧毁人间恶事，熨暖着读者的心，"这烈火底可爱处和可贵处非人力所能颠扑"[①]。另一位评论家张秀亚则说，巴金不懂得圆和忍受，不肯安闲，不肯枉曲自己。他对周围种种腐败的东西抱着强烈的反感，一心加以扫除。推动他创作的是"潜伏于内部的、强烈动荡的力"。评论家认为这是巴金作品的灵魂和特点。但是，他是"以充满爱与热的眼睛来观照这个世界"的，他的作品中闪烁着理想的光芒，而不投上灰暗的绝望色彩[②]。

巴金在北平时期写了许多小说，其中还有一篇重要作品《将军》，是用"余一"的笔名发表在《文学季刊》的创刊号上。这篇作品作为短篇小说的艺术结构和人物性格刻画、心理描写都是相当出色的。它描写一个流落在中国的旧俄军官，靠妻子卖淫生活。妻子安娜原是一个小军官的女儿。这个旧俄军官常常回忆当年在俄国寻欢作乐的生活。如果不发生革命，他大概可以做将军了。他不能忍受现在潦倒屈辱的生活，又很高兴听中国茶房的奉承叫他为将军。他恨本国发生的革命，又无法继续眼前的流亡生活。这个旧俄军官卑微、

---

① 张振亚：《评〈沉落〉》，《国闻周报》第13卷，第28期。
② 张秀亚：《沉落》，北平《大众知识》第1卷，第3期。

鄙俗的病态心理被揭示得淋漓尽致。作品所寓含的悲剧性耐人咀嚼,那种冷峻的描写透露出俄国作家契诃夫的影响,也表现了巴金小说艺术已经达到成熟的境界。所以,这篇作品刚发表就得到众多的好评。惕若(茅盾)撰文称它"是一篇难得的佳作"①。茅盾还在和鲁迅合作编选的中国现代短篇小说集《草鞋脚》中选收了《将军》。

1933年,上海第一出版社计划出版作家自传丛书,邀约巴金也写一本。巴金说,他只能写些零碎的回忆。后来,他写了《最初的回忆》、《家庭的环境》、《做大哥的人》和《信仰与活动》一组文章。第一出版社出版时仍用《巴金自传》作书名。因检查官抽掉了其中《信仰与活动》,所以巴金很不满意。以后在文化生活出版社出版了一本完整的、题名为《忆》的回忆散文集。这是巴金最早写作自传体的文章。

因此,1933年到1934年,巴金在北平旅居期间(有时也到上海小住),在创作、编辑、友情等各个方面,可说是全面丰收。他忧郁的心情也有了舒缓。

---

① 《文学》第2卷,第2期。

第七章
编辑之梦

1934年秋，巴金准备游历日本。当时巴金周围的朋友有好几个是在日本留学过的，像伍禅、吴朗西、黄源、张晓天……他们常常谈论日本各方面情况。曹禺也刚从日本度暑假归来，谈起那里的情况绘声绘色。日本在当时已成为中国最严重的敌人，同时也是中国人心目中发展神速的国家。因此，巴金想去看看那里的人民的思想和生活。据说日本的西文旧书很多，也很便宜，于是这位勤学、喜好旅行、爱学各种外语，并有收集各种外文书籍癖好的作家，决心去日本一游。从上海到日本，一衣带水，船票很便宜，朋友们也鼓动他去。

66. 漂洋过海

10月6日，《文学》社出面为巴金旅日饯行。鲁迅和茅盾也来欢送。那天，鲁迅很高兴，说了许多日本的风土人情，也说到有些中国留学生因为语言不通而闹笑话的。鲁迅对巴金说：到了那边，文章也得多写。巴金问他：听说先生要去日本休养,为什么还没去?鲁迅笑着答称;将来再说吧!

巴金去日本前夕,又奋笔疾书,写了一部中篇小说《利娜》。故事描写一个俄国贵族少女利娜爱上一个青年革命者波利司,后被囚禁,又被流放到西伯利亚,但终于和波利司在那里重逢结合了。小说采用书信体,取材于俄国历史中的一段史料。但小说里有许多对黑暗社会攻击的话,却是巴金对现实的影射和批判。波利司对利娜说:"沙皇说:'只有我一个人是对的。'沙皇不仅是肉体的主人,同时还是灵魂的主宰。""俄罗斯是外国人的,不是俄国人自己的!亚历山大也只是外国人的工具而已!"利娜对男友说:"他不过在阳台上对一个年轻姑娘谈了一些话。难道现在连私人谈话的自由也没有吗?……俄罗斯的确是悲惨的、可怖的、丑恶的!"

巴金觉得,他在这篇小说里,"话说得非常痛快"。他总想在剪刀和朱笔的阴影下尽可能喊出自己的声音来。

他把《利娜》寄给北平卞之琳,是为《水星》创刊号用的。然后他就漂洋过海去日本了。

11月24日,巴金到达横滨,住在吴朗西介绍的日本友人武田博家。武田博是高等商业学校教汉语的副教授。巴金为了躲避日本警方的注意,化名"黎德瑞",身份是书店职员。

武田家在海边的一座小山上,环境很安静。大海似乎就在巴金住房的窗下,点点帆影在闪光的海面上飘动,山路就在他们的屋外绕过。傍晚,清朗的月光下,海像一条银色的带子,又像是大片发亮的浮云,显示了它神秘而异常的美丽。在这样静谧的时候,在这个陌生的地方,巴金心里又升起了寂寞的悲哀。他想到自己这些年的经历也够曲折艰难,但总算是一步一步走了过来,并且总能时时感受到祖国、人民的忧患和苦难;生活在朋友们中间,自己是坦然而有信心的。然而,在这里,除了读几本书,写几个字,几乎无所作为。可怕的安静啊!他发出了苦闷的呼喊:"我这样的生活不就是放逐的生活吗?"

67. 神 与 鬼

巴金在横滨武田家住了三个月。武田夫妇有两个小女儿，巴金和他们一家生活在一起。有时还跟随他们到附近朋友家去做客。在这种寂寞的环境中，他细心观察他的房东生活，也了解了一些周围日本人的情况。

武田本是一位无神论者，信奉社会主义，这时他却变成一位拜佛念经的信徒。巴金以为这是在社会、政治、家庭的压力下，想要压制自己的"凡心"，只好到神佛那里去寻找出路。这对巴金是一个意外的发现，在心里很受触动。于是，他很快写出了到日本后的第一篇小说《神》。因为是以武田家为原型，所以他的写作还不能让房东知道，只能隐秘地悄悄地写。以后他又写了《鬼》。

《神》描写了一个曾经接受过自由思想的日本知识分子长谷川，在社会重压下，用信神拜佛来克制自己的生活热情。终于因精神崩溃而毁灭。《鬼》描写一对青年男女曾经陶醉在自由恋爱之中，后因家长反对而各自另行婚娶。少女满子曾多次约男主人公崛口"情死"而为崛口拒绝。他认为，"违抗命运的举动是愚蠢的"。不久，满子死了，崛口心里仍眷恋着她，但又默默地痛苦地接受了命运的安排，只能用向大海抛掷供物来安慰鬼魂和自己。

《神》、《鬼》两篇作品都是意在发掘人性的复杂内涵，也写出了神鬼的虚妄和对现实的严峻批判，是巴金小说艺术的纯熟之作。

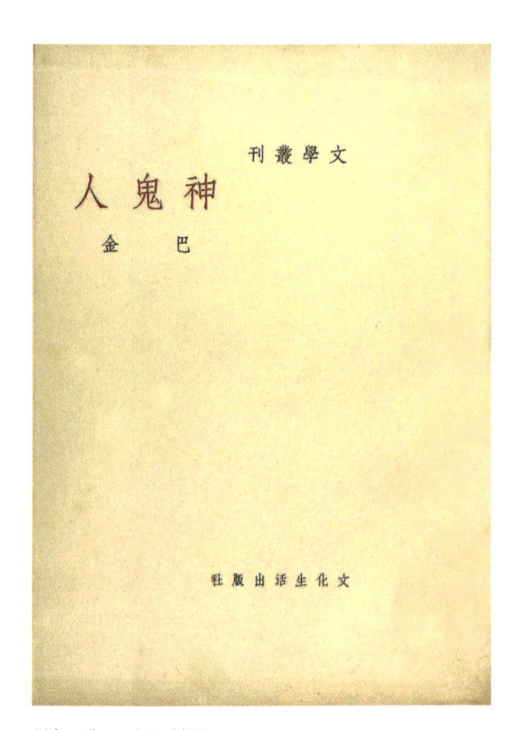

《神·鬼·人》封面

巴金从早年起就执着地信奉"没有神",现在为《神·鬼·人》写的序言中,又一次明白表示,神受人崇拜,然而无能;鬼使人恐怖,却因为人的生活中有太多的压迫、倾轧和苦恼。他热烈地说:

> 火烧完了我的尊敬,火烧尽了我的害怕。火烧毁了神,火烧死了鬼。火使我完全忘记了过去。这可祝福的生活烘炉里面的烈火啊!

序言像一篇优美的散文诗,用炽烈的语言呼唤着革命的烈火去烧毁一切罪恶的虚伪的东西,使人们真正起来过人的新生活。

巴金在横滨还写了一篇童话《长生塔》,颇受俄国盲诗人爱罗先珂的启发。它描写一个暴戾的皇帝为求长生不死,驱使百姓建造长生塔。塔建成后,皇帝登上塔顶,看到世界是那么美好,但这座建在沙滩上的塔却崩坍了。巴金写这篇作品,有意识影射当时的独裁统治。

巴金还写了散文《月夜》、《蓝天使》、《木乃伊》、《雪》、《繁星》等,后来结集为《点滴》。这些散文虽写得隽永短小,但也充满激愤,而无恬淡闲适的东西。巴金在横滨时创作的作品思想都较激烈,感情也很悲愤。

武田家里信神佞鬼的气氛使巴金难以忍受。有一天晚上,武田突然推门进入巴金的睡房,说,这几天家里有很多鬼,这间屋子也有鬼。武田进屋是来念经驱鬼的。念完了,他就一本正经地离去了。

68. 东京噩梦

1935年春,巴金离开了横滨隐士式的生活,移居东京,寄寓在中华留日青年会楼上的宿舍。白天到住房旁边的教室里听日语课。教师陈文澜教授得还不错。楼下大礼堂,杜宣、吴天等正在排演曹禺的《雷雨》。巴金很高兴与他们认识。三餐饭在楼下食堂吃,饭后常到街上散步。附近有很多西文旧书店,巴金每次散步都去那里浏览。他陆续买了许多西文书。这时,他已发现日本便衣警察、特务之类的人物常出没在周围。

在东京，与巴金有往来的还有两位以前在泉州认识的朋友袁国钦和寄宿在那里的两位中国女学生，还有梁宗岱、沉樱夫妇。他到他们的寓所去做过客。他们是为了婚姻自由，冲破家庭阻挠，逃到日本来的。巴金和他们本就相识，如今到他们精致的小屋里，看见他们沉醉在幸福的新婚生活里却另有感慨。因为他对梁宗岱在爱情上所表现的勇气是有保留的。他认为，"恋爱这种事在今天可以暂时束之高阁了。即使它和吃饭是一样地重要。但是如今饿死也已经是很平常的事了"。巴金的想法显然偏激，但也是自己守着独身不谈恋爱的内心反映。

比起横滨，在这个杂乱嚣闹的异国京城里，巴金可以接触到更多的各种身份的日本人，包括商人、职员、作家、青年、孩子等等。有的很友好。巴金见到了 1933 年底在北平相识的日本作家石川三四郎。也有受军国主义思想毒害，支持日本军阀侵华的。武田家两个小女孩就写信慰问侵略中国的日军。在这里还可以读到各种各样鼓吹军国主义、辱骂中国的日本报刊。

这时，巴金偶然间读到已经自杀死去的著名青年作家芥川龙之介十年前写的《长江游记》。其中，有一段在中国芜湖时说的话深深地刺伤了巴金："现代的中国有什么东西呢？政治、学问、经济、艺术，不是全都堕落了吗？尤其是艺术，嘉庆道光以来果真有一件可以自豪的作品吗？"芥川当时到中国游访后写出的文章中确有许多"讥诮"和用词激烈、鄙夷不屑的批评，引起许多人的反感，认为歪曲和侮辱了中国。但也有人认为当时的中国确实存在种种落后现象，芥川所写属实，值得国人反思，其中包括鲁迅和夏丏尊。但是巴金却感到强烈的不满，写了反驳文章《几段不恭敬的话》，把日本的音乐、绘画、文学等等也都批得一无是处。他还写了一篇《日本的报纸》。两篇文章寄回国内的刊物，前一篇刊登在《太白》第 1 卷第 8 期，后一篇被国民党的新闻检查官抽掉了。

这里顺便还可以说到后来类似的另一些事：1939 年赛珍珠的《爱国者》在中国出现多种译本时，巴金也十分不满，对此做了严厉的批评，认为"这是一本虚伪的书"。说"素来对赛珍珠没有好感……对中国人还是用外国传教士的眼光去看的……"甚至对《爱国者》要"愤怒地叫出'我控诉！'"稍后，四十年代初在桂林，友人林憾庐谈起他的兄弟林语堂用英文创作的小说《吾国吾民》在美国出版后畅销一时，"引以为荣"。巴金却以为"是迎合美国读者口味的著作"，他"引以为辱"。对待这些事情，巴金似乎反应过度，不免有偏颇之处。但值得注意的是，巴金对祖国的热爱，不容他人有半点轻侮，这是那些不断批评他的安那其主义否定国家的人所无法想象和理解的。因此，巴金有时会愤愤地说："说我不爱国？！其实我比他们都要爱国的多！"

1935年4月，溥仪到东京访问。在日本军国主义的阴谋策划下，他在前一年3月1日在中国长春举行了伪满洲国傀儡皇帝的"登基典礼"，现在他又跑到日本来演出亲善访问的闹剧。为此，日本政府以治安为借口大肆搜捕迫害在日本的中国爱国者。在一个深夜，几个日本特务警察闯进巴金宿舍进行搜查，然后将他带到警察署审讯，无理关押了十四个小时。巴金根据这次经历写了一篇《东京狱中一日记》，寄给上海的《文学》杂志，未能发表。那时刚刚发生了《新生》周刊因登载《闲话皇帝》一文引起日本政府抗议的事件。国民党政府屈从压力，查封了《新生》周刊，判处主编杜重远徒刑。国内报刊舆论因此被控制得更严格。后来，巴金把这篇作品改名为《人》，副题为《一个人在屋子里做的噩梦》，与《神》、《鬼》合成集子在文化生活出版社出版，才得以和读者见面。

巴金被释放了。他对这个邪恶的地方已毫无兴趣再住下去了。这里的人权没有保障，他也不能容忍别人对自己祖国的轻慢与侮辱。武田闻讯来信安慰，挽留他回横滨再住些日子。他辞谢了。

这时，吴朗西、柳静夫妇来信告诉他，他们和丽尼、伍禅等正筹办文化生活出版社，希望他回来担任总编辑。巴金答应了朋友们的邀请，为了避免日本警方的怀疑和迫害，他迟至8月才回上海。

在东京逗留期间，他去观看了《雷雨》的演出。这是巴金第一次观看这个戏的演出。剧场里不断出现轻浮的哄笑、吵闹。观众多数是中国留学生，对于中国社会好像很不理解，对人生悲剧也缺乏同情心。这使他很失望，像是置身在沙漠一样的寂寞。戏演到第四幕时，警察又跑到后台干预，演出只好草草收场。

巴金还去东京郊外看望石川三四郎。他在暮春时来过这里。千岁村田园风光和平宁静,但也可以感受到法西斯魔影。石川本是无政府主义者,现在许多报刊已不敢再发表他的作品。石川的养女望月百合子愤愤地告诉巴金:"我现在只能够跳舞了。"因为她已经不能够像以前那样自由地公开地向人群发表演说。石川父女殷勤地挽留巴金,希望他在千岁村田园里住一些日子,买好的船票可以退掉。但是巴金去意已决。当他的车离去时,百合子和另一位姑娘在门口含笑行礼致意的情景,使他感到温暖而不能忘却。

69. 创办文化生活出版社

1935 年 8 月,巴金回到上海,文化生活出版社(开始叫文化生活社)已经成立并开始出书。巴金担任总编辑。他平日一直有一种愿望,想为中国新文学建设做更多事情。现在他是第一次独立主持文学编辑出版工作,他要尽自己的力量推动和组织更多作家的创作和翻译工作。

文化生活出版社最早是由吴朗西、伍禅、丽尼商量创办起来的。吴朗西、伍禅早先也是无政府主义者。吴朗西曾留学日本,后任教于立达学园、晋江的平民中学。那时,他们想依靠自身的力量,经营一个出版社,出自己想出的书,有益于人民的书,并把这当作朋友们共同的事业,切切实实地干好。最初的雄心就是想出像日本"岩波书库"那样综合性的大型丛书,有文学,社会科学,自然科学;有翻译,有创作。吴朗西先将太太柳静的积蓄三百元作为开办的资金,伍禅买奖券中奖出资千元投入其中,使出版社得以启动,由小到大,渐渐发展起来,成为国内最有影响的一家文学专业出版社。他们一边动手筹备编印出书,一边写信告知正在日本的巴金,敦请他回来做总编辑主持编辑工作,丽尼、伍禅协助编务;吴朗西任总经理,负责资金的筹划。他们都是不领取工资尽义务实实在在地干活做义工,长年累月如此,这是别的任何出版社所少见的。因为他们仍然秉承了当年无政府主义的理想,当作一个信仰的实践。吴朗西还与晚年鲁迅往来甚密,结成深厚的友谊。因为共同喜好绘画，先后一起策划编印了《死魂灵百图》、《凯绥·珂勒惠支版画选集》等大型画集。计划中还要陆续出版类似的画集编成《新艺术丛刊》，这在经济财力方面投入多、风险大，没有一点文化追求和气魄是不可能的。

巴金上任后第一件事就是编辑出版《文学丛刊》。每集十六册，从1935年到1948年，先后编印了十集，共一百六十种。每集一函。既有有声望的老作家的作品，又有刚刚出现的青年作家的作品。这样不断推出一批又一批新人新作。每集有小说、诗歌、散文、戏剧、理论等各种体裁和样式，装帧素朴大方，纸盒函套的设计也很别致。这在中国现代文学出版方面是一个创举，因此第一集问世时，轰动文坛。

第一集的作家阵容相当强，颇有声势，在当时是非常难得的。其中有《路》（茅盾）、《故事新编》（鲁迅）、《神·鬼·人》（巴金）、《八骏图》（沈从文）、《团圆》（张天翼）、《珠落集》（靳以）、《雀鼠集》（鲁彦）、《南行记》（艾芜）、《分》（何谷天）、《饭余集》（吴组缃）、《羊》（萧军）、《短剑集》（郑振铎）、《黄昏之献》（丽尼）、《雷雨》（曹禺）、《以身作则》（李健吾）、《鱼目集》（卞之琳）。

鲁迅的《故事新编》和茅盾的《路》是巴金回国后在9月的一次宴聚时亲自邀约的。鲁迅没有想到出版工作进行得这么快，当他看到广告篇目登出来时，怕耽误全套书的出版，就在一个月内扶病赶写了《理水》、《采薇》、《起死》、《出关》等四个短篇，连同原有的一起编成《故事新编》，使《文学丛刊》壮了声色，如期出版。艾芜的《南行记》是他第一个短篇集，也是他最著名的代表作。书出版后，巴金才有机会第一次见到艾芜。曹禺的《雷雨》这次正式出书，巴金在病中还替他作了细心的校对。后来的第二集中，何其芳的《画梦录》是他的第一个，也是最著名的散文集。他以后的散文集《还乡记》、诗集《夜歌》也都是巴金编入《文学丛刊》出版的。第三集中的《星》是叶紫的重要著作。巴金将叶紫的遭遇告诉了李健吾，请他写了一篇《叶紫论》。

鲁迅还介绍萧红的作品给巴金。巴金由此认识了萧红，先后在《文学丛刊》中收入她的《商市街》（散文集）、《桥》（散文集）、《牛车上》（短篇集）三部作品。陈荒煤的《忧郁的歌》、刘白羽的《草原上》都是他们的第一个短篇集。刘西渭的主要评论集《咀华集》也是在《文学丛刊》中出现的。

巴金还继续主编由吴朗西、丽尼开了头的《文化生活丛刊》。这套丛书除了文学作品，还有传记、回忆录、历史、文艺理论、自然科学等等，以介绍外国作品为主，涉及十多个国家地区的有影响的作品。巴金把自己翻译的柏克曼的《狱中记》、司特普尼亚克的《俄国虚无主义运动史话》，撰写的《俄国社会运动史话》等，也编入这套丛刊出版。这套丛刊共出版了近百种书，在介绍和普及西方文化思想知识方面起了很大作用。

那时由鲁迅直接参与、黄源主编的《译文丛书》本来是由生活书店出版的。当生活书店表示无意继续出版时，吴朗西、巴金就决定把这套丛书的出版工作接收过来。这既因他们认识到出版这套丛书的重要价值，同时也是对鲁迅意愿的支持。1935年9月，吴朗西、巴金请鲁迅、茅盾等吃饭。黎烈文、傅东华、胡风、黄源也参加了。同席十人商谈此事，鲁迅翻译的果戈理的《死魂灵》、茅盾的译稿《桃园》都当场答应交给文化生活出版社，编入《译文丛书》。席间，巴金还介绍了《文学丛刊》的编辑设想，得到鲁迅、茅盾的支持，答应提供稿件。这就是后来的《故事新编》和《路》。

鲁迅以后还把他所编的《死魂灵百图》及《凯绥·珂勒惠支版画选集》交文化生活出版社出版，虽然这需投入较多资金，吴朗西、巴金也毫不犹豫地接受下来。鲁迅则多次出资相助，解决出版社的经济困难。所以巴金曾说：文化生活出版社"要是没有他（鲁迅）的帮助，就不会有以后的发展"。

《译文丛书》改由文化生活出版社出版后，仍由黄源主编，直到抗战开始，改由巴金主编。这套丛书的出版延续了十多年，成为三四十年代系统介绍外国文学名著的最主要渠道。

文化生活出版社创办伊始，就以《文学丛刊》、《文化生活丛刊》、《译文丛书》这样成套的优秀作品贡献给文学界的读者们。

70.《文季月刊》

巴金从日本回到上海不久，就到北平。因为《文学季刊》和《水星》都面临重重困难。既有书店因为经济原因不愿继续出版，也有图书检查造成的麻烦愈来愈多的缘故；编委会内部也有矛盾。因为稿件采用引起的纠纷，李长之退出了编委会。这时章靳以的母亲在天津患癌症不起，章靳以正在家侍奉老母。巴金就帮忙料理刊物的善后事宜。

巴金代拟了《告别的话》，刊登在《文学季刊》第2卷第4期终刊号上。《告别的话》告诉读者，文坛操纵在商人手里，一些虫蛀的古籍和腐儒的呓语倒可大批翻印流布，才子佳人的故事一再被介绍到青年中去，严肃的刊物反倒难以生存。他相信，有一天，这样的刊物又"会像从火里出来的凤凰"那样再生。同期，他还写了一篇题为《一阵春风》的杂感，署名余七，对教授学者们整理古籍、翻印古书，作了猛烈的抨击。那时的巴金，对待中国古书的态度很像鲁迅所主张的青年"要少——或者竟不——看中国书"一样，他说："难道我们的奴隶性还不够深吗？我们的血还不够凉吗？必得让他们再把我们带到古代坟墓里去被活埋一次吗？"激愤之辞，溢于言表。可以想象巴金对于《文学季刊》迫于经济和文坛复杂人事关系而停刊是多么愤慨。郑振铎不主张这样的批评，认为树敌过多。巴金和章靳以很不满意郑振铎的态度。巴金就又写了一篇《大度与宽容》，对郑振铎有所讽喻。

11月30日，大雪纷飞，古城弥漫着日寇可能侵逼的紧张恐怖气氛。沈从文、张兆和夫妇到前门车站为巴金送行。他多次往返于平津，都不像这次那么萧索。直到列车开动时，他还看见他们夫妇在热情地挥动着友谊的手，他很伤感。来到天津，他去探望了尧林。然后回到上海。不久，就传来了北平数万学生走上街头要求抗日，反对华北自治，争取民族解放的消息。这就是历史上著名的"一二·九"学生爱国运动。

《文学季刊》停刊后，章靳以也移居上海。巴金和章靳以商量在上海创办一个类似的刊物，得到了良友图书出版公司编辑赵家璧的支持。于是决定复刊后的刊物名字叫《文季月刊》，归属"良友"出版，编辑室也设在这个公司里。

《文季月刊》由巴金、章靳以主编，实际工作由章靳以负责。在1936年6月出版的创刊号上，发表了一个署名"文学季刊社"的《复刊词》，又一次说明当初停刊的原因；而《文季月刊》乃是《文学季刊》的恢复和继续。

《文季月刊》和文化生活出版社一起相互配合，把许多作家团结起来。他们的作品，有的写知识分子，有的写农民，有的写市民阶层，通过对他们遭遇的描写，揭示了这个社会的不合理，给人民带来的苦难。这些作品的基调较多的是哀怨、凄苦、悲愤、低沉，艺术上追求精美、清丽、写实的风格。也有的是个人寂寞的心灵所发出的忧郁低吟。这些作家创作数量很丰。上海是当时的文学中心，这些作家多数是各个刊物的基本撰稿人，因此他们的创作成就直接影响和关系到文坛的兴衰。

71. 中国文艺工作者宣言

三十年代上海文坛是一个很复杂的地方。作家之间的思想观点分歧、宗派纠葛，以至意气用事，常有论争和冲突。巴金对于这些论争并不介入，甚至连双方的文章也都不怎么留意。他把自己的全部精力投入到创作或是编辑出版工作之中。他觉得一个作家的名字是和作品连在一起的，是用作品来表述自己的思想感情。没有作品就没有作家。作家不是靠社会活动而存在的。一个作家的创作是用自己的头脑思考，根据自己的生活体验去写，别人怎么说并不重要。

巴金与鲁迅于1933年认识。最近一两年，由于文化生活出版社的工作和上海文学界的某些宴聚，他们见面较多。他深深感到这个老人有一颗纯洁、真诚的赤子之心。他常常拿鲁迅做人的态度来衡量自己的行为。他尊重爱护鲁迅，把他当作自己的前辈、老师来看待。也许正是因为这个原因，也许还由于巴金的个性不大喜欢到名人家奔走，所以在鲁迅生前，巴金一直没有去过他家，有事情或写便函通信联系，或托黄源、黎烈文转达。他的《狱中记》、《俄国社会运动史话》以及《巴金短篇小说集》等新书，就是托黄源代交给鲁迅的。文化生活出版社出版的鲁迅新作的样书和《文学丛刊》新书也都由黄源或吴朗西送交鲁迅。

但是，在鲁迅方面又有所不同。当时左翼作家中的一些论战常常涉及到他。他对周围的青年作家本是出于爱护之心，凡是踏踏实实工作或创作的，凡是为着中国文学和社会进步在努力奋斗的，他都看重、支持，引以为朋友。有一位日本年轻学者增田涉曾师从鲁迅，于1931年几乎每天都在鲁迅家里学习、聊天。有一次他问鲁迅：为什么你和思想倾向很不同的青年作家一道工作？他指的就是巴金。鲁迅用非常信任和赞赏的口气说：因为他"比别人更认真"。增田涉认为："认真——诚实是他（鲁迅）最喜欢的。"

思想倾向不同，在当时许多左翼作家中是被视为异己的，最多不过是同路人。1930年3月左联正式成立。中国的左联是仿照苏联"拉普"①建立起来的，是体现共产党文化的最早有影响的组织和有系统的理论纲领，都是相当政治化的，带有地下秘密组织的性质。甚至他们自己都觉得有点成了"第二党"。它的宗旨、指导思想也是与政党的政治任务相对应的，强调"负起了中国无产阶级革命文学总的领导任务"，"是有一定而且一致的政治观点的行动斗争的团体，而不是作家的自由组合"。要"无情地对于右倾机会主义及左倾空谈作两条战线上的斗争……""作家必须成为一个唯物的辩证法论者……"②等等。这与苏联的"拉普"几乎没有什么区别。组织上也就必然走到宗派主义的路上。"拉普"的"没有同路人，不是同盟者，便是敌人"的思想在中国的左联领导人身上一样有所反映，总以为"唯我独革""唯我独左"，将与自己不同政治思想的作家不仅排斥在外，而且还强调斗争；更不必说对

---

① 苏联的"拉普"，全称是"俄罗斯无产阶级作家联合会"。早在十月革命前后，原有众多的文学团体，仅莫斯科一地就有三十多个。其中，无产阶级文化协合等左派提出否认人几发展的继承性，宣扬建立新的"纯粹无产阶级的文化"。后受到列宁的批评而解散。

后来又有一批左翼作家集合在《在岗位上》的杂志周围，以无产阶级文学"正统派"自居，自认为是党的化身，宣扬坚决反对文学领域中的资产阶级影响，带有宗派色彩，成为后来成立的"拉普"的核心人物。

"拉普"要求作家必须掌握"辩证唯物主义的创作方法"视之为"思想立场、世界观"的问题，排斥"同路人"。"拉普"内部多次进行派别斗争，批判对方反党、反革命等等。

"拉普"之极左，其实是仿照联共（布）排斥一切不同政治思想的个人、团体、政党并视之为敌人所致。1932年联共（布）解散"拉普"等文学团体，并把所有的作家归拢在作家协会单一的组织里，要求都在联共（布）的思想指导下创作。

"拉普"在国际上也有相当影响，日本、朝鲜，甚至欧美等许多国家都有类似的组织。包括中国的左联，就承认是在"国际革命作家联盟的正确指导之下"。中国左联的解散与"拉普"的被解散，都与共产国际的指示有关。

② 《中国无产阶级革命文学的新任务》，转引自钱杏村：《1931年中国文坛的回顾》。

不同的政党了。所以，增田涉才会对鲁迅提出这样的问题。鲁迅恰恰也因此与左联的领导人有了矛盾，或者说不为所容。

曾是左联主要领导人的周扬在七十年代"文革"后承认："当时左联关门主义、宗派主义倾向很严重……像巴金、曹禺这样的进步作家也不能团结他们。"①夏衍也承认："像同郑振铎、叶圣陶、王统照等人，我们私人关系是有的，但关在门外……到抗战开始时还排斥巴金、曹禺这样一些人……"②所以，即使1936年春左联解散后，一些左翼作家领导人想团结更多作家艺术家来参加当时以抗日救亡为中心的文艺运动，于6月发起组织中国文艺家协会，在上海召开成立大会，发表宣言，但仍然把许多作家排斥在外。在这之前他们与鲁迅之间已经有了裂痕，这时他们去动员鲁迅参加，鲁迅回复暂不加入，要等一等，看一看。巴金直到那时还未参加过，也不想参加任何文学团体派别。巴金和黎烈文商量：虽不参加任何团体，但还是要发表一个声明来表示自己的抗日救亡主张。

那时鲁迅正在病中。巴金和黎烈文没有来得及去与鲁迅和别的更多朋友商量，就各自起草了一个宣言草稿。先是他们相互推让采用对方的，后来由黎烈文带到鲁迅家里，征得鲁迅意见之后，由黎烈文当场将两份草稿合成一个，和鲁迅一起改定。这就是《中国文艺工作者宣言》。

鲁迅带头在宣言上签了名。后又抄写了几份，分头征集签名，参加者包括茅盾、曹靖华、曹禺、章靳以、胡风、黄源、孟十还等，其中有一部分是已经参加了中国文艺家协会、在文艺家协会的宣言上签了名的。《中国文艺工作者宣言》表示了抗日的决心和加强文艺界团结的真切愿望。

这份宣言于6月同时发表在《作家》、《译文》、《文季月刊》等五六种刊物上。由于各刊物出版的时间有先后，所登的宣言签名人数也就不尽相同。《文季月刊》第1卷第2期发表时为四十一人签名，《作家》则为六十三人，别的刊物登出时已是七十二人。

---

① 《访问周扬谈话记录》(1977年7月)，上海师大中文系鲁迅著作注释组。华中师院、武汉师院中文系现代文学教研室编印。

② 《关于左联一些情况的回忆》(1977年6月)，华中师院、武汉师院中文系现代文学教研室编印。

72. 喊喊嚓嚓

巴金等在这份宣言发表后没有什么别的行动，因为他们仅仅是表示了中国作家应有的鲜明的抗日救亡主张和态度而已。但这却激怒了原左联的某些领导人。曾任左联常委、宣传部长、书记的徐懋庸，最早站出来写了一封信指责鲁迅，并攻击了一大批作家，如胡风、黄源、巴金、傅东华、郑振铎等等。

徐懋庸在信中对巴金采取揭老底算旧账的手法进行人身攻击："……知道法西两国'安那其'之反动，破坏联合阵线，无异于托派。中国的'安那其'行为则更卑劣……"进而责备鲁迅不该接近"巴金和黄源之流"。

徐懋庸的这封信，引起了鲁迅的反感。当时鲁迅正在病中，肺结核胸膜有积水，常去医院治疗抽水。8月5日，鲁迅扶病写了一封长信《答徐懋庸并关于抗日统一战线问题》，对文艺界存在的理论上与行动上的宗派主义与行帮现象提出尖锐批评。他对"国防文学"和"民族革命战争的大众文学"两个口号作了评论，认为无须去争谁是"正统"，问题"在实做"。在谈到巴金时，鲁迅说：

> 巴金是一个有热情的有进步思想的作家，是在屈指可数的好作家之列的作家。他固然有"安那其主义"之称，但他并没有反对我们的运动，还曾经列名于文艺工作者联名的战斗宣言……难道连"西班牙"的"安那其"的破坏革命，也要巴金负责？①

巴金也写了《答徐懋庸并谈西班牙的联合阵线》一文，驳斥徐懋庸。

就在这年八九月间，曹聚仁主编的《社会日报》对鲁迅、胡风和巴金连续发表文章造谣生事，进行围攻。这家报纸在1935年至1936年间就曾造谣

---

① 《且介亭杂文末编》第63页，人民文学出版社1973年版。

说鲁迅将要转向,投降南京的国民党政府,从中出力的是胡风。现在又说,署名O．V（实为冯雪峰）笔名的鲁迅文章都是胡风所作等等。对巴金进行人身攻击的有戴敦复的《关于巴金》、灵犀的《巴金先生的流弹》《正告巴金》、曹聚仁的《也谈关于小报》、徐懋庸的《关于小报的种种》、白雪的《巴金先生的悲哀》等等。这些文章与研讨巴金作品的思想、艺术完全不相干,纯粹是人身攻击,嘲笑巴金是"正人君子"、"性格古怪",这样的"大文豪算得什么东西",是居心险恶的"无赖的人"云云,一片辱骂之声。

徐懋庸在《今代文艺》上发表了《还答鲁迅先生》和《答巴金之答》,对巴金加诸破坏文艺家协会之罪名,盛气凌人。巴金忍无可忍,愤怒地反驳:不加入文艺家协会不见得就是反对,在文艺工作者宣言上签名表示自己对于救亡图存的态度,"这种最小限度的自由都被剥夺了吗"?对于《社会日报》的这些围攻,他慨叹说:"除了暴露自己的'行为更为卑劣'外,还能有什么样的意义呢?"他决心对于这些造谣中伤、谩骂侮辱的东西,不再予以理睬。

至于徐懋庸的信如他自己所说的:虽仅仅是他"个人行为",但也明确指出这些话反映了当时左联领导层的某些思想倾向。这种倾向在中国后来的左翼文艺运动中长期延续,以至达数十年之久。巴金也为此断断续续地受到了许多次冲击和批判。

尽管如此,巴金在答复一位北方青年读者的公开信中,说到两个口号论战一事仍说:"这绝不是无谓的笔战,更不能说是'内争'。这论争对于新文学的发展是有帮助的。有许多问题是要经过几次的论战后,才逐渐地明朗化而终于得到解决的。"可见,巴金对于两个口号的激烈论战一事,是很清醒的。

73. 悼念鲁迅

1936年,巴金参加社会活动较前多了起来。7月,蔡元培、柳亚子、孙科、鲁迅、郭沫若、茅盾、叶圣陶等一百四十人联署,发表《我们对于推行新文字的意见》。巴金也参加签名。《大公报》举办文艺评奖,巴金和杨振声、朱光潜、朱自清、叶圣陶、章靳以、凌淑华、李健吾、林徽因、沈从文等被聘为裁判委员，评选出芦焚的小说《谷》、曹禺的剧本《日出》、何其芳的散文《画梦录》为获奖作品。这三部作品都是编入《文学丛刊》上的。10月，王统照、林语堂、洪深、茅盾、陈望道、郭沫若、夏丏尊、张天翼、叶圣陶、郑振铎、鲁迅、冰心、丰子恺等二十一人签名，发表《文艺界同人为团结御侮与言论自由宣言》，主张全国文学界为抗日救国加强联合。巴金是这次宣言签名活动的积极参加者。

有一天，曹禺想访见鲁迅，经巴金与鲁迅联系，鲁迅虽然病重，还是约定了见面日子。10月19日上午，巴金与曹禺按时来到大陆新村鲁迅寓所，这是巴金第一次到鲁迅家中。更没有想到鲁迅已于当天清晨逝世。巴金看到的竟是鲁迅遗容。巴金参加了鲁迅治丧处的工作。他在守灵时看到无数吊唁者悲戚苦痛的面容和泪水。每当清晨或夜晚，灵堂安静下来，他常常默默地痴痴地瞻望着这个安详地仰卧在馥郁的晚香玉和兰花丛中的老人，他沉痛地感受到自己和大家失去的将是无法弥补的。

22日，人们前来送葬。在苍茫的暮色中，巴金和其他十几位青年作家抬着灵柩安放进了墓穴。这天晚上，巴金写下了《永远不能忘记的事情》悼念鲁迅。他和章靳以赶着在《文季月刊》第1卷第6期中编了一个"哀悼鲁迅先生特辑"，用编辑部同人名义发表了一篇题为《悼念鲁迅先生》的文章。巴金写道：

……我们也和别的许多人一样以为他的作品可以列入世界不朽的名作之林。但我们应该更重视——在民族解放运动中，他是一个伟大的战士，在人类解放运动中，他是一个勇敢的先驱。

……

鲁迅先生的人格是比他的作品更伟大的。近二三十年来，他的正义的呼声，响彻了中国的暗夜，在荆棘遍地的荒野中，他执着思想的火把，领导着无数的青年向远远的一线光亮前进。

巴金对于鲁迅的评价是崇高而准确的，就像鲁迅对巴金的看法一样准确

1936年10月22日，鲁迅葬礼。左一为巴金

而中肯。他们相互了解竟是这样深刻透彻。因此，几十年来，巴金再也不能忘记他，鲁迅永远鞭策和鼓励着他努力前进。

鲁迅逝世第二天，《大公报》刊出一则《悼鲁迅先生》的短评，对鲁迅进行了嘲讽说，鲁迅"尖酸刻薄的笔调，给中国文坛划了一个时代，同时也给青年不少的不良的影响"。还说，"可惜他的晚年，把许多的力量浪费了，而没有用到中国文坛的建设上"。当时文艺界为之哗然，纷纷表示抗议。巴金气愤极了，平时说话不多，这时却激动得大声说话，连房东太太都吃了一惊。萧乾是《大公报》编辑，当天为了这事向老板提出质问和辞职。巴金知道了，全力支持萧乾说：辞职了，饿不着，可以给文化生活出版社翻译屠格涅夫的书。

参加鲁迅治丧工作的人都是为了向鲁迅先生表示敬意主动前来尽义务的，并无严密的组织和计划。胡风是治丧委员之一，直接带领治丧处的这批青年作家做具体实际事情。胡风本不是一个理财的人，这次他代管的"公家"的钱在混乱中丢失了，他只好自己认赔。巴金知道了，与吴朗西商量后，就由文化生活出版社把这丢失的钱先垫上，算作给胡风预支的稿费。在送葬行列行进过程中，为了保证安全，胡风关照人们不要让队伍以外的人乱发传单，后来却因此受到埋怨。胡风对这一切都毫无怨言和不满，因此通过这次共事，给巴金留下一个印象：胡风是个任劳任怨、顾全大局的人。

74．平凡的忙碌

1935年8月，巴金刚刚从日本回到上海的时候，东京一日拘捕的遭遇的阴影还未散去。法西斯对人类和平生活的逼迫日益临近。在中国，对于日本武装侵略的惊惧气氛也相当严重。巴金的心情很为之烦闷。他除了忙于文化生活出版社的编务外，每晚在微弱的灯光下咬着牙一字一字地翻译柏克曼的《狱中记》，好像自己也跟他一样在经历着这样囚笼般的生活。当他节译了这部原著的三分之一后，很快编入《文化生活丛刊》出版了。

这时，还有他在东京时整理的旧稿《俄国社会运动史话》共十章，是原计划中的五分之一，基本上是在法国写的，后来忙着写小说，就没有顾及续写，现在也出版了。另外司特普尼亚克的《俄国虚无主义运动史话》、描写俄罗斯革命女性故事集的《门槛》都被编入《文化生活丛刊》出版，销路很好，多次再版。他还计划翻译妃格念尔的《回忆录》，登出广告预告将在1937年出版。

巴金在这时又热心出版这些无政府主义革命家的著作，并且又一次申明："这十几年来我的信仰并没有改变。"正是因为这种殉道者的崇高的牺牲精神和人格成了他一生深入骨髓、萦绕不去的精神力量；尤其是面对日本法西斯侵略的时候，这样的献身精神同样也会极大地鼓舞人们抗日救亡的勇气和热情。所以当他主持出版社工作时，很自然地要把这些作品介绍给广大读者。

第二年清明，巴金和丽尼、陆蠡、黎烈文到杭州春游。巴金非常喜爱风景优美的杭州，三十年代前期，几乎每年都要偕朋友到杭州游玩。他们每天早上从旅馆出发，黄昏归来。整日在青山绿水的世界中忘情留连，排遣和消除了平日的烦恼和疲劳。这次，他们曾经沐雨到西湖边去看望中国无政府主义早期传播者刘师复的墓。他们还沿着九溪十八涧蜿蜒曲折的山路赏玩，一边随意畅谈。那个时期，巴金正在陆续翻译屠格涅夫的散文诗。他对屠格涅夫的作品一向非常喜爱。在谈笑声中，他们商定了一个重要的翻译计划：屠格涅夫六部长篇小说系列分别由陆蠡、丽尼、巴金三人各承担两部。后来他们陆续完成，由文化生活出版社出版。

但是，像这样春游悠闲的日子，对于巴金毕竟是不多的。他更忙了。白天常常奔走于设在福州路的文化生活出版社和设在北四川路的良友图书公司里的《文季月刊》编辑室之间。还要接待读者，会见作者，看望朋友。夜晚写信、写稿；还要看别人的稿件，看出版社出版的书刊校样。他既当编辑，又当作家，每天工作到深夜两三点钟。

他那时精力充沛，像个工作狂，又翻译，又写作。他翻译屠格涅夫的散文诗，又交叉翻译赫尔岑和妃格念尔的回忆录。他写杂感、散文，也写小说。他开始写《激流三部曲》之二《春》，在《文季月刊》创刊号上开始每期连载；同时又完成以泉州生活为背景的、描写一群青年与当地军阀抗争的中篇小说《星》，以抗日为题材的短篇小说《窗下》、《发的故事》；描写知识分子在白色恐怖中惨遭杀害的《雨》。他还连续写了童话小说《塔的秘密》、《能言树》、《隐身珠》等，连同以前写的《长生塔》结成一部童话集。虽说是童话，却也有强烈的社会内容。

在当时整个社会处于内忧外患的民族存亡的危急关头，巴金把自己的满腔激情转化到对民主革命、民族救亡的呼唤中去。因此，这时创作内容的政治性、战斗性特别强。《窗下》是那时创作的作品中很优秀的一篇。它以一家普通住宅的窗下，这个小小的"舞台"展开故事，写出了日本侵略者在上海的暴行和汉奸的丑恶嘴脸。《雨》是通过爱人、母亲、朋友的痛苦、焦急的心理描写，来叙写革命者牺牲的悲剧。这种侧写的手段达到了较好的艺术效果。

随着巴金声名日隆和社会上救亡活动的增多，不喜欢参与社会活动的巴金也不得不主动积极地参加进去。1936年11月，他和章靳以以文季月刊社的名义联络黎烈文主持的中流社、黄源主持的译文社、孟十还主持的作家社联名致电绥远省主席傅作义,声援他们武装抵抗日本法西斯的进攻。12月《大公报》举办曹禺的新作《日出》的讨论,巴金应邀参加了。中华文艺协会上海分会成立,巴金当选为理事。1937年6月,日德合拍影片《新土》(又译《新地》)放映,公开鼓吹中国东北是日本的"新土"。电影戏剧界三百多人联名抗议。文艺界一百四十多位著名人士联合发表《反对〈新地〉辱华影片宣言》,揭露日德法西斯阴谋。巴金也积极地在这宣言上签了名。

巴金过着忙碌的日子,不仅忙着写作,办出版社,也常与黎烈文、黄源、孟十还,以及芦焚、周索非、马宗融和罗淑、萧乾、章靳以等相聚、聊天。他们谈文学、谈时局。尽管如此,他自己仍慨叹说:"我过的又是多么平凡的生活啊!"

75. "幸福的巴金先生"

这些日子里,巴金还写了不少回顾自己创作生涯的文章。他根据1932年的旧稿改写的《写作生活的回顾》,作为《巴金短篇小说集》第一集的序言,称:"自从我执笔以来,我就没有停止过对我的敌人的攻击。我的敌人是什么?一切旧的传统观念,一切阻碍社会进化和人性发展的不合理的制度,一切摧残爱的势力,它们都是我最大的敌人。我始终守住我的营垒,没有作过妥协。"

他还写作《〈爱情的三部曲〉总序》,详细介绍了创作这部系列小说的过程,说明从中倾注的爱心和血泪。它既不是一部爱情小说,也不是一部革命小说。他只是打开了自己的"灵魂的一隅"。他只是继续他在生活中的探索。不管自己有过多少矛盾、苦痛和忧郁,但是,"我从来没有一个时候失去我的对光明的将来的信仰"。

李健吾是一位剧作家、翻译家、外国文学研究家,也是一位评论家,他用刘西渭的笔名写的评论文章总是文采斐然,情理并茂。他与巴金是挚友,对巴金的许多作品有过生动而严格的探讨和阐释。这时他也写了长篇评论文章《〈雾〉〈雨〉〈电〉》，发表在天津《大公报》。李健吾认为，巴金的作品中表现的"爱是为了人类，他的憎是为了制度"。他的作品之所以得到了广大青年读者的喜爱，是因为"他的心燃起他们的心。他的感受正是他们悒郁不宣的感受"。于是，"你可以想象那样一群青年男女，怎样抱住他的小说，例如《雨》，和《雨》里的人物一起哭笑。还有比这更需要的！更适宜的！更那么说不出来地说出他们的愿望的"。因此，他喟叹，"巴金是幸福的"，"幸福的巴金先生"①。

李健吾的评论，又激发和引申了巴金许多感想，他紧接着又写了《〈爱情的三部曲〉作者的自白》，回答刘西渭先生。这篇长文充满友情，畅快地、有时又不无戏谑和幽默地作了讨论和答辩。巴金说："我没有家，没有财产，没有一切人们可以称作自己的东西。"（无政府主义最反对私有财产）他说他只有两样东西：信仰和朋友，此外就一无所有。他的信仰是："我求幸福，那是为了众人；我求痛苦，只是为了自己。"他在《爱情的三部曲》里就是写一群青年为了追求理想而经受痛苦以至献身。他们面临死的门、黑暗的门，却因为有了信仰，才有了闪电的火花，才会拯救一切。小说就是这些青年走过的心灵路程。

李健吾在评论文章中描写三十年代青年读者如痴似狂地喜爱巴金小说，从中得到感情上的宣泄、共鸣和呼应，确是当时真实情况。

有一位大学教授曾多次询问学生最喜爱读什么书？回答都说："鲁迅和巴金。"这两位作家成了三四十年代青年的导师。这位教授常听学生们说："巴金认识我们、爱我们，他激起我们热烈的感情，他是我们的保护者……他给每个人指示得救的路。"②那时巴金几乎天天收到许多不相识的青年读者的信，把他当作知心朋友尽情诉说自己的苦恼和希望。有的要寻找职业，有的从家庭出走，也都寻求他的帮助和指导。他们在来信中，也同情、安慰、理解他，爱他，甚至愿意跟他一起去追求理想的实现，一直到死。他们是朋友，

---

① 《李健吾文学评论选》第13、23页，宁夏人民出版社1983年版。
② 〔法〕明兴礼：《巴金的生活和著作》第68页，文风出版社1950年版。

他们的心灵非常贴近，能够相互沟通交流。巴金的真诚、执着追求和奉献精神像磁石吸引着他们。徐悲鸿的夫人廖静文直到七八十年代回忆当年自己喜爱巴金作品时还说：那时对《海的梦》可以成段成段地背诵。

76. "我是一个充满矛盾的人……"

巴金对这些来信尽量做到每信必复。有的就公开登在报刊上。其中，如《我的幼年》、《我的几个先生》、《我的故事》等等，就是这样一类复信。他把自己的人生经验、感受和理解，以至生活状况告诉他们。有劝导，有启示，也有真诚的友情和爱心。他的信很亲切，很坦诚，不是说教。他连刚刚接到缪崇群从南京的来信，告知太太凄凉死去，自己成为畸零漂泊的人，因而引起巴金的伤感和悲哀，也都很自然地告知读者。

巴金给读者写信，大概是现代作家中最多的。这是有深层原因的。一方面是这些充满着信任和热情的信本身的内容吸引着他要面对、回答；一方面是自己曾经给前辈们写信的经历，使他很自然地体会到这些年轻人等待回复的渴望和焦急的心情。更重要的是，他一直这样勉励自己：要"像一个播种的农夫，永远在散播生命的种子"，"在暗夜里燃起火炬给人们照亮道路"。即使他常常感到自己的无力，无助于他们问题的解决，他也仍然要"给年轻人的心添一点温暖"。

那时正是"九一八"东北沦陷后，国家处于危亡关头，抗日救亡成了时代的呼声，正在青春期的青年男女渴望寻求一条出路，希望汇入到这个洪流中去，但又无所适从。尤其是"五四"的思想解放运动刚刚过去十多年，争取现代民主、自由、解放的思想正深入人心，人们不甘于听从权威的主宰，要求掌握自己的命运。巴金和他的作品客观上适应和满足了这些青年的精神需求。如当时天津中西女中学生、出身名门的杨苡回忆说：1935年，"那时我才十六岁。那时平津一带大中学校学生一批批投身到如火如荼的救亡运动中去，然而抚育我成长的封建家庭却用无形的桎梏把我拴住了……这以后我悄悄地开始给我们中学生最敬爱的巴金先生写信了，因为我自己的家是那样酷似他的家，我却不能像觉慧一样冲出那个被我称作'金丝笼'的家庭！我向巴金先生倾吐我所有的苦闷，并且向他描述我的每一个梦。那真是一个渴望着为自由献身的十七岁少女每夜遇到的各种奇异的梦……"她的同学好友林宁也同时暗自写信给"敬爱的先生""倾吐心中的一切"。这样的诉说大致反映了当时读者来信的内容。

因为巴金作品中成为那些年轻人梦中的英雄式人物，都是充满激情和理想追求的少男少女，昂头走出家门，成为旧家庭旧礼教旧社会的叛逆者。《家》中的觉慧离家时才十八岁。《春》里的淑英是十七岁。《灭亡》中的杜大心是十九岁。《爱情的三部曲》里的许多青年男女都是二十岁左右。1923年巴金离开老家时也才十九岁。这个时期巴金翻译或撰写的大量有关外国题材的作品如《俄罗斯十女杰》中他最敬佩的苏菲亚、妃格念尔等等都是出身贵族家庭，因为参加革命，放弃了优裕的生活，离开专制的父亲或丈夫，他们也只有十六七岁或二十刚过。《为了知识与自由的缘故》《门槛》《薇娜》等都是写沙俄时期这样一些青年男女革命者故事的。所以读者很自然地与自己的处境联系起来，把他们视作榜样，向巴金求援，要求帮助从旧家庭的束缚中解脱出来。这种思潮也许还可以追溯到"五四"时期，易卜生的《娜拉》曾经风靡一时，鲁迅的《伤逝》是接着这个话题的进一步思考，到了三四十年代更加发酵，巴金的作品正好成了一个药引了，他所描写的像觉慧这样一类人物正是新文学史上初次出现的崭新的艺术形象，大大地唤起了人们的共鸣。人们在心中很自然地把巴金视做老师、先生，希望他能帮助他们走上觉慧一样的路。

但是，巴金在回信中不仅不是像作品中那样鼓励他们"出走"，恰恰反复劝说他们不要急于离开家庭，而是要珍惜现在还有读书的机会。这些话并不能使那些青少年接受和理解，有时还引起他们的惊讶和怀疑。巴金说："我知道这是年轻的孩子所不愿听的。最近我劝阻一个十七岁的孩子逃出家庭。她坦白地对我说，她料不到我也会说这种平凡的话。这使我痛苦，我说了自己不愿意说的话。但是我仍然不得不这样说。这是可悲的事实。"他进一步解释说："我的意思却在于'对未来胜利的准备'，无益的牺牲是必须避免的。""我说她应该像一只小鸟,永远怀着冲进天空里去的雄心,只等着羽毛丰满的时候的到来。"

这是巴金自己人生经验的总结,满怀着对青年一代真挚深沉的爱护和希望。他说:当一个纯洁的孩子怀着温柔的心来向他诉说她和他的苦闷的时候,能回答说:"去,把你所有的一切都交出来。把你的青春和生命都去牺牲!"巴金痛苦地说:这也许是正确的话,"但我望着可爱的无邪的面庞,我的口究竟说不出这种话。这二三十年来中国的祭坛上不知道接受了若干万的年轻的牺牲!但是我太软弱了。我爱惜他们……"这些话"是对你们这些孩子说的,所以我愿意说得实在些……"从这些火热的带着难以名状的感情中,可以触摸到他的人道精神和赤子之心。他发自内心深处呼唤说:"那时候我的痛苦是别人想象不到的……"从无政府主义者的信念来说,如勃兰兑斯称克鲁泡特金为人的话:"从不强迫他人牺牲;他总是牺牲自己。"①这对巴金来说也是如此。

巴金没有像一些革命党那样鼓动青少年早早参加革命,诸如战场或地下秘密活动,成为少儿战士或职业革命者,在与黑暗做斗争的过程中时时面临危险、被捕、牺牲。尽管他在作品中常常写到这些故事,但在实际生活中,他却又是那样温情,那样重视读书,那样重视青少年的健康平安成长。这种思想行为之间的矛盾,说明他是一位优秀的作家,一位有伟大人道精神的充满爱心的注重科学文化知识的作家,而没有成为热衷于血与火的革命党。

这种思想倾向与鲁迅也颇相似。1926年"三一八"惨案发生,鲁迅说他对青年学生向统治者上街请愿的做法"一向就不以为然的"。尽管他怎么也没有想到会对徒手的学生进行屠杀,他只是想到用"请愿"这类办法对那些残忍顽固的统治者来说,是没有什么意义和作用的。惨案发生后,他严厉谴责屠杀者,希望"这次用了四十七条性命,只购得一种见识:本国的执政府前是'枪林弹雨'的地方,要去送死,应该待到成年……""这并非吝惜生命,乃是不肯虚掷生命。因为战士的生命是宝贵的。"②显然,作为作家,鲁迅这

---

① 转引自克鲁泡特金的《我的自传·英文本序》,生活·读书·新知三联书店1985年版。
② 鲁迅:《华盖集续编·空谈》第77、78页,人民文学出版社1973年版。

番苦心与巴金的心情是相通的。

但是,巴金还是不得不承认:"我是一个充满着矛盾的人……"有时,他甚至自嘲一向用法国革命家丹东的话:"大胆,大胆,永远大胆!"来勉励自己,现在却告诫读者要"忍耐,忍耐,永远忍耐!"因此责骂自己"你真该诅咒啊!"

巴金对这些青少年读者的深情和爱,远不止于信中所说,真可说是时刻放在心上。他连出门旅行都不忘带上读者的信,在旅途空隙时间写回信。他给张弘的第一封回信是在他到日本小住后写的。给吴罗薏的信是在南方旅行时到广州写的。他不仅写回信,还把读者的处境、困难、具体要求放在心上主动想办法给予帮助解决,有时候还请朋友出手相助。

有一天,巴金收到一位女青年求援的信。这位少女因为和后母不和,从安徽家里出走;又由于失恋,到了杭州想自杀;又遇到一位亲戚带到一个小庙修行,发现庙中和尚居心不良万般无奈才写信给巴金。巴金约了章靳以、王鲁彦到杭州,暂充姑娘的舅父为她还清欠债,接回上海,交还给他的真舅父。

杨苡与巴金通信联系始终未断,但在抗战前后的信因战乱而散失,"文革"时又被迫处理了一批,最后保存下来的还有六十多封,可见巴金写信之多。"八一三"上海抗战激烈时,杨苡写信问候巴金,担心他的安全,使巴金非常感动,由此写了一篇名为《感想》短文,说在这个国难当头的岁月里,"牵系我的心的便是无数的年轻的心灵……"而他多么希望"把这身子变做火柴燃烧起来,给那些年轻的心灵添一点温暖"。他赞扬杨苡信中引自《基督山恩仇记》末尾的一句英语:"wait and hope"。"文革"后,巴金写信给杨苡时又将此文复印给她,用来勉励杨苡和自己,使杨苡意外惊讶,因为她早已忘了此事。

张弘本是南洋华侨少女,当"九一八"事变传来,侨胞们震惊悲愤,臂缠黑纱为国土沦丧志哀。母亲在她的诗上批加"勿忘国耻"。正是在这样爱国侨胞家庭长大,1935年,她读到《家》后,心想"书中觉慧十几岁能独自一人离家,投身时代的洪流,我为什么不行?"于是写信给巴金诉说自己在殖民地的苦闷,渴望回国升学。巴金先是热情鼓励她,劝她长大后再图报效祖国。"七七"事变后,张弘再次写信称自己已不是孩子了,巴金就慨然支持她回国,

1936年冬，中学生的陈蕴珍（萧珊）

帮她进了暨南大学,还托了华侨老友伍禅照拂她。后来张弘踏上抗日救亡征途。几十年来,巴金一家把她视若亲人。

吴罗薏原是苏州一位小学教员,因为探索社会改革,寻找革命道路,也曾写信求教巴金。巴金介绍她到立达学园师从沈仲九老师学习、工作。像照顾自己的孩子一样帮助关心他们。

还有一位柴梅尘,也是在抗战前读了巴金的书从封建专制家庭走出来。还曾到吴朗西办的互生书店做义工。1951年与丈夫分别从台湾和美国带着两个孩子回到大陆工作,与巴金一直保持友谊往来。"文革"时受到残酷迫害,二十八岁的大儿子卧轨自杀,丈夫是著名古生物学家,多次自杀未成。柴本人因此忧愤成疾,于1993年自缢。

山西有一位十七岁女孩赵黛莉与巴金通信许多次,巴金在信中娓娓叙谈读书、人生,如同与一位熟悉老友倾心畅谈。这些信件近期得以发现,成为迄今最早内容最丰富的巴金给读者的中文信,可见其真性情。

在这许多读者来信中,有一位叫陈蕴珍的女学生,从1936年起就与巴金有了通信联系。那年,她十九岁,是一位热爱巴金作品的读者。父亲是一位商人,在上海开过店铺。陈蕴珍和弟弟在小时候曾迷上了武侠小说,据说还曾发过狂想到峨眉山去学武。长大了,她成为学校里积极参加社会活动的活跃分子,还影响了弟弟也追求进步。中学时期因参加学生运动被学校开除,回到宁波老家住了一些日子,后来上海,进了爱国女校读书,仍然充满朝气和热情,毫不气馁。她像许多青年朋友一样给巴金写信。

萧珊送给巴金的第一张照片

巴金感受到一颗纯洁可爱的心灵在纸上跃动,不只是他给了这些青年以启示和力量,而且他似乎从他们那里得到了新的生活勇气。当陈蕴珍和陶肃琼代表爱国女校学生会来邀约他和章靳以去演讲时,平时从不参与这类活动的巴金竟也无法推托。巴金上了讲台,面对着一群天真无邪的女孩子实在拙于言辞,只简单说了几句话。他那浓重的四川乡音和亲切热情的风度很快消除了人们对大作家的神秘感和距离感。

1937年,巴金、萧珊在苏州青阳港泛舟

据说,曾有一次,在电影院,陈蕴珍和陶肃琼看电影,发现巴金、章靳以也在。巴金竟然戴着黑眼镜看电影。陈蕴珍好生奇怪。

陈蕴珍常常主动给巴金写信,也常主动去找巴金。陶肃琼经陈蕴珍的介绍,常去找章靳以,四个人经常一起相聚。从老家出来过了十多年飘零生活的巴金,这时开始品尝到了爱情的甜蜜和温馨。他对这位天真、善良的少女渐渐产生了感情。早年献身革命、置个人爱情婚姻于事业以外的独身主义倾向渐渐淡却,让位于纯洁而又炽烈的爱情了。在上海的公园里,可以看到他们的身影。陈蕴珍浓发覆额,打着蝴蝶结,穿着工装裤,俯身草地;旁边是戴着草帽穿着西装的巴金先生。在苏州青阳港的小河里,也有他们的踪影。陈蕴珍素衣青裙,绽开天真的笑容。巴金荡着双桨,正要把小舟从苇丛中荡开去。

这位纯真、美丽的少女陈蕴珍,就是后来成为巴金妻子的萧珊。

1936年底,《文季月刊》又被国民党政府查禁。对这种暴虐的扼杀,巴金是那样的痛恨和反感,他决不因此退却。他和章靳以商量,又重新筹办了一个新的刊物,取名为《文丛》,于次年的3月创刊出版。

第三编

生活的梦

(1937—1948)

第八章

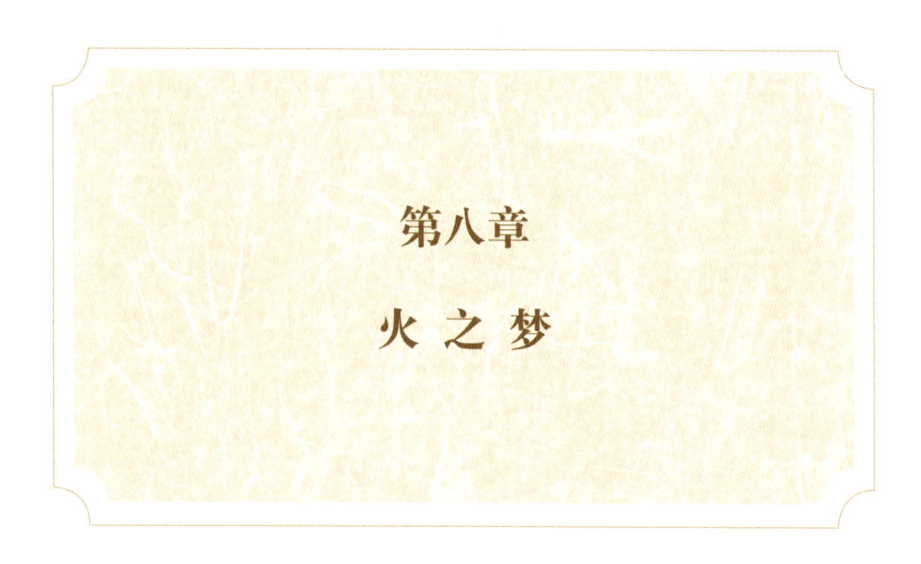

火之梦

1937年7月7日深夜,日本侵略军阴谋向北平郊外卢沟桥(当时属于宛平县)的中国驻军发动偷袭,遭到中国吉星文团官兵的坚决抵抗。这就是中国近代史上有名的"卢沟桥事变"。

从三十年代初开始,战争的乌云就在中国上空密布。日寇步步进逼,先鲸吞了东北。卢沟桥事变后,平津又相继沦陷。8月13日,日寇又偷袭上海。一个神圣的民族自卫的抗日战争就这样全面展开了。

77. 呼唤抗日

这些年来,巴金对于深沉的民族危机一直忧心如焚。他竭尽全力在自己的作品中大声疾呼,揭露日本军国主义的侵略野心,呼唤抗日救亡。他本来只是埋首写作,很少参加社会活动;如今,只要与抗日有关,他从不落后,必定全力以赴。过去有人批评无政府主义否定国家、政府,也就谈不上爱国。巴金在这个国难当头的时候,站出来旗帜鲜明地表现了强烈的爱国主义热情：

  我是一个安那其主义者。有人说安那其主义反对战争、反对武力。这不一定对。倘使这战争是为了反抗强权、反抗侵略而起，倘使这武力得着民众的拥护而且保卫着民众的利益，则安那其主义者也参加这战争，而拥护这武力。

他大声呼喊：

  让我们的"抗战"的呼声高高地喊起来！要全日本国民都听得见我们的呐喊！我们要用四万万五千万人的声音答复在那边人们对我们的侮蔑。

  卢沟桥事变后，他在文章中一再呼吁人们"把个人的命运联系在民族的命运上，将个人的生存放在群体里"。他为正在捍卫神圣国土而战死的生命放声歌唱：

  是你们勇敢地从黑暗中发出反抗的呼声，
  是你们洒着血冒着敌人的枪弹前进；
  "前进啊！我宁愿在战场做无头的厉鬼，
  不要做一个屈辱的奴隶而偷生！"

  歌声一反平日文章中的伤感忧郁的基调，成了慷慨激昂的呼啸，有强烈的鼓动作用。巴金说，他所以使用了平时不大使用的诗歌形式，是为了发泄他的悲愤，激励自己。

  这首《给死者》的诗写于8月6日，还未来得及发表，8月13日上海抗战的炮声就响了。日本军国主义发动的野蛮战争给中国人民带来苦难。巴金目睹了这一幕幕惨剧，感到十分悲愤。8月14日，大批衣衫褴褛的难民从炮火中逃向租界，敌机在人们头上轰鸣，引起一阵阵惊惶，伤员的鲜血沿途淌滴，数以万计的难民鹄立街头冒着细雨夜寒，无所归宿。日寇的炸弹几次掷向繁华的闹市，如人群稠密的"大世界"娱乐场前和火车站，造成大批和平民众的伤亡……这一幅幅灾难的图画不断刺激着他。使他更加痛恨敌人。他从来没有想到敌人的兽行竟然如此野蛮、残暴。这证明他们只是一群没有理性的嗜血动物。在纪念鲁迅逝世一周年的时候，他在短文中再一次表示决心，要坚持战斗，直到把残暴的侵略者打击到屈膝为止。

78．创办《烽火》

上海战争发生后，许多朋友感到原有的文化团体和刊物已不适应战争形势的需要，纷纷开始筹划相应的新的组织和刊物。

郑振铎等一些朋友打算成立一个新的文艺界抗日组织，在南京路新雅酒楼三楼召开座谈会。几个国民党特务混进会场捣乱，使会议无法继续下去。郑振铎只好愤然退出会场。巴金和章靳以恰好迟到，进入会场，看情况不对，也退了出来，在二楼茶座看见郑振铎正和欧阳予倩等气呼呼地大叫"真是岂有此理"。

这时，上海市文化界救亡协会创办了《救亡日报》，郭沫若任社长，夏衍任主编，巴金是编委之一。这张报纸很快成为民众救亡运动的权威报纸。邹韬奋创办了《抗战》三日刊。战争发生的第二天，8月14日，在黎烈文家，巴金和文学界的朋友们也筹划出版一个适应战时需要、能迅速传布作家们呐喊声的小型文学刊物，并推茅盾出面当主编。下午，茅盾约了冯雪峰、巴金商量这个设想时，巴金表示完全赞同，并说现在许多文学刊物决定停刊，可能出现一种反常现象：抗战开始了，但文艺阵地却反而变成一片空白。这种情形无论如何不能让它出现。否则我们这些人一定会被后人唾骂的。巴金还主张这个新刊物由作家们自己集资来办。冯雪峰觉得这是个好办法，说，何不就用《文季》、《中流》、《译文》、《作家》四家刊物同人名义办起来，资金也由这四家同人自筹。茅盾说：还可以加一条，写稿尽义务，不付稿酬。于是刊物定名为《呐喊》。他们分头征求四家刊物主编意见，结果是一致同意。

《呐喊》很快在8月22日创刊，也就是在"八一三"事变后不到十天。这是一种三十二开的小册子，每期十六页，用小号字排印，每星期日出版。《呐喊》发行到报摊上，一下子就被人们抢购完毕。创刊号上登了茅盾代同人写的一则《本社启事》，说明创刊原委："当此非常时期，思竭绵薄，为我前方忠勇之将士，后方义愤之民众，奋其秃笔，呐喊助威，爰集群力，合组此小小刊物。……本刊排印纸张等经费皆同人自筹，编辑写稿，咸尽义务。"就从内外来稿概不致酬这一点来说，即可说明这是一个纯粹义务办刊、义务写稿的抗战刊物，没有丝毫商业性质。

《呐喊》创刊初期，作者多为原来四个社的有关人员，如茅盾、郑振铎、巴金、王统照、章靳以、黎烈文、黄源、胡风等。后来逐渐扩大，文稿来自四方，包括芦焚、田间、邹荻帆、蔡若虹、萧乾、端木蕻良、丰子恺、刘白羽、唐弢、齐同、陆蠡、碧野、骆宾基、杨朔、周文、林憾庐、塞先艾、孙用、孙钿、罗洪、司马文森、田一文、王鲁彦、孟十还、陈烟桥、力群、谢挺宇等一大批作家艺术家。这说明这个刊物虽小，但影响很大，得到文艺界广泛的支持。其中有许多文艺界朋友走上抗日前线以后，还常为这个刊物写稿。巴金自己几乎每期或隔期都写鼓吹抗战的文章。

《呐喊》出版到第三期，发生了禁止发售《救亡日报》、《抗战》、《呐喊》等报刊、报童被打的事件。茅盾、邹韬奋、胡愈之、郑振铎等联名向国民党中央宣传部长邵力子交涉，才同意给予重新办理登记手续。《呐喊》就在此时改名为《烽火》。《烽火》的创刊号就是《呐喊》的第三期。并在刊头上明确标明"编辑人茅盾，发行

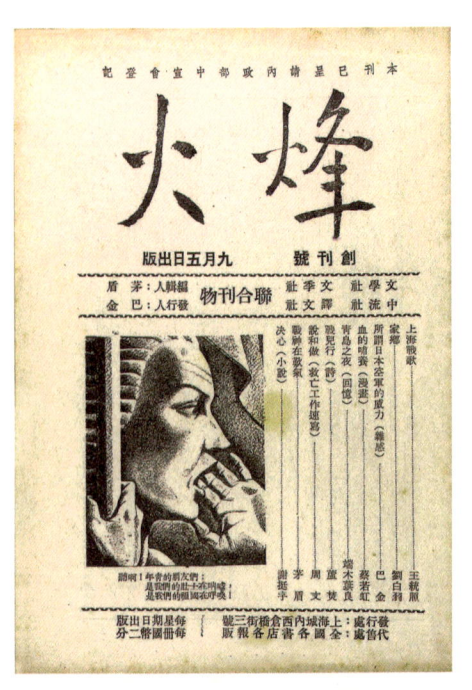

1937年9月5日出版的《烽火》创刊号

人巴金"。但茅盾这时已离开上海，实际编辑和发行工作都落在巴金一个人身上，勉强出版到第十二期，实在维持不下去了，只好被迫停刊。

《烽火》在上海、广州、重庆及内地有广泛的影响，内容有诗歌、散文、报告文学、小说、政论、短评等，几乎都是直接反映抗战的。不仅报道上海抗战，也报道了内地前线作战情况；不仅报道民众救亡运动，也报道游击队的战斗生活和中国空军初次作战的英姿。骆宾基当时写的许多战地通讯在刊物上登出后，巴金还把它编成集子，名为《大上海的一日》收入《烽火小丛书》第五种出版。巴金热情地推荐说：在抗战期间出现的活跃的报告文学中，骆宾基是极受人注意的一个，"他的每一篇作品都是真实生活的记录，是有血有肉的东西"。

早期的《烽火》还登载过朝鲜民族革命党的《告中国同胞书》，号召朝鲜人民参加东北义勇军或在华中、华南的抗日军队，两个民族携手合作打败日本帝国主义。后来，《烽火》还介绍过中朝两国青年联合刊印的一种四开的抗日报纸。这都说明《烽火》与抗日生活的广泛联系。这也是巴金第一次把文学写作、编辑工作和社会政治活动紧密结合起来，融成了一体。巴金写的小说《火》第一部中很多内容是取材于这个时期活动所得的素材。

1937年9月，巴金读到山川均的一篇文章《华北事变的感想》，非常愤慨。山川均是当时日本著名的社会主义者，在中国颇有影响，有不少政治理论著作在二二十年代被译成中文，遭到国民党政府禁止。山川均自己也被日本政府逮捕迫害过。这年因中日战争发生，他转向而被释放。山川均站在日本军国主义的立场上，辱骂中国军队是"支那军之鬼畜牲"，中国人是"鬼畜之上的东西"，煽动日本人褊狭的"爱国心"来支持侵略中国的行动。巴金写了一封长信登在《烽火》上，痛加驳斥。巴金在列举大量日军侵华暴行的同时，剥掉山川均的"社会主义"外衣，现出了一个"浪人棍徒"的原形。

过了一些日子，巴金又以《给日本友人》为题，给当年旅居日本时的房东武田博写了一封公开信，严正地指出日本军队正在大肆焚掠残害中国和平居民时，东京市民竟在举行庆祝大会，向皇宫和军队高呼万岁。巴金希望日本人民对这种愚昧现象反省，要和中国人民一起努力，毁掉那个破坏人类繁荣的暴力。

巴金这些文章说明他对于抗日救亡的视野和思考比起一般作家要更宽广、深远一些。

一天，巴金在文化生活出版社发现一部由鲁迅纪念委员会编选的《鲁迅先生纪念集》的校样，共有八百多页。原先是吴朗西经手的，这时吴已去四川。巴金就主动把这件已无人过问的事情担当起来。但是印刷纸张费用没有着落。正为难时，恰好遇到冯雪峰，说起此事，冯雪峰积极支持，鼓励巴金做这件事，并且还从许广平处借来二百元钱作为印刷费预付款。于是巴金和黄源马上行动。10月19日，上海各界在浦东同乡会大楼开会纪念鲁迅逝世一周年时，巴金从印刷厂拿到刚刚装订好的还散发着油墨余香的十本样书赶到会场，送到许广平的座位前。

在这个会上，大家决定成立上海文艺界抗日救亡协会。巴金和郭沫若、陈望道、胡愈之、欧阳予倩、田汉等十一人被推选为临时执行委员。

79. 友人罗淑

在抗战烽火燃起以后，文学界一批又一批朋友去往内地。其中有一位女性是巴金最要好的朋友之一，她就是罗淑。

罗淑是马宗融的妻子，原名罗世弥。1933年，马宗融夫妇从法国留学归来，在上海定居，与巴金的交往就愈来愈频繁亲密。后来，黎烈文、章靳以、李健吾等也陆续成为他们很亲近的朋友。马宗融是他们的老大哥，罗淑像是他们亲切的姊妹一样，对他们十分关心照顾。他们感到马宗融的家是很温暖的。他们常去吃饭、谈天，有时从早到晚直到深夜才离去。不管谁来，罗淑总是做些他们喜欢吃的菜。如果过了吃饭时间，罗淑就专门再做饭菜款待。马宗融夫妇有一个可爱的女儿小弥，从法国回来只会讲法语，那些单身汉的叔叔们很喜欢逗弄她。想当年（三十年代初），在北平梁思成、林徽因的家里常常吸引了一些著名学者教授作家，成为京城著名的文化沙龙，而谓之"太太的客厅",那么马、罗夫妇家也是颇有这样意味的又一个"太太的客厅",是一些自由作家们喜欢聚会的地方。

罗淑相貌端庄,但流溢着亲切、善良和温厚的魅力,常常温顺地笑对众人。大家在生活上、事业上遇到烦恼和疑难也愿意对罗淑谈,因此得到缓解。罗淑思虑周到,说话简练,大家都很信赖她。巴金还觉得罗淑像长姊似的。这些年里,当他心境不好时,他就跑到她那里去倾诉自己的苦闷和气恼。她安慰他、劝导他。她理解他,也指出他的弱点。她成了他的许多朋友中给他帮助最大的一个。有时,罗淑听说他们之间有什么分歧和

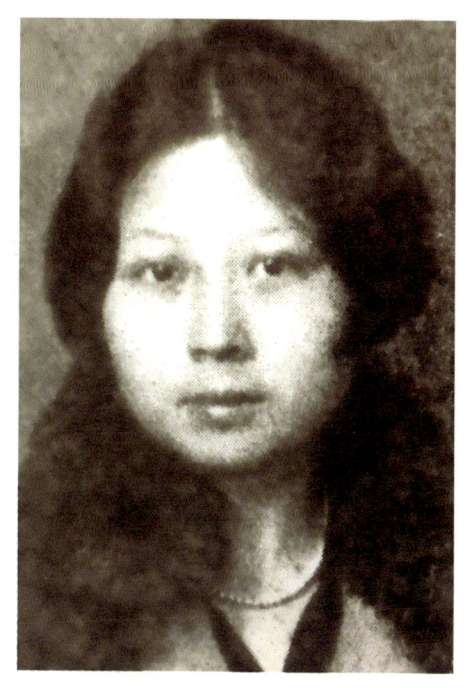

1931年,罗淑在法国

争端,就会热心地劝说大家友好相处。巴金早年因为毕修勺与李石曾合作办《革命周报》而生气。现在马宗融和罗淑就出面宴请巴金、毕修勺,并有吴朗西、吴克刚等作陪,坐在一起重叙友情捐弃旧嫌。

1935年底,上海发生了一个所谓日本水兵中山秀雄被害的事件。驻华的日本海军陆战队借口在上海虹口一带居民中逐户搜查,并且布下严密的岗位警戒。当时巴金正与周索非夫妇同住在狄思威路麦加里的一幢楼里。周索非太太想起不久前有一位朝鲜朋友存放了一口箱子,好像看到里面还有一封"东北义勇军"字样的公文,于是提醒巴金打开箱子查看。果然发现里面藏有公文和一支手枪,以及一百发子弹。巴金马上雇了人力车,冒险从日军警戒的虹口转移到住在法租界的马宗融家里。马宗融和罗淑毫不犹豫就把箱子收了下来。

开始时,朋友们都把罗淑当作一个贤妻良母。后来渐渐才知道她有出色的文学才能。她被烦琐的家务缠身,但还是利用空余时间从事翻译、写作。

翻译家罗淑

她先是拿出她的翻译作品在《译文》上发表，得到朋友们的推重。其实，她还在写小说。在巴金的鼓励下，她把第一篇小说《生人妻》交给巴金，使巴金大为称赞，就给她署了"罗淑"的笔名交章靳以在《文季月刊》发表。这篇小说描写四川农村贫困农人因为生活无着，只好将妻子转嫁给另一对农民兄弟的故事。当时连章靳以都还不知道作者就是他所熟悉的、经常见面的罗世弥。作品发表后，引起朋友们的称赞和读者的热情好评。

1936年底，马宗融去广西大学执教，罗淑随行。他们在拉都路的寓所就由巴金住入代为照管。第二年6月，他们回到上海。罗淑还对黎烈文说，要帮他再介绍对象。暑假后，马宗融回广西，罗淑因为有身孕，租了一个安静的院落，原想平静地休息、写作、待产，不想上海战事发生，马宗融来电催罗淑去广西。这使她感到焦躁。她征询朋友们的意见，好像一时拿不定主意。过了几天，她自己决定要走了，说："这个时候我一定要回到老马身边帮助他。他像个大孩子，又像一团火。"她将新写的小说《井工》留给了巴金，另有几篇短篇小说的未定稿就随身带走了。

1937年9月8日，巴金、章靳以等许多朋友还带着小友萧珊、陶肃琼送罗淑上火车。那天车站拥挤杂乱，大家只能送她到一个栅栏门边就握手告别了。在战乱环境里，那么多的男子汉给一个要出远门的、带着一个小女孩又怀着身孕的单身女人送行，该是何等凄凉难言的情景！章靳以后来记叙当时的心情时说："我们像失去了什么似的走回去，每个人怀了一个空虚的心胸，炮声和机关枪声正断续地响着，头顶上的空中正有几架日本的飞机在盘桓……"

不久，上海沦陷，罗淑和马宗融打电报探问巴金安全，屡次写信劝他和章靳以早日离开上海来内地，信中辞意恳切，充满焦虑。过了一些日子，马宗融在广西被学校解聘失业，全家只好回成都老家。即使这样，他们仍然牵挂着巴金等友人。有一次，罗淑还写信告诉巴金将银行里她存的钱留给他用，说："农工银行十月份……因为我弟弟生病进医院所以请你寄来，今天一想你也许更需要钱用，这五十元仍请你留下不用寄来。如果你实在有需要，十一月份的也去拿来用。我们在家乡，一切究竟容易对付些。"深厚的情谊，亲切的关怀，跃然纸上。没想到过不多久，罗淑竟因产褥热，生下儿子后猝然去世。消息传来，使朋友们震惊、悲痛。对于巴金来说，也许更甚一些。他说，"我的悲痛是很大、很大的"，是"无法补偿的个人损失"。

为了怀念罗淑，他在得到噩耗后不久，1938年4月，在广州写了一篇《纪念友人世弥》。文章中第一次透露了她收受那口箱子时所显示出的勇气和果敢精神。巴金说，没有人知道她还是一位社会革命的斗士。她所做的都是默默的贡献，而从不张扬。后来，巴金又把她的遗著《生人妻》、《地上的一角》、《鱼儿坳》等整理、抄写、出版，使这位生命短暂、作品数量不多，但却有才华的女作家的优秀作品得以保留传布。二十多年后，还有机会被译成英文、法文传送到国外，受到外国读者的热情赞扬和喜爱。巴金慨叹说，如果罗淑能多活十年，她一定会给人们留下几部描写四川盐场生活的杰作。

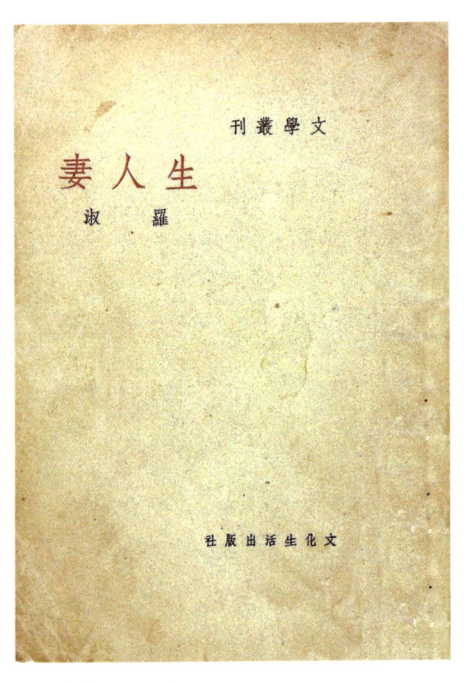

罗淑遗著《生人妻》

80. 萧珊的故事

巴金和萧珊在抗战前相恋，度过一段美好的日子。上海战事发生后，巴金全力投入抗日救亡活动中去。萧珊本来就是一个热情的富有正义感的青年。虽然她是刚满二十岁的中学生，但她利用课余时间，和一位同学一起自动去红十字会伤兵医院做义务护士。那时的上海，每到寂静的夜晚，还能不时听到轰隆的大炮声和激烈的机关枪声。这些女孩子，就这样走上了庄严的人生。

她们给伤员换药，包扎伤口，给重伤员喂饭，讲述战争新闻，有时还给他们代写家信。她与这些伤员们谈心，互相鼓舞斗志。她应伤员们要求唱歌慰问。她还教那些轻伤员唱义勇军进行曲。每天工作少则三小时，多则八小时，因为人手少，相当劳累。她们没有半点怨言，反而感到一种充实。

但是她毕竟还是一位未出校门的中学生，看见那些溃肿流血的伤口，听到许多重伤员因为缺少担架和救护兵而痛苦地活活地死在战场上的情景，听说一些轻伤员忍着伤痛冒死去背负重伤的战友，挣扎着爬回来的故事，她的年轻稚嫩的心是那样痛苦哀伤。当她看到前一天自己还护理过、喂过饭的伤员，到了第二天已不存在了，她呆立在那张空床前竟是那样悲痛而无语。她痛恨自己是一个女孩，不能到战场上去杀敌人。她听到伤员赞扬她"小姐你真好"，她反倒难过，觉得自己所做的太微不足道了，没有什么值得这些用生命在拼搏的战士来感谢的。她确实体验到了这些战士的勇敢和高贵的心灵，不正是他们在保卫我们的祖国和人民吗？

萧珊参加伤兵医院看护工作对自己的家庭是一个出格的举动。她的父亲思想守旧，坚决不许她去，因而引起争吵。她的母亲疼惜她，无法相信她能吃这样的苦，做这样脏的工作。萧珊觉得自己对于生活的渴望和追求是这些老一辈所不能理解的。但是巴金支持她、鼓励她。他几乎是怀着一种倾心赞美和挚爱的感情像对待自己的小妹妹一样对待她。他好像感到过去向往过的苏非亚、妃格念尔、他小说中写过的李佩珠的影子在这位年轻恋人身上闪现。他还嘱咐她到了医院以后，要写信告诉他那边的情形，也可以写成通讯给《烽火》。萧珊答应了。后来，她果然写了一篇《在伤兵医院中》，署名"慧珠"，登在10月31日出版的《烽火》第9期。萧珊的这段生活经历成了巴金创作《火》第一部所依据的重要素材。

这时，萧珊的同学中有人离开上海去内地，参加抗战活动。依照萧珊的性格和当时的思想、热情，肯定也会走上这条路的。特别是到了11月，中国军队撤出上海，她很可能参加战地服务团去前方。但现在巴金仍留在上海，她也就不愿离去。原因只有一个，他们的命运已经联系在一起了。

81. 春天是我们的

11月12日，上海沦陷了。巴金站在苏州河南岸，看见对岸正燃烧着一片火海。火烧毁着生命、心血、财富和希望。火在巴金居住过的土地上燃烧，受难的是自己的同胞。巴金觉得像有一把刀在宰割自己的心。他发誓：一定要昂着头回到这个地方来。

许多外地朋友纷纷来信来电探询巴金的安全。十七岁的杨苡也从天津写信来问："先生，你也是陷在同样的命运里了。我愿意知道你的安全。"巴金感动得流了泪。他觉得自己既没有力量去安慰这些渴望温暖的年轻的心，也为自己身陷"孤岛"（上海沦陷后的租界别称）无力进行有力奋斗而苦恼。

上海沦陷也使巴金看到一些人的嘴脸。有的所谓领袖人物在几个月前还慷慨激昂，如今却惶惶然逃跑了；有的开始唱起悲观丧气的调子。甚至有的报纸也渐渐改变了态度。巴金写了一篇短文《感想——在孤岛》，登载在《文摘》上。他说：

在孤岛上的中国人这时候最需要的是对于最后胜利的信念。……年轻的心常常是脆弱的，经不起暴风雨的打击。他们在失望、苦闷的时候，需要人来给他一点安慰、一点鼓舞，而且一点温暖，因为现在是寒冷的冬天了。

……

那个天津的孩子说得好：

我记得 The Count of Monte Cristo ① 书里末一句话："wait and hope。" ② 我愿意如此。这 wait 自然不是袖手等待的意思。

---

① 即《基督山恩仇记》。
② "等待和希望"的意思。

巴金日日夜夜续写已经在《文季月刊》上连载了一部分的小说《春》。《春》是《激流三部曲》之二，《家》的续篇。巴金想起前几年在日本旅居时，听到一位四川女学生讲过自己为了争取求知识的自由，如何从封建家庭逃跑的故事。尽管这样一类少女的命运是巴金极熟悉的，但是巴金听了仍然非常感动而有兴趣。他译介过的英国作家蒲列鲁克尔的《为了知识与自由的缘故》就是描写俄国少女的命运，与此也有相似之处。他从这些生活事实和历史故事的基础上构思了这部长篇小说《春》。

故事沿着《家》中所写的封建大家庭的破落崩溃的线索发展下去，有两个少女淑英和蕙在相似的环境中长大，都有一个顽固的父亲包办婚姻，为她们安排了一个可怕的命运。她们都是一样温顺善良，也都不满这样的婚事，但却无法自由表达自己的意志。蕙默默地顺从和接受了别人的安排，牺牲了自己的青春和生命。淑英却被觉慧出走、觉民抗婚成功所吸引，也从许多传播新思想的书报中得到启发，有了反抗的要求，在哥哥们的帮助下，她逃出了家庭牢笼，获得了自由和求知识的权利。这部小说像《家》一样强烈地呼唤着人性的觉醒和人的权利。

《春》在《文季月刊》上连载一部分时就引起了读者们的兴趣和关注。现在上海沦陷，抗日救亡高潮已经过去。巴金住在日寇包围的上海租界，周围朋友相继离去，除了萧珊，很少有能对话、诉说自己苦闷的对象。在这样寂寞的日子里，他又发奋写作。尽管他有烦躁的时候，也有枯坐难忍、无法下笔、生出尽快离开上海转赴内地想法的时候，但他还是克制自己，把全部心思和精力集中倾注到《春》的写作中去。当他漫步在住所附近的霞飞路上，看到那些充满朝气的青年，出入书店、学校的学生，他的心又得到了温暖，又滋生了希望和力量。他多么爱这些青年，爱这些纯洁而又自信的年轻生命。有三百万人正生活在这个城市里，有千千万万青年正走向成熟，中国是有希望的。他要为他们而写作。特别在这个时候尤其需要安慰、鼓舞和信心。

于是，他很快把小说《春》写完了。就在那一瞬间，他感到那么轻快和愉悦。他在小说结尾，写到淑英逃到上海后，给琴表姐来了信，她们对未来充满了信心和喜悦，说着一句同样的话：

春天是我们的。

82．在死神阴影下

1938年3月，巴金写完了《春》，校改了开明书店排出的校样，就和章靳以坐船经香港到广州。他在这里建立了文化生活出版社广州分社，积极筹备《烽火》的复刊。5月1日，终于在广州出版了第13期。从这期起，编辑人改为巴金，发行人则是茅盾挂名。增加篇幅为三十二页，时间延为旬刊。那时茅盾正在香港编《文艺阵地》杂志和立报副刊《言林》，常来广州。巴金在上海时约他写的通讯《苏嘉路上》，反映上海战事期间民众情况的一个侧面，在《烽火》上连载。

《烽火》还登载了各地寄来的关于战争通讯，如报道上海战事、孤岛印象、台儿庄大战、战时的陕晋、陇海东线、黄河南岸情况。此外还有诗歌、散文、木刻、漫画等等，在当时通信不便、物质条件艰难的情况下，在这个简朴的刊物上出现这样一个生动活泼的局面实属难得。

5月，巴金还和茅盾、胡愈之以鲁迅先生纪念委员会名义，招待在粤文化界同人茶叙商讨《鲁迅全集》在广东出版发行的工作。巴金还协助章靳以恢复出版《文丛》。复刊后的第2卷第1期就推出了两部长篇，一部是章靳以的《前夕》，是章靳以唯一的一部长篇作品。另一部是巴金的《火》。

《火》是巴金根据"八一三"上海抗战后的亲身经历为基础创作的。这次战争对于中国人来说，无疑是一次伟大的民族胜利。大家终于可以公开地自由地在报纸上、在街头大声喊出打倒日本帝国主义的口号，使压抑了许多年的愤怒和抗日热情，像火山一样迸发了出来。《火》正是这种时代精神的宣泄。

《火》的故事由三条线索交织展开：一条是青年女学生冯文淑在伤兵医院、青年救国团的活动；一条是写刘波、素贞的抗日热情和爱情关系；一条是写一群韩国青年流亡者的抗日活动，这是巴金一直关注的。他结交的朋友中有许多如柳絮、沈茹秋、柳子明等都是，他从他们那里听说、了解了不少有关韩国爱国志士反抗日本侵略者的英勇事迹，先后写过有关的散文、小说多篇，如《发的故事》等。这次写的内容更直接与当时设在上海的大韩民国临时政府的活动相关。小说里还提到1932年日寇在上海虹口公园举行庆祝淞沪战争胜利和祝贺天皇生日活动时遭遇韩国革命者尹奉吉炸弹爆炸，派遣军司令、师团长、舰队司令、驻华公使等军政要员多人被炸死炸伤，受到重创。上海沦为孤岛后也曾发生过多起爱国者惩罚暗杀汉奸的壮举，使沦陷区老百姓的精神为之一振。《火》的第一部就有这样的内容。

这部洋溢着爱国主义精神的小说，不仅是巴金自战争以来写的第一部以抗日为题材的小说，而且在整个抗战期间的小说创作中占有重要位置。在当时，这样直接正面反映抗日生活的小说还不多见，所以也就更加值得重视。

这个时期，巴金为了适应战时需要，还编辑了一套《烽火小丛书》，多达十种，巴金的《控诉》、章靳以的《我们的血》、王统照的《横吹集》、邹荻帆的《在天门》、骆宾基的《大上海的一日》已出版。茅盾的《炮火的洗礼》、钱君匋的《战地行脚》、朱雯的《不愿做奴隶的人们》、罗洪的《苦难的开始》、黄源的《在东战场》，后来也已发排，登了广告，但未来得及出版，广州就陷

1938年，巴金编印的有关西班牙内战的画册

落了。另外,他还编选、编译了多种关于西班牙反法西斯运动的画册、书籍。那时马德里保卫战成为全世界人民反法西斯侵略的典范。巴金在《西班牙的血》、《西班牙的黎明》等画册中,配合画面,写了许多充满激情的题画词。

这许许多多工作都是在敌机轰炸声中完成的。那时敌机轰炸广州已成常事。巴金和朋友索性就像平日一样不予理睬。"死"似乎随时可能发生,也因此使人更加珍惜"生",更宝贵活着能利用的光阴,尽量多做工作。有一次出版社附近巷口中弹,石灰尘土像细雨一样落下,弄得他们满头满身都是。巴金正是在这样轰炸声中写完了《给一个敬爱的友人》的长信。这是致日本学者石川三四郎的。信中揭露日本军国主义的暴行,期待日本人民觉悟,而且还充满信心地说:

……一个人接近死的边沿,不会说一句假话。我可以坦白地告诉你,就在炸弹和机关枪的不断威胁中我还看见未来的曙光。我相信这黎明的新时代是一定会到来的。我们在这抗战中的巨大的牺牲便是建造新的巨厦的基石。

这就是巴金!在死神的面前还能这么冷静,还能想得那么宽广、那么深远!

6月底,巴金和章靳以暂时回上海。巴金住在一个小客栈,为开明书店重排的《爱情的三部曲》做校改。虽然他和萧珊有了重聚的机会,但是广州的《烽火》和出版社的许多工作仍等待着他回去。他觉得,那里时刻有危险,但也有一个使人兴奋的生活在等着他,诱使他回去。当时陆蠡正主持上海文化生活出版社的工作,和许天虹的妹妹许粤华(雨田)等一起编辑出版《少年读物》。巴金临行时,答应给这个刊物写稿,陆续报道广州情况。

也在这时,萧珊的母亲约见巴金,这是第一次也是唯一的一次。萧珊的母亲是一位睿智开明、亲切温情的女性,出于对女儿婚姻选择的尊重和对巴金的信任,她亲自出面与巴金、萧珊餐聚,表示认同了他们的婚事,把女儿托付给了巴金。从此他们正式以未婚夫妻的关系出现在公众面前。不幸的是,三年后,这位贤淑的母亲就因病去世了。

1938年7月,巴金和萧珊,章靳以和陶肃琼这两对恋人一起搭乘太古轮到香港转赴广州。巴金和萧珊是已经得到母亲的祝福了，陶肃琼却是瞒着家里私自出走的。当他们上了轮船后，陶家人还赶到船上寻找意欲阻拦，但陶肃琼坚决不出船舱，成功地躲开了家人，跟着章靳以远行了。

83. 广州之行

八九月间，巴金和萧珊、陈洪有同去武汉。

自从南京、上海相继陷落后，武汉成了抗战中心。"保卫大武汉"的口号喊得轰轰烈烈，武汉保卫战成了大家关注的焦点。大批文化人也都聚集在武汉。3月27日，中华全国文艺界抗敌协会成立，巴金虽不在武汉，也被推选为理事。这时卫惠林、王鲁彦等许多人都在武汉，他们多次信电邀约巴金去武汉。被敌人疯狂轰炸弄得十分压抑的巴金，也非常想去看看大会战前夕的武汉，到那里去感受一下战斗的气氛。

粤汉路当时成为敌机轰炸的目标，交通被炸坏阻塞，沿途危险艰难。他们三人一路上，火车、轮船、汽车，轮番换乘，走走停停，风餐露宿，饱尝艰辛。途中，巴金看到许多人还坚守在自己的岗位上，为抗战贡献力量。在离广州不远的银盏坳火车站，一年来几十架敌机不断轮番轰炸，但都不能使它瘫痪。他在这里，又一次看到了中国未来的希望。

巴金、萧珊等在汉口扬子江饭店度过了半个多月兴奋、激动的日子。每天总有朋友来探访他，包括胡愈之、戈宝权等等。他听他们讲述保卫大武汉的事情和种种计划。还有些多年不见的朋友也在这里出现了，欷怀叙谈至深夜，常常三四人、五六人就在一间房间休息。

有一天，巴金和萧珊在一家饭馆吃饭时，遇见四川胡兰畦和一二十个穿着军装的少女。胡兰畦曾带着战地服务团在上海战场活动过，现在也转移到武汉来了。巴金和她有过一面之交。现在交谈中，竟引起了巴金创作的冲动，他想，他正在写的《火》中的冯文淑也该是这样的呀！

其间，巴金还遇到诗人臧云远，一起喝咖啡聊天。臧说，前几个月他正为民族革命大学招生，几千名青年踊跃报名，竟有一半说是喜欢文艺的。问："读过谁的作品？""巴金。"问："你喜欢谁的作品？""巴金。"差不多是异口同声地回答。臧说："巴金的作品在当时成了鼓舞青年走向光明进步的艺术力量。"

那时巴金早年的一位无政府主义老友毕修勺也在武汉，任《扫荡报》主笔兼总编辑。他向主管这家报纸的政治部部长陈诚报告巴金到武汉来了。陈诚要毕修勺转告巴金，让政治部和《扫荡报》给巴金一个名义，请他去前线采访写作。巴金没有接受。

巴金一行返回广州，章靳以和陶肃琼已去四川。《文丛》第2卷第4期的稿子已陆续收齐，巴金主动担负起最后编定、校对、付型的工作。同时又继续编辑《烽火》。他们冒着敌机轰炸，跑印刷局发排，取校样。八九千册刊物出版后，大家一齐动手打包寄发出去。巴金想到的是，既然不能持枪上战场打击敌人，那么在这文化工作岗位上，用思想的武器去打击敌人，忙碌辛苦些，也就不足为道了。

广州，是个不平静的城市。巴金和章靳以初到这里时，怀着兴奋和激动的心情参加过万人火炬大游行。那雄壮的歌声好像要把浓黑的天幕都要震破了似的。敌机的轰炸又像在上海时看到的那样，使无辜平民血染街市。但是广州仍然顽强、富有生气，在瓦砾堆新建起来简朴的房屋，被炸断了的老树又长出了新芽，街道还是那么热闹，人们依然充满信心。"八一三"一周年纪念时，广州市民又一次举行了大规模的抗日宣传活动，在献金台前踊跃捐献。巴金看到乞丐都伸出平时求乞的手，献出了他仅有的全部财产。轰炸声还未过去，女学生已在街头演讲、唱歌。

10月17日，已在敌寇包围中的广州还举行了八万人的火炬游行。到处唱着保卫大广东的歌曲，队伍像一条火龙在发出怒吼。这时巴金的心好像也在燃烧一样。一天之后，整个城市变成一片暗淡昏黑，静静地悄无声息。只有警察到处敲门，呼叫"疏散人口"。敌人马上就要到来的消息已经传遍全城。

10月19日傍晚，巴金还到印刷局取到了当期《文丛》纸型。他回到出版社办事处，在楼房的露台上，眺望城市上空，心里又一次升起苦痛和愤懑。他看到过上海的陷落，现在又要经历一次广州的陷落。他在这里生活、工作不过半年，但对这个城市有了很深的感情。他爱这个城市。明天，这里几十万人民又将面临怎样的处境呢？他愤愤地说："我在这里看不见别人向我预许过的（我自己也期待了许久的）壮举，我的愤慨是很大的。"

10月20日，巴金和萧珊、兄弟李采臣、出版社同人，以及朋友林憾庐等十人坐着木船撤出广州。这时已是黄昏，水声和桨声寂寞地起落，岸上的景物渐渐变得模糊，眼前一片黑影，只有水面微微闪光。巴金恍若在梦里，好像置身在一个窄小的世界里，面对着船桅杆上挂着的一盏小灯，任其漂流而去。

次日，广州就失守了。没有来得及制成纸型的《烽火》第21期和巴金等几个人大半年来耗费心血筹建的文化生活出版社分社也都毁于一旦。

84. 桂林火海

木船在漆黑的夜色中被小火轮拖着行进。天蒙蒙亮时，敌机就出现在空中，警报声、钟声、人声……嘈杂鼎沸。巴金在睡梦中，似乎也听见了敌机的马达声，他似醒非醒，竟又沉沉睡去。为了躲避轰炸，船队昼伏夜行，五六天后，到达粤桂边境的梧州市。

经过多日旅途困顿，巴金和萧珊在梧州滞留了五天。他们第一次体验跑警报的感受。在广州时，不过在住所楼下避而已，这里的警报声一响，满街都是奔逃的人，像决堤的洪水一样汹涌。第一天上午，巴金、萧珊和林憾庐正在茶楼饮茶吃早点，忽然人群狂奔，他们也被裹胁而去，一直跑进山坡上的中山公园的山洞里。

这样跑警报的生活，在梧州天天如此。巴金真不想再跑，但也不行，旅馆主人、警察都要来驱赶。以后坐船又行驶了四五天，在石龙换乘汽车到柳州。在那里才得以安心喝茶吃点心。他几乎不敢相信，经过半个月的奔波，还能过上这样的平静的生活。夜晚，柳州的酒楼里洋溢着欢乐的气氛。码头边，传来一个女人凄哀的《渔光曲》的歌声。淡青色的天幕，昏暗的山水，闪闪的灯火，一派秀丽的景色，使人感到和平的国土是那么可爱。

1938年冬，巴金在桂林

在柳州，兄弟李采臣和巴金分了手，他将去贵阳转赴重庆。巴金和萧珊于11月8日到桂林，暂在林憾庐家寄寓。这里是在漓江东岸。林家朴素整洁幽静，背后一片绿色，正是屏障似的七星岩。敌机仍来骚扰轰炸，他们就到七星岩、月牙山去躲避，有时走到中途就不想动了，索性在田野树下看着敌机轰炸后高高冒起来的尘土黑烟。巴金初来桂林时，城市还是完好的，后来竟有一半成了废墟。11月底有过一次大轰炸，12月底又有过一次更大的轰炸，大火从下午燃烧到深夜。青年音乐家张曙被炸死。

1939年1月，又是连续轰炸，桂林成了一片火海。这可怕的情景是巴金毕生难忘的。后来在《火》的第三部开头，冯文淑噩梦中所见的大火，就采用了这段生活经历。巴金仍然是顽强的。他这时写的文章中还说："我将再告诉你们桂林的欢笑。的确，我想写一本书来记录中国城市的欢笑。"

那时，许多文化人从武汉、广州、湖南等地撤退到桂林，桂林又成了文化界活动的中心。巴金遇到了许多老朋友。他到桂林的第二天，在饭馆里遇到缪崇群，非常高兴！缪崇群陪着巴金、萧珊游玩了许多地方，也常来聚谈。缪崇群要离开桂林前，还到巴金住处同住了几天。萧珊虽是第一次与缪崇群见面，因为缪崇群的善良真诚很自然地成了好朋友。她在刚刚轰炸之后，就拾起针线给缪崇群编织了一件毛背心。缪崇群称这位年轻单纯的小姐为"一个好心的孩子"。

一天，巴金在街上遇到了丽尼。抗战后，为了生计，丽尼在政府机关工作，已有很长时间没有写稿。此番是随机关从湖南迁往四川途经这里。巴金就约丽尼写稿。第二天，丽尼到东郊巴金住处送来一篇散文，他说还有几篇待改定，还有一些契诃夫剧作的译稿也要交给巴金。

缪崇群致巴金的信

11月30日，二十多位文艺工作者在倚虹楼举行座谈会，决定成立中华全国文艺界抗敌协会桂林分会，推举巴金、夏衍负责筹备工作。会议一边进行，一边听着震天动地的爆炸声。等到会议结束，归途中浮桥已经被炸毁，丽尼回到住处，寄寓的地方已成灰烬，只是家人幸免于难。巴金赶来看到一片瓦砾堆，慰问之余，关心地问及另外一些稿件时，丽尼苦笑说："反正现在没有用，没有人要，烧了也就算了。"

晚上，巴金看丽尼的散文稿，记叙他在夜行车上，一手搂着发热的孩子，一手在小本上借着月光写下的几个字：

江南，美丽的土地，我们的……

这句蕴含着丰富感情的动人的话，使巴金激动得热泪盈眶，而且永远深深地铭记着。

在桂林，巴金先后见到了胡愈之、艾芜、王鲁彦、朱雯和罗洪夫妇；还新认识了翻译家金克木、作家陈同生（陈农非）、田一文；见到了日本友人鹿地亘夫妇。在一次诗歌朗诵会上，巴金还听到女演员金炜演唱朝鲜民歌《阿里郎》，是那样凄婉悲凉，使他十分感动。据说朝鲜人流亡到东北，经过阿里郎山，就会悲伤地唱起这支民歌。巴金就请几位朝鲜朋友帮助，将这首歌的歌谱刊登在正在编印的《文丛》月刊上，也在小说《火》中描写了这个场景，在给杨苡的信中叫她学来唱唱。这支歌给他留下的印象是非常深刻的。

就在这种情况下，巴金也没有放下手中的笔。他离开广州时随身带着《文丛》第2卷第4期的纸型，经过山山水水到了桂林印制后寄发给读者订户。然后他又继续一个人编印出版了《文丛》第2卷第5、6期合刊。他还写了一段"卷头语"，说明这期刊物是在一种非常条件下出版的。他开始感到在这样战乱的情况下，靠一两个作家的力量是很难把刊物坚持办下去的。他继续写《火》第一部中的部分章节。他写从广州撤退到桂林颠沛流离的生活经历，编成《旅途通讯》。他在"前记"中说明这些信函文章都是在死的阴影威胁下写成的，自己在生与死的挣扎中，依靠了友情才将他引到了生的彼岸。

在这些流亡的日子里，萧珊一直陪伴在巴金身边，尽力帮忙做点工作。她还给林憾庐的《宇宙风》写过几篇散文，用"程慧"笔名。他们寄住的林憾庐寓所与城区隔着一条澄澈见底的漓江，江上有一条窄窄的浮桥。萧珊害怕过这浮桥，被巴金取笑。有一次他们和鲁彦、朱雯、罗洪同游七星岩，随着向导擎举的火把，在漆黑的岩洞里寻觅观看瑰丽的钟乳石，萧珊也会发出一声声天真欢愉但又惊怖的笑声。

广西大学三番两次邀请巴金去演讲。巴金实在推却不了，就由萧珊陪着去了。萧珊知道巴金不善演讲，如今又一次看到他的窘态。她后来对田一文叙述当时的情景："他窘得面红耳赤，不知自己讲了些什么。后来实在讲不下去，只好退下讲台。下了讲台，脸和耳朵还是红的。当时我忍不住笑了起来。李先生也觉得好笑，也笑了。"萧珊的话再一次引得大家大笑，连巴金自己也止不住大笑起来。

85. 孤岛著述

在桂林没完没了的敌机轰炸，不安定的旅居生活，使巴金有了返回上海"孤岛"去的念头。他给流亡到昆明正在西南联大读书的杨苡的信中说："这半年来，敌机似乎就跟着我炸。我到哪里它炸到哪里。今天昨天都投过炸弹。每次不过强迫我们游山。我始终未受到损失，而且胆子也大了。"他在幽默轻松的话语中隐含着忧愤。他在这次信中介绍萧珊与杨苡认识，建立通信关系。希望她们能成为好朋友。

1939年2月，他和萧珊离开桂林，经过金华，绕道温州坐船回上海。在温州时，他们还参观了江心寺。那里记载着宋末文天祥抗御元军的事迹。当时文天祥出使元军议和，反被扣押，后来行军到镇江时，伺机逃脱，绕道江浙，经过四明（宁波）、天台、永嘉（温州），回到福州。因此在这里留下了一些事迹。文天祥不屈不挠的爱国壮志给身处外敌侵入、国土沦亡、无枝可依的巴金深刻的启示。他觉得自己在任何时候都是一个爱国者，但现在真是有点无可奈何。

到了上海，已是4月。巴金寄住在霞飞路霞飞坊周索非家中。萧珊回到自己家去。6月，巴金又去香港，到萧乾处取回广州陷落前存在萨空了处的衣物。这次住了将近一个月。其间，萧珊要去昆明上大学，坐海轮过香港来和巴金会面。萧乾特意在酒楼设宴欢迎萧珊。巴金对在座的萧乾、庄重、田一文说：萧珊去读大学，他可以专注地写《激流》第三部《秋》了。他打算在年内写出两本书，还要翻译一些著作。萧珊也还要为学业上努力。因此，尽管他们在热恋中，却相互理解。田一文曾赞叹说："萧珊的情操是可贵的。那个时代的女性，做了著名作家的爱人（未婚妻），能都像萧珊那样吗？"

巴金在香港送走了萧珊，自己就回到上海闭门著述。他又像前几年那样日日夜夜狂热地写作起来。这一两年因为抗日救亡，也因为出版社和刊物的编辑工作，占用了他许多时间。现在，文化生活出版社的事务主要由陆蠡负责，他自己稍许过问即可。他本来内向好静，习惯于通过著述倾诉自己的感情，而不擅交际应酬。如今身处在被日寇包围的上海租界,他过着闭门不结交接纳客人的隐士生活。他刚回上海时,曾答应为作家柯灵主编的《文汇报》副刊《世纪风》帮忙写几篇稿件,这就是《回忆》这个总题目下的有关泉州生活、叶非英、轰炸中的广州以及对卢梭、罗伯斯庇尔的感想等文章。因为当时租界禁忌也很多,写这些过去的事情,可以避免招致麻烦。他将这些文章结集称为《黑土》出版,仍然或明或暗地抒发了自己对于美丽的国土的热爱,坚信必将驱走敌骑。

他给文化生活出版社继续编辑了一些书。如为失去联系已久的青年作者毕奂午编印了一本散文集《雨夕》。他为同样久无音信的青年作者屈曲夫编印了一本短篇小说集《三月天》。还为从未见过面的青年作者田涛编印出版了短篇小说集《荒》。田涛在抗战前是一位二十岁左右的文学青年,因向《文学季刊》、《文季月刊》投稿而与巴金有了通信联系。巴金给他的回信热情亲切,诸多勉励。凡寄给巴金的信、稿,都能得到他的亲笔复信,提出对稿件的意见。田涛受到很大鼓舞,后来还鼓起勇气将自己的作品搜集起来寄给巴金,请他帮助出版。巴金将书稿介绍给一家书店未能成功。这时他又想起此事,不愿使这位青年心血埋没,就又重新从旧杂志上去选辑编成这个集子,亲自校对审定。

他还为已故友人罗淑编印了第二个短篇集《地上的一角》。书稿是在桂林敌机连续轰炸中抄完的。想到这位热情善良友人的死,他就难以平静,遗憾、悲伤就会一齐涌来。他将这个作法作为补偿和纪念。他也为艾芜编印了短篇集《逃荒》。巴金激愤地说:"在这时候我们需要读自己人写的东西,不仅因为那是用我们自己的语言写成的,而且那里面闪露着我们的灵魂,贯穿着我们的爱憎。""不管是一鳞一爪,不管是新与旧,读着这样的文章,会使我们永远做一个中国人——一个正直的中国人。"①

这些工作是平凡的、琐细的,没有任何外来因素的影响,完完全全出于巴金的一点心意、一腔深情、一种人格的自然流露。想到战乱时期,朋友散处各地,难通音信,他深深怀念这些相识的和不相识的友人,于是把这样的编书工作当作寄托情思的方式。每晚,在昏黄微弱的灯光下,他就默默地编呀、

---

① 《序跋集》第 260 页,花城出版社 1982 年版。

抄呀、校改呀……他还参照英、法、德文本重译了自己早年翻译过的克鲁泡特金的《面包与自由》，重新出版了克鲁泡特金的《我的自传》。他曾听一位朋友说，有一位空军友人在火车上认识一位年轻女郎，从她那里得到一份珍贵的礼物就是这本自传。这大大地鼓舞了巴金编译出版这些书的信心。

86.《秋》之梦

1939年秋，巴金的三哥尧林自天津移居上海。他们相约已久，这时总算如愿。整整十个月，兄弟俩又回到过去形影不离、相濡以沫的生活。尧林一边养病，一边从事翻译工作，用十个月的时间译完俄国作家冈察洛夫的小说《悬崖》后，又开始译《奥勃洛摩夫》。后来还到中学兼一点课。

巴金开始写作《秋》，用了半年多的时间，到1940年3、4月间，写完这部四十多万字的长篇。每天晚上从九十点开始写到下半夜两三点钟。有时写到东方发白，几乎没有一天中断过。写完的章节先给尧林看一遍，让尧林提一点意见。尧林译述中为了一字一句的问题，也会到巴金房里来商量探讨。尧林对待翻译很严谨，就像创作，总是反复推敲，修改抄录多次。

白天，巴金或读书看稿，或译赫尔岑的回忆录。也常去出版社，在那里可以见到陆蠡、朱洗，一起谈天、聚餐。他们都是为文化生活出版社的创办做过重大贡献的人。与他们在一起，巴金感到温暖，仿佛在和一些崇高的灵魂交流，又仿佛听完一曲贝多芬的交响乐那样愉悦。

每到星期日，巴金和尧林照例去听音乐会。上海租界当局有一个中外音乐家组成的水平很高的交响乐队。尧林有很高的音乐修养。他长期过着独身的生活，音乐和翻译成了他排遣寂寞的精神寄托。西洋古典音乐唱片成了尧林不可缺少的伴侣。有时，他们也一起去逛外文旧书店，或去看电影。

《秋》与《家》、《春》虽是连续性的三部曲之三，但在巴金创作风格上开始出现一个变化的契机，它显得平实、质朴。前两部中较多的戏剧化情景至此淡化了，显得更为生活化，突出完成了觉新这个人物形象。在这个阴暗的充满倾轧的大家庭里,他的精神被折磨,人性被扭曲,生命变得委顿畸形,直至完全崩溃。《秋》减弱了前两部中曾经突出的英雄反抗的色彩,加强了内在的控诉力量。这是巴金的创作由充满理想化的激情,转向为平实的生活,着重开掘内在的心理特点。也是巴金在抗日救亡的大声呐喊之后,让往昔梦寐以求的乌托邦渐渐淡出的一个标志。

《秋》的写作虽然顺利,但它是在恶劣的政治环境中完成的。巴金说,他在睡梦中,眼睛也是向着西南方的。那里有正在坚持抗战的军民,也有他最怀念的恋人和朋友。在成都的卫惠林,在石屏的缪崇群,在昆明的萧珊,也包括正在旁边的三哥尧林。他似乎隐约听到他们快乐的笑声,听到他们有力的呼唤。他为此受到鼓舞,也影响着他的写作构思,使本来打算让觉新自杀的结局改成再生。他相信秋天过了,春天就会来的。

巴金写完了《秋》,又接着写中断已久的《火》第一部。但战争形势愈来愈险恶了。法国战败被德寇占领的消息传来;日寇、汉奸可能会进租界来搜捕中国爱国者的传言也不时听到。有一个晚上,他接连收到在报馆工作的朋友告警的电话,巴金也曾转告林憾庐。在昆明的萧珊尤其担心他的安全,接连来信催他早去内地。有些朋友本就不赞成他这种关门埋头写作的生活。

巴金对自己的幽居生活也早已不耐烦了。他给杨苡的信中说:"这里空气很闷,我差不多就把自己关在房间里,很羡慕你们那里的广阔天空。"他表示将去内地。如今这些连续的警告和传闻,使他下决心烧毁了许多信件和书刊,做好离开上海的准备。

1940年7月,巴金终于悄悄离开上海。他带着刚刚出版的精装本《秋》登上海轮(开明书店为了让巴金早日赶回抗战大后方,配合他一边写书,一边排字。小说写完了,书也随着排印出版了)。轮船码头上送行的有尧林和陆蠡。他们的微笑使他久久不能忘却。他没有想到,从此再也看不到这俩人的笑容了。

第九章
爱情之梦

1940年7月,巴金坐英商怡和公司的海轮从上海直驶安南(今越南)海防。当时中国大片领土沦落在日寇手里,从上海去"大后方"的人只好绕道而行。安南是法国殖民地。巴金过海关时,看到法国海关人员把许多中国旅客的行李翻检得乱七八糟,稍不如意就动手殴辱,课处罚款。巴金为自己的同胞到处受凌辱和欺侮而痛心,也为法国人的野蛮感到愤怒。那时法国对希特勒德国不战而降,接着日寇在海防登陆,也没有遇到抵抗。这种在弱者面前横暴,在真正的敌人面前低头屈服的病态,使他非常愤慨。他多么希望热爱自由的法国人民和受尽外国统治压迫的安南人民能够振作起来。

巴金在旅途中结识了一些同行的旅客,有商人、职员,也有去后方探亲的女士等等,大家互相照顾,沿途还算顺利。当过了中越边境的河口铁桥,踏上中国国土时,巴金竟是那样激动。他想到在上海孤岛时压抑幽居的生活,想到刚刚看到过的法国殖民者的蛮横嘴脸,现在终于可以自由呼吸一下新鲜的空气了,有一种轻松感和解放感。但在入境时却因护照上的名字是李尧棠而得不到证明,一度受到边境站官员的盘问。后来还是那本新出版的《秋》和开明书店支付稿费的单子证明了他的真实身份。那位官员好生敬重,想来也是仰慕他的读者,不仅友好地放行,而且还和同事们请巴金和同行者吃了一顿丰盛的晚餐。

87. 初访昆明

巴金从河口坐火车到达昆明,萧珊到车站来接。他们分别一年了,经过长久的思念,在这时重逢,那份欢悦自不必说。开明书店昆明分店负责人卢芷芬与巴金虽是初识,却十分友好,把他安排在书店宿舍里住。这是一个带花园的玻璃房子,环境相当幽静,屋间也宽敞,家具齐全,巴金觉得非常满意。他和开明书店是作者和编者、出版者的关系,他的主要著作都是开明书店出版的,彼此以朋友看待。在那些颠沛飘泊的日子里,只要哪里有开明书店,巴金就会得到帮助。

四十年代初,巴金、萧珊偕友人游访昆明西山。左起:
王树藏(萧乾夫人)、萧珊、张兆和(沈从文夫人),
中立者沈从文

当时正是暑期，学校放假。萧珊每天早上就来他的住处，他们常外出游玩，有时还约别的朋友同行。晚上，他送萧珊回学校。卢芷芬夫妇也住在同园，常常早晚来看望他。

巴金在这里见到了在西南联大读书的杨苡，她已和同学、青年诗人赵瑞蕻结婚。巴金请他们吃饭。杨苡看见巴金和萧珊的亲密情形才明白他们已订了婚。有一次，巴金和萧珊也曾和沈从文夫妇、张晓天及萧珊的同学王树藏一起到昆明郊外游览。

不外出游玩时，巴金就把自己关在屋里安安静静地写作。他把断断续续写了两年多未曾写完的《火》第一部很快写完了。

没完没了的敌机轰炸，又是火海，又是血肉模糊的死伤、大片的废墟……这几年，巴金凡是到过的地方，都在流血……他自己也不得不跑警报。有时和卢芷芬夫妇一起，有时还有萧珊。昆明和桂林一样，没有防空洞，一遇警报就往郊外山坡山沟隐蔽。有时空袭时间长了，他们就安静地看随身带着的书刊，或在郊外田野吃带出去的午餐。有一次，他和萧珊、卢芷芬夫妇躲在郊外树林里看到数十架敌机猖狂地袭击昆明市区，马达轰鸣声、炸弹爆炸声……折磨着他们的心。但当他们回到住处，那园子却分外静寂。满园阳光，观音竹在微微摇曳，黄色的小蝶飞舞在花丛中，松鼠像往日一样在假山松树间追逐嬉戏，绿色的小鸟栖枝欢啼。这个充满着生命活力的美丽图画使巴金感到振奋。他陆续写了一些散文，如《静寂的园子》等，后来结集名为《无题》。

88. 成渝道上

10月下旬，萧珊已经开学上课。她由中山大学外文系转入西南联大历史系。她不能像假期那样终日伴守在巴金身边。昆明文学界知道巴金来此，探望他的朋友也多起来了。于是，他坐飞机去重庆，看望正在复旦大学教书的老友章靳以、梁宗岱，也看到了胡风，知道了战时陪都重庆文艺界的一些情况，又坐船去江安探望正在迁校于此的国立戏剧专科学校教书的曹禺。

船过泸县，巴金登岸漫步。当年他与三哥从老家出走时，也曾在这里停留过。他像是回到十八九岁时的青年时代，渴望寻找旧的踪迹；那时结识的无政府主义同志卢剑波、张履谦，以及毛一波等许多老友都曾在这里的川南师范开展过活动，如今自己已是饱经人世沧桑，这个小城也已被敌机轰炸成一片焦土。断壁残垣上涂写着许多复仇的口号，表现了抗战的决心。忽然，他看见废墟边的面食担子前站着一个黑瘦的小孩，呆呆地盯着那吃食。巴金给了他一张角票，他茫然地毫无表情地拿去买吃食，完全没有顾及巴金问他有没有家、有没有亲人。以后巴金在归途中，又一次看到那小孩，又一次给他一张角票，也没有忘记问话。那小孩却泪水涌流，嘴角翕动，突然转身跑走了。

巴金有点不理解，又觉得心里有一种莫名的沉重。忽然，他明白了，如果不是在这个战乱中失去了亲人和家庭，在这寒冷的冬日，他会一个人在此忍饥挨饿吗？

从来充满着爱和人道精神的作家这时感到自己的问题是多余的，甚至有点残忍，对这个在苦难中挣扎的小生命是个刺伤。他内疚，他自谴，他多么希望有一个机会补偿他的过失，请求这个小小的心灵的宽恕。

到了江安，巴金在曹禺家住了一个星期。每天晚上，他们对着一盏油灯叙谈，好像有说不完的话。虽是严冬寒夜，他们却感到那样温暖。好朋友在战乱中重逢该有多么高兴。他们谈到曹禺的新作《蜕变》。巴金是在昆明时读到的，读的时候激动得热泪盈眶。他觉得曹禺的创作又往前跨了一大步，这个作品给人们以希望和勇气。他还带来吴天改编的剧本《家》，曹禺看后表示自己要另外编写一个新的剧本《家》，巴金当然高兴，鼓励他说："你有你的'家'，你有你个人的情感，你完全可以写一部你自己的'家'。"这使曹禺更加坚定了改编的决心。

江安是一个小城，巴金到来的消息一下子就传遍了。当地中学学生邀他去讲话，他谢绝了，但写了一封信颇多勉励和希望。他说："当他们在旧社会的荆棘丛中、泥泞路上步履艰难的时候，倘使我的作品能够做一根拐杖或一根竹竿给他们用来加一把力，那我就很满意了。"学生们把信公布了。过了几天，省里来了一位督学，看到这封信，骄横地说："什么'青年是中国的希望'！什么'你们的期望就是对我的鞭策'！什么'在你们面前我没有可以骄傲的地方'！这是瞎捧，是诱惑青年。"他下令撕掉了这封信。

对于巴金，在不相识的民众中，有像中越边境站那位官员的由衷敬重和爱护，也有像这位督学怀着莫名的恐惧和反感。当时文学界，又连续出现一些重要评论文章，如王任叔（巴人）的《略论巴金的〈家〉三部曲》，分析了艺术得失以后，认为，"无论如何，巴金是中国文坛上伟大的存在"。徐中玉的《评巴金的〈家〉〈春〉〈秋〉》，认为它们展示了一幅鲜明动人的图画，至今还在"唤醒着大家起来向那封建势力的最后几个堡垒彻底进攻"，是"相当成功的作品"。沙汀在关于民族形式座谈会上列举了巴金的作品"影响了青年，走上了革命，这是说明着新文艺的力量"。有一些日本友人评介了巴金的一些散文近作，如《黑土》、《旅途通讯》等，表示了真诚的赞扬。

12月初，中华全国文艺界抗敌协会举行茶会，欢迎近期先后从外地来重庆的会员冰心、茅盾、巴金、徐迟等，出席的有七十多人。巴金是这个协会的历届理事，因他在各地漂泊，这是第一次参加总会活动。

1941年初，巴金回成都老家过春节。这是他离家十八年后第一次回来。如果没有这场战争，他也许还没有机会回来。傍晚，他在逐渐黯淡下去的夕阳下，走过故居的大门，产生一种极为奇异的感情：一切都变了，死了许多人，毁了许多家，童年时代他当坐骑游戏的门前那对石狮子不见了，大门内照壁上"长宜子孙"四个绛色的字却不充满光泽。他不禁疑惑：以往的悲剧是否消失了呢？他投了一瞥留恋的目光，想从这里寻觅什么，但他清醒地知道，他所要探求的东西，在这里是永远也找不到的。唯一的，他仿佛在梦中见到父亲，像当年一样欢声笑语，在一起看戏。

巴金在成都住了五十多天，与久别的叔父、嫂嫂、妹妹以及侄辈团聚。他们拍照留念，有欢笑也有眼泪。当时恰恰他的五叔死了。这位五叔吃喝嫖赌，挥霍妻子陪嫁，抽大烟，做小偷，因而为妻儿不容，流落在外，也曾被警察局拘押。他的死没有引起人们的哀伤和怜悯。巴金虽然也无所动。但是，这个富家子弟的一生却长久地留在他的心底，挥之不去，成为他后来创作《憩园》的最早动机。

巴金还和少年时代的朋友施居甫有过多次欢聚。施居甫当年与巴金一起办《半月》，现在是一位中学教师，正患着肺病。他好像已很委顿平庸，但言谈中也还显示出了一种进取精神。如果条件许可，他还想完成几部关于四川，特别是成都的社会历史和现状的著作。

巴金回到成都不久，马宗融也回来了。他们一起去到罗淑墓地祭扫凭吊，仿佛又回到昔日的马家，等待着罗淑从内室出来。如今，一抔黄土，一块石碑，一丛矮矮的树篱，埋葬着一位善良可敬的女性。巴金想到她的友情，不禁刺心地悲痛。他们商量将来在墓地周围多种植些花木，制作一些石桌石凳，备祭墓的亲友憩坐、静思。

89. 又是一次喊喊嚓嚓

1940年底，在桂林报刊上出现了一个所谓"研究巴金""批判巴金"的小小热潮。又是说他作品里有"安那其主义"，没有给人指出一条出路，文字水平不高，甚至讥讽为都是中学生常用的字等等。

在大敌当前的情况下，文学界又有一些左翼人士制造这场闹剧，也因此引起中共领导人的关注。周恩来派李亚群来向巴金作解释，李亚群与巴金不认识，就让党员作家司马文森找巴金谈。巴金对这些喊喊嚓嚓的攻击当然十分反感，很不客气地当场对司马文森提出了批评意见，并写了散文《死去》给予了嘲讽和批评。他在《火》第二部《后记》中严正地说：

> 但我仍然是一个中国人，我的血管里流的也是中国人的血。有时候我要站在中国人的立场上看事情、发议论。这一点当然不在"研究者"的"研究"范围以内。
>
> 因此，为了给"研究者"添一点麻烦，为了给他们找一面镜子来照出他们的尊容，我还要继续写我的小说，而且要永远地写下去。

其实，这些所谓"研究"、批判的意见，在一些左翼作家、评论家中一直存在着。从抗战前延续到这时，甚至一直延续到1949年后的五六十年代，直到"文革"，对巴金的批评、批判、围攻、打倒……都不是偶然的，而是有其历史渊源的。这是一个非常值得注意的现象，说明巴金是不为某些思想极端的左派所容的。与许多杰出的中外作家一样，巴金总是处于褒贬两个极端之中。

90. 沙坪坝的苦夏

1941年3月，巴金回到重庆。重庆是当时大后方的政治、文化中心，文艺界活动比较多。巴金几乎摒除一切应酬，蛰居在吴朗西创办的互生书店楼上埋头写作《火》第二部。

当巴金在昆明写完《火》第一部后，觉得意犹未尽。小说中的主人公冯文淑是以萧珊为原型的。巴金对萧珊抗战初参加青年救亡团活动的印象很深。后来，在汉口饭馆里遇见胡兰畦等一群英姿飒爽的女团员的情景至今未能忘却。当时著名记者邹韬奋曾经记述他赴前线慰军时，"在每一个据点都遇到若干青年组成的战地服务团，协助军队中的政治工作，提高士兵的作战精神，加强了每一地方的军民合作"。他特别惊叹，"不但整千整百的男青年奋发踔厉地参加抗战工作，且有整千整百的女青年奋发踔厉地走出家庭，奔赴前线，不让男同胞专美。每见她们成群结队，身穿黄绿色军装，绑着腿，赤脚穿着草鞋，精神焕发，健康愉快，这便是即将开赴前线去的战地服务团。在你面前的是中华民族的女战士，你不能再认为她们是养尊处优的千金小姐了"①。巴金基于与邹韬奋一样的印象和感受，一直渴望用小说表现这个时代的青年形象。《火》第二部中的冯文淑、周欣等正是现实生活这些爱国女青年的艺术再现。

但是，巴金和萧珊都没有战地生活经历，促使巴金下决心动笔的是因为在重庆和田一文同住一起，从他那里得到许多这方面的材料，渐渐熟悉了有关人物和事件，他觉得"冯文淑可以在战地工作活动了"。

---

① 邹韬奋：《经历》第208—209页，生活·读书·新知三联书店1958年版。

田一文是1938年在桂林与巴金相识的。在这之前，他曾参加过第五战区文化工作团。这个团的团长是臧克家，副团长是于黑丁，曾在河南、湖北、安徽农村和大别山一带活动过，进行抗日宣传和文艺创作。后来田一文又参加过上海救亡演剧队二队。在桂林，巴金和田一文分手时，曾相约到重庆办书店。如今这个愿望真的实现了，田一文就在互生书店工作。巴金到重庆后，与田一文同住一室。屋子虽宽敞却很简陋，只有一张白木方桌、几个方凳和一个木板床。重庆夏天闷热，晚上老鼠、臭虫猖獗。有一次他们用烛火烧臭虫窝，险些烧了木床。在一般情况下，巴金总是安之若素，奋笔疾书，一直写到深夜。那时正是雾季，敌机较少骚扰轰炸，所以相对来说比较安静。

每天早上，巴金和田一文到附近小吃店吃四川小吃"醪糟荷包蛋"、"担担面"等，有时也去茶馆小憩喝茶。黄昏时分，他们常在沙坪坝小路散步。路的两旁是高高的白杨树，空气比较凉爽。巴金谈他的小说构思，谈冯文淑，谈故事进展。田一文谈他当年在战地服务团的种种细节，在大别山做宣传活动的情况；从大别山的景物、山民生活到服务团里的人事……巴金后来一再说，"他供给了我不少的材料，还替我看过一遍原稿。他跨过大别山，我却没有。要不是他在这里，我不会写出这样的一本书"。

《火》第二部只用了两三个月的时间就写完了。

巴金是一个放眼世界的具有强烈的人类意识的作家，但又是一个反对侵略、反对强暴、对祖国、民族无限忠诚热爱的中国人。这是那些狭隘肤浅的左派评论家所不能理解的，因为他们一味纠缠在巴金的安那其主义思想信仰中。《火》第二部恰恰是表现这种炽烈的爱国主义精神的作品。他描写这些年轻人充满朝气和理想，虽然他们还不清楚抗战还有多少坎坷和曲折，但总是昂头挺胸、满怀信心，迎着阳光前进。书中的冯文淑就说："为抗战牺牲我的生命，这是一件美丽的事。"

巴金在成都时就已得到好友陈范予在福建武夷山病逝的消息。到了重庆，收到陈范予生前寄出的遗书，开头就说："无论属于公的或属于私的，我有千言万语需要对你说，但我无从说起。"巴金读到这里，热泪横流。他想到这位一生坚忍奋斗，默默献身于教育、科学研究的人，曾经用一种超人的力量吞食了无数苦痛,将它们化作生命的甘泉来滋养别人。巴金说,他的一生是平凡的,几乎是无所得的。他曾经也是一位无政府主义者,但是世上"还有比这更美丽的生命的表现"!巴金赞美的、崇敬的,永远就是这种殉道者的精神。他想起陈范予散文中闪烁着的光辉诗句,也正是他的人格写照:

燧石因相击而生火,人则由奋斗而尝到生之欢乐。

91. 再访昆明

转眼又到了1941年暑假,巴金再赴昆明探望萧珊。那时萧珊已不住在学校宿舍,而是和同学王树藏、刘北汜、王文涛、施载宣等在金鸡巷四号合租了一套房子,是一个小楼的楼上一排三间房子,还带走廊式的平台。他们正组织了一个冬青文艺社的学生文艺团体,常在这里活动。社员除了本楼居民外,还有汪曾祺、巫宁坤、杜运燮等也常来此聚会。萧珊的名字也是在这时叫起来的。女同学中王树藏居长,还有一位外号"毛儿妈"的缪景瑚居二,陈蕴珍因而被大家叫做"小三子",后来她写、译文章开始用"萧珊子",稍后就索性成了"萧珊"。

萧珊同宿舍的这些年轻人都到昆明附近的滇池、石林去徒步旅行了。萧珊原想等巴金来后赶去参加,但巴金一到金鸡巷就发起烧来,又连续遇到空袭警报,幸有萧珊守护照顾,过了几天病好了。旅行当然去不成了。他们俩人倒也过得平静而美好。巴金总是坐在窗前的书桌旁看书、写信、写作。据杨苡回忆:萧珊当时喜欢穿着矮领的花布旗袍,梳着两根短辫,一双美丽清澈的大眼睛,流盼动人。她的面庞散发着青春的光彩,一对酒窝最为朋友们赞美。杨苡认为这是萧珊的"黄金时代,学业、友谊、爱情都在丰收"①。萧珊那时专心致志读了大量的中外文学名著,喜欢研究,爱发议论,还写诗,又学

---

① 杨苡:《梦萧珊》,《雪泥集》第103页,生活·读书·新知三联书店1987年版。

会烧饭、缝纫、打毛衣，几乎对一切都感兴趣。

有一次，他们还坐火车到昆明附近的呈贡去看望沈从文夫妇。沈从文正在西南联大教书，为了躲避敌机轰炸，全家迁居呈贡。当时，大后方有人大发国难财，过着荒淫糜烂的生活，但大学教师等普遍清贫，连温饱都难以维持。沈从文因这时写作不多，出书困难，生活也很艰辛；在这战乱的环境下，还能见到老朋友，当然分外高兴。他们非常珍惜这个难得的畅叙机会。巴金想起沈从文过去常责备他喜欢讲"信仰"，别人却不易感到他的"信仰"在哪里。现在他从沈从文充满信心的谈话中却感受到沈从文自己是很坚定的。巴金对沈从文埋头写作、教学的精神一直非常赞赏，但他又感到沈从文内心不无寂寞，因为文坛和社会并不真正理解他。

沈从文、李广田等也常来此看望巴金，有时还去西山游览。

当萧珊的同学们旅行归来后，金鸡巷四号就热闹起来了。这些同学中多数后来成为有成就的作家。巴金虽不健谈，但很随和，与他们在一起过得亲切友好。有时，巴金和萧珊；有时还有别的同学，一起在大西门昏黄而又烟雾弥漫的茶馆里喝盖碗茶，啃从吊灶里烤出来的麦饼，或是吃碗"闷鸡米线"，或是到羊肉馆吃碗烫嘴的"口条"。四十多年以后，巴金回忆到这段生活时，还十分怀念"米线"的可口味道。他们也自己起火，巴金亲身掌勺，做有四川风味的红烧肉、辣椒炒肉丝，得到同学们的好评。

夏日的昆明正是雨季，常常连续下雨，巷子里淹水，他们就不外出了。巴金在二三十天里写了二十篇优美隽永、耐人寻味的散文诗。有点像屠格涅夫，又有点像鲁迅的《野草》，题目是《风》、《云》、《雷》、《雨》、《日》、《月》、《星》、《醉》、《梦》、《生》、《死》，以及《狗》、《猪》、《虎》、《龙》等等。他是先拟好了一组题目，然后逐篇再写的。他好像在吟咏自然现象，却渗透着他的燃烧的激情：热爱生活，追求丰富的生命，渴望给予人间光和热。他在《日》中说：

倘使有一双翅膀，我甘愿做人间的飞蛾。我要飞向火热的日球，让我在眼前一阵光，身内一阵热的当儿，失去知觉，而化作一阵烟、一撮灰。

青少年时代对殉道者献身精神的倾心礼赞、神往，至今依然如故。但是，8月14日昆明有过一次大轰炸，巴金看到一座精美的花园成为废墟，一位无辜的少女躺卧在泥地里，他被这残酷的血淋淋的景象刺伤得太厉害了。他悲愤地责问：为什么在这个寂寞的园子里，这样一位幽居深宅里的渺小生命也不能为那些挥舞太阳旗的武士们所宽容呢？他想，这位少女本来也将在这囚笼似的园子里度过寂寞的青春，但一定也还会有所渴望和追求，哪怕是微弱的；如今连这一点点人生权利都给夺走了。

那天大轰炸后，他们回到金鸡巷，屋子里满地都是碎砖断瓦，接着又是雨天，震坏了的屋子到处漏雨。他们的生命就在轰炸的威胁和风雨的蚀磨中度过。这也是抗战大后方的中国人生活的一瞥。

92. 桂林寻梦

暑假虽然已经结束，因为敌机轰炸频繁，学校推迟开学。9月，巴金就和萧珊及其同学王文涛从昆明来到桂林。他们的住处就在东郊福隆街，与林憾庐寓所紧邻，是一座木造的二进楼房。巴金在这里筹建了文化生活出版社桂林分社，王文涛就留在出版社工作了。

这次，巴金和萧珊与上次从广州逃难到桂林时的狼狈情况不同。他们能够从容地沿着漓江到阳朔去游览。这对相爱多年的恋人摒除烦嚣的世界，泛舟南下，寻得片刻的宁静和休息，真是意外的愉悦。淡青色的江水、墨染似的远山屏风般耸立着。两岸重峦叠嶂，形状类似人、兽，变幻丰富，色彩神韵流动，说不尽一派旖旎风光。在这苍翠梦幻的天地里，沉睡在船舱里的萧珊竟还梦见了大火，惊恐地喊着"火"！这使巴金又落入到四年前上海沦落时那场大火的回忆。可怕的火像魔影一样追踪着他，但他一直没有失去这样的梦想，那大火中将出现新生的凤凰。

过了一些日子，萧珊回昆明上课，巴金在桂林经营文化生活出版社，同时又过着闭门写作的生活。王鲁彦和邵荃麟一起开始主编《文艺杂志》，筹备在 1942 年初创刊。王鲁彦就住在巴金隔壁。王鲁彦原在广西一个县城教书，但是五个子女的负担太重，入不敷出，第四个孩子后来只好送给老百姓去养了。他有一个小女儿莉莎常到巴金住处来玩。巴金想起住在重庆沙坪坝时，吴朗西也有一个可爱的小女孩，他又联想到不久前在昆明废园看到的那位被敌机炸死的少女，他的内心总是平静不下来。于是他构思了一篇中篇小说《还魂草》。

《还魂草》并没有很多戏剧性的故事，它更像一篇抒情散文。小说描写了一位知识分子在后方寂寞的生活中，得到两位天真的小女孩莉莎和秦家凤的爱护和细心照顾，建立了真挚的友谊，使生活有了生气和情趣。但是在一次空袭中，秦家凤和她的母亲不幸遇难。那场面和作者在《废园外》中的描写完全一样。虽然写得很冷峻，却充满了作者的悲伤和愤怒。

《还魂草》在《文艺杂志》创刊号刊出后，巴金又写了短篇《某夫妇》。小说写一对知识分子夫妇在大后方报国无门，丈夫最后在轰炸中遇害，妻子仍然决心坚持寻找抗战的路。巴金的这些作品都写得很沉痛，反映了当时后方人民内在的压抑、积愤和苦闷，同时也表现了民族自救的力量。

当时的桂林仍是文化生活比较活跃、繁荣的地方。武汉、广州陷落后，曾有一大批文化人转移至此。1941 年底，太平洋战争爆发，上海"孤岛"和香港也被日寇占领，那里的文化人在又一次撤退过程中，先后转移来桂林。所以桂林的文化界活动很多，司马文森编的《文艺生活》和文协桂林分会也常举行探讨创作问题的会议。文协桂林分会在 1942 年年会上改选理事时，巴金又一次当选。

巴金当然也去参加这些活动。但是，大部分时间他还是在木板楼房里，在竹桌前埋头写作。他常常写到深夜，万籁俱寂，油干灯尽，才觉得心情稍稍平和了些，才能安然去睡。他常常说他的写作只是为了倾诉、为了宣泄。他编《冰心著作集》，是希望这本书能给孩子们在寒冷的夜间和寂寞的梦里送些许的温暖。他写《怀念》，是牵挂思念正在香港的友人林憾庐。当文章在 2 月底发表时，林憾庐竟从敌人占领区脱险归来，使他喜出望外。

日寇像童话中的恶魔步步进逼，蚕食中国的国土。太平洋战争的阴云又一次紧紧地压在巴金心头。上海租界被日寇侵占后，他和尧林的通信也中断了。他很牵挂他。后来辗转从朋友处听到说尧林和陆蠡等还安全。在他的内心,始终对日本这个战争恶魔感到极度地憎恨,他不断用写作表达自己的愤怒、仇恨和抗议,这就是他那时写的散文《火》、《长夜》、《寻梦》等。

93. 我爱一切从土里来的东西

1942年3月,巴金离开桂林,西行北上,作了一次旅行。离去的那晚,春寒料峭,火车站台的昏暗灯光下,八位朋友送别,使他好生不安。他说,自己爱旅行,走了好些地方,不肯让自己的脚步也不肯让自己的心灵休息。从青年时代告别老家将近二十年中,像个云游的和尚,又像个漂泊游子,四海为家,无拘无束。他也高兴那种梦似的别离——突然的决定,飞也似的跟着车船驶去,不给人留一点时间思索、咀嚼。如今,面对送行的朋友,既让他留恋,又使他不安。火车到了金城江,巴金改坐长途汽车到河池,然后又坐邮政车到独山、到贵阳,遇到少有的几个接连的晴天。三十年代中国内地的交通还很落后,又因战时环境,更显得混乱。但是,不管如何,他在旅途也不肯浪费时光,只要能坐下来,就能静心读书,铺纸执笔又写又译。在河池,他翻译了英国王尔德的童话《自私的巨人》,并不断写旅行杂记。有时,他到陌生的街上散步,饶有兴趣地去体验本地的民俗风情,也看到来自四面八方的旅行者惶惶然的情景。

从贵阳坐邮政车驶往重庆途中,巴金看到田野一片锦绣春色,感到非常兴奋。对此,他有一段情景交融的描写:

山全是绿色,树枝上刚长满新叶,盛开的桃李把它们的红白花朵,点缀在另一些长青的绿树中间。一泓溪水,一片山田,黄黄的一大片菜花和碧绿的一大块麦田。小鸟在枝头高叫,喜鹊从路上飞过……这一切抓住了我的心,我真想跳下车去扑倒在香味浓郁的菜花中间……一片土,一棵树,一块田……它们使我的眼睛舒畅,使我的呼吸畅快,使我的心

1941年，在成都与家人合影。中坐者巴金，后排左三为九妹李琼如，其余为大哥的儿女们

灵舒展。我爱这春回大地的景象，我爱一切从土里来的东西。因为我是从土里来，也要回到地里去。

这不只是因为他久居城里，蛰伏小楼写作以后而有的豁然开朗、心胸为之一振的感觉，更因为久久的压抑，看惯了燃烧的土地、被毁了的残垣断壁之后，才有的那种对于生机勃勃的新的生命力量的敏感和特别惊喜的感情流溢。

3月底，巴金到重庆。5月初，又到成都，住了两个月。他住在嫂嫂家里。这也是他现在成都的家。他到老家门前又去走访过。他对这个地方怀着一种无法排解的眷恋和遗憾的心情。老家的沧桑变化所引起的一种朦胧的创作欲望又在他心底涌动。

他在这里见到了丽尼。他还去探望过贫病交迫的老友施居甫。他与几位朋友商量过帮助施居甫养病，但没有效果。离开成都前，巴金又去探望，施居甫的病势已很严重。

7月，巴金回到重庆，得悉曹禺正在改编小说《家》为话剧剧本。这是曹禺抗战期间继《蜕变》、《北京人》以后的第三个剧本。重庆酷热，曹禺就住在长江上的一只江轮上，打着赤膊，日夜赶写。他对老友巴金怀着很深的友情，对巴金作品中的人物也很喜爱，这才写出一个具有独创性的崭新的戏剧作品。巴金是最早的读者，他很满意。在这之前，1940年上海著名导演吴天改编的《家》，由上海剧艺社演出。曹禺改编本出现后，就取代了吴天改编本，现在则由重庆中国艺术剧社首演，章泯导演，金山饰觉新，张瑞芳饰瑞珏，沙蒙饰高老太爷，蓝马饰冯乐山。这个阵容成为当时山城文艺界的盛事，演出长达三个多月，一百多场都座满，打破了重庆话剧演出纪录。

94. 翻译的收获

10月，巴金重返桂林，这次比较安定地住了约一年半。

在整个八年抗战时期，巴金先后几次到桂林，有近三年的时间定居在此，时间最长。后来因桂林失守被迫不能返回。其原因除了桂林当时处于战争后方，相对来说还比较安定，有较多文化界人士羁旅在此，还有一个值得注意的是他想远离政治权力中心，躲避众声喧哗的环境。他不会去延安；短期去过重庆旅行但随即就离去。他像战前一样尽可能不参与文艺界的社团应酬活动，不介入政治生活。他周围的朋友有参加新四军的如黄源，出国的如萧乾，去延安的如何其芳，到重庆的就更多了如章靳以等。但他还是一心坚持写作，找个安静的地方，哪怕孤岛时的上海，先后写完了《春》《秋》等；在桂林又先后写了抗战三部曲《火》和大量散文，译了《父与子》《处女地》等等。他也一心坚持在文化工作岗位上，走到哪里就将文化生活出版社办到那里，无论在上海，在广州，在桂林，后来在重庆……他把这作为参与抗战的实际行动，给战乱中的中国人提供精神力量。这是巴金进入文坛以来一贯的处世风格，从战前一直到1949年后，始终都是埋头写作，"单兵作战"。

他在桂林的近邻仍是林憾庐和王鲁彦。林憾庐为了办《宇宙风》，先后搬迁上海、广州、香港、桂林，在极艰难的条件下，坚持出版。他本人为此耗尽心血和精力，牺牲了健康，更顾不上家庭生活。他是一位基督徒，也一样竭尽所能为抗战出一份力量。这些年，巴金常和他在一起，却从没有见他闲过一天。1943年2月他去世的前两天，病在床上，还关心地询问《宇宙风》杂志的事情。

巴金和林憾庐认识十多年，在战乱流亡的生活中共患难，相知很深。尽管他们有不同的信仰，一位是虔诚的基督教徒，一位是无神论者，但他们却可以在一起畅谈国事，谈时局，谈文学，也谈宗教问题。那段时间几乎每天都会见面以至争论不休，有时争得面红耳赤，但却丝毫不影响他们的友谊。没有想到林憾庐辛苦设法将妻儿从沦陷区接到桂林才一个多月自己却染上肺炎，不久就辞世了。

当巴金看着工人给林憾庐墓地堆上最后一撮土时，他感到是那么凄凉、悲痛，生命易逝。他写了《纪念憾翁》，深情悼念挚友。又过了两个月，他就动手写《火》第三部，作品中的主人公田惠世就是以林憾庐为原型的。

《火》第三部从冯文淑的一场噩梦开始，梦见日寇烧杀劫掠，人民奔突呼号，祖国山河残破。这是巴金自抗战以来亲身体验过的感受，像噩梦一样重压在心。现在他加以艺术化的表现。然后写到冯文淑从战地服务团回到后方，看到形形色色消沉混乱、丑恶黑暗的社会环境，与当年轰轰烈烈的救亡运动截然是两种气氛、两种面貌。田惠世是一个正直的爱国的文化工作者，有着高尚的道德献身精神的基督教徒，为了把爱传布给社会，传布给在战乱苦难中的人们，他竭尽心力把他主办的《北辰》杂志看成像自己的生命一样。现在因为经济困难，《北辰》无法生存，最后连他自己的生命也终将逝去。他绝望地感到自己被上帝抛弃了。这部小说着重对田惠世精神世界的探索和对抗战后方个人生活实践所发生的矛盾和苦闷的描写。

巴金在这期间译完了屠格涅夫的《父与子》和《处女地》两部长篇小说，共四十五万字。

1936年春游杭州时，巴金和陆蠡、丽尼三人商定分担翻译屠格涅夫的六部小说。现在他们俩人已经陆续完成，只有巴金承担的两部迟迟没有译出。但他一直放在心上，积极搜集各种版本，如《父与子》，他先后搜集到俄、英、法、日、世界语等七种不同语种的版本，但苦心搜集来的版本都留在上海不能使用，现在正好利用小住桂林这段相对安定的时间完成译事，于是在1943年3月先译出《父与子》，又在写《火》第三部的间隙时间译完《处女地》。

《父与子》、《处女地》都是屠格涅夫的重要力作。《父与子》刚出版时，在沙俄社会引起了强烈的反响和争议。作品描写一个青年知识分子巴扎罗夫的反叛性格，他是有科学思想和献身精神的一代新人形象。整个故事贯串了新旧两代冲突的悲剧。《处女地》描写一个革命者到民间去的故事。巴金认为："它让我们看见了希望。"这些作品过去都有过中译本，《父与子》已有商务印书馆出版的耿济之和陈西滢两种译本。《处女地》已有商务版的郭鼎堂（郭沫若）译本。当文化生活出版社陆续推出屠格涅夫六种新译本后，别的旧译都被取代了。

巴金非常喜欢屠格涅夫的作品。他的自由思想和热情酣畅的文笔、风格都深受屠氏的影响。巴金主持文化生活出版社后，在热心介绍世界文学名著时，也大力组织翻译屠格涅夫的作品。除上述六种外，还出版了耿济之译的《猎人日记》、马宗融译的《春潮》、蒋路译的《文学回忆录》、巴金译的《散文诗》、心蕖青萍的《不幸的少女》、《静静的回流》等。后来萧珊翻译了《初恋》、《阿霞》等五个短篇小说。因此，可以说文化生活出版社出版屠格涅夫作品最多最系统。

巴金在学生时代就开始写作，同时也开始翻译，但那时多为政治理论、传记作品。二十年代末他开始文学写作，同时也开始文学翻译，《父与子》、《处女地》是他文学翻译中最重要的两部作品，因此，1943年前后，成了巴金翻译工作收获最大的时期。

桂林的文化生活还算活跃，马思聪在1943年5月就举行过小提琴演奏会。著名歌唱家伍伯、马国霖、巴慕坡先后举行过独唱音乐会。7月，实验剧团在广西剧场演出曹禺改编的《家》，由欧阳予倩导演。文协桂林分会也常举行活动。《自学》杂志与《广西日报》于10月联合举行茅盾新作《霜叶红似二月花》座谈会。这些活动,巴金都参加了。

这时,桂林《大公报》连续报道和发表评论,呼吁改善知识阶层的公教人员和靠版税、稿费为生的作家们的艰难生活,以《桂林作家群》为题,列举留桂作家王鲁彦、艾芜等三十多人的贫困窘况,其中也提到巴金。这时原来活跃在桂林的许多文化人先后渐渐离去,文艺创作渐趋萧条。《文艺杂志》因经费不足被迫停刊,王鲁彦更是处于贫病绝境,《大公报》公开为他募集医药费,巴金除自己对老友尽心外,还从高士其那里经手募得一千元。

巴金主持的文化生活出版社是作家们来来往往的场所,有的来谈天会友,有的来商量稿件出版,有的专程看望巴金。艾芜、方敬、周钢鸣、刘火子等都是常客。尤其是艾芜,住在观音山,进城必经福隆街,就顺道来访。

桂林的冬天还是比较寒冷的,又无烤火取暖。晚上北风怒吼,木板楼房也会震响。在一盏煤油灯的相伴下,巴金仍然写呀、译呀,直到深夜。他的身体不算强健,常常感冒咳嗽,所幸那时萧珊已辍学来桂林,在出版社帮忙做点事,也能照顾他的生活。经过多年离乱,如今萧珊能与巴金相处一地,心绪自是特别好。据巴金兄弟李济生回忆说,那时的萧珊常常清晨起来漫步小园内,或在屋前阶沿上徘徊,"神情潇洒,意态安详"①。

李济生是巴金最小的兄弟,是他的继母所生。李济生原在成都银行工作,这时也应巴金之约转到文化生活出版社工作。1944年初,他来桂林,第一次见到萧珊。他想为巴金分担一些事务,使巴金可以脱身,促成巴金与萧珊的婚事。他来了以后,也曾陪伴萧珊去探访作者,组约稿件,如去看望过诗人方敬。方敬在城内中学教书,他的诗集《雨景》、译作托尔斯泰的《家庭幸福》都是桂林分社出版的。巴金兄弟俩和萧珊有时也一起去看电影,看了还要议论一番,兴致很高。

也在那时,章靳以和陶肃琼夫妇从福建绕道桂林去重庆。他们已有多年没见。如今章靳以、陶肃琼不仅结了婚,且已有了孩子;陶肃琼还正怀了第二胎。萧珊既埋怨陶肃琼结婚早了些,又兴冲冲地把那未出生的孩子认了干

---

① 纪申:《思絮点滴》第51页,四川文艺出版社1989年版。

女儿。在那战乱环境中，又在异乡桂林，老友久别重逢那份意外的高兴真是难以形容。

那时，《广西日报》副刊登了一篇正在桂林的英国神甫赖治恩关于道德的文章。巴金很不以为然，连续写了《一个中国人的疑问》《关于"道德"与"生活"问题的一封信》等一系列文章，也登在《广西日报》副刊《漓水》上。由此引发开来的，他写的《怎样做人及其他》一文，又一次发挥了克鲁泡特金《伦理学》中的一些观点，认为："人是道德的生物……走的总是这样一条路：把个人的命运、将个人的希望寄托在群体的繁荣中……自然力的征服，中世纪自由的光荣的历史，近代科学与艺术的伟大的成就……无一不是人类联合力量与牺牲精神的结果。"所以，他又一次强调，一切罪恶根源在于不合理的制度，"人对他的同胞必须互助，离开了合作互助便不能生存。一个最深刻的伦理公式是，没有平等便没有正义，没有正义便没有道德"。

四十年代的章靳以

95. 花溪小憩

1944年5月，巴金和萧珊决定旅行结婚。他把出版社的事务交代给兄弟李济生后，就离开住了一年半的桂林。他打算婚后仍回来。

巴金这年正好四十岁，在战前就认识萧珊，谈了八年恋爱，现在终于成了美满的眷属。多少年来，巴金以写作为生，由于他的著作较丰，收入理应优厚；但因为他常常为别人义务写稿做工作，包括在出版社当义务总编辑，也常资助接济别人（包括老家），再加上战乱时期过着漂泊不定的生活，经济也不宽裕，因此对于自己反而澹泊俭朴，无所奢求。更由于青年时期雄心勃勃，致力于革命事业，热心献身社会，向往殉道者苦行生活，接受过刘师复心社戒约和托尔斯泰禁欲主义的影响，有一点独身主义倾向。他认识萧珊时，已经三十出头了。少女时代的萧珊，热情善良，富有正义感，有进取的精神和强烈的求知欲，这些都是相当吸引巴金的。巴金觉得自己作品中有"人道主义和爱国主义"，在这一点上，"萧珊也有些像我"。八年战乱岁月里，他们多次共过患难，度过漂泊颠沛的生活，意气相投，感情更为深厚。每当巴金处于困顿境地，朋友各自离去奋斗的时候，萧珊总是充满着温情，亲切地在他耳边说："不要难过，我不会离开你，我在你身边。"

这样纯洁的坚贞的爱情经历了岁月和战火的考验，这时的结合显得更加珍贵。

巴金很少谈论自己的爱情生活，就像他赞赏克鲁泡特金在自传中很少涉及爱情婚姻一样。但是他对待萧珊的朋友、同学杨苡、王树藏的婚姻爱情生活的看法，却清楚地表达了他的爱情观。

杨苡和巴金通信几乎和萧珊认识巴金是同时期的，原先都是巴金的读者，非常敬重巴金。巴金也非常关心、爱护杨苡。当杨苡发现有一位男同学、诗人赵瑞蕻在追求她时，她很困惑，就写信向巴金求教。巴金回信说："任其自然吧。任感情自然发展，同时用点理智去引导它（就是说不要糊涂），便不会有多大问题。不要过分讨厌或害怕恋爱，只要不做一个恋爱至上主义者便行了。"当杨苡和赵瑞蕻结婚后，信中述及婚后生活，巴金又勉励她："有梦的人是幸福的。因此你很可以同瑞蕻（虹）过得幸福，也可以制造热情的梦。两个人既然遇在一起，用一时的情感把身子系在一个共同的命运上，就应该互相帮助、互相谅解、互相改进自己。这是最聪明的办法。"他还说："人不该单靠情感生活，女人自然也不例外。把精神一半寄托在工作上，让生命的花开在事业上面，也是美丽的。"[①] 王树藏原是萧珊的大学同学，也是巴金

---

① 引文均见《雪泥集》第5、11页，生活·读书·新知三联书店1987年版。

的老朋友萧乾的妻子，后来发生婚变，萧乾另有所爱，因此引起很大矛盾。巴金就批评他，同他争论。巴金说自己"看不惯那种凭个人兴趣、爱好或者冲动，见一个爱一个，见一个换一个的办法，我劝他多多想到自己的责任，应该知道怎样控制感情，等等"①。巴金与萧乾谈得很多，想说服他，但没有成功。萧乾后来经过几次离婚、结婚、离婚，巴金觉得他"白白消耗了他的精力和才华"。

由此，我们可以理解巴金是怎样用炽热的感情，但又非常理智地在漫长的岁月里培育了这株爱情之花。由此也显现了他的人格和个性特点。

5月初，巴金和萧珊离开桂林前，委托李济生代为印发一份给亲友们的旅行结婚通知，然后登车去贵阳，住在郊外"花溪小憩"。这在出发前就已商量好了。两年前，巴金在桂黔道上旅行，离开贵阳那天清晨，他路过南明河边，看见绿杨依依，桥头停着好几辆去花溪的马车。他多么想坐这样的车立刻就去啊！但因急于赶路而未能如愿。

"花溪小憩"是贵阳南郊的一个宾馆，修建在一个大公园里面。客人很少，显得有点寂寥，但很安静，没有任何人打扰。他们没有办酒席宴请任何人，也没有举行仪式，邀请别人来为自己作证或审查批准。宾馆里没有餐厅，吃饭要到五里外的小镇上的饭馆，步行也要半个小时。

5月8日，巴金和萧珊在"花溪小憩"结婚。巴金是这样记叙他们的新婚之夜的：

> 我们结婚那天的晚上，在镇上小饭馆里要了一份清炖鸡和两样小菜，我们两个在暗淡的灯光下从容地夹菜、碰杯。吃完晚饭，散着步回到宾馆。宾馆里，我们在一盏清油灯的微光下谈着过去的事情和未来的日子。我们当时的打算是这样：萧珊去四川旅行，我回桂林继续写作，并安排我们婚后的生活。我们谈着、谈着，感到宁静的幸福。四周没有一声人语，但是溪水流得很急，整夜都是水声，声音大而单调。那个时候我对生活

---

① 《创作回忆录》第58页，香港三联书店1981年版。

并没有什么要求。我只是感觉到自己有不少的精力和感情,需要把它们消耗,我准备写几部长篇或中篇小说。①

96.《憩园》旧梦

巴金和萧珊在花溪和贵阳市内前后住了五六天,就结束了他们的蜜月旅行。萧珊先去重庆,原拟作为新媳妇第一次赴成都老家看望,然后再回桂林。巴金则到贵阳中央医院住院动手术,"矫正鼻中隔"。

他在入院前,住在小旅馆时开始了酝酿已久的《憩园》的写作。住院十多天后,仍然逗留在贵阳继续写作,他恨不得一口气把小说写完。因为事先就准备在途中写作,所以随身带了一支小楷笔、一锭墨和一大沓信笺。到了住宿处,借一个小碟子用墨研磨以后就可以写了。

当他在写作《憩园》时,在饭后散步稍息的时候,脑中开始出现不久前在中央医院的所见所闻,那里的人物和故事好像在催促他准备下一部作品的写作。

就在他夜以继日、忘情写作的时候,萧珊从重庆两次来信要他去那里。小别已一个月了,他当然应该回到新婚的妻子身边。于是,他带着没有写完的《憩园》原稿出发了。临走前两天,他又到"花溪小憩"去住了两天。他仍然不停地写;他也到溪边,寂寞地独自看湍急的流水,到公园里徘徊寻找萧珊和他曾经留下的踪迹。去重庆途中,在小客栈过夜,他还写。到了重庆以后,顾不上别的事,先住在北碚旅馆里,又是点着蜡烛畅快地写了起来,直到烛油流光,他还是意兴未尽,想再找一支新的蜡烛竟不可得。

在重庆,他和萧珊住在出版社后楼梯的一间七八平方米的小房间里栖身,开始了他们的新家庭生活。白天,他在有六张办公桌的办公室里写作,别人做出版、卖书、算账的事,他头也不抬地自顾写书。间或稍事休息,就掏出一本袖珍本的德语小书朗读起来。这也是他的写作习惯。1943年,他翻译的斯托姆

---

① 《创作回忆录》第13页,香港三联书店1987年版。

的《蜂湖》，也是在晚间写文章倦了的时候，作为调剂精神陆续译完的。

晚饭后，他和萧珊就到外面散散步，或是看场电影，或是喝杯咖啡。出版社经理田一文有时跟他们一起去，看着萧珊挽着巴金兴奋地在谈论些什么。有一次，杨苡、赵瑞蕻夫妇来探望他们。杨苡和萧珊这对女友抱膝清谈彻夜，巴金在另一间写作。第二天清晨，巴金取笑她们说："我写到半夜，还听见你们两个在说话。"

《憩园》写完后，萧珊和田一文是这部小说的最早读者。最早在文化生活出版社出版时，萧珊还为《憩园》写了一则广告。

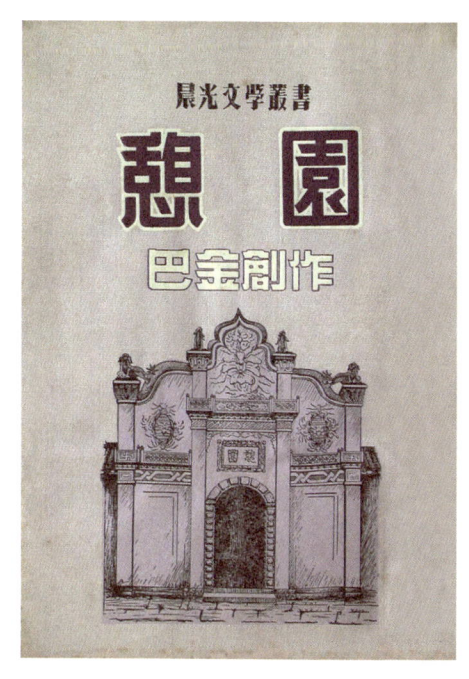

《憩园》1953年修订本初版封面

《憩园》是以巴金的五叔堕落和旧家庭的败落变故为素材的。巴金批判了那种福荫后代、长宜子孙的传统思想。《憩园》其实也可说是《激流三部曲》的"外传"。巴金写了一个美丽善良的女主人公姚太太，生活在这所囚笼似的公馆里，自身的生命正在萎谢、凋零，但是她对世界充满着善意的同情和希望，哪怕对待那个浪子杨老三的不幸，她也寄予深切的同情。作品中写杨家小孩对浪子父亲宽厚的爱和杨老三妻子、大儿子的无情决绝是有所褒贬的。这种宽恕的精神和对人性的开掘在这部作品中有了新的发展。巴金借助于抒情语言和人物心理的艺术描写，使整个小说笼罩着一种悲天悯人、回肠郁结的浓重的哀伤氛围，相对地减弱了批判的力量。与过去创作比较，巴金在艺术上有了长足的变化，风格显得舒缓、从容、自然，意蕴更深一些。

巴金到重庆原想陪伴萧珊去成都，然后再回桂林。但是不久就传来日寇进犯湘桂的消息，政府下令疏散。9月以后，湘桂黔道上难民拥塞，哀鸿遍地。重庆的流言传闻也多，人心惶惶。

于是，巴金和萧珊只好暂时在重庆安下家来。这间出版社楼梯下的小屋成了他们的新房，又潮湿，又窄小，光线黯淡，只能放一张床和一张桌子。田一文要把自己楼上的住房让给他们，巴金夫妇执意不肯。田一文要为他们置办几件家具，他们同样也不接受。这就是巴金说的，萧珊"托人买了四只玻璃杯开始组织我们的小家庭"的简朴情况。

11月，桂林在一片火海中失守，文化生活出版社的全部存书、资财被付之一炬。据说那正是生产旺季，所以排好的版，打好的纸型，造好的货都很多。巴金的两架书籍也随同一起化为灰烬。

那天，萧珊已独自去成都了，良友图书公司的赵家璧突然来访，他是刚从桂林逃出来的，讲述在那里创办的事业全部被毁的情况。他非常难过，但也很坚强，还要从头干起，要在重庆创业。巴金答应帮忙，到时给他提供书稿。正说话间，外面有人大喊"失火"，楼上冒烟，人声鼎沸。巴金提着一只旅行箱往外跑，这是他当时的全部家当，除了几件衣服、一部朋友的译稿，还有刚刚开头的小说《寒夜》的几页稿纸。那时，他又在开始写新作了。

97. 和大后方作家们在一起

在重庆，文艺界朋友多，与文化生活出版社关系也好，知道巴金回来了，来看望他的人不少。马宗融、章靳以、曹禺、丽尼、张骏祥……进城必来探望，冯雪峰、何其芳、艾芜、以群则是常客。茅盾、老舍、胡风也曾来过。

这里常常高朋满座，谈笑风生。有的还留下来吃饭。虽是素菜清汤，却也是一片至诚。战乱时期，作家们都穷，并不计较这些。有的还为"打牙祭"专门到出版社来吃饭。有的还在办公室留宿。有的进城办事到此歇脚。有的请出版社代存财物、转寄收发信件等等，比号称作家之家的协会还要像"家"。

何其芳从延安刚来重庆，就来探望巴金。差不多分别十年左右，当年的大学生如今已是肩负重任的革命党人，谈吐非同往昔。冯雪峰住在作家书屋，就在文化生活出版社斜对面，也常来小坐谈天。有一次，冯雪峰来了，看到马宗融、章靳以已在这里，准备和巴金烤火、喝茶、摆龙门阵、谈通宵，冯雪峰也高兴地留下来闲谈到天亮，一起送章靳以、马宗融上船回北碚复旦大学。

10月，中苏文化协会举行鲁迅逝世八周年纪念会。宋庆龄到会。她因有事中途早退，会场就开始乱起来。特务冲着胡风闹，又诽谤正在上海的许广平。冯雪峰站出来为许广平辩护，那些捣乱的吵嚷得更凶了，会议只好草草结束。巴金和朋友们一起到了冯雪峰那里，生闷气，发牢骚。

1945年2月，巴金参加了重庆文化界三百二十一人联合签名的《文化界时局进言》。宣言由郭沫若起草，秘密地广泛征集签名。当时在重庆的自然科学界、社会科学界、文学艺术界的知名人士许多人都签了名。这个宣言批评了政治腐败，同时提出了要求"实现民主的必要步骤"的两大内容：一是要求召开各党派参加的临时紧急会议，商讨战时政治纲领；二是主张由临时紧急会议推选组织战时全国一致的政府。

宣言发表后，国民党政府大为恼怒，下令追查签名运动的由来，胁迫某些签名者或声明"并未参加"，或在另一官方宣言上签名。这次事件的直接后果就是解散郭沫若主持的文化工作委员会，由此而来的则是文化出版界自动废除书报审查制度。文化生活出版社也是积极参加了的。这已是9月份的事情。日本已经宣布投降，世界大战刚刚结束。

98．平凡人们的生与死

巴金在这些活动中，只不过是普通的一员，他并没有太多的作为。尽管他非常痛恨黑暗的社会，但他并不想更多地介入政治活动。他全神贯注着自己的写作。他把自己的爱憎、悲愤和希望都倾注在文学作品中。他愈来愈汇入到受苦受难的平民百姓的行列里去看待生活。他描写的对象也不再是那些以改造社会为己任、超越众人的革命者的英雄传奇故事，而是普通的平凡的小人物的心理、精神和物质生活及其命运，相当深切地体现了巴金的人道主义精神和爱心。他写短篇集《小人小事》中的一些篇章，如《猪与鸡》、《兄

《第四病室》晨光版封面

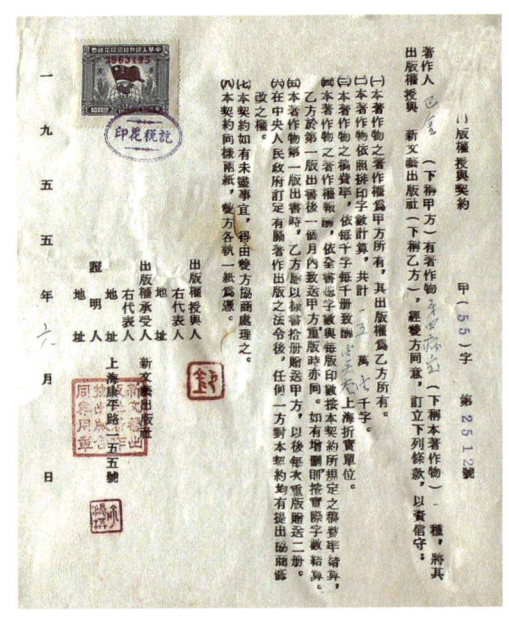

1955年，新文艺出版社与巴金签订的《第四病室》出版契约

与弟》、《夫与妻》、《生与死》是这样，《火》第三部和《憩园》也是这样的。但是最有代表性的作品却是《第四病室》。

这部作品的主要素材取自作者在贵阳中央医院住院治病时的一段亲自经历和见闻。他看到了社会生活的一角是平时不易接触到的。作品以日记体纪实的手法描写了医生、护士中的多数人对病人缺乏同情心、人道主义精神和工作责任感。他们麻木、懒散、冷冰冰的。也描写了病人之间、病员和亲属之间的种种不幸和痛苦、自私和虚伪。这许许多多生活片断连缀成一幅阴暗、可怕、杂乱的画面，显然远远不只是一个医院的，而是当时社会的一个缩影，也是为那些卑微的小人物的生存状况所作的不平的呐喊。巴金还描写了一个热情善良而有同情心的女大夫杨木华的形象，使这个阴沉、冷酷的人间漏泄出一点点亮光。这是巴金对爱的呼吁。故而他说，他写这部小说，是在做"发掘人心"的工作。

巴金的写作愈来愈平民化、世俗化、生活化。当年希望万人幸福的新社会将和明天的太阳一起升起的孩子般的美丽幻梦从未消失，梦中英雄仍是他所崇拜的。现在，他回到了现实生活中的另一个梦，那是一个作家的，也是一个平凡的世俗的平民的梦。他把目光注视到那些不为人注意的小人物。就像那时他还翻译了陀思妥耶夫斯基的《罪与罚》中的一章，里面都是写一些妓女、小偷、酒徒等被侮辱与被损害的底层人们的生活，从中发掘美的人性。巴金想得很简单，也很朴素，他希望人们的是：

怎样变得善良些、纯洁些，对别人有用些。①

巴金写作《第四病室》是在1945年5月至7月间。他和萧珊住在重庆沙坪坝吴朗西家中。室内是泥土地，晚上灯光很黯淡，蚊蝇成群，也闷热。但是他却写得很顺利。他尝试用纪实形式，不加修饰，不添枝加叶，力求真实朴素地把生活原样写出来。这部小说的艺术风格在巴金小说创作中是很特别的。

使巴金感到深深的悲哀的是他的一些好朋友王鲁彦、缪崇群去世的消息又陆续传来。抗战以来，他的许多朋友陈范予、林憾庐等多数是英年弃世。除了罗淑，他们都患着同样的疾病——肺结核，这与当时普遍的营养不良、过于辛苦有关。即使罗淑，也是死于庸医和成都落后的医疗条件。如果不是日寇侵略，罗淑也就不会死。在巴金的一生中，曾经有过两次死神的追逐。少年时代，当他刚刚粗懂人事，在短短的几年中，死神就带走了他的母亲、父亲、祖父、姐姐等许多亲人。第二次就是抗战期间，又连续带走了他的许多好朋友。他自己经历、看到过轰炸、大火、流血、死亡，常常生活在死神的阴影威胁下。朋友们的死，对他是沉重的打击和刺伤。他悲哀，也思索得很多。连萧珊也捧着缪崇群的散文集《眷眷草》在一旁垂泪。她和巴金都想起了在漓水边与缪崇群相聚的欢乐日子。巴金为这些友人都写了真挚哀伤的悼念文章。

1937年抗战前夕，巴金写过一组散文《生》、《死》、《梦》、《醉》。1941年，

---

① 《创作回忆录》第20页，香港三联书店1987年版。

他又用同样的题目写过不同的文章。生与死一直是他探索的题目。他觉得生命是美丽的。生的目标就是丰富、横溢的生命。个人的生命为他人放散、牺牲，怀着爱之心而死。那样，死是永生的门。巴金的朋友们都是一些默默无闻的平凡的人，但他们都有一颗纯洁的善良的心灵，他们的生与死都是美丽的。

巴金在哀悼缪崇群的文章中，有一段非常动人的充满情谊的话：

> 在经不住风吹雨打的松松的土块下，人们埋葬的不止是你的遗体和那些没有实现的希望，还有我过去十四年的岁月。那应该是我一生中最美丽的日子。青春，热情，理想，勇气，快乐……那些编织幻梦的年龄……它们已经跟着可以为我印证的友人同逝了……

这也是巴金对自己人生路上的变化的一段清醒的总结性的话。

巴金确实过着平凡而忙乱的生活。除了写作，还为出版社看稿、发稿、校对、联系作者、译者等，当时田一文与他共事，看得很清楚。田一文说，巴金在编辑工作中像是无休止地喷出自己的心血，经巴金编辑校对的书刊数量，"至少在千万言以上"。这样，当然影响他的写作，使他曾经动笔了的《寒夜》不能如愿续写。他有点烦躁，在给杨苡的信中说："我在书店快做了一年的校对，看校样看得我想自杀。我的一部小说因此至今不能交卷。"[①]

旧历除夕，文化生活出版社同事们吃过年夜饭后，大家玩起牌来。巴金虽没有兴趣，禁不住萧珊一再鼓动也玩了起来。大半夜过去了，巴金总是输家。但他对别人的狡诈计谋也有点觉察了。有一次，有人面上的牌是一对K，巴金面上的牌是一张A、一对2，显然已经居于下风。但这次巴金不愿轻易认输，坚持要看底牌，结果那个人是虚张声势，不过是一张小3，而巴金的底牌却是一张A，他赢了。巴金红着脸的认真、兴奋劲，引得大家哄堂大笑。

---

① 《雪泥集》第23页，生活·读书·新知三联书店1987年版。

第十章
家 之 梦

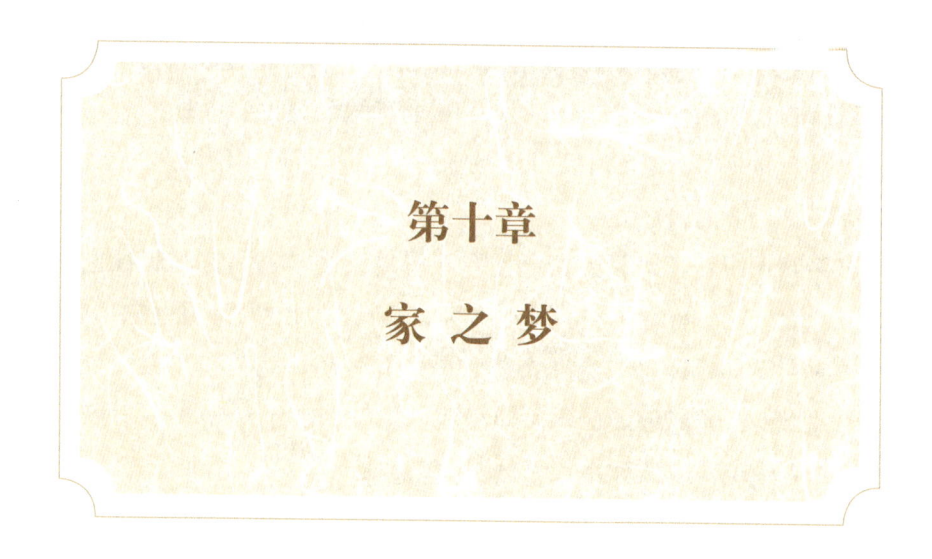

经过八年艰苦的抗日战争,中国人民终于在1945年8月15日赢得了胜利。消息传来,人们欣喜若狂。巴金也跟大家一起欢笑。但是,在陪都重庆的街头,经过短暂的狂欢以后,仍然是一片荒凉、阴暗的情景。大群衣食无着的难民踯躅街头乞食,得不到任何关心和帮助。巴金在寒风黑夜中走过死寂的街道来到一位朋友家,听到的是一句冷峻的警告:"现在决不是应该欢笑的时候。"

99. 尧林和陆蠡

巴金当时最大的快乐就是抗战胜利后可以打电报给三哥询问近况,盼着和亲人团聚。尧林复电报告自己大病初愈,陆蠡下落不明,要他马上回上海。

当时政府忙于接收,交通工具几乎都被占用,老百姓滞留内地,迟迟回不了家乡。上海,是巴金的第二家乡,但是,他一介平民书生,无法找到车船票。于是,他好不容易托友人帮忙,也只买到一张机票,无奈只能把已经怀孕的萧珊送回成都老家待产,请亲属照料。准备自己先行返沪。

过了几天，又有朋友说已帮忙弄到两张船票。他很高兴，于是就退掉机票，匆匆接回萧珊。结果他们到船上一看，哪里有两个铺位？在那样窄小得一个人都无法躺卧的地方要度过几天几夜的旅行生活，对于一位待产的孕妇来说，实在太危险了。于是只好放弃。

在那些混乱的日子里，人们已没有心思去读文学书籍，出版社也就没有多少事情可做。巴金有时为寻找车船票奔忙，有时和萧珊到附近咖啡店坐坐，有时两人实在无聊，就打一会儿桥牌。更多的时候，是关在小房间里寂寞地续写小说《寒夜》，或者翻译王尔德的童话。他在给沙汀的信中说："我仍在渝，想去上海却无法走，生活如常，不好不坏，只是心里相当烦。"

11月，巴金得到一张机票，就独自去上海探望三哥尧林。当他千里迢迢来到尧林病榻旁，尧林已经病势沉重了。巴金搭了一张帆布床睡在他的旁边。多年不见，尧林很兴奋，不断地讲话，他好像有一肚子的话要倾吐出来。他说，他一定要跟巴金谈个痛快。每天谈几段，谈两个星期便可以把他想说的话说完。巴金安慰他，劝他多休息，现在有病，以后慢慢讲。

清晨醒来，巴金就会听见尧林在床上用英语自言自语："好多了，好多了。"他是在自己量体温以后发现体温降了，于是高兴了。下午体温升了，他又沮丧了。过了几天，尧林实在难以支持，巴金就把他送进医院治疗。仅仅过了七天，他就安静地去世了。尧林去世前，巴金在他的病床边陪伴着他，一边校改《火》的新版校样。尧林想要对巴金说什么，但始终没有说出来。

李尧林从燕京大学毕业后，在天津南开中学教了整整十年英文。他受到学生们的敬爱。也有女性对他爱慕，但他因自己穷，自卑，从不追求，也不接受。1939年，他定居上海后，翻译出版了冈察洛夫的名著《悬崖》。还翻译冈察洛夫的另一部名作《奥勃洛摩夫》，但未完成。他遗留下来的译稿还有《一个平凡的故事》（冈察洛夫）、《阿列霞》（库普林），半部《莫洛博士岛》（威尔斯），后由他的学生黄裳续译完成。

这又是一个平凡的人。他长期过着寂寞的独身生活，清贫但却默默为养活老家亲属挑起沉重的经济负担。他好像生来就是为别人活着的。他只给别人带来光和热，播下爱的种子。他自己悄悄地度过了一生，又悄悄地走了。

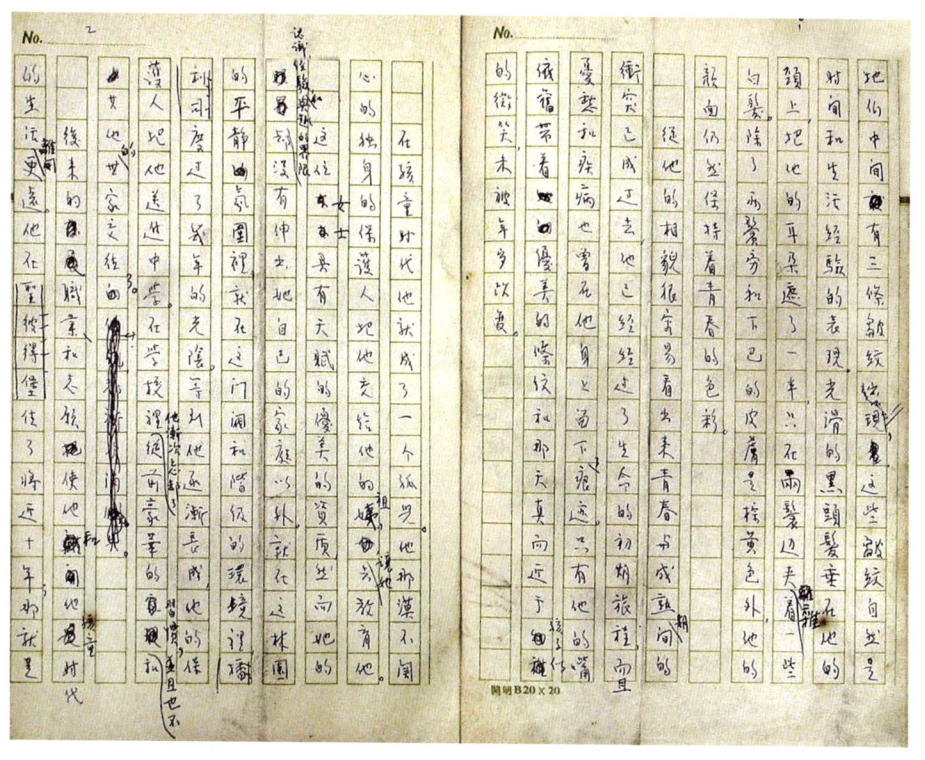

三哥尧林译著《悬崖》的手稿

巴金用尧林自己留存的稿费给他修了墓。尧林在智仁勇女中教课的五个女学生在他墓前植了两株树。盼望了多年的抗战胜利刚刚来临，迎接巴金的第一件事却是亲人的死亡。他伤心，忽然感到孤寂，觉得自己失去了世界上"最关心我的一个人"。他也为自己最后没有听到尧林想要倾诉的话而悔疚。

巴金回到上海，另有一件使他难过的事情就是陆蠡仍然影踪全无。陆蠡是在上海"孤岛"时期唯一留守主持文化生活出版社的。他在这个困难时期仍然编印了不少好书，包括他一手创办的《少年读物》。但是这个刊物后来被日寇通过法租界巡捕房封闭，罪名是宣传抗日。1942年4月，文化生活出版社被搜查，陆蠡挺身而出，到巡捕房交涉，反被押送到日本宪兵队。据同狱人说，在审讯时，陆蠡面对日寇，大义凛然地指出日本的大东亚政策是不会成功的。他对难友说："我不能在敌人面前贪生怕死说一句违背良心的话。"

陆蠡到底是怎么被日寇害死的，仍然无法查清楚。但是他的殉难却是确凿无疑的事实了。他是一个不爱张扬、平凡简朴的人，做事却是踏踏实实、埋头苦干。他的散文集《海星》《竹刀》《囚绿记》和他的译作《罗亭》《烟》、《葛莱齐拉》等，都显示出了他的文学才华。因为致力于出版工作而少于写作，他也很安心，他不求闻达与名利。他入狱时结婚才一个半月，却义无反顾地去面对敌人和死亡。

想到这样一个有气节、有崇高心灵的读书人不留痕迹地消失了；想到当年他和尧林在码头上为自己送行时的情景；想到他们都已离开人间，和他失去的另外一些朋友，都是一些平凡的书生，都只知奉献和给予……巴金的内心就会生出一种无法排遣的煎熬般的痛苦。

办完了三哥尧林的丧事，巴金又匆匆赶回重庆。萧珊在宽仁医院生下一女，按李家排辈，这一代是"国"字辈，第三字为"火"字旁。巴金因有感国事之糟，为女儿取名"国烦"，又因纪念尧林，故又名"小林"。之前，他已经代替三哥生前负担，经常给老家亲属寄生活费。

100. "你骗了我们"

这时，巴金的社会活动比过去更多了。

日本帝国主义被打倒了，如何建设和平民主政治，成了亿万国人所关心的大事。1945 年 8 月，蒋介石邀请毛泽东到重庆谈判，在 10 月 10 日签订了"国共两党会谈纪要"，宣布"坚决避免内战"，"建立独立、自主和富强的新中国"。1946 年 1 月 16 日，国共两党又签订了停战协定。毛泽东在重庆期间，曾广泛接触了各方面人士。当毛泽东见到巴金时，曾好生奇怪地说："奇怪，别人说你是个无政府主义者。"巴金说："是的，听说你从前也是。"

抗战胜利初期，巴金参加了中华全国文艺界抗敌协会组织的"附逆文化人调查委员会"。这个委员会由老舍、夏衍等十八名委员组成。它的任务是专门调查背叛祖国、投靠日伪的汉奸文人的罪行。巴金也参加了"陪都文艺界致政治协商会议各会员书"的签名。这封信由茅盾、阳翰笙、冯雪峰、曹靖华、邵荃麟等二十六人签名。信中呼吁废止文化统治政策，确立民主的文化建设政策。

1945年底，昆明一些学校遭受军警袭击，死伤多人，造成震惊全国的"一二·一"惨案。巴金与郭沫若、茅盾等十八人联名致电慰问昆明有关师生。1946年2月，在重庆校场口群众集会时，郭沫若、李公朴等被人殴打。巴金参加了重庆文化界百余人签名活动，对国民党政府表示抗议。

巴金在这些活动中，表示了一个普通文化人的正义呼声。他不喜欢出入社交场合，不热衷介入政治活动，也不准备参加各种政治社团，他要做的仍然是写作，他要把自己的思考和感情表现在自己的写作中。

1946年5月，他和萧珊、新生的女儿先后迁回上海。每当夜深人静的时候，他常常觉得有许多冤屈的幽灵在他眼前浮现、在他耳畔哭喊。他在这八年中，在许多地方见到过他们。他们就是不幸沦丧在异乡、暴尸在荒野的千千万万无辜的百姓。他怎么能对这"坏人享乐，好人受苦"的世道不愤怒呢！人们在忍受了巨大痛苦和牺牲之后，所等待、盼望的难道就是这样的现实吗？

他到上海后写的第一篇文章是关于三哥尧林的，即《纪念我的哥哥》。第二篇文章是《月夜鬼哭》。他在后一篇文章中说，他在1940年离开上海时怀着一腔悲愤，但也充满着希望。如今胜利了，回来了，反倒有一种"受骗以后的茫然的感觉"。他说："你要我们相信未来……你要我们把一切贡献给抗战……你允许过我们独立与自由……你骗了我们……"现在的事实是：

> 胜利给我们的亲人带来饥饿、痛苦与贫困，而另一些人中间却充满荒淫与无耻。我们粉身碎骨、肝脑涂地所换来的新秩序决不应是这样。

他深深地感到老百姓太冤屈了，他呼吁人们，"为什么不用自己的力量争取到独立与自由、光明与幸福"？这一切愤怒的感情和思考都倾注到他已经开始的小说《寒夜》的写作中去。

101. 最后的长篇

在那些日子里,有些朋友的面影常常出现在面前。缪崇群在国民党官方的正中书局做事糊口,他有才华得不到表现,他患肺病得不到治疗。病重时,躺在宿舍想喝一口水都不可得,最后在医院里凄凉死去,没有一个亲人在场。王鲁彦长期患肺病,还要拼命写作、教书、编刊物,养活一大家人。巴金最后一次见到他时,四十三岁的壮年汉子,走路却要拄手杖,嗓音已经喑哑。听说去世前,已不能发出声音,只能用摇铃代替语言,最后寂寞地死在乡下。陈范予把一生奉献给科学研究与教学,最后病死在武夷山。他生病后期,生活不能自理,肢体已成枯柴,咽喉剧痛,声音哑失,不能进食。巴金还听说过,他的一位表弟在患肺病后期,因不堪忍受病痛,几次要求家人让他死去。

这些一生默默奉献的朋友以及三哥的死都使他难以忘却。他好像又回到重庆时期那黯淡、阴冷的日日夜夜,从早到晚编书、校对、写作。他想,如果他早年患过的肺病这时又复发了,不也和这些朋友一样悲惨吗?马路上的市声,凄凉的人影,摇晃的电石灯,街头的小摊,人们的哭诉……他是那么熟悉难忘。

于是,当他在上海生活安定下来以后,他就全力以赴写作《寒夜》。到1946年除夕,写完全书。这些朋友的身世素材都被他摄取提炼写入书中。

《寒夜》写作的时间较长。从1944年秋冬之际,巴金结婚后不久在重庆就写了开头。当中又断断续续写了二三十页稿纸,并在《环球》上发表过。1946年,郑振铎、李健吾在上海办《文艺复兴》,巴金为给朋友供稿,就专心致志写过《寒夜》,并在《文艺复兴》上连载了六期。巴金写作,一般都是一气呵成,只有《灭亡》、《火》第一部以及《寒夜》,是间隔了多年才完成的。

《寒夜》的故事发生在1944年冬到1945年底,描写一对青年夫妇从大学教育系毕业时,曾经编织过许多美丽的梦想,想办一所理想的中学校,在乡村中普及教育。这种平凡而崇高的追求给他们以希望和鼓舞,也是他们一生中最闪光而陶醉的时候。日本侵略者的入侵使他们的理想破灭,生活濒于困境。男主人公江文宣患了肺病,挣扎着在一家官方书店做校对,妻子曾树生在银行里做所谓"花瓶"式的秘书。贫困凄凉的生活使一家人陷于无穷尽的争吵中。汪母挚爱儿子嫌恶媳妇。充满活力的曾树生爱怜丈夫,赡养全家,但又不能忍受婆母的埋怨和刺伤,也不甘心和这个灰色的家庭一起沉沦、毁灭。汪文宣爱妻子,也爱母亲,他用委屈自己来换取母亲和妻子的和解,维系这个濒临破碎的家庭。他既善良、忠厚、懦弱,又对母亲、妻子怀着深沉的爱。

后来,战事恶化,曾树生跟随银行经理远走兰州。她一边继续赡养丈夫、儿子,一边要求分手。汪文宣尽管爱妻子,但还是忍痛答应了。曾树生虽得到自由,但她的心却仍为这个破碎的家所牵引。当她归来探望时,汪文宣已经悲惨死去,婆母和儿子不知去向,只剩下她一个人在寒夜里孤独地行走。

《寒夜》是巴金创作生涯中最后一部长篇小说,也是他艺术上达到圆熟纯青的代表作。它又描写了一个家庭的故事,一个自由恋爱结合的家庭到头来仍然不幸破碎的故事。它通过一个渺小的读书人的生与死,对现实生活作了真实的冷静的描写,细致的病理的解剖。作品中的人物、生活、环境和细节,都是作者天天接触、极为熟悉的。汪文宣、曾树生这两个人物有作者的许多好朋友的影子,甚至还掺进了作者自己和萧珊的生活经历和心态。因此,在上海续写过程中十分顺利,像是给熟悉的朋友写传记,也是自我心绪的抒发和生活的纪实。巴金对汪文宣、曾树生和汪母的不幸都寄予深刻的同情,满心希望他们得到幸福,因而渗透了人道精神和爱心。但是严酷的现实却使作家无法改变他们的命运。这个悲剧的创作是作家忠实于生活,忠实于现实主义的结晶,也是抗战胜利后出现的不多的文学杰作之一。

102. 爱得更深沉了

《寒夜》问世以后,一直存在许多分歧的评估,持续数十年后,研究者们还在争论。苏联的彼得罗夫认为,作品"没有指出摆脱可怕的绝境的出路。

他们谁也不为改变生活而公开斗争"①，写得太阴暗绝望了。但在日本却有人认为这是一本燃烧着希望的书。有的批评家认为，曾树生弃家出走，是贪图享受，追求虚荣，责怪作者没有对她充分批评；有的却认为，曾树生是一个追求个性解放的前卫女性，值得同情、肯定。这些歧议和争论恰恰反映了作品的复杂性、深刻性和丰富性。据日本巴金研究专家山口守在1981年说，《寒夜》在日本已有三种译本，除鲁迅作品外，一部作品有三种译本在日本是极为罕见的。同是巴金作品，一直被认为是巴金的代表作的《家》至今只有两种译本。②这也说明《寒夜》之受到重视。

《寒夜》不同于巴金前期的作品，它不十分注重情节的繁复和展示，更着力于人物内心世界的开掘，大量篇幅用来对汪文宣、曾树生曲折、丰富的深层次心理、欲望、情感的反复揭示。他们有对物欲、情欲的追求，也有对真挚的爱情向往；有对理想的追忆和新旧道德观念的冲突和争斗，有对贫困、潦倒的病弱者的同情和对青春生命力的肯定；有对生的痛苦的挣扎和死的冤屈的呼号；有对社会的控诉和对人的宽容和同情。这样就使作品具有对人性更深刻的发掘。像汪文宣的病态的自卑、嫉妒、表面上的怯懦和内心燃烧的激愤，善良宽容的个性品质和不可操驭的痴情之间的冲突，与世无争，从不伤害别人的个性和被他人伤害得遍体鳞伤直到死去才发出的不平和悲愤……如果进一步考察，还会发现这样一种典型的人物形象在巴金创作中竟是一个重要的系列，这就是从高觉新到汪文宣，有人譬喻为俄国文学中的"多余人"形象，这在中国现代文学中是一个独特创造。巴金自己借用了"作揖主义"。他们是一些默默吞咽苦难的化身。巴金对于这些软弱善良的小人物给予了最多的同情和爱心。也许因为他关注太多，也许因为这样的芸芸众生最多，才会在他的作品中屡屡被着意描写。

巴金是以一个劫后幸存者的心理去描写生活在那个苦难的黑暗的年代的人们，知道他们更加渴望温暖和爱。他在写完《憩园》后写的后记中重复申

---

① 彼得罗夫：《巴金的创作道路》，《巴金研究在国外》第218页，湖南文艺出版社1985年版。
② 山口守：《巴金的〈寒夜〉及其他》，《巴金研究在国外》第671页，湖南文艺出版社1985年版。

明自己一贯追求的美好愿望是：

> 给人间添一点温暖，揩干每只流泪的眼睛，让每个人欢笑。
> ……
> 我的心跟别人的心挨在一起，别人笑，我也快乐，别人哭，我心里也难过。我在这人间看见那么多的痛苦和不幸，可是我又看见更多的爱。我好像在书里面听到了感激和满足的笑声。我的心常常暖和得像在春天一样，活着究竟是一件美丽的事。

这种感情几乎充溢在他那个时期所写的所有散文、短篇小说和《憩园》、《第四病室》、《寒夜》中。如果说，巴金的《寒夜》是他的最后一部长篇小说，那么，历史竟是这样巧合，他的人道精神和人类之爱也不知不觉达到了一个极致。他现在这种思想感情，不只是像早年来自对旧家庭生活的体验，来自书本，来自理想，而是经历了鲜血淋漓的现实，饱经战火和漂泊离乱生活的风霜，有过无数的挫折和困顿，对受尽苦难、屈辱，甚至挣扎在死亡线上的普通人的生存状况、生活命运、心灵有了真正深入接触、体验和理解之后，这时的人道精神和爱，是博大而深沉的，与平民百姓的心灵是相通的。

103. 动荡年代

1945年12月17日，中华全国文艺协会上海分会成立，巴金被选为理事。但他并未到会，当时他回四川了。

郑振铎、李健吾主编的《文艺复兴》在1946年1月创刊，是战后上海第一本大型文艺月刊。是他们的热情，才有如此迅速效益。巴金的《第四病室》一部分和《寒夜》都在这本刊物上登载。

郑振铎在这本刊物的《发刊词》中说："我们不仅要继承五四运动以来未完成的工作，我们还应该更积极地努力于今后的文艺复兴的使命；我们不仅为了写作而写作，我们还应该配合着整个新的中国的动向，为民主、绝大多数的民众而写作。"

郑振铎的这段话不是偶然的。抗战胜利不久，刚刚熄灭的战火又重新点燃。国共谈判的停战协定很快被撕毁。内战兴起，时局变得更加严峻。仅1946年6、7月间，就有多达一万三千多名反内战的工人、学生和市民被捕，一百多个呼吁民主，反对内战的文化团体、言论机关被封闭。巴金在那年除夕写完《寒夜》的最后一句话就是，"夜，的确太冷了"。这正是他苦闷阴郁心情的抒写。

巴金回到上海定居后，应酬不少。先是文协分会在端午节举行聚餐会，郭沫若、茅盾、胡风、冯雪峰、马思聪、巴金等文艺新闻界一百多人参加。开明书店欢迎著名作家，同时为柳亚子祝寿举行宴会，茅盾、陈望道、郭沫若、巴金等夫妇参加。至于朋友间战后重逢，相互探访宴请也很多。诸如与叶圣陶、茅盾、沈从文、章靳以、周索非、萧乾的欢宴，等等。

由于当时时局动荡，文化界的政治活动也不少。这年6月，上海各界人士上书蒋介石、马歇尔及各党派，呼吁和平，巴金参加了签名。7月，茅盾、叶圣陶、田汉等二百六十人联名发表《中国文化界反内战争自由宣言》，巴金参加了。10月，沈钧儒、郭沫若、茅盾、柳亚子等三十九人联名发表《我们要求政府切实保障言论自由》，巴金参加了。上海各界公祭李公朴、闻一多大会，巴金参加了。文协上海分会举行纪念鲁迅逝世十周年大会，巴金也参加了。还同茅盾、叶圣陶、冯雪峰等去万国公墓祭扫鲁迅墓。他还写了一篇《鲁迅先生十年祭》发表在《少年读物》上，认为我们的"民族并没有得到真正的解放，先生所追求的并未到来，而所憎恨的并未消去"，所以，"先生的呼声仍然是极其响亮的"。但是，对于这些活动，他也仅止于此，并未热衷介入进去。

这年夏天，上海酷暑，巴金长了一身痱子，饮食休息都受影响。后来手腕又生疮，写字也不大方便。他在给沙汀信中叫苦，说"苦不可言，什么事都做不了，还得咬紧牙写文章"。这里说的"文章"，主要就是指《寒夜》写作。他白天访友、开会、去出版社处理编务，晚上就躲在三楼卧室写作，直到深夜。

战后的巴金比战前更负盛名。他早就成了新闻人物，行踪常为新闻传播媒介所追踪。连萧珊从重庆回上海，报纸都报道《巴金的太太也到了》。许多报纸的记者在高度评价他这些年的写作成就和编辑出版工作的贡献的同时,也注意介绍他的为人特点。有一位董桑说:"他忙,朋友多,他有的却只是在这种忙乱里坚持着自己的工作的精神。"同时,还感受到,"对于一个一向都缺少着较安定的生活的人,有了家,却无异于一种幸福"①。另一位苏夫在另一次报道中说:"巴金这次到上海很沉默,在沉默中写了《寒夜》,在沉默中出版了《憩园》和《第四病室》,在沉默中支持着文化生活出版社。"他还说:"开会没有他,演讲没有他……""他最近除了在文化生活出版社外,就是回家,因为他已经有了一个'家'了。"②这些记者们的一个共同感觉就是巴金总是默默地踏踏实实地工作、写作,不务虚名,不好出头露面。巴金从内心厌恶那种不认真写作,热衷于各种大小活动,东讲几句话,西题几个字,招摇过市的"作家"。至少他自己决不做这样的"社会名流"。他后来谈起这种生活态度时说:"过去我的工作就是写作,我把第一本书写完,就要写第二本书。我一有时间就拿起笔写。"③

104. 批评家的"喜剧"

这时,评论、研究巴金作品的文章也比以前更多。有评论他的新作,也有综合研究他的创作的。

作家、教授赵景深写了《关于巴金的十封信》,用书信体的形式,分十个题目《家与巴金自传》、《家的怀念》、《幻象与心理描写》、《两部矿工生活的小说》、《象征与写实》、《重新制作的热心》、《风格与技巧》、《典型人物的创造》等等,比较细致地分析了巴金创作的艺术特征。

在评论、研究巴金的文章中,也出现一些嘲讽、挖苦的文章。一位署名"莫名奇"的先生在《新民报》(晚刊)连续发表攻击性的短文,认为巴金

---

① 上海《大公报》1946年9月26日。
② 北平《大公报》1947年11月13日。
③ 李黎:《巴金先生谈过去、现在、将来》,《巴金论创作》第702页,上海文艺出版社1983年版。

的作品"抑郁",这是罪恶;"陷害青年",这样的作家"该捉来吊死"。1947年初,耿庸在上海《联合晚报》发表题为《做戏的虚无党》(《从生活的洞口……》)的文章,说巴金是"做戏的虚无党",他"既不敢明目张胆地卖身投靠,又不敢面对鲜血淋漓的现实,'哎哟,黎明!'这就是一切"。

时间已经到了四十年代后期,对巴金进行的攻击,竟像三十年代一样,是以一种极端激进的面目出现的。这类文章在三四十年代的中国文坛已经面世,常常掀起风波,打击脚踏实地的作家。他们对巴金和他的创作是不感兴趣的。

巴金看到这类文章当然很反感。因为这不是正常的文艺批评,也不是与人为善的苛求,他不想与他们纠缠、多费口舌。他仅仅在他刚刚完成的《寒夜》后记中顺便回答了他们。他说:"我从来不是一个伟大的作家,我连做梦也不敢妄想写史诗。诚如一个《从生活的洞口……》的批评家所说,我'不敢面对鲜血淋漓的现实',所以我只写了一些耳闻目睹的小事,我只写了一个肺病患者的血痰,我只写了一个渺小的读书人的生与死……""我没有在小说最后照'批评家'的吩咐加一句'哎哟哟,黎明!'并不是害怕说了会被人'捉来吊死',唯一的原因是:那些被不合理的制度摧毁,被生活拖死的人断气时已经没有力量呼叫'黎明'了。"

巴金在这篇后记中还说:现在我还要奉上我这本新作《寒夜》,"恭候莫名奇、耿庸之流来处我以绞刑"。他不无影射现实、语含双关地说:

> 读到自己所不喜欢的文章就想把作者"捉来吊死",这样的人并不是今天才有的。我们自己的老古董秦始皇就玩过"坑儒"的把戏,他所坑的"儒"自然是那些和他不同道的、不拥护他的人……秦始皇的霸业也仅能传至二世。①

十年前,当徐懋庸等专横地谩骂巴金时,是鲁迅仗义执言。现在站出来

---

① 《〈寒夜〉后记》,晨光出版公司1947年3月版。

为巴金说话的是郭沫若。他在上海《文汇报》发表《想起了砍樱桃树的故事》，专门谈论了耿庸、日木等发表粗暴攻击唐弢、巴金以及李健吾的文章一事。他说，巴金"是我们文坛上有数的有良心的作家。他始终站立在反对暴力、表扬正义的立场，绝不同流合污，绝不卖虚弄玄，勤勤恳恳地守着自己的岗位，努力于创作、翻译、出版事业，无论怎么说都是有功于文化的一位先觉者"。①

不过，郭氏认为这些批评是年轻人，"出于一时的好胜"，仅仅是青年喜欢破坏偶像，"是一种消极崇拜的表现"。

与此同时，国外悄悄地出现了认真研究巴金的丰硕学术成果的现象。日本是研究巴金最早、人数最多的地方，其中如冈崎俊夫在三十年代就已发表评论巴金的文章，他与饭冢朗等汉学家的研究成果最丰富。法国两位传教士布利耶尔（O.Briere）、明兴礼（J.Monsterleet J.）对巴金的研究格外引人注目。明兴礼是法国的一位传教士，后来在巴黎大学获得文学博士学位。他在1947年发表的《巴金的生活和著作》就是他的博士论文的一部分，成为第一部研究巴金的专著。后来在1950年5月，在中国出版了王继文翻译的中文版。明兴礼早在1942年就曾写过一篇题为《巴金〈家〉中的社会环境》的论文，说明他的研究经历了较长时间。他的专著从巴金的生平、代表作，以及政治观、艺术观、人生观等等方面作了独到的哲理性的思考和分析。他对《激流》、《憩园》、《寒夜》、《火》作了重点研讨，侧重从巴金对于家庭衍变的描写来考查巴金的思想、艺术特点。他还预言说：

> 中国将来定会有更大的文艺家出现，但是《家》的作者巴金，仍要继续活在人间，他的短篇小说集和几本写得很好的长篇和中篇小说，在中国现代和将来的文坛上，一定要占一个很重要的位置。②

明兴礼曾经两次到中国作访问研究。在1946年至1948年间，他曾多次

---

① 郭沫若：《想起了砍樱桃树的故事》，上海《文汇报·新文艺》1947年3月24日。
② 〔法〕明兴礼：《巴金的生活和著作》第182页，上海文风出版社1950年版。

与巴金通信讨论巴金与西方文化思想的关系。1946年，他在完成了博士论文后在回法国之前，曾到巴金家中访问过，并把自己的论文稿送给巴金看。他是这样描写巴金的：

> 他慢慢地读着我写的《巴金的生活和著作》，我见他是中等身材，圆的脸，乌黑的头发，很简单地分成两边，从他那发光的眼睛里，透出他天真的神情。他招待客人是简单而又诚恳的，他的谈话带有一些四川的发音，虽然那时我穿着教会神职服，可是从未觉得我是在一个安那其主义者的面前。
>
> ……
>
> 他的谈话不如他所写的流利，他不喜欢出风头，也不善于辞令，可是当他对我谈起他的往事时，他又显得有很好的口才了……这时巴金的情感冲动了，他的话不自主地从口里说出来，他的革命的精神在心中燃烧起来，他决意反对这封建的旧社会里所隐藏的一切不义行为，在这个时候，我看到了1920年的李芾甘和1931年的巴金，我在他四十多岁的面孔上，发现了一位青年的巴金，他与青年的中国一般年轻，他有的是朝气和热血！①

读到这里，不禁会使人感到意外的惊讶。显然这位外国传教士比之于中国某些批评家要更准确理解、尊重和爱护这位杰出的作家。

另一位法国传教士善秉仁在1947年北平出版的研究中国当代文学的《文艺月旦》一书中，从宗教观点出发，指责巴金与鲁迅、茅盾、丁玲、曹禺等的作品否定神、宗教和一切，鼓励青年走革命反抗的道路，起了"恶劣影响"，倒是与左派批评家们从两个截然不同的极端，殊途同归达到了同样的结论，这也是很耐人寻味的。

---

① 〔法〕明兴礼：《巴金的生活和著作》第63—64页，上海文风出版社1950年版。

105. 霞飞坊五十九号

巴金在上海霞飞路霞飞坊五十九号三楼,也就是三哥尧林住过的房子定居下来。他回到家里来了。二十多年只身漂泊的生活结束了。他开始有了一个新的家。

萧珊是个善良单纯热情的女人。有了她,这个家就有了温馨和生气。女儿甜睡时露出的笑容常吸引巴金,使他感到幸福。十九岁时,巴金从那个窒息的老家出走,像甩掉一个可怕的阴影一样,那是一种反叛。现在,四十多岁,他创建了一个新的小家庭,这在他人生道路上是一个非常重要的转折。他像一只倦鸟在夕阳西下时飞回了自己筑就的新巢,像一艘远航归来的船艇在夜色浓重中驶进灯火明亮的港湾。那种温暖平静的气氛使他体尝到生活的甜美。

1949年,在上海霞飞坊寓所。萧珊、小林、巴金

如今的萧珊成了贤惠的太太、能干的主妇，对巴金细心照顾和关怀。每当他从外面回来时，迎着他的是亲切的笑容和熟悉的声音。

五十九号三楼房间并不大，临窗有一张书桌，后侧放着卧床，此外都是有玻璃门的书柜，占着其余的空间。这些书柜排列成行，中间留有可以侧身走过的或查找书刊活动的空隙。据黄裳回忆说，他们的卧室兼书房，"就像苏州花园内假山中间的小径似的，书架里绝大部分是外文书，二楼的一间是朋友让出来的，是吃饭、会客的地方"。①

在那些日子里，经常有朋友来访。有巴金的朋友，也有萧珊的同学。他们的家成了朋友们聚会的沙龙。尽管巴金并不健谈，不擅辞令，不好交际，但他喜欢朋友。他的坦率诚恳、重友情，萧珊的单纯、愉快和热情好客，像磁石一般吸引着许多友人。章靳以、黄裳、王道乾、穆旦、汪曾祺……是座上的常客。据黄裳说：1946年以后十年中间……每天下午和晚上，这里总是有客人，有时客人多得使这间正中放了一张圆枱的屋子里显得太窄了。杨苡说，在上海的朋友们常来闲谈，喜欢议论国家大事，嬉笑怒骂之余就逗弄孩子，帮忙搞这样那样。她特别提到萧珊，讲一口带着浓重乡音的普通话，围着围裙，为客人做好吃的，又忙着招呼孩子,她"喜欢这样苦中作乐的生活"②。穆旦说：尽管那时巴金的住所还是比较旧陋而狭窄，但"由于人们的青春，便觉得充满生命和快乐"，给他留下了美好的难忘的记忆，使他到了"文革"期间想起往事还历历在目，但已物是人非，为之惆怅不已。

有一天，萧珊在西南联大的同学汪曾祺来访，恰好李健吾也在。说起沈从文最近有几篇谈论时局的文章招来左派的围攻。李健吾、巴金都为沈从文担心。李健吾说：劝从文不要写这样的杂论，还是写他的小说。巴金也这样看，嘱汪曾祺写信转告沈从文。

巴金除了到文化生活出版社照旧做事外，仍旧喜欢跑书店，特别是卖外文书的旧书店。他爱买书，更喜欢买外文旧书。那时上海有几处外文旧书店

---

① 黄裳：《记巴金》，香港《新晚报》1978年10月5日。
② 杨苡：《梦萧珊》，《雪泥集》第106页，生活·读书·新知三联书店1987年版。

1951年，在上海复兴公园。巴金、萧珊与小林、小棠

比较集中，他常常在那里流连忘返。他也确实从这些地方买到不少极珍贵版本的外文旧书刊，为此很得意。

战后时局一直动荡，文学艺术界许多朋友重聚以后复又渐渐散去，各奔前程。曹禺、老舍于1946年应邀赴美国讲学。茅盾夫妇也于这年底应邀访问苏联。冰心的丈夫吴文藻到日本担任中国驻日代表团的工作，她也随同前往。沈从文从昆明西南联大复员后仍去北平任教，途经上海小住一些日子，巴金一直觉得沈从文是朋友中待人最好、最热心帮忙的一个。他和萧珊都为同沈从文欢聚格外高兴。萧乾从1939年应伦敦大学聘请去欧洲，直到战后第二年回国，挚友重逢，又是一番欢聚。

至于黎烈文则是另一种情形。他于抗战初期从上海辗转到福建，先在省政府当参事，后又到永安与吴朗西合作创办改进出版社。这时，他与许天虹妹妹许粤华（雨田）结了婚。雨田的前夫是黄源。她也是巴金朋友，在上海文化生活出版社工作过。战后，他们夫妇去台湾，黎烈文先在报馆工作，因人事关系，改到台湾大学教书，从此埋头写作，不求闻达。黎烈文的译作，包括法国梅里美的《伊尔的美神》等都是交给巴金在上海文化生活出版社出版的。他在给巴金的信中，备述在台湾的不痛快，说那里的人际关系、政治气氛都很恶浊。

1947年6月，巴金应老友吴克刚夫妇之邀，也还为了文化生活出版社在台北设立分社的事，去台湾旅行。这是他在战后唯一的一次旅行，也是到他从未去过的地方。那时吴克刚正任台湾省图书馆馆长、台湾大学教授。至于设分社的事，终因租金昂贵而力所不逮未能成功。期间，他还看望了老友黎烈文和雨田夫妇。他们分别多年了，这次畅叙，意外地高兴。宝岛的风物，芳香、美丽而富有生机，巴金喜欢得有点陶醉了。他在台湾住了一个月左右。当他登船离去时，送行的朋友的身影渐渐消隐后，那迷人的港湾景色却使他不禁喃喃地喊出：台湾，美丽的土地，我们的。

1947年秋，马宗融应台湾大学聘邀，去台北教书。他原在复旦大学教书，这时被解聘。巴金听说其原因是上海学生开展反饥饿运动的时候，学校当局竟然纵容军警进校搜捕学生。马宗融十分不满，在校务会议上慷慨直言，拍案怒斥。巴金知道马宗融就是这样的人。马宗融平日常说：为了维护真理，

1947年，在台湾巴金与老友吴克刚（后排右一）一家合影

顾不得个人安危。如今，他到了台北，生活还安定，教课也不忙，就是觉得沉闷，少知交可以倾心交谈。所以常来信希望巴金也去那里。

巴金常常为自己有这样一些朋友感到幸福和自豪。他们虽说平凡，却有一颗纯洁的心灵。他们贫困，但心灵丰富，爱朋友，爱工作，对人诚恳，重"给与"而不求所取。巴金说他就是靠着这些已经死去的或活着的朋友的友情在生活。

106．平凡的付出

1947年以后，巴金的时间大半花在翻译、编辑、校对的工作上。因为时局不稳定，通货膨胀恶性发展，文化市场不景气，能安下心来读书的人少了。所以，1946年文化生活出版社年终结算还颇有盈余，书刊销路还很不错。到1947年夏秋以后就逐渐低落疲软，只能靠再版书赚点钱贴补印新书。而印新书几乎都是赔本的。据说当时上海已很少有书店愿意接印新书。

巴金原想文化生活出版社坚持两个原则：出书多，售价低。但也难以保证。他本来对朋友书稿广为接受，办出版社的初衷就是要为作家们做点事，为作家们服务，只要是正派的、有价值的就出版。到这时，却也不得不迟疑谨慎起来。譬如他曾一再鼓励杨苡、赵瑞蕻夫妇译书，说，"你们的书我都可以印的"。但是，现在他也感到"出版界情形不好，印书渐渐变成了奢侈的事情"。尽管他安慰杨苡安心把书译完，且设法要为她印出一本。

这时，文化生活出版社开始酝酿改组成股份有限公司，原来共同经营的吴朗西夫妇与巴金之间也有了矛盾。所以，到1947年以后，他开始有了摆脱和离开文化生活出版社的念头。

但是，这几年他仍不断地为文化生活出版社编新书、看校样、核校译稿，包括一般编辑整理工作。如校正标点、改正错别字、统一书名人名、字体标号等等琐碎的事情。他编发沙汀的长篇小说《还乡记》，因为原作者把个别章节序号标错，使人们误以为原稿有缺佚。经过巴金细查，才发现并未缺少，但每章数目字有一些写错了的。他写信给沙汀说："全书发排时还需花点工夫整理一下……我会做的。"

有些朋友看到巴金这样忙碌，认为把时间花在看各种各样书稿校样上是一种浪费。巴金不免也有点愤愤，但觉得这是说空话。因为他若不这样做，担心书稿会出毛病；别的编辑对译稿看不懂。田一文在武汉分社，帮不了他的忙。所以，他还是不得不忙于这些事情。1948年春夏间，他病了两个月，刚刚好些，就得加紧工作。

巴金仍然像以前一样，把那些充满希望和力量的好书介绍给读者。他在编发这样一些新书之余，禁不住自己提起笔来写上几句后记来表述自己的心情。他给老朋友卢剑波编印了散文集《心字》，在后记中介绍说，卢剑波早年为宣传新思想，献身革命，曾为军阀拘禁。后来做了十多年中学教师，几乎与外面世界隔绝。"他不再存有'尽情尽性放出光耀与热力,烛照黑暗温暖冷冻'的雄心,却自比于沙漠中的骆驼,始终走着'稳定沉着而不退转的步伐。骆驼不空做绿洲之梦,他却一直'抱持着一个对真理的信心'"。他给李尧林编印译文集《伊达》,给缪崇群编印散文集《碑下随笔》都在后记中诉说了友情。

出版界如此不景气,巴金还努力设法编印了《文学丛刊》第八、九、十集共四十八种,体例一仍如旧。除了有曹禺、何其芳、艾芜、张天翼、冯至、李广田、李健吾、师陀、萧乾、章靳以的名家作品外,仍然注意发掘新人新作。四十年代诗坛新出现的、后来称之为"九叶集"诗派的九位诗人中有四位的诗集被收入丛刊中。此外还有刘北汜、汪曾祺、黄裳等四十年代初露头角的新作家的作品。连同前七集,共十集十函,蔚为壮观。可说是集三四十年代老中青三代作家的佳作珍品。如再加上《译文丛书》《现代长篇小说丛书》以及其他丛书丛刊等等,为那个时期的文学以至民族文化的积累做出了实实在在的不可磨灭的贡献。

其中有一件事特别值得称道和叙说。上述后来被称为"九叶集"诗派的

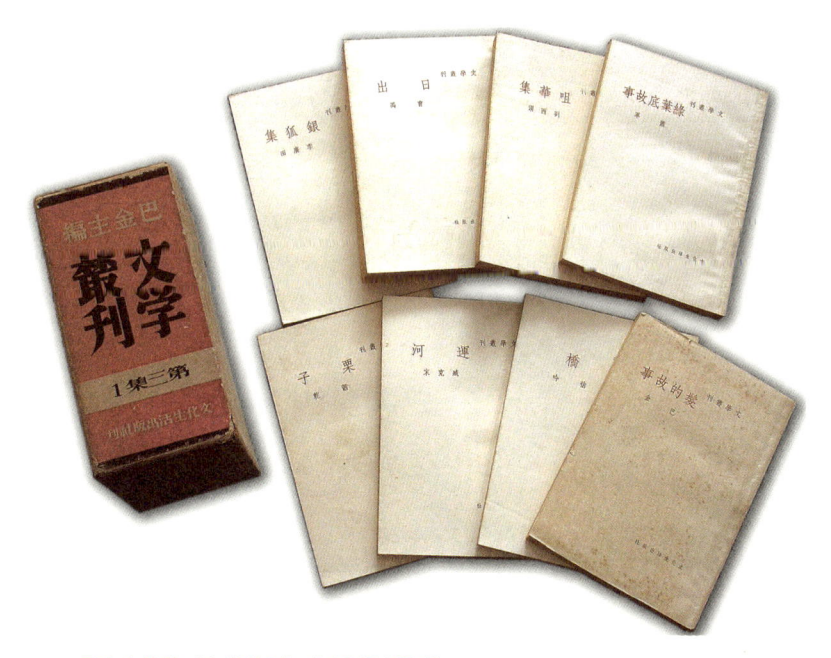

巴金主编的《文学丛刊》共 10 辑 160 种

诗人们包括穆旦（查良铮）、杜运燮、郑敏、陈敬容、曹辛之（杭约赫）、袁可嘉、唐祈、唐湜、王辛笛等在1947年、1948年先后编辑和创刊了《诗创造》和《中国新诗》两本诗刊，对新诗艺术做了创造性的探索和拓展，运用与以往有所不同的现代诗艺，表现了新的意境、新的意象；倡导对诗艺术美的自觉追求，主张不同的艺术风格和方法都可兼收并蓄，贵在创造。他们的创作主张和作品在中国新诗发展历史中有着破旧创新的意义，成为具有鲜明特色的流派，得到沈从文等的赞赏和支持，称他们的诗为"活泼青春的心和手"。①但却先后受到北方一些左翼文人如《泥土》《新诗潮》等刊物的猛烈攻击，称沈从文为"文艺骗子"，把这些诗人们视之为"我们的敌人，该打击之"。②"一时野草闲花，烂桃坏杏，蔚为大观，俨然成了诗坛上的'盟主'。"③这些文字犹如后来的大批判，既非艺术分析，也不是理论辩驳，而是"扮着一副尊严到近于狰狞的革命的进步的姿态的论客们，对于真正的敌人却视若无睹，对于那些严肃地不息地写作着的朋友们却求全责备，吹毛求疵，抓着一点似是而非的缺陷，随便给人戴上一顶帽子，喊打喊杀，给以比对付死敌还要恶毒数倍的打击……"④巴金、萧珊全然不顾来自左翼文人的无理批判，却给予了这些年轻诗人全力的支持和帮助。穆旦、杜运燮原是萧珊在昆明西南联大的同学，她非常欣赏穆旦等人的才华，有着很深的友情。她帮助这些诗人之间的联络，把他们的作品介绍给巴金。杜运燮的第一本诗集《诗四十首》、陈敬容的《星雨集》都在1946年就被巴金编入《文学丛刊》第8集出版；穆旦的《旗》、郑敏的《诗集》、陈敬容的《盈盈集》等都随后在1948年到1949年之交，文化生活出版社自身业务处于困境的时候仍还都被编入《文学丛刊》的第9、10集出版，使这些诗人的创作得到更广泛的认同和流传。

还有一本郑定文（蔡达君）的《大姊》，被编入第9集。郑定文是上海储能中学的一位事务员，与巴金是素昧平生的陌生人，他在上海沦陷期间发表

---

① 沈从文：《新废邮存底》，天津《益世报》1947年3月。
② 《泥土》第3辑，1947年7月23日。
③ 《新诗潮》1948年第4辑。
④ 《诗创造》第5辑《编余小记》，1947年11月。

1949年，在上海寓所

过不多的几篇作品,未来得及引起文坛注意,本人就因泅水不幸溺死。他的一本遗稿通过友人魏绍昌辗转送到巴金手里。在一个冬夜,巴金读这些作品深受感动。他从那些平凡的故事、琐细的情节、朴实的文笔和自然抒写中,看到了普通人的真实生活面貌和他们的悲欢。巴金想,"要是他有个较安定的环境,让他自由地、安静地写作,他的成就一定不止这一点点"。于是他毫不迟疑地为这位已经去世的陌生的青年人的作品做编选、校对和出版工作,把这些贯串着似淡而实深的哀愁的文章介绍给读者。

那些年的夜晚,巴金几乎都是在书稿堆中度过的。他对别人的书稿就如对自己的作品一样,连插图、装帧、版式都要具体用心斟酌,讲究美观,又有独特风格。有时为了请人译一部外国文学名著,他往往自己帮着找较好的版本供译者选用。朋友的译稿一到他手,他就对照原文逐字逐句核校推敲;为了选择精美插图,他设法搜集好多种不同的版本,从中精选。这种编辑作风,真可使今日的年轻编辑深思并学习。

一般说来,文化生活出版社的翻译作品选材较严,多数要求名著,不单纯追求销路。巴金对待翻译工作有自己的见解。他要求准确,同时强调要译出作家的风格、原著的韵味。他曾不客气地批评一位老朋友说:你译得太死,只能当作英汉对照;作为文学作品,并没有把文学味道译出来。但他对于别人的辛勤劳动是尊重的,即使有些译文有较大缺点,只要有其所长,还是尽量争取出版。他的这些做法,对于作家、译者是很受鼓舞的,使人们感到有这样一个出版社的支持,对自己的作品和译著就有了信心和希

1948年,巴金给田一文的文化生活出版社聘书

望。为此，经过大家十多年的努力，文化生活出版社成为当时国内最有影响的文学出版社之一。

巴金在那时也曾慨叹，"近十三年来我的大部分光阴都消耗在这个纯义务性的工作上面"。他从不领取工资，自己的译著在文化生活出版社出版，他也放弃了稿费、版税。如英国王尔德的《快乐王子集》，俄国妃格念尔的《狱中二十年》等几种。有时出版社资金周转不灵时，他还把自己从别处所得的稿费垫补进去。他是心甘情愿的、愉快的。因为他有一个信念，他把这个工作看作实践自己的社会理想的一部分。他看重这个工作，因为文学出版事业也是一种民族文化积累。他后来曾经有一段话叙述自己的心情：

> 我在文化生活出版社工作了十四年，写稿、看稿、编辑、校对，甚至补书，不是为了报酬，是因为人活着需要多做工作，需要发散、消耗自己的精力。我一生始终保持着这样一个信念：生命的意义在于付出、在于给与，而不是在于接受，也不是在于争取。所以做补书的工作我也感到乐趣，能够拿几本新出的书送给朋友，献给读者，我认为是莫大的快乐。[①]

可以看出，在这平凡的日常生活中，渗透着巴金的人生信仰和奉献精神。

四十年代后半期巴金的生活过得平静安定。巴金一家的经济来源主要是靠开明书店的版税收入。巴金的主要著作都在开明书店出版，出版的次数和印数都较多。开明书店顾均正与巴金同住在霞飞坊，是熟识一二十年的老朋友，巴金与开明书店的往来事务就常托顾均正帮忙办理。顾均正夫妇对他们生活上的帮助也颇多。那时通胀日甚一日，物价像脱缰的野马，早晚不同，上海市民家家户户为应付这种生活而发愁。所以，巴金每次领到版税，萧珊就要赶紧上街去采买各种生活必需品，以保证这段日子可以无虑。黄裳就帮萧珊做过一次这样的"战斗"。连巴金自己上街也要经常留意银行牌价变化。他们三口之家，花用不算太多，但经常给亲友们一些资助，因此，日子过得并不轻松。

---

① 《随想录》第486页。

107. 圣火在燃烧

但是,在这种平凡的默默的生活中,掩藏着巴金的一颗依然在燃烧的青春的心灵。他把这种强烈的火一样的感情完全寄托在对妃格念尔的《狱中二十年》一书的翻译工作中。1948年的夜晚,除了为出版社做编校工作外,他没有写别的小说和散文。他把时间和精力都集中在这本书的翻译中去了。二十年前,他就立誓要做这件事。他没有忘记当年读这本书时有过的激动,他现在更想把这种神奇的感受传给新一代读者。

薇娜·妃格念尔是俄国的一位著名女革命家,出身贵族家庭,因为接受了涅克拉索夫、车尔尼雪夫斯基等思想学说的影响,放弃了富裕的生活,离开了志向不同的丈夫。也不顾差几个月就可以毕业的瑞士医科学业,毅然回国到民间从事革命工作。她说:"我毅然决然地埋葬了我底过去,从我底二十岁这一年起,我底生涯便完全和俄国革命运动底命运相关联了。"

她到民间为穷人行医治病,传授医疗技术,进行革命活动。老百姓称妃格念尔姊妹为"我们底黄金般心的小教员"。她却觉得与这些质朴的农民间的关系,"有一种迷人的美"。直到她在狱中写回忆录时还说,"每一回忆起,也常感到莫大的快乐"。因为感受到自己为人们所需要而深感安慰;只有在那里,一个人才能够有一个纯洁的心灵和平静的良心。

后来,妃格念尔参加了暗杀沙皇的秘密活动,因叛徒告密,于1884年被

俄罗斯女革命家薇娜·妃格念尔

捕。沙皇亚历山大三世闻讯大叫，"谢谢天，那个可怕的妇人居然被捕了"。

妃格念尔先被判处绞刑，后改为终身监禁。狱中二十多年间，她经受了种种折磨和迫害，却以惊人的毅力，用各种特殊的巧妙的方法继续奋斗，潜心研究科学。她的《回忆录》第二卷就是记叙这段生活的。法国作家法朗士曾称她是"俄国革命的贞德"。巴金一边翻译，一边将部分章节在《大公报》、《文艺春秋》等报刊陆续发表。那年9月译完，定名为《狱中二十年》。

二十年前，当巴金旅居法国最早读到这部书时，他就感动地认为是那年读到的最好的书。他给吴克刚写信说："昨晚重读妃格念尔底自叙传，流了不少的眼泪，我在哭我自己。"他后来写的《俄罗斯十女杰》一书中，其中一篇就是为妃格念尔作传。他在书中说：

> 这部书像火一样点燃了我底献身的热望，鼓舞了我底崇高的感情。我每读一遍，总感到勇气百倍。同时又感到无穷的惭愧。我觉得在这样的女人底面前，我实在是太渺小了。①

从那时起，巴金就决心翻译这本书。三十年代文化生活出版社创办不久，巴金在一些新书预告中就为这本《回忆录》作了即将出版的预告。巴金在小说创作中多次提到主人公们受这本书的影响。写得最突出的是《爱情的三部曲》之二的《雨》，几乎花了一章的篇幅，描写男女青年李佩珠、陈真、吴仁民、方业丹思想感情所受到的感染和震动。他们先后传阅，每个人都激动得流着热泪读完此书。陈真读了四遍，对照自己的软弱。李佩珠觉得每一个字"都像火似的把她的血点燃了，她的心开始发热起来，额上冒着汗珠，脸红着，心怦怦地跳。好像她的整个身体里有什么东西要溢出来一样"。她看到书中写到的这位少女"经历过种种的革命阶段，变成一个使沙皇颤栗震恐的'最可怕的女人'、革命运动的领袖、一代青年的指路明灯"。后来，在黑暗的监狱里度过二十年后，她又重回社会运动里来，"这是何等崇高的精神、坚强的性

---

① 李芾甘：《俄罗斯十女杰》第5节《薇娜·妃格念尔》，太平洋书店1930年版。

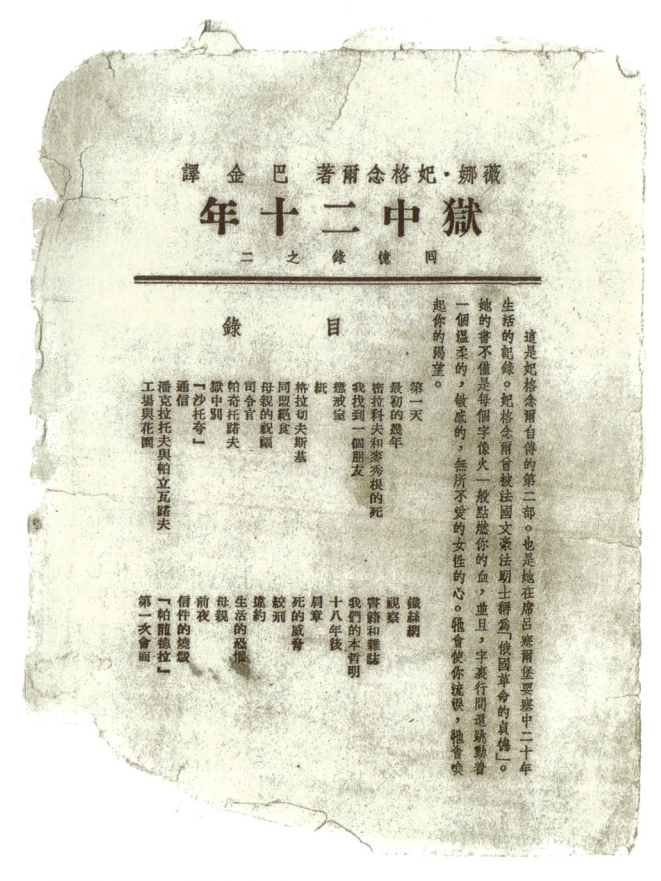

巴金写的《狱中二十年》广告

格与信仰、伟大的人格的吸引力"。这本神奇的书把她的整个灵魂都搅动了。

这一切感受，显然都是巴金的夫子自道。巴金正是沉迷在这样的狂热激情中译完此书，了却二十年来的心愿。使他在当时忙乱烦琐的编辑出版工作之余，把自己那颗骚动不安的灵魂，把往昔对于社会理想的执着追求，统统倾泻、浸染在这本书的译述中。

三十年前，一个十五六岁的少年曾经有过这样的幻梦：万人享乐的社会，会和明天的太阳同升起来。如今，经过沧桑变化、许多挫折和创伤，对于世界的复杂和人生的艰难有了深切体验以后，变得冷静、现实、沉着、踏实了。也许还由于岁月的磨洗，当年毫无顾忌、带着稚气的勇猛昂扬的斗争意志和狂热的进击姿态，现在退却到了一个孤孤单单、用笔作战的书斋生活里。曾经着意描写向旧生活挑战的革命者、富有英雄传奇色彩的故事，开始转变成描写挣扎在贫病无告的平庸苦难生活中的小人物命运。我们很难说这是幸还是不幸、成功还是失败。

重要的是《狱中二十年》的译述工作却明白地昭示着人们：巴金内心的圣火依然像这本书中所表现的那样在燃烧，渴求一个人道的自由的充满爱的世界的出现。不过他现在懂得这样的世界不会和明天的太阳同升。但他执着、虔诚地深信这一天终会来到，至少他自己已为这一天的到来付出和给与，毫无保留地奉献。这是他即使坐在书斋埋首笔耕时也不曾泯灭和淡忘的。

1947年5月和1948年5月，巴金在给明兴礼两次复信中都强调指出西方文化思想对他影响最大的是爱玛·高德曼，主要是精神上的吸引力，就像梅森堡（M. V. Meysenburg）夫人对于罗曼·罗兰那样。也就是说，直到那时，他念念不忘的仍然是青年时代已经形成的基本信仰，"爱人类爱世界的理想"。

这种理想之梦的具象化就是妃格念尔那种殉道者精神，这是他始终不渝地赞美信奉的。他热切地希望把这种精神传播开去，影响一代又一代的青年，使人们变得善良些、纯洁些、对别人有用些。殉道者的特点就是自我牺牲，奉献自己的青春、生命和鲜血，为的是反对强暴专制，反对一切阻碍社会进步和人性发展的旧传统观念和制度。天主教有句俗语："殉道者的鲜血，是信徒们的种子。"巴金信奉这个道理。他在《新生》末尾引用《约翰福音》的话："一粒麦子不落在地里死了，仍旧是一粒；若是落在地里，就结出许多子粒来。"巴金企盼的信仰的，正是殉道者鲜血灌溉后必将结出新的生命之花。

巴金的前半生涯在《狱中二十年》的译述工作完成时告一段落。他将带着这样的思想进入到另一个历史年代，去经历新的岁月。

第四编

"天堂"的梦

(1949—1956)

第十一章
太阳之梦

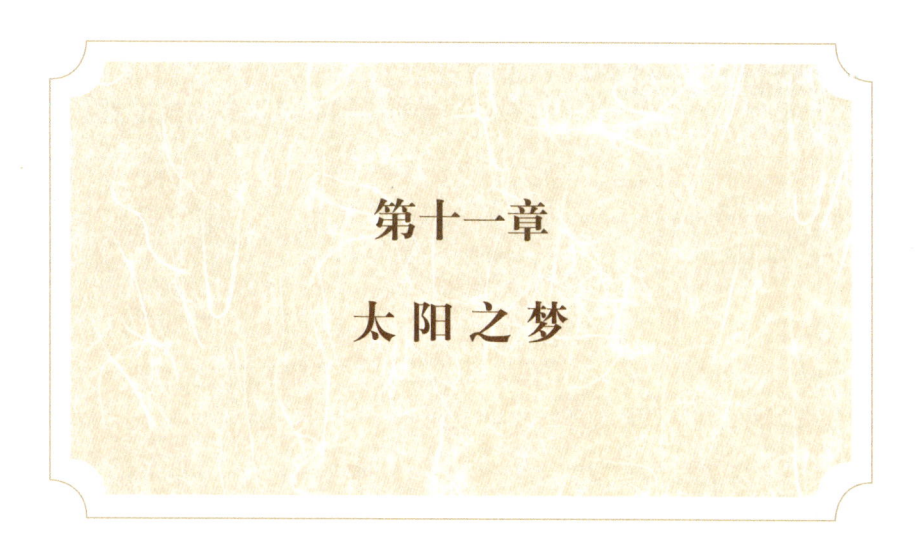

生命的激流，浩淼湍急，穿越过无数乱山碎石，迸溅起耀目的浪花；当奔泻在平原沃野之际，又是那样平静徐缓，像是在低吟细诉，重新体验曾经有过的欢乐和痛苦、爱和恨。然而，它的潜流仍然激荡不息，又将在新的旅途中出现惊涛骇浪，历经更加残酷的撞击，继续奔腾前行，那都是为了把生命分散给他人，使生命之花盛开得像激流一样更加丰富、满溢。

108. 家的情结

四十年代中期，巴金与萧珊结婚以后，不久有了爱女小林。新的家给巴金带来了完全新的人生体验，是以前四十年所从未有过的那种温馨、宁静而又充满着爱的家庭生活。他曾经因为反对阴暗窒息的旧的生活秩序而告别了四川老家，到外面的世界寻找新的人生理想；也因为献身社会解放而有意躲避爱情、婚姻。文学界是一个颇多浪漫恋爱逸闻的地方，但人们发现在巴金的青年时代找不到类似有关的故事。长久以来，他过着无牵无挂的单身生活，浪迹天涯，漂泊四海。譬如，他和朋友在街上散步，走过旅行社，进门随意问问，竟即兴决定买了当晚车票去到遥远的北国平津看望三哥和朋友。在那样的日子里，他发奋写作，走到哪里，就可展纸疾书。他重友情，喜欢朋友，随时从中得到温暖和帮助，从而丰富和滋润了他的生命激流，故而他一再说自己是"靠友情生活"的。

现在，他却是另一种生活方式。他几乎不再外出旅行。他和萧珊婚后的四五年中仅有的两次小别，一次是在 1945 年末，抗战刚结束，萧珊正怀孕在身，他又只买到一张机票，只好独自从重庆先返沪探望病危的三哥。这次他们分别了一个月左右。另一次是 1947 年 6、7 月间，他曾到台湾旅行了一个月。此外，他就不曾离开过上海，不曾离开过萧珊和女儿小林。他深深地爱这个家。他不愿意离开这个家。他是个感情深沉的人，对美好的事物、美好的地方都会产生深情。所以，他曾自称"是一个最大的温情主义者"。过去，他喜欢到处旅行奔跑，对每个地方又恋恋不舍。现在，他却"最愿意安安稳稳地在上海工作"，因为这里有他和萧珊亲手筑造的家。

他爱萧珊，爱这个聪慧、热情、善良、真诚向上的女人。他像一棵大树呵护着年轻的萧珊，让她不受风雨侵扰，使她的脸上永远洋溢着微笑。他是用自己的生命深爱着妻子。萧珊从少女时代就崇拜他，把他看成良师益友，也一样用自己全部的生命和感情热爱着他，几乎不能须臾离开。在他面前，她好像是一个长不大的女孩，时时渴望得到他更多的爱。因为，在她的心里，他"永远是我的神，跟我的心同在"。她深深地感受到他们的家是"非常温暖的地方"。因此，婚后的生活使两个生命更紧地联系在共同的命运上，也使他们爱得更深。巴金对萧珊说："我知道没有人像你这样地关心我，也没有人像我这样地关心你。"他还曾多次说："我到处跑来跑去，其实我最不愿离开家。""我的确想家，我真不愿意离开'家'、离开他们。"

他对女儿小林更是百般呵护和钟爱。半夜里，她闭着眼睛喊："我吃牛奶。"他就赶紧起来冲牛奶。到小林长大成少女时，他还在跟她讲婴儿时期的故事呢！

有一次，他的好友汝龙听见巴金在自言自语："所以我迟结婚，一有了家，人就有牵挂。"后来，萧珊听到汝龙转述此事，感动得几乎要哭出来。

这句话不只体现了巴金的深情，也还流露了他的责任心。

他对社会生活、对朋友都是极讲信义、极认真，是个有很强责任心的人。他对妻子、子女，对家庭也一样非常明确地认识到自己所负的责任。

就如他曾开导过别的年轻朋友如杨苡："从前自由惯了，如今结了婚，有了孩子，算是负上了责任。"他还批评过老朋友萧乾多次的婚变，"我劝他多多想到自己的责任"。

这样深沉的爱心和责任心，使他们的家更加充满温馨和幸福、生气和欢乐。即使在社会动荡、物价飞涨、生活艰辛的日子里，一得到版税、稿费他就急急赶着去把一家每月必需的生活品如粮食、煤球等等采买。到解放前的一两个月竟至家中空无一文，幸而得到开明书店好友、邻居顾均正争取得来的预支版税二十元大洋，才解决了燃眉之急。他们就是在这样相濡以沫的情况下走过来了。

巴金是个爱梦想的人。对这个家，他充满着热情的、美好的、爱的梦想。

109. 自由的文化人

当时，还有一件事牵系着巴金的心力，这就是文化生活出版社。

三十年代中期开始，巴金对这个出版社就一直投入大量心血，几乎没有间断过。抗战前夕的两三年，文生社创办初期，就因编印成套文学创作和外国文学名著而异军突起，成为文学界和出版界瞩目的一家专门性的文学出版社。抗战期间，在文化相当贫乏荒芜的战时环境里，上海、广州、桂林、重庆等地先后成立分社仍然惨淡经营，坚持出书，尽管一再遭到挫折。巴金亲身经历的广州撤退，后来桂林大火，都曾使图书资财遭受巨大损失。重庆时期，大量用土纸印制的书，到了战后变成了废纸。但是，为了中国的文化建设，也因为对这个出版社已经有了深切感情，巴金仍然不屈不挠，在四十年代后期继续付出更多的时间和精力来经营办好这个出版社。战后初期，确实有了较好的发展和效益。不久因为时局影响，内战兴起，经济混乱，人心动荡，图书市场变得愈来愈萧条清淡起来，使他感到很大的压力。幸好文生社的根基较稳，仍然得以维持。那时，文生社内部人事关系有了矛盾，与多年共事的老朋友吴朗西也有了分歧，使巴金深感烦恼。大量的编书、校对、改稿等工作花费了他许多时间，影响了创作，使他在1946年写完《寒夜》后，再也没有写出新的小说，因而颇为牵挂不安。这又使他有了离开出版社的念头。后来他曾说："如果我早点把出版社交出去不管，可以多写好几部小说。"

尽管如此，他对出版社的工作却是殚精竭虑、兢兢业业。人们几乎不能想象，他只是一个义工，是一个不取报酬的义务的总编辑。当然，那时与他滋生矛盾的吴朗西，也是这个出版社的主要创办人，也是义务的。因为他们的初衷原都是为了推进文化事业，不以营利为目的。所以，这个出版社长期以来才能办得如此有生气，才能在文学界拥有那么多的作家朋友和读者群。巴金无论在战时或战后，总是乐观地坚信我们民族的潜力，以为一定会进步、发展的。从个人来说，他总是主张少抱怨，多做事，少取巧，多吃苦，走自己的路。他不同意有些人爱说"个人努力是无用"的话，老把希望寄托在别人身上。这也许正是巴金长期以来心甘情愿、实实在在埋首于编辑出版工作的原因。

因此，对于战后很多的社会政治活动，他虽也积极参加，但只是一般性地，并不完全投入进去充当一个角色。他在青少年时代曾经有过的政治狂热早已过去，现在更着意于实际的工作。当时的文化新闻界有些朋友在文章中都谈到过他的这个特点。如果从他二三十年来的生活经历看，年轻时某些信念例如不做官吏，不做议员，不入政党等等，在他的思想深处未必就已完全消失；对于自由的追求和重视，更是从未轻言放弃过。他用自己的著译对当时腐败黑暗的社会进行批判和战斗。他总是有一种愤怒窒息的感觉。他在《寒夜》和一些散文里就呼喊着"夜的确太冷了"。有一次，他给李健吾的信中，鼓励他写出批判现实的作品，"让我们这些闷得要死的人痛快地吐一口气……"他独来独往，写作、翻译、编书、搞出版。他总是按照自己独特的思考和感受，个人的意愿和兴趣从事实际工作。他就是这样一个地地道道的独立自由的知识分子、文化人。

1948年底，中共礼贤下士，广纳八方俊彦，邀请各界著名人士共商国是。大批文化人也纷纷应邀奔赴解放区，去参与迎接筹建新政府。郭沫若、茅盾等就是在这时转道香港，先到东北，然后再到北平。郭沫若在东北地区领导机关的欢迎会上热情地即兴朗诵了新诗，并表示从此要"以毛泽东主席的意见为意见"，"决心为实现人民的公意，争取真正的和平"①。

就在那时，夏衍先后两次通过剧作家黄佐临、陈白尘转达中共的邀请，希望巴金也能去香港转赴东北。著名中共女记者杨刚以朋友的身份也希望他去解放区。巴金因为妻子、女儿需要照顾，文化生活出版社一大摊子事无法脱身而婉言辞谢了。他表示在上海等待解放也是一样的。那时也有另外朋友议论，建议他去台湾。他当然不予考虑了。但是远在北平却误传了巴金已去台湾的消息，许多朋友听说后非常着急不安。叶圣陶特地写信给上海黄裳了解真相。黄裳把信给巴金看了。叶圣陶的关切友善之情使他非常感动。

这时老友毕修勺和朱洗来找巴金商量：国民党元老吴稚晖嘱毕修勺次日撤离上海，即飞台湾。毕修勺是一位大翻译家，在国民党文化机关做过事，不免心里惶惑，怕中共来了受到惩处。商之于同乡同学邻居朱洗，朱洗劝他留下来，说："共产党不是老虎，他们来了不会吃掉你。"他仍不敢相信。于是又偕朱洗再来征询巴金的意见。巴金说："共产党不会算旧账，即使算，你也无大罪恶，做的都是在抗日战争时期的事。"并表示可以和朱洗一起为其作证。毕修勺虽然将信将疑，想到他若一走了之，家里妻儿五口人无法安排。于是决定留沪。不幸的是，后来他还是被定为历史反革命、右派，新老账一起算被判了七年刑。"文革"时又被批斗吃尽了苦头。前后受难二十年，"文革"后才平反改正。而这期间巴金走在荆棘丛生的泥泞小路，自顾不暇，哪还能为他作证；且作了证也不会起什么作用。当然这是后话了。

---

① 《东北日报》1949年2月1日。

110. 像是一部"交响乐"

这个时期，巴金的思想渐渐地发生了新的变化。

四十年代中期，是巴金创作的一个新的爆发期，他连续写了多个中长篇小说，其中有好几个成为他的代表性的优秀作品。但是，1946年底写完《寒夜》后，却骤然停歇了。从1947年至1950年的四年时间里，他只是埋头翻译，不仅没有写新的小说，也没有写新的散文。即使他去过从未去过的台湾一个月，也没有像以前那样必定会写下许多旅行杂记。这是他从事创作以来从未有过的现象。

对此，他曾解释说，是由于文生社的业务占用了他的所有时间，不然"可以多写好几部小说"。后来也因为这个原因，他没有应邀北上去解放区。

其实，他并没有放下他的笔。除了文生社业务外，他几乎每天写作到深夜，像年轻时那样满怀热忱地翻译无政府主义者或曾有无政府主义倾向的作家的著作，如克鲁泡特金的《社会变革与经济的改造》（又名《一个反抗者的话·跋》）、〔保〕奈米洛夫的《笑》、〔俄〕库普林的《白痴》、〔法〕王尔德的童话集《快乐的王子》、妃格念尔的回忆录《狱中二十年》、鲁道夫·若克尔的《六人》。他还正在翻译克氏的《狱中记》，准备继续出版《克鲁泡特金全集》等等。

值得注意的是，巴金在1947年初翻译的克氏论文《社会变革与经济的改造》，中心内容是主张"社会革命时期中主要的目的并不在社会秩序之政治的改造，而是供给万人面包的问题，满足人民最紧急的需要如衣、食、住等等的问题……"认为革命"绝不是用专政和国家权力所能完成的"。①简言之，反对用专政、国家权力等强权暴力手段来完成社会革命，主张用发展工农业生产、经济建设等和平手段来推进社会改造。克鲁泡特金是针对当时苏俄的，巴金这时翻译此文显然与正在进行的血流成河的内战有关。《狱中二十年》则是表现妃格念尔自我牺牲精神，坚忍不拔的意志，巴金认为将会点燃读者的热血，鼓

---

① 《巴金译文集》第10卷，第506、517页，人民文学出版社1997年版。

起"勇气百倍"。《六人》则呼唤欲望和理性、行动和思考、自我和利他联合成一体,将走出一条新路,"新国土的门打开了!"到了1949年初,他还发表了传记《巴枯宁二三事》。再联系前一二年对明兴礼仍还说西方文化思想对他影响最大的是爱玛·高德曼。这都说明,巴金在那个时期仍然坚持延续着他早年信奉的思想信念,不能说与他没有接受北上去解放区的建议无关。

  同时,他与国外的无政府主义者之间仍还保持通讯交往。他对德国无政府主义老革命家若克尔特别感兴趣。他在出版克鲁泡特金的《面包与自由》时,把若克尔为德文版写的序收了进去;对若克尔的许多解读阐释的话极为赞赏。在为《社会变革与经济的改造》写的前记中多次引用;对他的《六人》也倍加赞赏。巴金在与若克尔通讯时除了告知正在翻译他的《六人》外,还希望若克尔能将他的全部著作寄来,巴金准备翻译成中文的全集。可见他的热诚和浓厚的兴趣。巴金还与美国安格尼斯·英格里斯(Agnes Inglis)通讯来往,互赠交换书刊。这位美国老太太曾在密歇根大学图书馆服务,专门收藏无政府主义图书资料。巴金还与住在美国的杰斯菲·英斯海里(Joseph Ishill)、鲍里斯·叶林斯基(Boris Yelensky)、法国安那其主义国际联络委员会都有过通讯,主要都是为了交换无政府主义书刊资料等。他与有二十多年深厚友情但却从未谋面的老友、住在旧金山的华裔无政府主义者刘钟时一直保持联系。刘钟时不断将国外出版的各种文字(英、意、西、法……)的无政府主义书刊资料寄来,巴金则将文化生活出版社出版的书刊寄过去。这些通讯一直持续到1950年秋。由此也可看出,巴金当时的思想和精力仍然一如既往地关注着无政府主义思想理论及其动向。

  因此,巴金没有像当时许多文化名人一样到解放区去,是与对共产党领导的革命还存在一定的保留有关。对国民党统治,他从二十年代后半期,以至抗战前后一直持明确的批判态度。所以,上海解放前夕,他哪里也不去。1948年秋,他对朋友说:"目前上海局势不甚安定(最近稍好),但我们无处可去,也只好不走了。将来怎样还难说,……"[①]直到1949年5月,他在给

[①] 《佚简新编》第77页,大象出版社2003年版。

安格尼斯·英格里斯的信中还说:"战争已经日益逼近上海……我不知道等待我们的是什么,我们除了'等待和希望',别无他法。"①可见因政见不同,对未来难以预料,心里并不踏实,只好存无奈和观望态度。这句"等待和希望"出自《基督山恩仇记》,曾在抗战初期与杨苡通信中引用过,这次又借此表示了这种复杂的心情。

值得注意的是,他在这些信中,还流露了对暴行、杀戮、流血、酷刑等残忍行为的反感。无论是自己的直接见闻,还是读到某些书中有关的记述,都使他震惊和不安。

就在上海战事结束一个星期后,1949年6月3日,他给美国刘钟时写信报告自己"很安全",并让刘转告朋友们。他兴奋地但又不无保留地说:"现在秩序回复了,并且有了新的气象,我仍旧照常做我的工作,译书看稿。现在一切都很自由,要是这自由的空气能够长久保持,我们还可以做点事情。一切都得看将来……"②

接着,这种思想状况又有了进一步的变化,特别是在6月上旬收到中共领导人周恩来的电报,邀请他到北平参加第一次文代会;9月又参加了政治协商会议后,使他明确地感受到新政权接受了他,并且还很重视。在10月29日给刘钟时信的口气就有了很大的变化,说:"解放军入城后,一切比较国民党时代都好得多。国民党政府的腐败真是天下第一……"③一年后,巴金在1950年5月13日的信中,更进一步具体说:"中国大陆差不多全解放了,帝国主义势力完全打倒了。的确有一些新气象,有改善,有进步;主要的骄奢淫逸的现象没有了,贫富间的差别则渐渐在缩短,连有钱人也不得不找工作了。一般负责干部都能苦干实干。但也有少数人思想狭窄。……"④

上海解放后,巴金目睹了民生的改善,从物价飞涨、民不聊生,很快变成币值稳定、物价平抑。金融投机和囤积居奇等遭到沉重打击。骄奢淫逸、纸醉金迷的风气一下子收敛匿迹。共产党的干部战士清廉朴实代替了国民党的达官贵人。外国殖民者也不像以前那样威风了……凡此种种都给巴金一种

---

①②③④ 《佚简新编》第20、78、79、81—82页,大象出版社2003年版。

耳目一新的感觉。

巴金在当年6月、9月两次到北平先后参加第一次文代会和第一次政治协商会议，毛泽东讲话中反复强调：要使中国"走上独立、自由、和平、统一和强盛的道路"是中共和"全国人民团结奋斗的共同的政治基础"。①这给了巴金深刻的印象，这不正是自己所追求的最关注的政治理想吗？

除了了解了中国共产党的政治主张，更对文艺工作者、知识分子受到的礼遇和重视有了切身的体验和感受。他曾动情地说：在北平"过了四十天的痛快日子，看见了许多新气象……因为我在北平得到了真正友爱的温暖……"当然也包括了更多的在上海参与的社会活动，如在解放后十天的6月5日，上海文化界一百多位人士在基督教青年会礼堂举行的座谈会上，听新任市长陈毅风趣生动的讲话，对巴金思想都有所影响，也很自然地渐渐地在起着变化。

巴金晚年曾回忆说："1949年后，既然这是为人民拥护的政权，我就向人民投降，接受改造。我希望能改造自己成为人民所需要的。"②巴金本来就以追求自由、平等、幸福为自己的社会理想，现在既然由中共提出作为共同的政治基础，他个人又有什么可保留的呢？这就是他开始拥护中共新政权的最简单的理由。他像许多普通的自由知识分子一样，从国家、人民的利益出发，对当时的一些新气象新举措是由衷欢迎的，也就很自然地融入到新的社会环境中去。他是一步一步地认真地往前走，一边观察体验新的社会生活，一边有所思考。

巴金在政治上的认同并不意味着他的社会伦理观也随着完全放弃了，那些已经深入他血肉骨髓的思想信念，在后来的日子里还会常常起着另一种作用。1950年11月，他赴华沙参加保卫世界和平大会途中写的《给西方作家的公开信》中，很自然地引用了二十多年来无数次表述过的话，也是他执着地追求了一生的信念："我愿意每张嘴都有面包，每个家都有住宅，每个小孩都受教育，每个人的智慧都有机会发展。"这是当年在美国监狱里、后被杀害了的无政府主义者樊塞蒂写给巴金信中的话。1952年，巴金在不了解真相的

---

① 《毛泽东选集》第1468页，人民出版社1966年版。
② 陈丹晨：《走近巴金四十年》第229页，江苏文艺出版社2008年版。

情况下写的声援罗森堡夫妇的文章中又以当年樊塞蒂、萨柯事件为例证明其无辜。可以看出，巴金在真诚欢呼"今天光明的中国到来"的同时，把心中念念不忘反对强权专制、追求自由的信念交融在一起了。

巴金在《〈六人〉·后记》中引述了该书英译者蔡斯的话，说这部作品像是一部伟大的交响乐。现在我们也可以借用来形容巴金当时吸收融会了的新的思想状况，也像一部许多乐章、许多声部构成的交响乐。

111. 欢欣中的纳闷

1949年5月下旬，在上海市区断断续续听了几天沉重的炮声以后，解放军终于突破了国民党军队的防线进入了市区。人们用新奇的眼光注视和欢迎这些穿着褪了色的黄军衣的战士的身影，感受到一个新的时代开始了。

巴金和黄裳也在街头和人们一起观看。这是他第一次看到解放军。看到那一张张年轻、健康、淳朴的脸，看到他们脸上漾着温和的微笑，使他很有好感。他有许多熟悉的朋友都是共产党。他在重庆时还见到过毛泽东，与周恩来有过多次见面和交谈，都给他留下深刻印象。

几天之后，有几位穿着军装的不速之客突然来访。他们中有三十年代一起共事编辑《译文丛书》的黄源。抗战后，他弃笔从戎参加了新四军，现在是上海军管会文艺处负责人。老友重逢，该有多兴奋。又有一位三十年代女读者张弘，本是海外华侨，因为读了巴金作品，滋生了爱国、进步之心，在抗战初期只身回国，在巴金的照顾下，投身革命。现在巴金、萧珊看到眼前这位女兵，简直认不出就是当年那个又瘦又黑的小华侨，真是分外高兴。

6月上旬，巴金收到周恩来发来的电报，邀他北上参加第一次中华全国文学艺术工作者代表大会。这无疑是对巴金信任的一个重要的信号。上海代表团组团时，冯雪峰建议由巴金、梅兰芳任正副团长，巴、梅都一再谦辞不就。下旬，在团长冯雪峰率领下，巴金和上海文艺界朋友章靳以、王辛笛、李健吾、唐弢、赵家璧等一行数十人来到北平。1935年底，巴金到北平处理《文学季刊》

1949年9月，在北平参加中国人民政治协商会议第一次代表大会

停刊之事，迄今已有十四年没有再到过古城北平。那次离开时是沈从文夫妇冒着大雪到前门车站送行的。那正是华北受到日本侵略者武力威逼，形势严峻危急之际。如今却是组成一个几十人的团体而来，在车站受到茅盾、周扬、丁玲等文代会筹委会领导人的欢迎。那盛大的场面，那欢乐的声势，都非昔日可比。

文代会是在他们到达一个星期之后，7月2日正式开始的。那时举行这样的大会是很宽松自由的。用当时习惯的说法，还带着一点"游击"作风。会议日程也不是排得满满的，所以代表们有较充分的时间自由活动。不仅在会上与多年未见的老友们重逢欢聚，也还结识了许多新朋友；会外也常走访朋友，气氛非常温暖、轻快、欢乐。

叶圣陶是巴金第一篇小说《灭亡》在《小说月报》发表时的责任编辑。巴金一直把他视为前辈师长那样尊敬，称叶圣陶夫妇为"先生""师母"。长期以来虽然聚少离多，但叶老一直怀着深情关心、注视着他。叶老是先期到达北平的。这时重新见面，大家紧握着手，非常高兴。尤其是巴金想到不久前叶老还在关心他的去向，使他更加激动。

但是，在这个会场上，巴金发现少了一个理应出现却未出现的人，这就是当年送他上车离开北平的沈从文。他不知道是什么原因。他和辛笛、章靳以、唐弢相约一起去探望沈从文。虽然从表面上看不出他有什么异样，脸上也仍露出微笑，还向他们打听朋友们的近况，关心每一个熟人，但是巴金还是感觉到沈从文的情绪有点紧张，显得很不安的样子。因为在场的朋友多，便未深谈。一个多月后，巴金再到北平参加政治协商会议时，仍然念念不忘被排斥在文坛之外的沈从文，几次去探访他，才了解了真实情况。

三四十年代，沈从文是很有影响的著名作家。四十年代末，他同时兼任北平、天津四家报纸如《大公报》、《益世报》等副刊的主编。他曾受杨振声、徐志摩的重视和帮助，和北平的一些高级知识分子、教授文人有良好的关系。抗战期间，他多次写文章主张知识分子要在自己的岗位上尽其所能，以体现"一个中国国民身当国家存亡忧患之际所能尽的义务"[①]。

[①] 《今日评论》第1卷，第4期，1939年1月22日。

他反诘"作家满足于际会风云,以'文化人'身份猎取一官半职,还是甘耐寂寞,在沉默努力中为民族抗战切切尽自己义务"①。这些言论却曾遭到左翼作家巴人、郭沫若的尖锐批评。抗战胜利后,他又多次撰文竭力反对内战,认为"武力和武器能统治这个国家,却也容易堕落腐烂这个国家民族向上的进取心",主张"把重造民族生机的希望寄予有理性的学有专长的知识分子身上,应超乎国共之上的'第三种'政治势力"。他还认为内战无异是玩火,"历史上玩火者的结果,虽常常是烧死他人时也同时焚毁了自己……"②这些值得当政者思考的意见却引起了左翼作家的严厉批判和清算。许多批判文章是在香港发出的。冯乃超责骂沈从文是"粉饰地主阶级恶贯满盈的血腥统治",延续"清客文丐的传统",是"奴才主义者","地主阶级的弄臣"。郭沫若则斥骂说:"特别是沈从文,他一直有意识地作为反动派而活动着",是"桃红色文艺"作家代表③。在北平解放前夕,在沈从文兼职教课的北大,出现了学生的大标语"打倒新月派、现代评论派、第三条路线的沈从文"。据说,还有"将郭沫若的文章抄成大字报贴在校园里"④。事实上,沈从文不仅没有参加任何组织,连别人邀他入第三势力办的杂志,他都拒绝了。

1949年2月北平解放以后,沈从文感到很大压力和恐惧,有种种的疑虑和可怕的预感,他看不到新体制对自己的一丁点的包容,他对所有的政治都怀疑……他担心被误解后将会带来更大的屈辱;老觉得有人在批评他,在监视他,几乎形成一种被迫害狂似的……于是,在精神高度紧张和不能自我控制的情况下,竟然企图用小刀自杀未遂。

巴金得悉这些情况后,感到非常难过,觉得这样对待沈从文是不公平的。他从来认为,在他的朋友中,有三个人是最有才华的:沈从文、曹禺、萧乾。而沈从文又是"待人最好,最热心帮忙的",认为"他还有一颗金子

---

① 《文艺先锋》第1卷,第2期,1942年10月25日。
② 《大公报》1946年11月3日。
③ 《大众文艺丛刊》第1辑,香港生活书店1948年版。
④ 李辉:《人生扫描》第60页,上海远东出版社1995年版。

般的心"。① 现在，这样一个有才华、有成就、有影响的著名作家，一个热心肠的人，遭遇到这样的打击和排斥，他不满意。但是他又能怎样呢！他在这个大会上只是普通的一员，是被邀请的客人。沈从文曾指望现在党内居于领导岗位的、熟悉了解他的、有相当友情的作家朋友，如丁玲能够见见他，同他谈谈，拉他一把。然而这样的希望却完全落了空。巴金因为这次没有能站出来替他讲话，直到晚年还为此感到歉疚和自责。

112."我是来学习的"

第一次文代会自1949年7月2日至7月19日在北平中南海怀仁堂举行。有六百多位代表参加。毛泽东、朱德、周恩来等中共中央主要领导人先后到会讲话、作报告。解放区、国统区、部队的文学、美术、音乐、舞蹈、戏剧、电影、曲艺等等各个部门都有代表作专题发言，介绍了各方面的情况，成立了中国文联和各个协会。

巴金生平第一次参加这样人数众多、规模空前的大会。参加会议的人群从衣着就可看到明显的区别。来自国统区的多半穿着颜色驳杂的西装长衫，来自解放区和部队的则穿着清一色的黄军装或灰制服。那些先期到解放区、现在是大会领导人的作家们，像郭沫若、茅盾等也都已经脱掉西装穿上了灰制服，成为革命干部了。这时的制服是革命的象征。会场上最活跃也是最引人注目的，也许正是这些来自山区、农村、根据地以及战场的穿制服的人们。在人们的报告、发言中纷纷把他们的经验和成绩放在突出位置加以介绍和宣传。周扬在报告中认为这是唯一正确的方向，"深信除此之外，再没有第二个方向"②。这是巴金从没有经历过的、颇感新鲜的，也是最打动他的事情。

军事斗争和政治革命的巨大胜利很自然使人们产生了对革命的崇敬和认

---

① 《再思录》第20页。
② 《周扬文集》第1卷，第513页，人民文学出版社1984年版。

1949年9月,在全国政协会议期间与文艺界代表合影。前排左起:艾青、巴金、史东山、马思聪;后排左起:曹靖华、胡风、徐悲鸿、郑振铎、田汉、茅盾

巴金与周扬

同。巴金从他们中间似乎找到了历史的通道、思想的传承。长久以来,巴金胸中燃烧的圣火在这里好像被传递过来,延续起来。从青少年时代开始,他曾经致力追求的社会理想,他曾经那样狂热敬仰、赞美过的殉道者,梦境中的英雄,那些抛弃了富裕的家庭和舒适的生活,"到民间去",冒着生命的危险,备尝艰苦牺牲,把自己的命运和广大同胞的命运结合在一起的人们,过去是在俄国或法国历史书上看到的,他也写过很多文章作品介绍过、歌颂过,为之激动得哭过笑过而无法入眠;现在却都活生生地出现在他面前,使他在认识上和感情上受到强烈的冲击和感染。

巴金是这样高度评价他们的:

> 你们在中国撒遍了文艺的种子,不,可以说放遍了文艺的光辉。你们给一般在黑暗中生活惯了的人指示了一条光明的路。你们把风瘫的人扶起来。你们鼓舞起懦弱者的勇气。你们使愚昧者了解生存的意义。你

们安慰寂寞的心灵。你们用歌把人们的心连在一起,你们用戏教育了他们,你们用知识来减轻他们的痛苦,你们用善良和诚恳获得了他们的信任。你们给那班需要爱的人带来爱,使那班摧残爱的受到打击。你们在每个地方留下爱的记忆,也带走爱的记忆。你们却从没有替自己取得荣誉……

这大概是巴金参加这次大会最大的收获,也是他对中共第一次公开的、态度鲜明的赞美。所以同行中的王辛笛要他在纪念册上留言时,他题写了"进步,进步,不断地进步",以示他不仅认同这个会议,还要和友人一起共勉。至于领导人在报告发言中强调、鼓吹的为工农兵服务,描写工农兵,"必须揭示社会中一切的主要矛盾和主要斗争"、思想改造等等主张,如郭沫若在多次讲话中,号召作家们"做一个毛主席的优秀的学生";茅盾、丁玲等都强调"知识分子特别需要自我改造","努力改造自己""需要经过长期改造和锻炼"……①这一切给他的印象是很深的,他觉得自己也应该是属于努力自我改造之列。他还当选为中国文联委员、中国文协理事。在这之前,他就曾是中华全国文艺界抗敌协会理事、上海文协理事,现在仍是这样类似组织中的一员,而不实际参与其事,所以并不使他有什么特别感觉。不过还是说明他是被接受并重视的。

7月23日,中国文协成立大会上,朋友们叫出了他的名字,要他在大会上讲几句话。因为整个文代会上他都没有发过言,他只是在7月20日《人民日报》上发表了一点感想。于是,他开头就说:"我参加这个大会,不是来发言的,我是来学习的。"现在到了文协会上,人们自然不能放过他了。但是这个平日拙于言辞,更不习惯在这样公众场合发表演讲的人,还是逃出了会场。他在街上漫走,却抑制不住内心感情的波动。后来他写了《一封未寄的信》,就是倾吐当时的激情和思考的。

在北平开会期间,因为癖好,他常到旧书店去淘书。那时人们以为革命了,

---

① 分别见于郭沫若:《向军事战线看齐》(《人民日报》1949年7月2日)、丁玲讲话(《人民日报》1949年7月10日)、茅盾:《纪念鲁迅与自我改造》(《人民日报》1949年10月19日)。

1949年,在北京北海。左起:章靳以、陆孝曾、郑振铎、曹禺、李健吾、巴金

旧的文化旧的书刊都过时了,因此一些私家的藏书大批流落在旧书肆,卖得非常便宜,这恰恰被一些刚进城的有眼光的文化人大量购进。巴金也买了一些,其中有一本名为《人生》的小书,署名"巴金作",是上海励志书社1942年初版,还声称"版权所有,翻印必究"。巴金看了,又好气又好笑。巴金的著作历来畅销,因此盗版也经久不衰,像这样公然冒名的伪作倒还不多见。巴金在扉页上顺手写了几个字:"原作者不知为何许人。我写不出这样的作品,书商真可恨!"

8月2日,巴金和冯雪峰、胡风等一起回到上海。这次外出几乎是成家后最长的一次离别。他和萧珊牵肠挂肚,互相思念。早在7月中旬时,萧珊带着女儿小林到照相馆照了相,是专门"为爸爸照的",寄给了巴金。如今,全家团聚了。经过四十天热闹繁盛的会议生活以后,他又回到了平静如水的家里了，那是他多年来习惯适应了的生活。不过，从此却被打破了，一种新的陌生的生活方式等着他去接受。

113. 太阳之梦

一个月后，巴金和冯雪峰、胡风等上海文学界朋友一起再次坐火车北上。9月8日到达北平，前来参加中国文联常委会议。9月13日下午，中国文联主席郭沫若、副主席茅盾、周扬在中山公园来今雨轩招待各地文艺工作者六十余人。会上夏衍、邵荃麟、陈荒煤、刘白羽分别报告上海、香港、武汉等地及部队文艺工作情况。黄药眠报告了东北参观团的观感。

比起上次文代会来说，人数只有十分之一，所以不是那么热闹，生活比较安适。巴金住室的左右都是熟悉的朋友。但是，接着在9月21日开始的全国政治协商会议却又是一个规模空前、人数众多、各党各派各行各业各团体各民族以及海外华侨都有代表参加的大会，是为了协商筹建中华人民共和国成立和中央人民政府组成这样的大事。这又是巴金从未经过的，生平第一次参加这样一个重要的政治性会议。政协在后来被认为是一个相当于西方议会性质的政治组织。因此可以说，这是巴金第一次正式参政。

据说，当邀请巴金为全国政协代表时，他曾推辞并举荐陈望道。但是后来巴金还是被邀为正式代表，陈望道则以特邀代表的身份也参加了大会。

全国政协会议通过了共同纲领，产生了第一届中央人民政府。文学艺术界著名人士像郭沫若、许广平、沈雁冰（茅盾）、周扬、丁西林、叶圣陶、王任叔（巴人）、邵荃麟、冯乃超、郑振铎、沙可夫、袁牧之、田汉、杨绍萱、马彦祥、萧三、洪深等二十人左右，在中央政府中担任了副总理、部长、局长等高级职务。这几乎是历来中外政府中罕见的。巴金是在这些以外和周扬、丁玲、田汉、阳翰笙、欧阳予倩等一起担任了中央政府文化教育委员会委员。这当然只是一种虚职。

中共领导的反对封建主义、帝国主义、推翻国民党政权的革命的胜利，

1949年9月,在北平。左起:马思聪、胡风、巴金

赢得了人民和知识分子的拥护。人们相信中共的道路是正确的。巴金在参加了文代会和政协会后,不仅对此有了认识,而且深感到中共对于文学艺术的重视,对于文学艺术家和知识分子的尊重和期望,对于努力建设一个民主联合政府,领导中国人民"走上独立、自由、和平、统一和强盛的道路"的热忱和决心。他想起鲁迅曾经预言向往"一个自由、独立的新中国的到来"[①],

---

① 《毛泽东选集》第1468页,人民出版社1966年版。

今天果然实现了。他在上海、在北京,到处看到狂热的人群,也包括周围的朋友们,都在热烈庆祝解放,欢呼中共的胜利和领导。

到了10月1日,那样狂热的情绪达到了一个高峰。

那天,巴金应邀在天安门城楼观礼台上,观看了开国大典。这又是第一次经历。他听到毛泽东充满胜利豪情的富有感染力的声音。他望着广场上涌动的人的海洋、旗的海洋,是那样壮观。在这个历史瞬间,他想到少年时代曾经幻想那万人欢乐的理想社会将和明天的太阳一起升起,而眼前狂欢庆祝的场面不正是意味着将成为事实吗?不正是他几十年来梦想追求的吗?

游行的人群直到晚上九点才散尽。他回到住所还能听到远远近近的锣鼓声而无法入眠。他激动地反反复复地写着写着,却只写下了这样一句话:"在中国一个伟大的时代开始了。"

但是,我们现在无法查找到在这些日子里,巴金写过什么文章;只是到了一年或许多年甚至十年以后的国庆节前后,他才陆续写了一些文章回忆记述了当年的某些情景。我们可以据此肯定地说,巴金从那时开始明确了今后的道路:真心诚意跟着共产党,建设自由、独立、富强的社会主义新中国。

早年巴金信仰过无政府主义。无政府主义否定国家否定政府。但是接受了"五四"爱国运动洗礼的巴金的思想,从一开始就是矛盾的。他一方面坚决否定、批判黑暗专制的政权;一方面在感情上又对自己的祖国怀着深深的眷爱。当他二十四岁赴法国留学时,悲怆地喊道:"这样的国土!这样的人民!我的心怎么能够离开你们哟!""我不幸的乡土哟!我恨你,我又不得不爱你。"因为他把政权和祖国不是等同的,这就是他真实心态的流露和抒发。

后来在抗日战争中,巴金以一个爱国者的鲜明立场坚持在文化岗位上坚忍不拔地为反对日本法西斯侵略而战斗。他不仅以大量的创作和社会活动表达了自己的爱国热忱,还明白表示:"我仍然是一个中国人。我的血管里流的也是中国人的血。"有一次,他曾激动地说,他比有的自命为"爱国主义者"的人要爱国得多。

无论如何,现在是他的人生转折点。他要用自己的笔"来写人们的欢乐,这也是我的新生活的开始"。

那时，恰好有一个苏联文化艺术科学工作者代表团正在中国访问。全国文协和他们举行了座谈。毛泽东正号召要"一边倒"，倒向苏联；因为"苏联已经建设起来了一个伟大的光辉灿烂的社会主义国家。苏联共产党就是我们最好的先生，我们必须向他学习"①。社会上也由此流行着"苏联的今天就是我们的明天"的口号。文学工作者当然也不例外。周扬在会上说："苏联的作家，是我们中国人民，特别是我们文艺工作者最好的老师。"他向团长法捷耶夫请教创作上的问题，譬如："在文学中如何很好地表现新的正面的人物，表现共产党干部、群众领袖。"法捷耶夫回答说："这在苏联文学中也没有达到完善解决的程度。"法捷耶夫还传授经验说："在苏联，理论批评工作比创作工作差，一些争论的问题常常是由党和领导同志提出来的，往往由于他们的指示，才把理论批评的路子打开。"巴金参加了这次会议。

郭沫若则在另一次座谈时，也请教苏联代表团，问了五个问题，其中有："苏联政府如何统一领导全国文化教育工作？苏联政府在文教方面分多少部？除作家协会外，政府有无专门领导文艺工作的机构？它们如何工作的？……"当年十二月正值斯大林七十寿辰，《人民日报》以及所有媒体在后半个月里，几乎每天都用大量篇幅，甚至整版的版面来报道、歌颂斯大林，就像苏联《真理报》的中文版。那时谁若对苏联稍有质疑或批评就会被扣上反苏等同反革命的帽子。在这样的思想指导和宣传氛围中，巴金随着政治思想的变化，也开始接受了中共对苏联的政策观点，有了一个与青年时代完全不同的新的友好的态度。

巴金在北平开会，正值十月份初秋，气候乍寒犹暖。还在文联开会期间，联络员就问他们需要不需要寒衣。巴金觉得还不需要。那时同住在招待所（华文学校）的朋友们如从解放区来的艾青，先到解放区的胡风等都已穿上了制服。到了政协会议，索性给每个代表发了一套制服。巴金虽然没有马上穿上，但在这以后，他也很自然地穿了起来，并很快就习惯了，觉得很舒服、方便。

---

① 《毛泽东选集》第 4 卷，第 1486 页，人民出版社 1966 年版。

114. "事情难办"

巴金去北平参加第一次文代会前，文化生活出版社内部因为人事纠纷，从而引起两个创办人吴朗西和巴金之间的矛盾。巴金觉得自文生社创办以来的十三年中，自己用了相当的时间和精力投入其中，编书、校书，包括在战时环境中惨淡经营，使文生社有了相当的发展和影响；没有想到自己这样一个义务总编辑不仅没有得到有的老朋友老同事的理解，反倒招致种种误解和攻击。于是，八月初文代会结束后，巴金回到上海，文生社就进行了改组，改由吴朗西主持。巴金从此不再管文生社，只答应帮忙做一些看稿、校稿的事情。

对文生社的工作，巴金在晚年回忆谈及时，还说过："我一生始终保持着这样一个信念，生命的意义在于付出、在于给予，而不是在于接受，也不是在于争取。所以，做补书的工作我也感到乐趣。能够拿几本新出的书送给朋友，献给读者，我认为是莫大的快乐。"因此，"尽管我们服务的那个出版社并不能提供优厚的条件，可是我仍然得到各方面的支持，不少有成就的作家送来他们的手稿，新出现的青年作家也让我编选他们的作品，我从未感到缺稿的恐慌。"他对这个工作有过一个评价："我们工作，只是为了替我们国家、我们民族做一点文化积累的事情。这不是自我吹嘘，十几年中间，经过我的手送到印刷局去的几百种书稿中，至少有一部分真实地反映了当时我国人民的生活。它们作为一个时代的记录，作为一个民族发展文化、追求理想的奋斗的文献，是要存在下去的。是谁也抹杀不了的。"平心而论，这些话是实事求是，恰如其分的。

但是，早在1947年文生社业务颇有发展的时候，巴金就已有退意，想摆脱实际事务，将社务交给兄弟李采臣和朋友田一文等具体负责，自己只在社外帮忙。现在弄得不欢而"散"，看着自己和朋友们用点点滴滴心血培植起来的出版社变得困难重重，步履维艰，当然非常惋惜，也感气愤。因此，他就有一种强烈的比较，感到自己在北平文代会上，"得到了真正友爱的温暖"。但他毕竟轻快多了，只须集中精力埋头著译，这也是他多年来的愿望。

平明出版社出版的罗淑译著的《何为》（即车尔尼雪夫斯基的《怎么办》又名）

这时，巴金的兄弟李采臣也从文生社退了出来，筹组了新的平明出版社。李采臣是一个很能干的出版家，在文生社时出力贡献颇多。现在他邀请翻译家汝龙和海岑做编辑。巴金也给了帮助，兼任了两年的总编辑。在短短的时间里，组织出版了许多优秀的中外文学名著。如傅雷翻译的巴尔扎克、罗曼·罗兰的代表作多种，汝龙翻译的契诃夫小说集以及高尔基的回忆录，梅兰芳的《舞台生活四十年》，黄裳、章靳以、西禾分别编的创作和翻译丛书等等，都引起了知识界的重视和读者的称道，因而出版社的业务颇有发展。

巴金主编主办过许多杂志和出版社，有丰富的编辑出版工作经验，为文学界所赞赏和钦佩，连共产党内主管文化工作的某些领导也了解此情。五十年代中期，胡乔木在给巴金信中赞扬文生社和平明社"对我国的文学事业是有难忘的贡献的"，希望巴金"能多多关切人民文学出版社和新文艺出版社的工作"。在这之前，1950年，北京正拟创办人民文学出版社的时候，上面让冯雪峰转告巴金，请他担任社长。巴金以"我不会办事"为由，请冯雪峰代为辞谢。冯雪峰感到为难，说：倘使你不肯去，我就得出来挑这副担子。巴金劝他也不要答应，因为"事情难办"。巴金心想，冯雪峰也是书生气十足的人，耿直而易动感情，不宜做这种具体领导工作。可是，冯雪峰无奈地回京复命，接受了这个工作。他是党员，是要服从组织安排的。

那时，新政权初建，到处都在论功行赏，民主党派、知识分子中也有人希望分一杯羹，大小弄个官做做。连胡风那时也正为等候分配工作问题焦灼烦恼。

但也有一些文化人清醒地认识到自己只适宜做专业性工作,坚守在文化岗位上,而不参与其中。对于巴金来说,文生社后期的纠纷对他可能有负面影响,也是原因之一。更潜在的思想还是因为,他从来不愿介入到具体政治事务中去。后来,无论他又有过多少政治头衔、社会身份,几乎都是虚的,他没有上过一天班。因此,他也不正式归属于哪个单位编制中的一员,他从未领过一天工资薪酬。这是很重要很不易的。在文化界大概只有巴金、傅雷等极个别人是不领工资、靠稿费收入维持生活的。因此,在五十年代之后,曾经引发过的争权夺利的斗争,巴金却能一直保持距离,显示了他独特的超脱的处世态度。

115. 和平使者

但是,巴金的生活从此还是有了很大的变化,他已不能再像从前一样过着写作、译书、编辑……这样单纯的书斋生活,如今,他被卷入到社会政治活动中去。

1950年,他先后被推选担任了华东军政委员会文化教育委员会委员、中国保卫世界和平委员会上海分会理事、上海市各界人民代表会议代表、上海市文代会代表、上海市文联副主席。有了这些社会职务,也就有了各种会议、活动和社交应酬。在2月、6月先后到北京两次,分别参加全国文联扩大会和全国政协会。7月,参加上海市首届文代会。10月23日离开上海,以中国保卫世界和平委员会理事和作家的身份前往华沙参加第二届世界保卫和平大会。然后又到苏联参观访问。前后历经两个月的时间。然后回到北京、上海,又先后参加了各界欢迎代表团归来的大会和传达活动,等等。也许,对未来的岁月而言,这还不算是会议最多、活动最繁忙的一年,但对于这位多少年来幽居书斋的作家来说,无疑是一种天翻地覆的变化。

在这些活动中,使巴金最为激动、留下深刻难忘印象的,当然是那次波、苏之行。这也是巴金在解放后第一次出国访问。巴金在青年时代先后到过法国、日本,距今已有十七年没有走出国门了。当年,是以一个青年学生的身份去

1950年11月，巴金参加在华沙举行的第二届世界保卫和平大会，右侧为黄宗英

法国留学，以一个旅行者的身份而且化了名去日本游访。中国人在异国他乡常常会受到歧视，在日本时还被警察特务无故拘留审讯一昼夜，经受种种屈辱。现在，他是国家派出的代表团成员，是刚刚成立的新中国的和平使者，到处受到热情款待和尊敬。"只是因为我是一个中国人，一个从中国来的代表。"

参加第二届世界保卫和平大会的中国代表团共十七人，由团长郭沫若率领。成员有马寅初、盛丕华、金仲华、刘良模、袁雪芬、黄宗英等。这个大会原定在英国谢菲尔德举行。那时正是冷战时期，英国政府设置障碍，进行阻挠。于是，大会临时易地到波兰首都华沙举行。中国代表团到达莫斯科后才得到这个消息。

波兰在第二次世界大战初期，曾为德、苏两国瓜分。在法西斯德国侵占期间，华沙市民于1939年、1943年、1944年曾经多次举行武装反抗。纳粹匪徒则不断进行野蛮的大屠杀和大毁灭，使这座战前曾经拥有一百三十多万人口的城市成了一片死寂的废墟，几乎找不到一座完好的建筑物。现在一个新的美丽的华沙城又出现在人们眼前。在短短的五年时间里，波兰人按照原样重建华沙城，已完成了百分之五十。巴金看到新的建筑物，正在一座座矗立而起；也常常会遇见一些背着书包的孩子、热情的少女笑着招呼他们："博弧伊（和平）！"

华沙城迎来了八十个国家一千七百多位客人，共商反对战争侵略，保卫和平大计。11月22日夜晚，大会闭幕以后，整个华沙城沸腾了。巴金站在胜利广场检阅台上，看到欢乐的游行队伍，欢乐的彩色焰火，听到欢乐的歌声，欢乐的呼喊，"它们像童话中的小仙人似的冉冉下降。我的眼前满是金光，我的耳里充满年轻有力的欢呼声……这是一个大欢乐的日子……今天整个华沙城在欢笑，在庆祝这个节日"。

但是，奥斯威辛集中营旧址却给了巴金以噩梦一样的印象。这座著名的纳粹屠杀场在过去只是从报道中得知的，现在身临其境，看到焚尸炉、毒气房、地牢、特制的刑具、成千上万被杀害的欧洲女人的金发成吨地堆积在那里，还有堆得像小山一样的眼镜……数百万人的性命就在这里被法西斯野兽毁灭了。那是战争的展览。即使在抗日战争中有过经历的巴金，面对这样的恐怖暴行，也不禁毛骨悚然，打起冷战来。后来，巴金写了一篇将近两万字的详

奥斯威辛集中营的大门

尽的报道，题名就叫《奥斯威辛集中营的故事》。这是中国人写的较早报道此事的文章之一。

巴金在离开北京赴欧洲，在西伯利亚国际列车奔驰途中，就写了一封《给西方作家的信》，以一个新中国作家的身份，表述了憎恨战争、渴望和平的愿望。他在信中和大会发言稿中，都一再引用了青年时期就铭刻在心的樊塞蒂的话："我愿意每张嘴都有面包，每个家都有住宅，每个小孩都受教育，每个人的智慧都有机会发展。"[①]接着又说："作为一个中国人，我可以说我们比谁都更爱和平，更宝贵和平，更需要和平。因为在和平中我们才可以找到建设的机会，而且我们是经过长时期的战争之后才得到和平的。"他把青年时期信仰的思想精粹又一次自然地和现实生活联系起来。

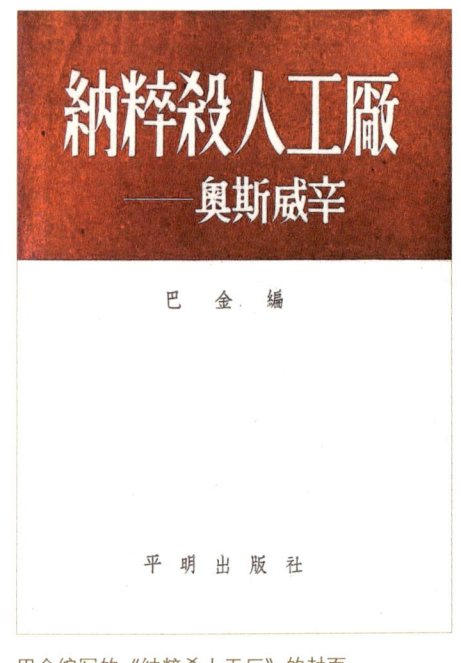

巴金编写的《纳粹杀人工厂》的封面

在大会期间，他和代表团中的朋友们，熟悉的和新结识的，相处得都很友好，得着他们很多照顾、帮助和鼓舞，使他这个重友情的人感激而又温暖。金仲华是一位著名的记者，后来做过上海市副市长，和巴金在抗战期间的桂林就曾相识。这次同在代表团里，他们意气相投，结成很深的友谊。有一天，大会从早晨六点开到午夜，巴金和金仲华在会议结束之前，一起去到场外饮咖啡休息，谈得非常兴奋。谈各人的感受，也谈未来各自的打算。他们相互勉励，相约互相帮助。在后来的二十年里，这位善良正直的记者、副市长成了巴金生活中最好的朋友之一。

[①] 意大利无政府主义者樊塞蒂的原话。见《巴金全集》第21卷，第228页："我希望每个家庭都有住房，每个口都有面包，每个心都受着教育，每个智慧都得着光明。"人民文学出版社1993年版。

116. 初访苏联

1950年11月28日，巴金又作为中国劳动人民代表团成员从华沙到达莫斯科白俄罗斯火车站，受到苏联友人的迎接。有几位都能讲流利的汉语，使中国朋友为之惊讶。他们都是中国通，有的在上海、北京、桂林活动过。其中有一位罗米诺夫与巴金也是在抗战时就已相识，在桂林一起吃过马肉米粉。还有一位有中国名字和写一手漂亮汉字的叫苏合作。他们陪同代表团在莫斯科、列宁格勒、西伯利亚等地参观访问。中国朋友被当作贵宾得到热情友好和丰盛的款待，使巴金等感到非常愉快和感动。

这是巴金第一次到闻名已久的苏联访问。

巴金在去华沙之前，路过莫斯科停留一天半，略参观了几处地方。现在又进行了三个星期的游览。对于他来说有着特殊意义。过去听到过，而且自己也曾激烈地批评过苏联，同时也听到过许多对于苏联的热烈赞美，因此对于苏联的认识有过一段变化过程。对于俄罗斯的历史文化艺术，他一直非常关注和喜爱。今天终于有机会能够亲身经历，走一走，看一看，具体接触一下苏俄的实际，他是兴奋的。所以，他在颂扬现实的苏联的同时，常常会更倾情地叙说对沙俄文化艺术的称赞。他不无夸大地说："我居然踏进了我这半生的梦里故乡……"他还满含深情地说：

> 你们可以想象到，我的脚第一次踏在俄罗斯的黑土上，我是多么地兴奋。可是在他们这里我并不是一个陌生的客人。你们的一切对我都是非常亲切的。连西伯利亚的雪，贝加尔湖的水，莫斯科的红场，列宁格勒的冬宫……都像跟我常见面的老友。我知道列宁墓前有着经常不断的参拜的行列，我知道"瓦西里·勃拉任纳教堂"旁边还保留着蒲加切夫在那成仁的古刑台，我知道克里姆林宫钟楼上的红星彻夜发出照耀世界的光芒，我知道列宁格勒那个树立彼得大帝铜像的广场上一百二十五年

前发生过十二月党人的革命壮剧……你们这里的一切、一切……我全在书本上念过了……普希金、果戈理、托尔斯泰、屠格涅夫、契诃夫、高尔基……这些光辉的名字，他们的作品三十几年来一直是我们的读者的亲密伴侣，对于一切向上有为的青年，莫斯科是一个革命的圣地。

巴金参拜了列宁墓，参观了高尔克村的"列宁故居"，到红军博物馆看苏联红军战胜法西斯的辉煌战绩。在"全苏建设展览会"中看到了共产主义建设的美好远景。在斯大林汽车工厂看到苏联的建设和工人的生活。在戏剧艺术博物馆里欣赏到农奴出身的艺术家们的成绩。在特列杰雅科夫美术馆和列宁格勒的冬宫看到了苏俄的美术宝藏。还有在红军剧院、高尔基艺术剧院、柴可夫斯基音乐厅……听到了米哈伊洛夫等的歌声，观赏了乌兰诺娃等的舞姿，聆赏了柴可夫斯基等的音乐。巴金几乎陶醉在这些剧场里，与观众们一起欢呼鼓掌。看到这些情景，他深深地感到"你们是幸福的"。

有一次，在列宁格勒国家剧院里，中国客人们被那些青年观众包围着，抢着握手，请签名，赠送礼品……使巴金感受到真诚而热烈的友情，使他深深地为中苏两国的友谊而激动。当他们结束访问后，三位苏联友人还陪他们坐着国际列车，历经漫长的风雪弥漫的西伯利亚旅程，一直送到奥特波尔边境，这又一次使巴金感到火热的友情，激动得不能入眠。

在巴金的创作实绩中，旅途随笔是一个很重要的部分。在三四十年代，结集的就有《海行杂记》、《旅途随笔》、《旅途通讯》、《旅途杂记》等四五种之多，再加上其他散文随笔就更多了。因为他爱好旅行，在旅途中总有许多

巴金翻译高尔基的作品集《草原故事》封面

新鲜的见闻、印象和感受，为他所捕捉。特别对底层人民的生存状态尤为关注，信笔写来，酣畅自然。这次在苏联三个星期的旅行，新鲜的事物当然也是扑面而来，但最后却只写了一篇《给苏合作同志》的散文，别无其他创作，还不及两周的华沙之行。就像参加了全国政协会议和天安门观礼这样盛况以后没有创作实绩一样，我们只能推论在苏联旅行的日子里，东道主把参观的日程排得满满的，几乎都是在展览会、博物馆、剧场等地方，不像过去个人旅行，融入在平民百姓日常的生活里，能够真正观察到那片国土上的人民生活的本来面貌。因此，在莫斯科，"我们真可以说没有浪费过一分钟的时间……我们到过不少的地方"。巴金和他的同伴们一再感叹，"我们看到的确实是太多、太多了"。然而，当繁华的活动过去以后，却未能留下什么作品来。

两个月紧张的旅行生活，也使巴金备受思念妻儿的煎熬。他想家，想离家时拉着他的手依恋不放的五岁女儿小林，想刚刚出世两个月已会发出鼾声，笑得很甜的儿子小棠，想念妻子萧珊。这一年来，因为自己不断外出参加活动，家里的事情都压在了妻子的身上。7月，萧珊生了一个儿子。她生产时，他刚从北京开会赶回上海，接着又参加上海文代会。现在，在他四十六岁生日到来之时，也正是儿子小棠出生四个月的日子，萧珊正在苦苦地思念他，多么想听听他的声音，像往常一样在他的声音里睡去。但现在却不能了。往年，每逢三哥尧林的忌日（11月22日），他们总是全家一起去祭扫。可是现在少了巴金，萧珊想："今天你在什么地方……我们隔得远极了，我不能想象你的生活的一丝一毫。"

1950年12月30日清晨，巴金与代表团中的上海成员一起回到上海，受到华东和上海各界两千多人的欢迎。当他走进淮海坊五十九号家门时，看到家里也是热热闹闹。除萧珊、小林、小棠之外，还多了他的继母邓景蘧和最小的十二妹李瑞珏、弟弟李济生。他们是在他去波、苏前二十天，从四川老家来到上海的。从三哥去世以后，巴金一直从经济上负担着四川老家，照顾着老母弟妹。现在团聚了，彼此能有更好的照顾。五十九号是一栋三层小楼，巴金家只占二三两层，三楼是他的卧室兼书房，二楼是会客、吃饭的地方。六口之家再加上大量的藏书，这就相当拥挤窄小了。那时，他们抚养的马宗融、罗淑的儿子马绍弥还是在学校寄宿的。

第十二章
改造之梦

117. 改造伊始

1949年至1950年间，巴金出版的译作有鲁道夫·洛克尔的《六人》、屠格涅夫的《蒲宁与巴布林》、高尔基的《草原集》和《文学回忆录》、迦尔洵的《红花》等，后来还根据华沙之行写的散文结集出版了《华沙城的节日》。他当然不满足于这些译作的实绩。他正在悉心搜集屠格涅夫著作的各种版本，想在三五年内把《屠格涅夫全集》编译好。

至于创作小说，更是他许久以来的强烈愿望。他已经有四年没有写新的小说，他自己、读者，还有共产党的文艺领导们也都在关注着这件事。他深信根据自己二十多年的创作经验和艺术创造能力，完全可以写出新的作品来。但是，面对许多实际情况，他对自己的创作之路如何走下去却不能不有所考虑。

1949年10月，丁玲在北京的一个青年讲座中，作过一次演讲《在前进的道路上——关于读文学书的问题》。她对青年读者中广泛流行的作家作品作了尖锐粗率的评论，其中涉及到的作家作品，恰恰就是拥有最多读者的冰心和巴金。她肯定"巴金的小说可以使人有作为,也可以使人向往革命"。但是"那种革命,上无领导,下无群众,中间只有几个又像朋友,又像爱人的人在一起的革命,也革不出一个名堂来",所以"跟他走不会使人更向前走。今天的巴金,他自己也正要纠正他的不实际的思想作风"。①话说得很婉转、客气,但意思是很清楚的,就是不能再照老路走下去了。那时,丁玲是中宣部文艺处处长、《文艺报》主编,她的《太阳照在桑乾河上》正成为革命文学的优秀代表作品。她经常在各种场合代表文艺界的领导发表意见。所以,她的话是有分量的,而且与第一次文代会所倡导的思想也是完全一致的。何况,巴金也已向这个会议承认了,过去"我好像被四面高墙关在一个狭小的地方","我的作品软弱无力"。那么,以后又怎么样呢?

1951年,开明书店出版了一套由茅盾主编的《新文学丛书》,收有"五四"以来知名作家二十四人的选集。这可能是解放后第一次比较系统地出版老作家著作的丛书。其中有的作家就根据共产党文化的政策思想,对自己的旧作进行了大幅度的修改。郭沫若将"五四"时期自己写的几首代表性诗作做了重大的根本性的修改。引起较大反响的是曹禺把《日出》、《雷雨》改得面目俱非,竭力想把所谓低沉阴暗的调子改得光明高亢起来,把《雷雨》中的鲁大海改成了代表新的工人阶级的革命力量,还放枪(表示武装斗争)带人砸英国顾问的家。鲁妈带着四凤也要去革命。把《日出》中的小东西改成被无产阶级救了出来,全厂工人罢工等等。老舍把《骆驼祥子》原作近十六万字删剩九万字,把祥子和革命者阮明以及曹先生的缺点毛病统统改成完美的高大形象。巴金对自己的作品也有修改。本来作家修改自己的作品是他的权利,但是按照主导的特定的文艺政策来修改作品中的思想内容,与二三十年前的创作构思已完全是两回事。因此也引起读者的反感。但是这股修改旧作的风在当时一些老作家中却很普遍,好像不如此就不宜出版,不宜与读者见面,唯恐误导甚至毒害了读者似的。正如有的学者所指出的,在"重建新文学史秩序"的过程中,老作家们一开始就是一副顺从照办的态度。

---

① 《丁玲文集》第6卷,第27、25页,湖南人民出版社1982年版。

就在这套丛书之一《巴金选集》前,巴金写了一篇自序,在叙述自己如何走上创作道路之后,说:

> ……所以我的作品中思想性和艺术性都很薄弱,所以我的作品中含有忧郁性,所以我的作品中缺少冷静的思考和周密的构思。我的作品的缺点是很多的。很早我就说过我没有写过一篇像样的作品。现在抽空把过去二十三年中写的东西翻看一遍,我也只有感到愧悚。
>
> 时代是大步地前进了,而我个人却还在缓慢地走着。在这新的时代面前,我过去的作品显得多么的软弱、失色,有时候我真想把它们藏起来。……
>
> 现在一个自由、平等、独立的新中国的建设开始了。看见我的敌人的崩溃灭亡,我感到极大地喜悦,虽然我的作品没有为这伟大的工作尽过一点力量,我也没有权利分享这工作的欢乐……[①]

这篇自序写于1950年5月。作者的态度不能不说是在被迫的情况下,但又带着几分真诚。他强调了自己写作的内容是真实的,对于旧制度等等敌人的攻击从来没有作过妥协;但又与当时正在流行的许多知识分子所作的检讨一样,他也夸大了自己的缺点,自责过严、过苛,以至说"没有写过一篇像样的作品"。这也许是巴金第一次对于自己的创作采取这样彻底否定的态度。

1953年,巴金的《家》改由人民文学出版社出版,巴金写了一篇《〈家〉新版后记》,除了说明这部作品创作时的构思意图和心境外,特别向读者交代说:"像这样的作品当然有许多的缺点,不论在当时看,在今天看,缺点都是很多的,不过今天看起来缺点更多而且更明显罢了。"所谓缺点是什么呢?就是因为没有"明确地指出一条路来",即共产党领导的革命之路。这和丁玲等的批评是一样的。不过巴金还是引了自己过去的一句话辩解说:"但是读者自己可以在里面去找它。"显然他对这种责备是有保留的,尽管用词经过斟酌,

---

[①] 《巴金选集·自序》,开明书店1951年版。

颇为小心而有分寸，但比起1950年写的序言，是有所不同的，不再是全盘否定了。

当时人们对于五四以来的现代文学作品如何评价出版的问题还很茫然。后来统统收归国家文学出版机构统一集中管理，经过重新整理审查，有选择地适当地少量地逐一出版。巴金大量的著作原来都是交由开明书店出版的，他也是赖此版税为生的。但是，1951年重印了巴金一些作品以后就不再像以往那样根据读者的需要继续重印。开明书店是一家私营出版机构，但一样要执行党的政策。不久，他们就被改组并入到中国青年出版社了。巴金与开明书店二十多年的合作关系也就告一段落，全部作品停版不再重印。只有《家》（1953年）、《春》（1955年）、《秋》（1955年）等少量作品改由人民文学出版社重新出版。开始时，巴金还曾把开明书店停印了的书选了几部交给由他当总编辑的上海平明出版社重印。很快，平明出版社也被并入到上海新文艺出版社，那些作品也就随着不再重印了。这样一来，巴金一下子失去了主要的稳定的经济收入，不能不使他感到恐慌和紧张。他与萧珊几次商量，如何节约开支，"……不过我们好好用总可以勉强够吧！"

1951年10月23日，毛泽东在全国政协会议上强调："思想改造，首先是各种知识分子的思想改造，是我国在各方面彻底实现民主改革和逐步实行工业化的重要条件之一。"[①]于是，在全国知识界，包括学校、科研机构、医院、团体等凡是知识分子相对集中的地方，全面开展了思想改造运动。许多著名的科学家、大学教授在报纸上纷纷作公开的自我检讨，讲述改造自己资产阶级思想的心得，颇多过于自辱的话……此外，当时文学界连续不断地对许多新作进行批评和批判。譬如对电影《武训传》、《我们夫妇之间》、《关连长》，以及碧野的《我们的力量是无敌的》、刘盛亚的《再生记》、胡丹沸的《不拿枪的敌人》、王亚平的《愤怒的火箭》、路翎的作品等等，都是从政治上给予极其严厉的批评。有的还是全国性的，动员全民参加的，如《武训传》，以及有关的作者、编导、演员、文化官员，说过赞美话、写过赞美文章的人，甚

[①] 《毛泽东选集》第5卷，第49页，人民出版社1977年版。

至涉及武训的绘画、故事、曲艺的作者也都无一幸免，一而再地受批判，有的还是过不了关。这样的政治空气形成的精神负压，巴金不可能是无动于衷的。他不可能再像过去那样，写自己熟悉的生活和人物，写积郁在胸、喷涌欲出的激情和思考。相反，他要重新去了解、熟悉自己过去完全不了解的党的斗争生活、工农兵人物，去了解、熟悉党的政策思想。但这又非一朝一夕就可立竿见影的。尽管巴金表示愿意改造自己，接受新思想，描写新生活。

共产党对巴金还是重视的，把他看成是团结统战的对象。越来越多的名誉性的头衔、职务加在他头上，他频繁地出现在各种公众场合。除了前述的一些职务外，如今左联五烈士殉难二十周年纪念会，他是筹委，又是主席团成员；反对美国武装日本的大会，他是主席团成员；上海市各界代表会议，他不仅作为文学界的代表参加，还是"反革命案件审查委员会"委员，公审反革命分子大会的主席团成员；欢迎英国人民访问团，他是主席团成员；参加欢迎赴朝慰问团大会，他是主席团成员；庆祝中国共产党成立三十周年大会，他是主席团成员；还有华东军政委员会，他是委员；中苏友协华东分会、上海分会，他是理事；华东文联筹委会，他是副主任；华东毛泽东思想学习委员会，他是委员。此外还有关于抗美援朝的各种活动，以及外事方面的迎来送往，他都要出席。这些都被认为是党分配的重要政治任务、革命工作，不容怠慢。但无须他实际参与操作，只是陪同当地领导坐在台上，听别人讲话。在旁人看来，这都是很"荣誉性"的事。但这些活动对于巴金来说都是陌生的从未经历过的，现在却需要他去适应去习惯去经常参加。他在给朋友的信中委婉地发着牢骚，说他忙得"实在没工夫看（书），信也无法写。我事太多，收到的信也多……除了熬夜什么事都无法做"。但是，这一切繁忙都无法代替、解决他面临的创作上的困惑。

1951年7月，巴金参加老根据地访问团华东分团的活动。他希望这是一次到农民中去了解新的革命斗争生活的机会。巴金还被任命为分团副团长。同行中有两位熟人，章靳以和方令孺。章靳以是老朋友了，方令孺则是在这次活动中了解了更多些。她原是富家少奶奶，但抛弃了富裕生活，走出旧家庭，追求新的人生道路，渴望和人民大众相结合。在访问途中，她不怕艰苦困厄，有一次住在一家农舍里，晚上就睡在棺材旁边。她要求自我改造的真诚愿望感染了巴金。从此他们成了好朋友。

这次活动前后经历了一个多月，先后到过山东潍坊、沂水、莒县以及江苏扬州等地。巴金作为副团长，带头吃苦、干活；在访问座谈中，倾听群众的意见，深得好评。这时的巴金，真诚地想了解农民、认识农民、体验农民的感情和生活，但是，这种形式的访问，所获得的印象却是有限的。

118. "我也该好好锻炼……"

终于有了一次机会：到朝鲜战地去。

1950年6月25日，朝鲜战争爆发。稍后，中国人民志愿军入朝作战。在全国范围内，开展了一场声势浩大的抗美援朝、保家卫国运动。从1951年开始，就有中国人民赴朝慰问团前往朝鲜前线慰问中朝战士，其中有不少著名的文艺工作者，如田汉、黄药眠、叶丁易、杨朔、田间、丁聪、蓝马、侯宝林等等。

1951年11月，毛泽东提出思想改造之后，文艺界举行了学习动员大会。胡乔木作了《文艺工作者为什么要改造思想？》的报告；周扬作了《整顿文艺思想，改进领导工作》的报告，丁玲作了《为提高我们刊物的思想性、战斗性而斗争》的报告。接着，全国各地开始整风学习。然后，就是组织作家、艺术家"深入生活"。1952年3月，中国文联组织了马加、贺敬之等下乡，曹禺、艾芜等下厂，巴金、古元、葛洛、白朗、菡子等十七人赴朝鲜战场，并由巴金担任组长。

那时，丁玲正任中宣部文艺处处长、中国文联学习委员会主任，负责领导安排这些活动。早些时候，冯雪峰从北京写信给巴金，透露了上面有意"希望你能去（朝鲜），不知此事如何？你能去么？如能去是最好的"。曹禺也写信告诉他："前两天，丁玲同志找我谈，说要组织作家到朝鲜，为着今后的创作必须发展。有二十位作家在这次名单中，其中有你，也有我……我以为你必须考虑这个提议。说她已致信给你了……如果到朝鲜不合宜，我觉得到工厂去也是很好的。这些问题，丁玲同志为你想得很周到。"朋友们事先告诉他，是为了让他先有个思想准备，还暗示是不能拒绝的。

当丁玲把这个安排、设想写信告知巴金时，还说："我也希望你能摆脱一些事务工作而专心致力于创作。你过去的作品，虽说在思想上还有所不够，但却是有热情的和感人的。我以为你如果能获得些新生活，对群众的感情有些新体会，那是可以写出新鲜的作品来的。这是我们今天人民和国家所需要的。"①显然，丁玲的话还是很热情的，充满着期待和鼓励。当时作家下厂下乡的事在舆论宣传上已经很久很热，巴金也早有思想准备，他与萧珊商量后，决定接受并立即收拾行装出发。1952年2月10日，巴金离开妻儿坐车北上。这次毕竟是上战场，不仅因为紧张的准备，过分的劳累，也包括精神上难免有所负压，到了列车上竟大大地酣睡了一番，自叹"一个月来没有像这样地'好睡'了"。2月12日清晨到京，正是大雪纷飞，中国文联派人接站，曹禺也赶来了。那时天还刚刚亮。汝龙怕错过接站的时间，竟熬夜到凌晨四点钟，炉火灭了，他还是昏昏睡着了。巴金到达北京后，住在北官房中央文学研究所宿舍，稍事休息，九点钟见到丁玲，当知道当日无事，就到西城达知营探望汝龙去了。

从这时起，直到3月7日经沈阳赴朝鲜，巴金在北京住了近一个月。有时整天听报告，听过陆定一等人的报告；有时学习有关文件。总之，从思想上行装上做各种准备。其余时间就是和朋友相聚。五十年代，巴金每次到京，除了工作、开会或文艺界聚会外，他只是和一些私交最好的朋友交往。他和曹禺是有二十年友情的知友。汝龙正在为平明出版社做编辑翻译工作。开明书店顾均正既是他的主要作品的编辑出版者，负责传递版税，又是在上海淮海坊多年的邻居。他们都是善良忠厚的人。巴金得到这三家夫妇的热情款待，他们传递信件，寄存衣物，互通钱财，以及照料他的生活细事，就如自家人一样。巴金和他们三天两头就要在一起吃饭，有时索性终日相聚。

---

① 《巴金研究》2006年第1期。

巴金刚到北京就听说曹禺改去工厂了。这也是丁玲的主张，认为去朝鲜一年半载也写不了剧本，故劝他改去工厂。还主张让他的夫人也一起去。曹禺就劝巴金也下工厂。这次巴金决心锻炼，以为去朝鲜"对自我改造也有帮助"。文艺界领导们也赞成巴金去朝鲜。因为是去战场，又是这样一些著名人士，所以丁玲和中宣部、中国文联的领导在各方面都考虑得比较周到。当时只是设想到朝鲜战场各处去看一看，体验一下，住一个时期，然后找个回国部队跟着回来，并不一定要住太长时间，或有太多要求。丁玲还专门请巴金吃饭，谈去部队的事，提了一些设想和意见，使巴金比较安心。丁玲还说，去朝鲜后，将会有各种场合需要他讲话，"这就是锻炼"。这却是巴金原先没有想到的，担心开始时会不太适应。文联副秘书长舒群问巴金走后家里有什么需要，文联都会照顾的。巴金写信嘱咐萧珊，只能从文联那里了解他的情况，而不要收受钱款的寄赠。总政文化部则给巴金派了一个通信员帮助照料他的生活。因为敌人在前线投下细菌弹，所以他们行前还打了防疫针，有防鼠疫、防伤寒、霍乱、痢疾的。离开北京前夕，巴金和他的同伴们都已脱去制服改穿了棉军装，领到了铺盖；并被告知他们"以后完全按照军队方式生活，一切服从纪律"。巴金深深地意识到，这将是他生命中的一次新的实践。

当时，巴金的思想感情是很复杂的，对离开妻子儿女，他是柔情满怀难以忍受的。因为此行将是他和萧珊婚后最长久的一次分别。他从离开上海那天起，就被对妻儿的思念紧紧缠绕折磨，迫不及待地在剧烈晃动的列车中给萧珊写了第一封信。在北京时，有一个下午，曹禺夫妇在他宿舍里休息，曹太太躺在床上午睡，曹禺伏在桌上假寐，巴金本来头靠墙打盹儿，忽然接到萧珊来信，马上利用这个空隙时间写了回信，在去听报告的途中就投了邮。在二十多天里，他至少写了十三封家信，不断报告在京的生活状况和赴朝准备情况，诉说自己对家的思念之情。他告诉萧珊：

无论到什么地方，我总会记着你。

在这方面我的确有点毛病，看见玩具，又想到两个孩子，没法跟他们见面，买了玩具就仿佛见到他们笑容似的。这种父亲的心的确可笑，以后当改掉。

想到你几个月会得不到我的消息时，我真没法安定我这一颗心。

我的确想家，我真不愿意离开"家"，离开你们……你想到我现在受着多么深的怀念的折磨，你会原谅我的。

这一次我特别想念你。昨晚看见及人（汝龙），想到他今天动身去沪（上海），忽然起了羡慕之感。我不知道什么时候能够再坐上平（北京）沪通车，什么时候才能够跟你再见……我做梦都想到我们围炉坐谈的将来。

你明白我这时的心情。我的确有千言万语，却无法把它们全倾泻在纸上……而且想到你，想到孩子，想到大家，这会给我增加勇气，我的心里永远有你。在艰苦中，我会叫着你的名字。在任何环境下我要做一个值得你爱的人。

萧珊的回信更是充满着痛苦的思念。她真怕度过没有巴金信的日子，"我多渴望你能更爱我一点，我好像还是一个没有长大的小女孩"。当巴金离家才半月时，萧珊觉得"这已是长得不能令人忍受的了"。巴金和萧珊的深情固然折磨着他们，同时也鼓励着他们去创造新的生活。巴金诚心诚意地希望从这里开始，使自己的生命之水又一次撞击出奔腾的激流。他对未来充满着美好的幻想和紧张的期待。

我最愿意安安稳稳地在上海工作，可是我却放弃一切到朝鲜去。我知道我有着相当深的惰性，所以我努力跟我自己战斗，想使自己成为一个更有用的人。

到现在我还是想着家、想着你们。但我觉得我也该好好锻炼一下。把希望放到未来吧。

到三月下旬那才是我的新生活的开始，也就是我们真正的分别的开始……我会在工作中把自己锻炼得坚强、有用。我会吃苦，也会学习。起初一个月的生活大约不容易过，我得咬紧牙齿。但以后就不要紧了，我有决心……

出国后生活紧张，恐怕连思想的工夫也没有，我预备把整个身心放到工作上去，尽可能地完成任务。

巴金并没有像科技文化教育界有些著名人士那样发文章，专门谈思想改造、谈心得、表决心，以示进步。他只是将自己年轻时的梦想——一个和明天的太阳一起升起的美好社会和现实联系起来，以为已经成为事实。他想沿着年轻时非常崇敬的殉道者所开辟的道路继续前行。他真诚地感到自己过去的生活和作品中软弱低沉的东西多了些；现在，他希望自己也像另一些革命作家那样，"创造出一些美丽、健康而且有力量的作品"来。他觉得最重要的不是语言，而是实践，到艰苦严酷的环境中去锻炼自己，去朝鲜战场显然是当时最好的选择。

119. 战地之梦（一）

1952年3月7日，巴金怀着紧张兴奋的心情穿上棉军装离开北京，次日中午到达沈阳，停留了一周，3月15日到安东（今丹东）。当晚就遇警报，招待所马上停电熄灯。16日早晨起身，看见天气晴朗，满园鸟声，山色甚美。但因据说昨晚敌机投过细菌弹而不能上山观赏。这时，他也听到了中国飞机的轰鸣声，心里十分高兴。下午2点30分，他们由罗文副参谋长带领，也雄赳赳、气昂昂地跨过了鸭绿江，到了朝鲜。他们沿途看到被炸弹炮火炸毁后的废墟，敌机也不时在空中盘旋。深夜2点到达志愿军后勤部，19日晚到达志愿军政治部。

这个赴朝创作组共有文艺工作者十七人，巴金担任组长，版画家古元、诗人葛洛任副组长，都是延安出身的党员，为人温和厚道。葛洛还兼任党支部书记，实际主持创作组内的事务，所以倒无须巴金费心。但是到了部队，这个组长就受到较好的照顾和礼遇。从在沈阳停留期间开始，一直到朝鲜，部队机关常有请客吃饭之事，主人致词，组长就要代表全组致答词；主人敬酒，

我们会见了彭德怀司令员

巴 金

《我们会见了彭德怀司令员》最早全文刊载在《志愿军》报 1952 年 4 月 11 日

组长就要回敬；军人又多豪饮，热情劝酒常使巴金过量而醉酒。此外生活中的一些小事，诸如没有沸水喝不了茶，日常换洗衣服也要自己动手等等都是巴金过去没有经历过的不习惯不会做的，现在也都高高兴兴地练习着去做。

到了朝鲜第六天，22日中午，创作组全体人员，受到志愿军最高统帅彭德怀的接见和座谈。彭总朴素、诚恳、亲切，有如长者对子弟，他的谈话一下子使他们初次见面的陌生感消失了，像是和亲人相叙一样。彭总谈话后，与政治部主任甘泗淇一起，和巴金谈了一会儿，使他很感动。会后，彭总请他们吃饭，还有火锅。25日晚，巴金受创作组委托，很顺利地一气呵成，写完《我们会见了彭德怀司令员》。26日又听了彭总的一次讲话，有新的心得，当天作了修改。27日根据组内同志意见又改了一遍，由葛洛交新华社。彭德怀于28日看到原稿，随即给巴金写了一封信，说：

巴金同志："像长者对子弟讲话"一句可否改为"像和睦家庭中亲人谈话似的"？我很希望这样改一下，不知可许否？其次，我是一个渺小的人，把我写得太大了一些，使我有些害怕！致以同志的敬礼。

彭德怀
3月28日

巴金根据第一条意见照改了。至于第二条，作者原是写得很有分寸的，但是彭德怀的谦虚使巴金感动，彭德怀的担心却是巴金想不到的。这篇文章先在《志愿军》报4月11日全文刊出，但新华社播发时删去了两三段，巴金心里不满却又无奈。后来全国各地报纸纷纷转载，受到广大读者的欢迎，一时成为传诵之作。人们看到了英雄的志愿军司令员的形象为之感到兴奋。

这篇散文是一个人物速写，在巴金创作中具有转折意义，标志着巴金向旧的创作的告别，也是向写工农兵、写英雄人物、歌颂共产党和社会主义的创作道路迈开了第一步。他以真实的情感、自然流畅的语言描写了访见者眼中的彭德怀，从访见者的心情和感觉的细微变化，写出彭德怀朴素谦虚、睿智有力的品格，然后又从访见者的感受联想中写出彭德怀在人民心中的重要位置和对彭德怀的感激之情。

夜并不深,北京时间不过九点光景,在祖国的城市里该是万家灯火的时候,孩子安宁地睡在床上,母亲静静地在灯下工作,劳动了一天的人们都甜蜜地休息了。是谁在这遥远的寒冷的国土上保卫着他们的和平生活呢?祖国的孩子们是知道的,祖国的母亲们是知道的,全中国的人民都是知道的……

这样的文字,抒发了当时人民对于彭德怀的崇敬心情,引起了广泛的共鸣;

巴金(左二)在朝鲜战地坑道中采访

而作品的传播方式和在读者中的效果对于巴金都是新鲜的。

从3月到10月长达半年多时间里,巴金一直坚持在朝鲜战场上。

自从1950年6月朝鲜战争爆发以来,战局有过几次大的反复。但是从1951年7月以后转为相持阶段,双方一边在开城板门店进行谈判,一边继续互有攻守。创作组到朝鲜不久就遇到祖国来的关于美军使用细菌战的调查团成员廖承志、李德全等,巴金写了抗议细菌战的文章。4月,巴金和组员们从志愿军总部赴平壤见金日成。巴金和几位女作家同坐一辆吉普车,途中因防空灭灯,几乎与迎面来的大车相撞,吉普车翻在小沟里,幸好人员没有伤亡。4月4日见了金日成。金日成讲中国话,讲了一个小时。巴金代表大家说明来意。

巴金(右一)在朝鲜战地坑道中采访志愿军

此后，巴金和组员们分散深入连队、前线。

巴金到过板门店谈判区。有一次，他看见直升机送来美韩谈判代表，还看见在那里活动的美国记者和站岗的哨兵。中朝代表坐车到达，"两方人员走进第三项议程的帐篷，只有四十秒钟，两方人员就出来了，会议就结束了"。巴金还住到营部、连队的山洞里，到前沿阵地交通壕去，到坑道工事去，看过双方炮击，从望远镜里看到敌人阵地的活动。有时从前沿阵地归去，刚才走过的交通壕已经落了敌弹毁损了。有时也要冒险跑步穿过开阔地，连陪同他的连队干事都感到紧张。

尽管天天在炮声中度过，但是，在连队竟能正常过日子，照样吃到豆腐豆芽，吃到饺子。有时住处和吃饭的地方分别在山上山下，所以一天就

1952年，巴金（中）在朝鲜与志愿军战士在一起

巴金在朝鲜战地写的日记

要上上下下爬好几回山。有时下大雪，深夜回洞，当然很吃力。有一次住处的山洞内积水掉土，副连长叫岗哨站在洞口，支起雨布过夜，可以随时发现险情。巴金躺在洞内床上，听着掉土的声音、滴水的声音，想到战地生活，想到如果洞塌的话，想到远在祖国的家。这时，他好像更深地体会到了战士的内心。

就在这些日子里，巴金听到过许多战斗英雄的报告。他到连队采访，组织座谈，个别访谈；也听部队首长、宣传干事们介绍感人事迹。他体验到战士们勇敢的精神，与朝鲜老乡们和睦相处的爱心。他从心底喜欢这些年轻朴实的战士。他还去看过开城市运动会，参加过庆功联欢会，也常常看政治部、文工队打篮球、打排球、战士们下棋跳舞。他第一次感受到，战地在如此严酷艰苦、生死搏斗的情况下照样洋溢着热爱生活的乐观的情趣。他过去曾说自己在抗战时身经百炸，是指经历过许多次日寇的野蛮轰炸，看到过大火和死亡。但那是在后方，现在却是处在面对面搏击的前线。过去是在祖国的本土抗击日寇的侵略，现在是到邻国支援，面对号称世界头等强国的美军。过去他是平民，现在却是军队的一员。他抑制不住激动的心情，在山洞里，在烛光摇曳下，写下了一篇又一篇通讯，记述了志愿军的英雄业绩。

他还在同样的烛光下，或是白天在洞口，坐在石头上，抓住零星时间学习俄文，还学习朝文，抄写部队提供的材料、写日记、写家信、看书报。他常常得到部队上下指挥员、战士、机关干部的细心照顾，使他这个平时最不愿意麻烦别人的人感到盛情难却而又非常不安。于是，他尽量减少这样的关照。譬如下连队，开始时常由部队派人陪他下去，后来他就"坚决谢绝"。部队常常送烟、白糖、奶粉等物品给他，他因为无法完全拒绝而借口感冒未愈，索性戒烟。这样才使自己稍稍安心些。他从入朝以后，凡与部队领导或朝鲜官方吃饭，总有酒喝，啤酒、黄酒、白兰地、葡萄酒、苏联香槟……什么都有。有时连早餐都有酒喝。军人、朝鲜人都豪饮，还热情劝酒，因此这段时间，几乎是他生平喝酒最多的一个时期，有时喝得酩酊大醉。这不是他贪杯，而是浓浓的友情使他这个重友情的人无法不醉。

10月13日，巴金离开朝鲜。临行时，有一位兵团政委对他说："不要忘记你是这个兵团的人啊！"这句话使他高兴而温暖，以后每当想起这句话时都会激动不已。当他重新跨过鸭绿江，掉头回望朝鲜，一时感慨万千。15日回到北京，事先没有通知任何人，他叫通信员直接回总政文化部报到，然后独自一人雇车来到东城顾均正家。萧珊带着女儿小林已在前几天到了北京顾家，正在焦急地等候呢！

120. 战地之梦（二）

巴金在朝鲜战场生活了七个月，先后写了十一篇通讯散文，都是报道描写志愿军英雄事迹的。后来结集出版为《生活在英雄们的中间》。回到上海以后，有了从容的时间和安定的环境，他又根据所得生活素材创作了四篇短篇小说，结集为《英雄的故事》。其中《黄文元同志》、《坚强战士》后来陆续被译成英文介绍到国外。《黄文元同志》发表不久，《文艺报》就有评论文章认为从中感受到了作者"真挚的感情"。朋友们也鼓励他,黄源说:读了"很受感动"。黄裳说:"写得很好。"张骏祥也写信称赞。北京文艺界把这篇作品看成是作家深入生活、改造思想以后结出创作成果的范例。但也有读者认为《黄文元同志》写得不好,前半部可以删去大半。

无论如何,这些创作确实意味着巴金文学生涯新的开始。过去他完全是从个人化的生活经验和激情出发进行创作的,写的是他最熟悉的知识分子世界,因此他很自信能够成功;现在则是在党的政治思想指导下,有目的地带着创作任务去到朝鲜战场,在搜集采访材料的基础上创作的,对于战争、战士的生活是他过去从未接触过、完全陌生的。因此他刚开始与他们一起生活时,甚至有点胆怯。但他决心努力完成任务,把全部身心投入到工作中去。

虽然这是在领导出思想、群众出生活、作家出技巧的创作模式上进行的,但恰恰又因为作家在战地生活过程中有了了解和体验,战士们的感情和品格对他精神上有了很大的冲击,从而有所思、有所感,引发了创作激情和愿望。他说:"从他们那里我感到了深厚的爱和深切的恨,更理解了'一人吃苦,万人享福'的伟大抱负。"因此他在写作这些作品时,确实倾注了自己真诚的爱憎感情和对新生活的体验,使这些作品焕发出一定的艺术光彩。

当巴金和家人团聚了九个月以后,他又主动要求第二次赴朝鲜并得到批准。本来胡风也要同去,后因修改稿件而留了下来。这样他就单枪匹马出发了。既不需要像上次那样做紧张的长时间的准备,又无大张旗鼓的宣传和人数众多的创作组。1953年7月,巴金离开上海时,在车站月台上看到女儿小林人小,也不禁热泪盈眶。尽管他也舍不得妻儿,但为了工作,他还得走。他轻车熟路到了朝鲜。到达部队机关时,看到那些将军们都是熟人,大家都感到非常亲切。他们说他胖了、身体好了。

那时巴金有一种强烈的创作愿望,多年没有创作成果使他感到不安。现在经历了朝鲜战地生活刚刚有了一点新的创作,使他的艺术激情被引发点燃成熊熊的火焰。他觉得自己胸中涌动的感情要倾吐,溢满的爱憎要宣泄。他多么想把这一切都倾泻在稿纸上,像青年时代那样酣畅淋漓地写出一部新作来。这对他本来不是什么难事,但现在却需要他努力创造条件,突破创作停滞的局面。他对萧珊说：

> 我非写出一部像样的东西来才不白活，否则死也不会瞑目。至于别人的毁誉我是不在乎的。但要写出一部像样的作品，我得吃很多苦，下很多功夫。忙对我的创作没有妨碍……老实说，我不愿意离开你们，但为了创作，我得多体验生活，多走多跑。

那时的巴金只想着创作，而且酝酿着一个较大的创作计划。他不仅第二次入朝住了半年，还准备再来朝鲜多跑几个地方。如此反复熟悉那块土地、那个战场、那里的人们。

在朝鲜期间，他决定先服从部队工作需要，多写些通讯报道，回国后再写短篇小说，再写一本像样的七八万字的中篇小说，慢慢地还要考虑写长篇。除了写朝鲜战地生活以外，他也没有忘记多少年来一直萦绕在心、构思已久的长篇小说《群》。那将是写知识分子的，是《激流三部曲》的续篇。

总之，他的创作生命力正旺盛着，他的创作道路还长着，完全有可能写更多优秀的作品。

在上海，文化生活出版社的纠纷有时仍还困扰着他。虽然从1949年下半年开始，他就已经不做不管不过问文生社的实际事情，但他仍是文生社名义上的"股东"之一，尽管他从未拿过股息，享受过任何权益，后来索性把它捐献给国家了。但因为吴朗西主持文生社以后业务情况不好，不时有余波传到他那里。巴金不满意，又无力去改变它。平明社也有人事纠纷，使他烦恼和生气。

这时上海已有很多外事上的活动和政治、文化界的集会要他参加，弄得非常繁忙。因为都是上面安排的政治任务，他都是很尊重的。但是，在他的内心深处却渐渐地滋生着一种反感。他连即将召开的第二次文代会也无心参加就匆匆赶去了朝鲜。

他在朝鲜战地，觉得自己的精神状态要单纯清静得多。他住在农家茅舍里，小虫飞来飞去，蟋蟀高歌，借着摇曳的烛光给萧珊写信，听着通信员在屋外廊下打鼾，都使他感到亲切。

巴金在朝鲜战地

7月27日，巴金离开上海那天，恰好是朝鲜战场交战双方在板门店签署停战协议。巴金到了朝鲜以后，气氛与上次明显不同，似乎要轻快得多，部队机关里常有歌舞文娱活动。黄宗江正率领越剧团到朝鲜慰问演出。巴金连续看了《梁祝》、《西厢记》等剧目，还看了其他京剧、歌舞。他既去观看了外国战俘营的情况，也去观看了我军归俘的情况，还到敌人接收区观看了敌方接收战俘，也见到志愿军战俘归来。不久，他就到前线，与团营连排干部广泛接触，访问战士，采访英雄事迹，了解某些攻打高地的战斗情况和几次大的战役。有一次观看战士们修建坑道，刚刚爆炸打通，他就爬过挖穿的洞眼从另一口子出去。有时他也和战士们睡一个大炕。他还多次去前沿观察所观看敌人活动情况。有一个晚上，竟看见敌营灯火辉煌，飙升空中的信号弹；

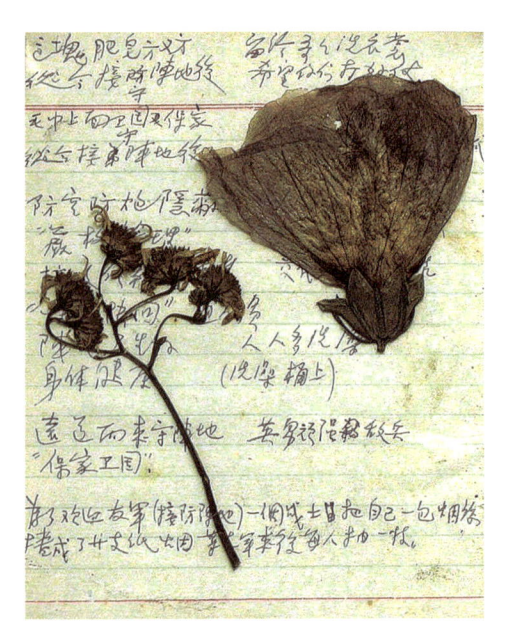

巴金在朝鲜战地的采访笔记和采集的金达莱花标本

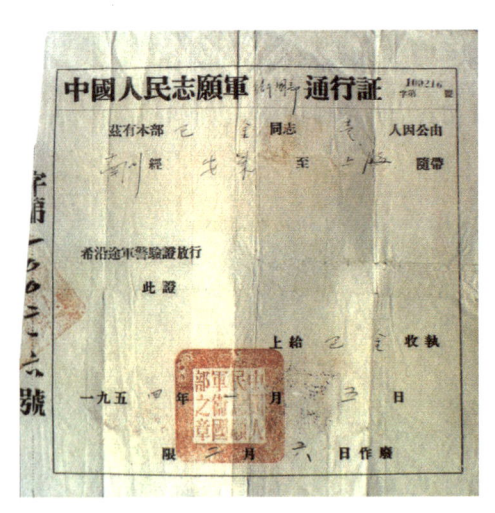

1954年1月，巴金从朝鲜战地回国时的通行证

又有一次，听见敌区战俘营中鼓声喧天，那是因为停战了的缘故。有时偶然也会发生小规模的战斗。一天清早，正下大雪，双方打得很激烈，巴金看到我军枪炮扫射的情况。平时，战士们擦枪、做木工、搭炕烧炕、打草帘、烧水洗衣、包饺子……巴金总和他们在一起，一边聊天一边帮个小忙。他还看到志愿军帮助朝鲜人民在战争废墟上重建家园。

每天晚上，他就在烛光下静静地看书、写作，他有意识地看了不少战争小说，包括一开始就看的西蒙诺夫的《日日夜夜》，但他并不满意。看美国作家法斯特小说却很受感动。虽说是在战地，因在深山沟里，遍地红叶树，景色秀美，常使他为之神往。但感情上更多的冲动，是想把志愿军的崇高精神，通过自己的笔表达出来。

巴金后来将这次写的通讯集题名为《保卫和平的人们》。在后来的日子里，他又陆续写了许多小说，比较引起注意的有《军长的心》、《李大海》、《团圆》等。《团圆》后来被改编成电影，改名为《英雄儿女》，为广大观众所熟悉。

他还打算再来朝鲜。朝鲜战地生活对于他已成了一个美好的梦，永不磨灭的梦。他第一次从朝鲜回来时给友人信中就说："在朝鲜住了七个月对自己有很大影响。"他在朝鲜农家小屋给第二次文代会写的贺信中也说："我在志愿军部队中七个月的生活，对我一生有很大的影响，在生活上和创作上都有很大的影响。"四十年后，他仍然多次认为："两次入朝对我的后半生有大的影响。"那时他诚心诚意想改造自己。

巴金一生崇仰殉道者的献身精神，主张人生应该是给予，而不是取得。为了人类的幸福，为了民族的进步，为了祖国的安全，为了和平而献身的人，都是他所赞颂敬重的。现在他以为天天面对的就是这样一些平凡而可敬爱的人。不再是以前历史书上读到的，文字上描述的，而是活生生的有血有肉的人。这怎么能使他的感情不翻腾，思想不受影响。这种影响确实延续在他今后的生活中，久远，久远……

121. 萧珊的梦

在巴金两次去朝鲜的日子里，无论在精神上还是生活上，负担最重的当然莫过于萧珊了。那时的萧珊约三十五六岁。她本是一个热情开朗、富有进取向上精神的女子，有思想，有文学才华，重感情，很想做一番有益于社会的工作。但结婚后，她相夫教子（女），当起了主妇的角色。但她潜藏在内心深处的仍然是想投入到更广阔的社会生活中去。现在巴金长期外出，这个家的担子就完全落在她的身上。她要抚养教育女儿、儿子。还有巴金的继母和妹妹，既帮助她料理家务，也需要她相应地照顾她们。平日里朋友们来来往往，家中总是客常满，有她的同学朋友亲属，但更多的是巴金的朋友和亲属，以及文生社、平明社的人。大家喜欢到他家串门，因为巴金好客，也还因为萧珊的热情款待。在客人们的欢声笑语中，巴金有时会忍不住笑着说："陈蕴珍（萧珊）总像个小孩子……"现在这一切却都要她独自应付。有一次是三哥的忌日，大大小小竟有十八个人在他们家吃饭，连萧珊都惊呼为"奇迹"。

巴金不在家，平明社的一些事情有时也须萧珊代为帮忙处理，包括组稿、看稿等等。她开始在俄语专科学校学俄语，由苏联教师授课，抓得比较紧，巴金也不断鼓励她。当巴金第二次入朝还没有回来时，她就已拿到了毕业证书。她原来就懂英语，这时她更努力练习翻译屠格涅夫的短篇小说《阿细亚》（又译《阿霞》）和《初恋》。她用第一次得到的版税买了一件大衣料子送给巴金。

怀着这样深情的萧珊，面对着时时思念爸爸的小林、小棠，只能把自己的思念之情隐藏起来，以免加重孩子们的情绪。有一次，她叫小林给爸爸写信，小林说："我不写，我一写信，我就会想到爸爸，就要眼泪汪汪。"又有一次，萧珊读巴金来信，说到喜欢小林，引得小林大哭，大叫爸爸。所以，她只有对自己的心默默地诉说，也忍不住在给巴金的信中呼唤。如果有几天没有收到巴金的来信，她就很难忍受这种"缄默"。有时这种焦急、渴望、怀念的情绪还是会不由自主地流溢在脸上，连家里的人都看出来了。因此，哪怕看到点滴来自朝鲜战地的消息，更不必说报上登的巴金文章或有关报道，她都会用她的心去体会去想象。她在给巴金的信中说："我是多么珍惜由你那里来的任何东西。"当她在报纸上读到巴金写的《在开城中立区》时，她像闻到了开城的初春气息，感到格外的高兴。晚上，坐在巴金平时坐的大椅子上时，她的绵绵情思就会漫游起来，或者是一次又一次地在梦中相见。巴金离开才半个月，萧珊就已经觉得时间"长得不能令人忍受了"，"不能忍受每一个日子"。她几乎从一开始就焦急地等待着他的归来。因为这是他们十年来最长的一次离别。她熟悉巴金不善言辞，不喜欢在公共场合演讲，想到他现在却要常常致词发言，因此不无调侃地说："我真替你着急，如果我在听讲，我的头一定埋得低低的。"但她还是鼓励说，"但是回国的时候，你一定不在乎讲话了。"

当然，萧珊是支持巴金到朝鲜战地去的。尽管她万般思念，总还是以工作为重："如果你工作未了，如果你还有应尽的任务在，当然一切由你。"她鼓励巴金努力在创作方面做出新的成绩。她说："你的计划我非常同意，只要你非写不可。我以为你可以写，你能够写，我等着做你的第一个读者。"想到巴金生活在那些英雄们中间，通过他的笔使那些英雄们又一个个活起来，传播给更多的人了解，"想到这些，我的等待，我的苦思，不是没有意义的了。"

1953年，巴金、萧珊与女儿小林、儿子小棠

她还以自己的文学观念提醒巴金:"我的意思你还得写战士的私生活一面,所以你还得到四川走走,熟悉几个战士家属。"

即使这样,她仍然要为巴金的起居饮食操心,为巴金的安全担惊受怕。听说"美帝"在前线投细菌弹,她"害怕极了";听说"美帝"扬言要轰炸七十八个城市时,她更是惶惶不安。

所以,开始时她并不希望巴金去朝鲜太久,只盼他能够早点回来。他们患难与共、相濡以沫的深情使她不能忍受这样的分离。因此每当萧珊看到巴金文章中所经历的如火似荼的生活,就不禁黯然,遗憾自己未能身在其中,甚至她幻想:"多愿意我就是你的那位通信员,照顾你的一切。"萧珊太爱巴金,把巴金看成自己的生命,"在我的生活里,你是多么重要,你永远是我的偶像,不管隔了多少年"。"能够作为你的妻子,在我永远是一件值得庆耀的事。"所以萧珊在人们面前,在通信中,一直都是称巴金为"李先生"。无论巴金走到哪里,她的目光永远跟随着他。她的一切都是为了巴金,不仅抚养教育子女如此,学俄文,做翻译,她也十分希望得到巴金的鼓励和称赞。往昔在家他们就是这样一块儿工作,现在万里关山相隔,她不能不怀念那样美好的时光。

记得儿子小棠出生时,巴金虽身在上海,却忙着参加市人代会。第二年小棠一周岁生日,巴金参加了华东老根据地访问团,正在济南活动。到了小棠两周岁时,巴金却在朝鲜的一条河边散步,面对山景,默默地思念远方的妻子和儿子。第四年,小棠三周岁生日,巴金又在前一天启程到北京准备再次入朝。更不必说,他没有给萧珊好好地过过生日。就像萧珊感叹的那样,"我们有好几年没有在家里过中秋了,去年不在一起",今年(1953年)也仍然不在一起。

因此,这段日子对萧珊的感情实在是太大的煎熬和折磨。但在那个年代流行的是对个人感情的否定和对禁欲主义的倡导,把这些统统归为资产阶级和小资产阶级个人主义的东西。萧珊从心底反抗这种反常的极端反人性的政治宣传,不仅照样向巴金倾诉自己那份无法抑制的内心深情,而且常常坦然地说:"我还是一个母亲、一个女人,有时候我怀念是(深)沉的,会叫眼睛发潮。自然我懂得我的怀念是跟千万个母亲、妻子的怀念连在一起。"她对巴金说:"我的朋友,也许你会笑我:隔离了五个月,我还是没有一点进步,依然故我,依然从个人感情出发。但人是不是有权利可以有想到自己的时候呢？"①

1954年1月下旬，巴金回家来了。萧珊带着孩子到火车站迎回了巴金，全家团聚，个个喜笑颜开。巴金安定下来以后，他要把工作好好安排一下，要完成几个短篇，还要构思更有分量的作品。他有一种迫切感，"必须抓紧时间"。他和萧珊就这件事要好好谈谈。

122. 纪念契诃夫

1954年7月，巴金应邀到苏联参加契诃夫逝世五十周年纪念活动三个星期。这次是苏联方面直接邀请巴金的，同时还邀请了老舍，因其身体不好不去了。因为不是中国方面派出的，所以全部费用都由苏方负担，中国作协也没有派翻译陪同，巴金不免有点不安，因要靠自己的那点"洋泾浜俄文"。其实到了苏联一直有沙夏、齐娜两位翻译陪同的。苏联指名邀请的方式表明对巴金、老舍的重视。或者说，巴金、老舍在苏联文学界有影响。关于契诃夫，巴金虽然没有翻译过他的作品，写过有关文章，但一直都很喜欢这个作家的作品。1946年，在巴金主持下，文化生活出版社组织翻译出版了契诃夫戏剧选集，包括五个多幕剧《伊凡诺夫》（丽尼译）、《海鸥》（丽尼译）、《三姐妹》（曹靖华译）、《万尼亚舅舅》（丽尼译）、《樱桃园》（满涛译），以及《契诃夫独幕剧集》（李健吾译）。最近几年，在他策划下，汝龙系统翻译契诃夫小说一百五十七篇，由平明出版社编成二十七集出版。因此，巴金对契诃夫作品在中国传播是做出了贡献的。也许苏联的邀请也包含了这个意思。

7月14日，巴金在莫斯科参加了契诃夫纪念馆开幕仪式。那是一所红墙蓝瓦的小楼，契诃夫曾在这里行医。巴金觉得这个纪念馆与鲁迅纪念馆颇为相似，两位作家的生活都是朴素简单。巴金在这里见到了契诃夫夫人，八十六岁的克妮碧尔·契诃娃，她原是一位优秀演员，演出过契诃夫的几个

---

① 引文均见《家书》，浙江文艺出版社1994年版。

主要剧作。第二天，人们又到新圣母修道院祭扫契诃夫墓。巴金又一次见到克妮碧尔，并交谈、合影。巴金发现契诃夫墓邻近果戈理墓，想到了俄罗斯文学传统。当晚举行纪念大会，会后又有盛大音乐会，一直到午夜一点多。在这些活动中，巴金多次遇到苏联作家费定，他是纪念活动的筹委会主席，所以他常出面主持并讲话。在以后的几个夜晚，巴金连续观看了契诃夫的代表作《万尼亚舅舅》、《海鸥》的演出。他随身正好带着这些剧作的中译本，就连看戏带读剧本又重温了一遍契诃夫，使他感到异常的兴奋，似乎充满了生命的活力，渴望要为改变旧的生活悲剧而献身。

巴金完全沉浸在契诃夫的世界中去了。他受到契诃夫作品的强烈感染，不仅被深深打动，还不断咀嚼、回味、思考，他觉得比以前更深地理解契诃夫了。他对著名的契诃夫研究专家，也就是在纪念会上作主旨报告的叶尔米洛夫的有些观点不能同意。他忍不住对翻译沙夏谈了自己的看法。

譬如，叶尔米洛夫认为"《海鸥》中的主题是事业。只有有事业心的人才能在艺术中取得胜利"。巴金则认为《海鸥》的主题是"青春，被庸俗势力摧残、毁灭了的青春"。象征海鸥精神的两个青年"怀着同样的渴望，飞向天空寻找新天地。庸俗势力接连不断地向他们射出明枪暗箭"。叶尔米洛夫还认为《万尼亚舅舅》里的女主人公叶林娜是猛兽，"她自己毁了，还要毁掉别人……凡是一切美的、伟大的、富有人性的东西，只要被她碰到都要被毁掉"。巴金则认为，是"庸俗势力、不合理的社会制度毁灭了人性的美"，"叶林娜绝不是一只猛兽。她自己就是被庸俗势力的一个代表毁灭了的"。契诃夫对世人的某些告诫和启示给予巴金的震撼是强烈的，印象是深刻的。所以他不断转述契诃夫这样的话："您得明白您的生活很糟而且无聊。""不能够再这样生活下去了。"

沙夏听了巴金的话，笑而不答。巴金自己却没有意识到这是对苏联权威学者的批评和挑战。这在五十年代初也是犯忌的，不能容许的。对沙夏来说，在外国人面前又能说什么呢。

这次旅行巴金是单个活动，只有沙夏和齐娜陪同，所以少了许多烦琐的礼仪。去雅尔塔访问时，还有罗马尼亚诗人别纽克同行。雅尔塔在黑海边。巴金第一次来到这个风景如画的疗养胜地，晚上和沙夏在海滨散步，呼吸到新鲜的南方的海洋空气，觉得非常愉快。契诃夫曾在这个山城度过了最后的几年。他修建了一座别墅，在屋前荒地上种树栽花，常常坐在阳台上喝茶休息，望着一片绿色，写下了《三姐妹》、《樱桃园》和一些小说。托尔斯泰、柴可夫斯基、高尔基等许多朋友都曾来这里做客探访他。现在巴金在作家的妹妹，九十一岁的玛利亚·巴甫洛夫娜的亲切接待介绍下，恍若置身其中，与契诃夫一起走过了他当年经历过的一生。他似乎有一种冲动，渴望更多地了解契诃夫，也更崇爱这位伟大的作家。于是他略带颤音地对主人说："我们都爱他，全世界善良的人民都爱他。"

然后巴金又到契诃夫度过童年时代的大冈罗格市，访问了契诃夫图书馆、契诃夫文学博物馆、契诃夫剧院，以及契诃夫读过书的契诃夫中学、契诃夫诞生的小屋。苏联在保护文化遗产方面还是非常重视的，做了许多工作。

这次苏联之行给予巴金在文学上和思想感情上的影响是很深的。他在出发前，曾写过一篇准备在莫斯科纪念大会上的发言稿。回来后，不仅写了一篇感情充沛深沉的记叙性散文《印象·感想·回忆》，而且连续写了《我们还需要契诃夫》、《谈契诃夫》以及《安东·契诃夫的生平（读书笔记）》等数万字的文章，向中国读者反复介绍这位伟大的人道主义作家。他多次阐述契诃夫的精神是："契诃夫一生最恨庸俗。庸俗是他的仇敌。他一直到死都没有停止过对这个仇敌的斗争，而且他还在斗争中得到了更多的勇气和信心。"他有一颗真正仁爱的心，"他爱美好的、新生的东西，他同情、鼓励、援助他们"。对此，巴金产生了强烈的共鸣，他理解契诃夫，"写出丑恶的生活只是为了要人知道必须改变生活方式"。这使人们想到，这些年说到巴金旧作总是嫌他只有揭露旧的阴暗的，没有指出正确的革命的道路等等，而没有充分估计到它的积极作用；更值得注意的是，在当时宣传新社会通体光明的情况下，巴金几乎是第一次指出：

> 我们不会忘记他的警告：我们今天还需要他那支笔，因为在我们这里今天还不能说已经完全看不到在他笔下出现过的人物。

显然，契诃夫感染着他、鼓舞着他，作家的良知和睿智使他在一片欢呼声中保持着一种清醒。他回国不久，在第一次全国人民代表大会上发言，实际上正是这种思想的延续和表现。

从 1950 年 11 月出访波兰、苏联，1952 年至 1953 年间两次入朝和这次参加契诃夫纪念活动以后，巴金又连续多次参加对外文化出访活动。1955 年 4 月，他以中国代表团副团长的身份到印度新德里参加亚洲国家会议，团长是郭沫若。

1956 年 1 月，他和周立波作为中国作协代表应邀到柏林参加民主德国第四届作家代表大会，会上讨论的问题与中国作家当时关心的问题很相似，如文学与政治的关系、写新的英雄人物、艺术家为谁服务和党性等等。但是比中国文学界多了一个话题即关于光大发扬人道主义。会上也还有些不同意见的辩论。他见到了德国著名作家安娜·西格斯、布莱希特、贝歇尔等。

1957 年 11 月，他再一次作为中国劳动人民代表团成员之一访问苏联二十四天，在莫斯科红场参加了十月革命节的观礼，然后又在莫斯科、列宁格勒、基辅等地参观访问。当然还有许多酒会、观剧活动。也还到作家波列伏依、考涅楚克、木偶戏演员奥布拉卓夫的家里先后做客。他到列宁格勒常会发思古之幽情。

1958 年 10 月，巴金参加由茅盾、周扬率领的中国作家代表团到苏联塔什干，那里举行有五十多个国家的作家与会的亚非作家会议。巴金再次与波列伏依等重叙友谊。

共产党对于选拔参与外事活动的人员历来严格，要求政治上必须绝对可靠；也常选派一些有国际影响的著名人士参加，能更好地发挥作用，赢得国外的信任。从五十年代巴金所参加的一系列出访活动，以及在国内经常参与的外事接待活动，表明巴金的文学影响已经超越国界。他的《家》已有多种外文译本。有影响的外国作家与他建立了友谊。他又懂多种外语。巴金对共产党的拥护是真心实意的，也正在认真踏实地实践毛泽东文艺路线，如深入朝鲜战场，写新的英雄人物，歌颂共产党等。巴金为人真诚厚道，对文艺界的领导人也很尊重，因此他们对他都有好感和重视，使他成为文学界外事活动的基本成员，很多重要的对外交往活动常会考虑请他参加，有时还委以代表团领导的重任。这种情况一直延续到"文革"前夕。

对于巴金来说，从青年时代开始就放眼世界、关注国外政治文化态势的发展，尽情吸纳各国思想文化精粹。他个人的人文气质、儒雅风度、中外文化修养，以及真诚待人，使他在对外交往中吸引了众多朋友的信任和友谊。他一方面积极贯彻党的政治方针，如反帝反殖民主义以及后来反修正主义，倡导和平、友谊等等；另一方面也总是尽可能汲取访问国的文化营养，参加契诃夫纪念活动，他几乎完全沉浸邀游在契诃夫的世界里。访苏时常常与他所熟悉向往的历史文化一页相对接；访华沙时又对于波兰的古老文化和希特勒法西斯暴行表示极大的关注和深沉的思考。在中国作家中较少有像巴金这样持有广阔开放的世界性视野和文化胸怀的，他把世界各国的事情当作自己的事情一样看待。

也正因为他是中国文学界有代表性的人物，凡是需要著名人士对国际政治事件发表意见来加重中国政府的分量时，都会要他出来写文章、说话表态。五六十年代以来，这种事情几乎愈来愈频繁，诸如斯大林逝世、支持印度收复果阿、美帝的确是纸老虎、反对美英军队登陆黎巴嫩、欢迎金日成、支持古巴刚果人民斗争、关于卢蒙巴之死、古巴必胜等等，对于这些国际政治事件的来龙去脉，巴金和一般平民一样，仅仅依靠报纸有限的资料，盲目信任官方的说辞，因此他发表的意见也只能是复述官方的政治观点而已，这样必然会出现"失误"。1952年，美国政府指控犯有间谍罪而处死了罗森堡夫妇，当时这是一个有争议的案件，许多善良而不知真情的人们同情罗森堡夫妇，认为他们是无罪的，冷战的另一方苏联等更是利用此事猛烈抨击美国。巴金写文章倾注了自己的感情，把这个事件与二十多年前声援樊塞蒂、萨柯联系起来，认为是一样性质的又一次谋杀。直到1995年，美国公布了有关的档案资料，证明罗森堡夫妇确是极为活跃的苏联间谍，为获取美国核情报从事了谍报活动。1952年，美国政府为了保密原因而没有把截取破译的电报资料等罪证公之于世，使许多人有了误会。至于1958年巴金写《法斯特的悲剧》原是应命之作，反倒招来一些有极端思想的读者和文学界某些人的强烈指责，且留在下文再做细述。

123. 第一次批评

1954年8月4日,巴金带着怀念契诃夫的深情离开莫斯科回国。这次访苏三个星期,直到离去的前一天,他还到契诃夫纪念馆又一次参观,表示告别。他留连到闭馆前十分钟,纪念馆工作人员都准备下班关门了,他才恋恋不舍,还不断回头去看,想把那里的一切收入眼底,印在心上。

巴金回到上海家中,不到一个月,席不暇暖,又于9月3日匆匆来到北京参加第一次全国人民代表大会,又整整开了一个多月的会。他是作为四川省选出的代表,胡风也是四川省选出的,所以他们常在一起开会。他们原是三十年代的老朋友,尽管平时交往少,见面时都感亲切。巴金完全不知道,胡风已于7月将他的关于文艺问题的三十万言书送交给中共中央,正处于焦灼等待回音的时候。

巴金住在北京饭店,与著名京剧演员周信芳同室,也常聊天,增长了一些戏剧知识。他还像以前那样,一有空闲,就跑书店买书,到顾均正、汝龙家串门,与曹禺以及李健吾等吃饭聊天,还与沈从文、曹葆华、徐成时颇多往还。那时川剧团正在京演出,周企何等老演员是他熟悉的,川剧也是他爱看的,于是连续看了三次川剧、两次京剧。文艺界朋友不断来访,报刊记者编辑络绎不绝前来约稿,使他不胜应付,如《文艺报》约他写国庆文章等。几乎从这时起,他的写作生涯中就多了一项遵命写应景文章,仅元旦、国庆这类节日就先后写了一二十篇,有时一个国庆就写六七篇。

第一届全国人民代表大会是通过各省市选举产生代表的。会上通过了宪法,选举国家主席、副主席以及新的政府。这是一个开得热闹隆重的大会。人们怀着极大的热情,希望这次通过的《中华人民共和国宪法》能使国家建设走上民主法治的宪政道路;对于新选出的国家领导人也寄予厚望和信任,相信他们将带领人民建设成一个繁荣富强的社会主义国家。毛泽东在会上说:"我们的宪法,就是比他们(指资产阶级)革命时期的宪法也进步得多。我们优越于他们。"

并且强调,"通过以后,全国人民每一个人都要实行,特别是国家机关工作人员要带头实行,首先在座的各位要实行。不实行就是违反宪法。"①

巴金和大家一样由衷地深信这一切。这是中国人多少年来梦寐以求的政治理想,怎能不为之兴奋呢!他被会内会外热烈欢腾的气氛所感染。他给《文艺报》写的庆祝国庆的文章《谁没有这样幸福的感觉呢?》一反以往的文风,通篇使用绝对化的高级形容词歌颂这个"全国大欢乐的日子",对当时社会生活和建设成就作了种种渲染,声称"我觉得自己是世界上最幸福的人"。因为,"谁能不对着我们的第一部宪法快乐到流泪!谁能不充满感激之情下决心为着它的每一条款的实施献出自己的全部力量"。

会议期间,巴金的生活过得很紧张,也相当累,一天到晚很少有安静下来的时候。但是,在兴奋的同时,他没有放弃清醒的思考。几年来,他对文学界、社会生活中某些负面现象是有看法的,积累多了很想对人们说一说。不为别的,只是为了这个国家进步得更快更健全。也许,纪念契诃夫活动的印象记忆犹新,契诃夫的精神已深深融入他的思想血脉里。这些日子,也是他埋首连续写契诃夫系列文章的时候。他觉得应该向契诃夫那样,"用他那支深刻而尖锐的讽刺的笔把一切阻碍人类前进的落后的腐朽的东西摧毁干净"。要像契诃夫那样,"恨丑恶的、庸俗的、腐朽的东西,要不断地打击和无情地鞭打它们"。因为这样负面的东西,今天仍还存在着。

于是,巴金在那次大会作了一个发言,在热情肯定歌颂"我们国家五年来各方面的辉煌的成就"的同时,也提出了批评,这也是1949年后巴金第一次在公开场合提出批评性的意见。这种批评与歌颂一样都是为了国家的进步。

巴金同意王芸生代表发言中说到,"在文化部门尤其缺少创造性的工作,小说、剧本少得可怜"。他进一步补充说:

……我们的作品常常因为作者想做到四平八稳、照顾周到、人人满意,而变成既不生动又无力量的东西。这些年来有多少文学工作者写过像

---

① 《毛泽东选集》第5卷,第127、129页,人民出版社1977年版。

王芸生代表所说的"干干巴巴、缺少情感的文章"？我自己就是其中的一个。倘使我们不能克服我们的缺点，我们就会被读者抛弃。

有的代表在大会发言中一再提到官僚主义。的确，官僚主义不是经过一反再反就会绝迹的。今天我们还常常从人民口中听到官僚主义的故事，仿佛在读果戈理、谢得林的小说。例如，有些干部来自人民中间，却喜欢把自己关在办公室内，在文牍中消磨日子。还有一些干部忘记自己是人民的勤务员，只喜欢听奉承，不高兴听批评，对人民的意见也常常不加考虑。也有一些领导部门常常不经过详细调查、全面研究，单凭主观愿望作出决定，发布命令；下级就机械地执行，也不反映真实情况，更不考虑这种办法是否对国家和人民有益……我们文学工作者更应该用自己的笔来展开这种批评和自我批评，协助政府克服各种落后的现象。在宪法实施以后，我们的政府一定更有办法把旧社会残留下来的坏现象彻底肃清。

当时文学界流行的极端思想强调要写光明、写英雄人物、歌颂党和领袖等等，人们写了一点消极落后现象，就会被指责为丑化歪曲劳动人民，连能不能写英雄人物的缺点都成为一个争论不休的问题；对生活中某些负面现象做了一点小小讽刺的漫画就被指责为"立场错误"，作者被迫作检讨。所以巴金、王芸生等的批评是有很大的针对性和现实意义的；也表示了对党、对宪法抱着极大的希望，以为它们将是改变中国生活面貌的保证。

巴金的这些意见在未来的日子里，还陆续有更多的实践和发挥，主要表现在他写的杂文和另一些会议上的发言，其中也透露了他对于自己这些年的创作情况是不满意的。1949 年，他出版了译作《六人》（洛克尔作）、《蒲宁与巴布林》（屠格涅夫作）；1950 年，出版了译作《高尔基回忆录》、《草原集》（高尔基作）、《红花》（迦尔洵作）；1951 年，出版了散文集《慰问信及其他》、《华沙城的节日》以及迦尔洵的小说；1952 年，只出了一本《木木》（屠格涅夫作），他在给杨苡信中说："那是一本很小的书，对你也无用处，所以没有寄给你。"在这位从来就是辛勤笔耕的老作家的话中不无遗憾和惆怅。1953 年的情况好些，他的几个关于朝鲜战地的集子陆续出版了，小说集《英雄的故事》、通讯散文集《生活在英雄们的中间》、《保卫和平的人们》等。但是他并不满意。他说那些"干干巴巴、缺少情感的文章"的作者中,"我就是其中的一个",并不完全是他的谦辞,而是他已开始痛感到了问题和弊病。像他这样已有丰富创作经验和卓越创作成就的大作家,所追求的、所渴望的是写出真正富有生活激情和艺术魅力的作品来。他渐渐感到流行的极端思想对文学创作是有害的。他对文学界某些事情是不满意的。1952年,他在朝鲜战地,有一次和作家李蕤聊天,谈到沈从文问题,争论到了深夜十二点。在他心里,对于沈从文被排斥在文坛之外一直是耿耿于怀的。1953年第二次文代会,李健吾也被关在门外,郑振铎向领导提了意见。巴金虽然身在朝鲜没有与会,得知此事认为郑振铎是对的。他认为:"健吾是个有修养的作者……把他关在门外,这是损失。"当他读到《文艺报》批评黄裳的文章时,虽认为"有道理,但措辞太严",他说:"我并不完全同意那文章的意见。"

虽然这都是一些具体的事情,但说明巴金即使在锣鼓喧天、万众欢腾的日子里,仍还保持着清醒的独立思考的精神状态。

巴金从年轻时开始写作,一直到四十年代末,曾多次解剖自己是一个充满矛盾的人:

……但是我始终相信我的创作态度是真实的,因此我的作品里就含了矛盾:爱与憎的矛盾……然而我是这样的一个人。(1931年)

我这一生就是被矛盾的网掩盖着的,而且就是在矛盾中挣扎下去的。(1932年)

我的生活里充满了种种的矛盾,我的作品里也是的。爱与憎的冲突,思想和行为的冲突,理智和感情的冲突……这些织成了一个网,掩盖了我的全部生活、全部作品。

我的生活是苦痛的挣扎,我的作品也是的。我的每篇小说都是我的追求光明的呼号。(1935年)

现在他仍然陷入在矛盾中挣扎。但是内容有了变化,具体表现常常是讲真话和讲浮夸的空话大话的矛盾，艺术家的良知和为特定的政策服务的矛盾，个人独立思考与迷信党和领袖的矛盾……也许，这些也并没有完全脱离过去那个网：爱与憎，思想和行为，理智和感情之间的冲突和挣扎。这种挣扎在过去当然是很痛苦的；现在，刚开始时，似乎还没有这种感觉，因为他对某些空话大话还信以为真。就这样，"在不知不觉中给改造过来了"。

124. 痛苦的选择

第一次全国人民代表大会和国庆节之后，巴金继续留在北京，参加自10月5日开始的中国文联会议，对一年来的文艺创作和批评工作中存在的问题进行了讨论。值得注意的是，会议认为，在文艺工作中开展作品竞赛和自由讨论是发展文艺事业的一个重要环节；通过竞赛、自由讨论才能促进社会主义现实主义的发展和马克思主义思想在文艺领域内取得不断的胜利。

自由竞赛和自由讨论本来就是从事科学文化艺术工作的人视作必要的当然的事情。但是几年来像这样公开提倡还是第一次，自然受到人们的欢迎。只是到了后来才知道项庄舞剑，意在沛公，并非真的要搞什么"自由"，而是用来批判冯雪峰那样所谓压制新生力量，容忍并投降资产阶级思想；或是为了批判胡风的"自由"言行。

就在这次全国人大会通过宪法后半个月，毛泽东亲自发动并领导了对俞平伯《红楼梦研究》的批判，进而开展对胡适的所谓资产阶级唯心论的斗争。这是继对《武训传》批判后的"又一次反对资产阶级思想的严重斗争"。全国各个人文科学研究机关、高校、文联、作协纷纷举行批判会，著名的教授学者作家也都纷纷发言写文章批判俞平伯、批判胡适。对《红楼梦研究》来说，无论如何是一个学术范畴的问题，如今却成了一个严重的政治斗争。当事人俞平伯作为一个公民，这时却只能承认错误，低头检讨，连解释分辩的权利都没有，更不必说反驳了。宪法中规定的"自由"已被人们忘却。一切都是在崇高的革命的名义下进行的。如周扬在讲话中就宣称"为着保卫和发展马克思主义，为着保卫和发展社会主义现实主义，为着发展科学事业和文学艺术事业，为着经过社会主义革命将我国建设成为一个伟大的社会主义国家，我们必须战斗！"①对象就是俞平伯、胡适，并扩展到了胡风，以及相当多的知识分子。

巴金回到上海，除了应付外事接待任务外，也一样要参加华东作协关于批判俞平伯、胡适的会议。好在与他并不直接有关，他自己也正忙于专心写作契诃夫的文章。但是，仅仅三个月后，1955年2月1日，他又应命到北京，参加中国作协主席团第十三次扩大会议，在传达学习苏联第二次作家代表大会的同时，决定开展对胡风的批判。"胡风小集团"的问题也提出来了。《人民日报》报道中称它"和在共产主义思想以及共产党领导下由党和非党进步作家所组成的文学队伍相对抗"②。那次会议的火药味是当然浓的，许多著名作家发言又是一边倒地严厉批判了胡风。

会议期间，2月3日在中南海，人们听周恩来作报告。中间休息时，巴金遇到胡风，胡风垂头丧气的样子，说话的声音也特别小，说自己"犯了严重错误，请给我多提意见"。巴金希望他能认识自己过去的错误就好了。

巴金与胡风相识已久。说起历史渊源，当年还是东南大学附中同学，只是巴金比胡风高两班。三十年代，大家都在鲁迅周围工作、写作，也是比较熟悉的。但是二十多年来，彼此既友好，又无太多交往。巴金一直觉得胡风是个热情的人，办事严肃认真，思想激进革命，与共产党关系较深，是个资深的左翼作家，所以对他敬而远之。从三十年代开始，胡风与周扬论战。四十年代重庆、香港以及近几年对胡风的批判，巴金虽然也都听说，但却很少关心，几乎不读或很少读胡风的著作。他只是埋头写自己的作品。有一次，他曾问过胡风："为什么别人对你有意见？"胡风说："因为我替知识分子说了几句话。"现在发动这样大的声势来批判胡风，巴金是很意外的。但是，文艺界的领导干部如周扬的讲话、林默涵、何其芳的文章都是代表共产党领导

---

① 《周扬文集》第2卷，第306页，人民文学出版社1985年版。
② 《人民日报》1955年2月12日。

的意旨，是共产党在发出战斗的号令"我们必须战斗"。依照当时流行的思维逻辑，这一定是绝对正确而不容怀疑和违背的，大家就一拥而上参战起来，独立思考也就销声匿迹了。巴金也不例外，但他并不像有些人那样去辱骂胡风一顿，他想到了路翎的一篇小说还是可以谈谈的。

对于路翎，巴金并不熟悉，还是在第一次文代会上见过。1952年4月在朝鲜时，巴金从《文艺报》上读到过一篇企霞批评路翎的剧作《祖国在前进》的文章，称它是"一部明目张胆为资本家捧场的作品"，气势汹汹，用词激烈，引起巴金的关注。当时路翎的作品不断受到猛烈的抨击，仅《文艺报》在这之后不久，又发表了一篇批评路翎的小说集《朱桂花的故事》的文章，题名为《歪曲现实的"现实主义"》。从题目就可看出是政治性的、居高临下的、批判性的，而不是平等的友好的文学性的讨论。1952年12月，路翎也到朝鲜战场体验生活，写了一些小说。因为是描写朝鲜战场志愿军的小说，很自然地引起巴金的注意。路翎的小说《初雪》发表后受到了好评，批评家巴人写文章给以很高的评价，称它"表现了生活的最高真实，那应该说，就是诗"。巴金也听到中国作协副主席、著名批评家邵荃麟对这篇小说的称赞，他自己也颇为欣赏，还对别人说起过。接着路翎又发表了一篇更见功力的小说《洼地上的战役》，却引出另一位权威批评家侯金镜的严厉批评，连同以前作品作了全盘否定，此文即《评路翎的三篇小说》。路翎则写了反批评文章《为什么会有这样的批评》在《文艺报》1955年头几期连载，成了当时颇受文坛、读者注意的事件。

巴金原先觉得这篇小说写得不错。但是其中有一个关键性的情节，是写志愿军战士王应洪与朝鲜少女恋爱的故事，这在当时的环境下是为军纪所不允许的。但路翎写的只是战士和少女的一些内心活动，彼此爱慕却未付之行动。这本来是很正常自然可以理解的事情，但在僵化的流行的政治观念来看，也是要不得的，不可能出现的，不允许存在的，有损于志愿军形象的。巴金也按这样的主流意识形态看这个故事，他想写一篇批评文章。但是手中关于契诃夫的文章还没有完全脱稿，北京又命他去印度参加亚非国家会议，评路翎的文章也就只好搁置起来。他在3月16日给沙汀的信中就谈道："当初还想趁这时间写一篇谈路翎《洼地上的战役》的文章，现在来不及了。"3月20日，巴金就到北京报到出访去了。

4月底,巴金结束印度之行回到上海。这时批判胡风正日益猛烈紧张。进入5月以后,情势更严峻,《人民日报》先后公布了所谓胡风集团的三批材料,由资产阶级文艺思想升级为反革命,由"胡风反党集团"升级为"反革命集团",大肆搜捕胡风分子。这对巴金无疑是晴天霹雳。一个认识几十年的文学界朋友一下子变成了十恶不赦的敌人,是他无论如何不能想象和接受的。但是,《人民日报》"编者按"向所有对反胡风有所保留的人们施加了可怕的压力和威吓:

> 当本报公布了第一、二批揭露材料之后,还有一些人在说:胡风集团不过是文化界少数野心分子的一个小集团,他们不一定有什么反动政治背景。说这样话的人们,或者是因为在阶级本能上衷心地同情他们;或者是因为政治上嗅觉不灵,把事情想得太天真了;还有一部分则是暗藏的反动分子,或者就是胡风集团里面的人,例如北京的吕荧。①

也就是说,只许跟着去冲杀,不许哼个"不"字。就这样迫使全国知识分子、工农商学兵,各界亿万人民统统绑在这架已经发动起来的战车上,向着手无寸铁的胡风开火。连篇累牍,大会小会,真的成了全国共讨之,全党共诛之。从这样的战斗中,纵容和制造了一批文化打手和杀手,诸如姚文元等,就是在这时崭露头角的。这也是继批判《武训传》后一场规模更大的文化人自相残杀的悲剧。

这时有人开始劝说巴金写表态的批判文章,也有人约稿催稿,态度也不很客气。以巴金的中国作家协会副主席的身份,焉能对此沉默不语;何况华东、上海作协开批判会要他出席,甚至还要他出面主持;《人民日报》记者也来索稿,这是向北京方面表态,写不写几乎成了生与死的选择。吕荧说了几句不同意的话就被打成同党的下场就是一个例子。这时的巴金开始感到在新的矛盾中挣扎的痛苦是过去几十年所不曾遇到过的。一个历来以反对强权为己任的人,

---

① 《人民日报》1955年6月10日。

面对的是要付出自己的良知和真诚，去屈从并附和自己既不清楚也不赞同的政治号令①。最终作出痛苦的选择完全是被迫的，毫无个人意志可言："到了应当表态的时候，我推脱不得，就写了一篇大概叫做《他们的罪行应当得到惩处》之类的短文……表了态，头一关算是过去了。"然而，数十年后，反思这段历史时，巴金"为那些'违心之论'我绝不能宽恕自己"。

125. 跟着投石子

1955年5月至6月间，巴金前后写了三篇文章批判胡风。第一篇给《人民日报》写的题为《必须彻底打垮胡风反党集团》，同时也在上海《新闻日报》刊出，算是对北京、上海两家报纸有了交代。等到胡风问题变成反革命，必须进行第二轮表态时，巴金又不得不给上海的党报和自己做主编的《文艺月报》写了《他们的罪行必须受到严厉的处分》和《关于胡风的两件事情》。这三篇文章都是虚张声势、空话连篇的东西，没有什么内容；即使第三篇讲的两件实际事，也是与反党反革命不搭界的。为了要向党交差，说明胡风不是好人，就编造了自己的感受，好像当时就对胡风有看法。这种种正如巴金后来说的，"我拿不出一点证据，为了第二次过关，我只好推行这种歪理"。

巴金在年轻时，曾因政治观点不同多次与别人论战过，有时也很激烈。那样的论战是平等的，出于个人认识的独立行为，态度是严肃的，表现了自己的思考和意志。现在是秉承别人旨意，学舌般地重复报纸和别人说过的话，这还是第一次，也是自己历来最反感的。这是巴金人生道路上一次重大的坠失和对自己信念的反叛。有了这样的开始，就有了后来类似的事情一再发生，例如对丁（玲）陈（企霞）冯（雪峰）、对柯灵的批判……

使巴金后来精神上背上更为沉重的包袱的是批判路翎的文章。因为这篇

---

① 正如韦君宜在《思痛录》（第51页）中说的那样："参加革命之后，竟使我时时面临是否还要做一个正直的人的选择。这使我对于'革命'的伤心远过于为个人命运的伤心。"

文章还不是别人直接催逼命令的，而是前些日子就已有所酝酿，如今也颇下了一些功夫，长达一万多字。他以一个两次深入朝鲜战场体验生活过的作家身份，尤其还在路翎到过的部队里生活过一个时期，来发表意见显然更有分量、更权威些。他列举了朝鲜战场环境中的种种实例证明："在朝鲜战场上，这样的问题根本就不存在。"他和许许多多战士接触、谈话，"我始终找不到任何与'爱情'有关的线索"，"我也找不到什么隐秘的感情"，以此指控路翎写的是"一大堆完全虚假的东西"。

尽管巴金是根据主流意识形态包括政治观念和文艺思想，在当时都是流行的一套僵化的机械的理论教条去批判路翎，但仍还是围绕着作品实际进行分析和评论；尽管也有尖锐的过分的言辞，却也还不失为一篇文艺评论文章，在当时已是相当平和的态度了。5月底，巴金写完后寄给了《人民文学》杂志。6月10日，《人民日报》公布了胡风第三批信件材料，指称胡风为反革命。这家杂志当然要紧跟形势，对上政治口径，就作了相应的增补和修改。当《人民文学》8月号出版时，巴金看了都不认识这是自己的文章了，里面有许多他从没有想到过的政治术语和政治帽子，如直截了当斥之为"用颠倒黑白的办法来达到反革命宣传的目的"，"胡风反革命集团……这个集团骨干分子的路翎的'作品'……"甚至连题目都被改换成《谈别有用心的〈洼地上的战役〉》。这些强加于巴金的做法使他很恼火。但是巴金的矛盾又来了。他想到形势变得愈来愈严峻，现在上下众人都称胡风为"反革命"，自己的文章还能像前几天那样温和吗？《人民文学》编辑的增改显然是其职责所在，不也是帮了他的大忙，否则岂不是会引火烧身，以为他在为胡风、路翎开脱呢！巴金想到这里，他又心平气和了。

巴金在写作这些批判路翎和胡风的文章时，首先似乎没有想到早年他的小说中常常写到革命者处于革命与爱情发生冲突的复杂心情中。他曾经那么欣赏过《夜未央》中华西里与安娜牺牲爱情和为革命献身的殉道精神。他也在自己创作的《灭亡》、《爱情的三部曲》中写到过"我们爱，我们就有罪了"这样的矛盾心情。和现在路翎的描写其实是很相似的。

其次，巴金似乎也没有想到半年多前，他正为参与通过新宪法而热泪盈眶，为我们国家将走上一个民主法治的健全轨道而大欢乐的情景。现在公布胡风这些私人信件材料，包括路翎等的作品作为罪证，显然是违反宪法的，其内容能构成反革命罪吗？至于后来的事情，他更不知道也无法想象，作为人大代表的胡风于5月16日晚被捕，但全国人大常委会却是在5月18日开会取消胡风人大代表资格的；然后直到7月5日全国人大一届二次会议才正式决定撤销胡风全国人大代表资格，批准对他的逮捕。

再其次也是更重要的，巴金似乎也不曾想到年轻时他曾为两个从未谋面的异国工人樊塞蒂和萨柯的冤案奔走呼号。当得悉他们被处死的消息时，他痛苦地绝望地在室内乱走而无法忍受，他到处投寄抗议信表达自己的愤怒。现在他面对认识数十年的作家朋友的灾难，只能是另一番相反的言行。在这场举国上下声讨胡风的运动中，作家们也都群起而攻之，也一样人人表态人人过关。巴金也不例外，而且他不知道也无法想象，竟还发生像刘白羽领着公安人员去捕捉胡风，吴强领着公安人员去捕捉耿庸……这样荒唐的事情，这大概在世界文学史上也是罕见的。

巴金主编的《文学月报》也出了麻烦。因为发表了著名音乐家贺绿汀的一篇连检讨带揭发批判胡风的文章。那是5月底前发排付印的。当杂志于6月出版时，胡风已经升级成了反革命，这样贺的文章就对不上新的政治口径了。许多读者来信指责，用词尖锐严厉。于是下一期杂志上不仅贺作检讨，委屈承认"实际效果是替胡风黑帮分子打掩护"，编者也检讨说："对这一错误……应该负主要责任。"这还没有完，有位诗人在《解放日报》发表文章责问《文艺月报》为何不转载第三批胡风材料即给胡风定性"反革命"的材料，说这是"严重的政治性错误"。对这一切，不允许任何辩解说明，更不必说反驳了，只有乖乖地在下期补登、作检讨，还因此搞所谓的整顿刊物改进编辑工作实际是整编辑人员。为了应付这样的局面，巴金自己又不得不挖空心思再写了那篇《关于胡风的两件事情》作为亡羊补牢。

那是一个政治空气恐怖的时期，在以神圣的崇高的革命名义下，人们被煽动起来，驱使裹胁到这个战场上去"战斗"厮杀，连普通的读者、作家都变得非常极端、狂热，杀红了眼，似乎到处是敌情、是问题。于是随时就有厄运降落在人们头上。巴金只能强忍着不满和气愤，又充满着不解和疑惑。"这样的气氛,这样的环境,这样的做法……用全国的力量对付'一小撮'文人,究竟是为了什么?"三十年后,巴金反思当时这段历史时,仍然不胜愤慨、痛苦,终于能够公开地提出这个当代历史之谜。

巴金是矛盾的。他不仅感到在矛盾中挣扎的痛苦,而且最终是那个被改造了的巴金,那个迷信"天王圣明"且又软弱苟安的巴金,战胜了原来那个有独立思考、大胆的巴金。

126. 渴望和恋念

虽然,从批判俞平伯、胡适到批判胡风,与巴金并无直接关系,但是这些批判斗争形成的政治气氛,也使巴金感到苦闷、压抑和不适应。他唯一的追求就是写作。原先,他学习文件,关心报刊发表的文艺方面的文章,经常听一些首长的报告,愿意接受思想改造。他吸收主流意识形态,一心去实践毛泽东文艺路线,以便改变过去旧的创作路子,期望创造出一个新的艺术生命。但是现在连这样一个良好的愿望也难以实现了。

那些无穷无尽的学习会、批判会,无非就是不断表态、不断重复报纸上的那些空话套话,然后就是揭发批判,用词尖锐,语气慷慨激昂,会场气氛充满"战斗性"。每个人的发言,怎么夸大编造诬蔑都不过分,也都可以不负任何责任。巴金对这种生活很陌生,也不习惯,甚至反感,很不满意,但是时间久了,他终于慢慢地被改造过来了。他"起初听别人说,后来自己跟着别人说,再后是自己同别人一起说……于是叫我表态就表态。先讲空话,然后讲假话,反正大家讲一样话,反正可以照抄报纸,照抄文件……"这位从来珍惜时光、勤奋写作的老作家为这种漫长而无止境的浪费虚掷光阴的,甚至违背自己良知污蔑他人的日子痛苦、烦恼而又无可奈何。

然而,政治"运动又常常是从学习与批判开始的。运动的规模越大,学习会上越是杀气腾腾。所以我不但害怕运动,也害怕学习与批判(指的是批判别人)"。因为无论是整别人,还是自己作检讨,这种日子都是令人战栗的。

巴金写作了大半辈子，现在反而变得茫然起来。1955年初写完了契诃夫一组文章后，就不知从何下笔了。只有逢年过节，应报刊的索要，写些空泛的歌功颂德的应景文章。在近一年的时间里，竟没有留下可以真正称之为文学作品的东西。一位卓有成就的作家的睿智和聪慧，独立思考和艺术激情不知藏匿到哪里去了。他尽管没有向任何人透露过自己这份深沉的痛苦情绪，但是写作的空白就足以说明一切了。

这样，他还眷恋的、想念的就是这个家，这个温暖的家了。无论外界如何阴雨如晦，家里永远是明朗的春天。每天回家来，迎着他的总是那张亲切的笑脸。那是真诚地热情地爱着他的妻子，还有稚气可掬、聪慧可爱的孩子，十岁的女儿小林和六岁的儿子小棠。萧珊为了保证他能更好地写作，更好地在外参加各种活动，把家里大大小小的事情都承担起来。现在家里愈来愈拥挤窄小。淮海坊五十九号二三层还是在抗战后租下的，如今一家老小三代七八口人，包括他和萧珊、小林、小棠、继母、十二妹瑞珏，以及最近来上海的九妹琼如，还有两个保姆。他们的卧室兼书房已快被藏书淹没了。他的往来亲友又多又频繁，常常开饭时一桌还坐不下。几年前，他们就已开始商量另找一所宽敞些的房子。作协的朋友们也关心此事，为他留意寻觅。巴金不愿住公寓房子，希望找到一所独立的小楼，无论是弄堂房子还是小洋房。到了1955年，终于有了一个机会。

在地处沪西住宅区有一栋原为法国人住的洋房，后来业主回国去了，房子收为公有。经上海作家协会协助申请，政府同意交由巴金租住。这是一栋三层楼房，屋前有一块草坪，屋后还有一个种有树木的庭院。巴金和萧珊都很满意。于是在1955年9月迁入，一下子全家住得宽敞了。开始时，巴金到外地去开会，萧珊竟有"屋子太大，太空洞，有点怕"的感觉。

于是在萧珊做的家务中，又多了一项打理院子的任务。草坪、葡萄架，都要拾掇，楼前有两株枝叶婆娑的广玉兰，环墙是冬青树，他们还先后种过菊花、牡丹、昙花、樱花……难得的闲暇时，他们喜欢坐在廊庑的藤椅上饮茶，观赏庭院里的苍翠黛绿。孩子们的事也够萧珊操心了。她要督促小林练习钢琴。有时因为小孩生病又要增添烦恼。她要继续接待来来往往的客人，又占

1955年秋,在武康路巴金新居。左起:巴金、萧珊、章靳以、陶肃琼

1952年，章靳以、陶肃琼夫妇和儿女在上海沪江大学寓所

去不少时间。就是在这样的情况下，她也没有放弃自己的工作。她抓紧时间翻译屠格涅夫的小说，前前后后翻译了《阿霞》、《初恋》、《僻静的角落》、《雅科夫·巴生科夫》、《草原上的李尔王》等许多中短篇小说。她还曾翻译俄国迦尔洵的作品。她帮巴金核校译文，像高尔基的《草原集》里的好几篇译文，巴金都是托她帮忙代校的。

萧珊最大的心愿是和巴金在一起。有一次，萧珊看见章靳以到湖北、四川去旅行，心想有一天巴金也会陪她坐船重游四川，看看三峡，躺在甲板上，眺望水天相接的远方。她对巴金不免抱怨说："我们从没有在一起旅行过。"秋天的时候，黄裳约他们一家去游苏州，恰好巴金又不在家，萧珊因此盼着有一天让巴金陪她去游杭州。巴金却常取笑她说，这是"奢望"。

其实巴金又何尝没有这样的幻想和"奢望"呢！每当他到外地去忙忙碌碌开这些热闹的或是战斗的会议时，甚至到国外参加活动时，萦绕在心的、思念的也还是这个家；在异乡客地，多少次梦见过妻子。他太重感情，但又怕给妻子增添伤感，总是掩饰自己内心的爱恋。然而，现在他在旅途中写家信，可以不讲那些会议中的是是非非和他的苦恼和困惑，却再也无法抑制自己对家的思念和深情的流露。

1955年2月，他到北京参加中国作协主席团第十三次扩大会议。这个会议的中心内容就是决定开展对胡风的批判，决定由《文艺报》将胡风的三十万言意见书当附件随刊送发，从而把批判胡风推向全国性高潮。巴金是在2月1日到达北京的，当天就给萧珊写信说："天天有会，大小会开到8日。我想在9日离京，但能否办到，还难说。"他无法逃会，可能也还没有想到逃会，但刚到就想到走，一天也不想多待，对会议的厌烦情绪溢于言表。

同年4月，他被派去印度参加亚洲国家会议。他先到北京会合代表团其他人员，坐火车到广州，然后绕道香港飞往新德里。在京穗线途中，他想起十七年前，抗战时曾偕萧珊一起辛苦跋涉在广州到武汉路上，也曾在武汉游览过。如今旧地重游，"风景如昨，我的心情也未改变"。他仿佛一路上都看到了萧珊的印迹。"昨晚在车中我又梦见你了，朋友，那是十几年前的你啊！在梦中我几乎失掉了你，醒来心跳得厉害，但是听见同伴的鼾声，想到你早已属我，我又安心地睡去了。"这是怎样浓烈的深沉的眷恋之情啊！

到了香港，小住一天半，住在幽静的山上别墅中。坐在阳台上他可以望到大海。那辽阔湛蓝的大海，使巴金思绪万千，想到自己艰难的写作，"我真想在这样的环境中过半年的写作生活"。他对那些繁忙的会议真的厌倦了，而写作对一个作家反倒变成难得的事情了。他本是一个爱好旅行的人，喜欢了解广阔新鲜的异域世界，如今即使到国外开会访问参观，也兴味索然。当他听说在新德里开会后还要参观一星期，也可能是两星期，竟急忙说："我看一个星期就够了。"

7月初，他又到北京参加全国人大一届二次会议。就在这个会上批准逮捕潘汉年、胡风。这个会一直开到月底。他刚刚到达就计算回上海的时间。没有想到会后还要开中国作协理事会，继续滞留在北京。那种身不由己的苦恼使他情不自禁地在信中对萧珊说："希望月初能返沪一趟。"

1956年1月，他又被派到柏林参加民主德国第四届作家大会，同行的有周立波。当时，这是美差、是荣誉。就像去印度一样，德国也是巴金第一次去访问的地方。但巴金却引以为苦。五十年代的航空交通还没有像现在这样发达，没有超音速喷气飞机。从北京到柏林飞飞停停，从5日上午九点半直到7日下午四点才到达，竟用了三天时间（包括时差）。所以，巴金说："长途旅行实在是一件苦事。希望今年不再有这样的差使。"当德国作家征询他们访德日程时，巴金和周立波都说："会开完希望尽可能地早回国。"在那里，连会议的开法都与国内酷似，开幕后"先得听四天报告"，而他是最不喜欢开会的人。

在以后的外出日子里，他给萧珊信中总是惦记着、企盼着："希望回来后能关门一个月"；"我希望能在上海安静地住一个时候写点东西"。

他爱家，想家；他爱写作，想写作。家，写作，这些对于一个普通人、普通作家都是理所当然、极为平常而又应该正常享有的事，如今对于巴金，却是难得的，变成一种幻想和"奢望"了。这和近年来的政治环境是直接有关的。他无法不感到压抑，在言行写作上受到影响和束缚。

当他们迁入新居以后，有了较为宽敞的会客室，可以接待外来客人时，第一批来做客的是法国著名作家萨特和西蒙·德·波娃。因为巴金的拘谨、小心，交谈也就不可能畅所欲言，直抒胸臆。巴金自己就说那次"讲话吞吞吐吐"。萨特问："如果写自己不大熟悉的人和事情，用第一人称，是不是更方便些。"巴金表示同意，但又说："屠格涅夫喜欢用第一人称讲故事，并不是因为他知道得少，而是因为他知道得太多。不过他认为只要讲出重要的几句话就够了。"显然，这种谈话完全没有能触及到当时正在迫使人们勉强去写自己不熟悉的生活所造成的后果，更不可能涉及巴金自己创作中遇到的苦闷。但是萨特还有一个意见给巴金留下深刻的印象。萨特不赞成"把作家分为等级"，"我们把文学变成一种分为等级的东西，而你在这种文学中属于这样的级别。我否认这样做的可能性"。巴金所以认为萨特的意见值得深思，正是因为他深深地感到中国文学界存在着一些严重的不正常的现象。

巴金在沉思。无论怎样，他不可能停止思考和探索。

第十三章

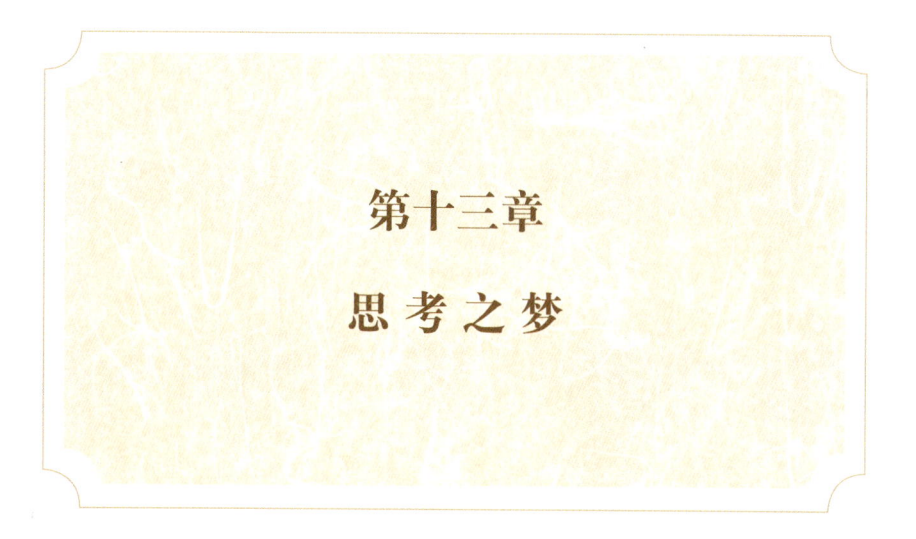

思考之梦

127. 呼唤创作个性

当然，巴金这种苦闷是有相当代表性的。许多老作家都有这样的困惑。更早一些，1953 年 2 月 25 日《人民日报》发表了三篇文艺方面的文章，编者加按语认为经过整风、深入生活以后，"文艺创作落后的情况仍是严重的"。吴祖光在文章中为自己算了一笔账，很直率地说，他在 1949 年前十二年中写过九个多幕剧、一个独幕剧，创作和改编了六个电影剧本、一个散文集，并且都得到了发表、演出和出版。1949 年后的三年，"我几乎停止了创作，只改编并导演了一个电影片《红旗歌》，编写了一个评剧本《牛郎织女》，再写了一些短文"。他还说："在旧中国的黑暗年代，在创作生活里我没有感到过题材的枯窘；相反，常常是在写作某一个作品时便酝酿或完成了下一个作品的主题了……解放后，我的创作源泉好像突然堵塞了，原因没有别的，那自然就是学习不够，没有生活，政治水平、思想水平太低，目光如豆，不但看不到现实的前面，即使现实生活里的矛盾也看不出来。"他还谈到老舍的情况较好，但"也有写成了而被否定的剧本，一改再改以至十几次修改而仍未定稿的剧本，这说明老舍先生的创作也是有很多困难的"。①

这种情况，连不断正在发表指导性意见的中国作家协会主席、有数十年创作经验的茅盾都不可避免。他也在写小说，写电影剧本，但都没有成功，或者没有完成，或者即使写了但连自己也没有信心而无法或不敢公之于世。但他仍然渴望写作。当时他正任政府文化部长。1955年1月，他给周恩来总理写信请假。1949年前，他的创作汩汩流泻，积成浩如烟海，现在情况又是怎样呢？他说："五年来，我不曾写作，这是由于自己文思迟钝，政策水平思想水平低，不敢妄动。但一小部分也由于事杂，不善于挤时间，并且以'事杂'来自我解嘲……每当开会，我这个自己没有艺术实践的人却又不得不鼓励人家去实践，精神上实在既惭愧且又痛苦……年来工作余暇，也常以此为念。"他请求给假以后，先整理成大纲，"拿出来请领导上审查，如果可用，那时再请给假，以便专心写作"。②

巴金后来也曾说到过师陀的情况。师陀是一位有才华的作家，1949年后创作热情一度很高，但写的长篇小说在报纸上连载一段时间后却被腰斩了。后来又到农村体验生活写了小说，虽很生动，却遭到挑剔和批评，得不到鼓励和发表。这种情况在他以前的写作生涯中是从来不曾遇到过的，却是当时许多作家普遍的遭遇。

还有一个例子如朱光潜，因为有过在国民党受训、任职、撰文等所谓历史问题，1949年曾受"管制"八个月。1952年北大思想改造运动中被列为重点批判对象。他自称"怯懦拘谨"③，因此直到1956年毛泽东提出"双百方针"之前，"有五六年的时间我没有写一篇学术性的文章，没有读一部像样的美学书籍，或者是就美学里的某个问题认真地作一番思考。其所以如此，并非由于我不愿，而是由于我不敢……"④

---

① 《人民日报》1953年2月25日。
② 《茅盾书信集》第401页，百花文艺出版社1987年版。
③ 《最近学习中的几点检讨》，《人民日报》1951年11月26日。
④ 《文艺报》1957年1月。

从这些言辞恳切和沉重的文章、信件及事例中可以感受到那些已经卓有成就、具有丰富经验的老作家们面临着怎样的困难和压力。然而，他们却还不断在自责是由于政治水平思想水平太低之故。这是怎样畸形而又伤痛的事情。

现在还是回过头来说巴金。他在1956年2月中国作协第二次理事会上作了一次发言。他不像会上有些领导人那样对文学形势作宏观的空泛的分析，而是就这些年来个人的经验和体会，对上述现象作了独立思考后，大胆地提出：

> 创作是个人的劳动，作品是有个性的。

这个表述也许只是文学艺术创作的一般常识，但在五六年来盛行的极端的文艺教条主义桎梏下，却成了一个异端；文艺界此调不弹久矣，因为"个人"、"个性"早已被划入到资产阶级范畴去了。巴金在论述了创作落后的各种原因后，却强调了这个带有根本性的问题，因为他是要争取将文学艺术回到自己的位置上来。也可以说，他敏感地看到问题的症结正在于将创造性的个人化的写作劳动纳入到教条主义统一规范的政治框框里去，从而扼杀了文艺的个性，也就取消了文艺。这个意见可谓针砭时弊，击中要害，有意无意是对主流意识形态的一次挑战。当然，他并非只是简单地提出一个观点，而是作了令人信服的充分的分析，同时也辩驳了流行一时的许多谬论。

他强调创作是一种艰苦的创造性的劳动：

> 单靠作家的称号并不能保证好作品的产生，单靠才能也不能解决问题……创作是一个很严肃、很艰苦的事业。即使最有才能的人也得在创作上付出很大的代价，这个代价包含着辛勤的劳动，丰富的生活经验与知识，正确的世界观，还包含着相当长的一段时间。缺少了这些，最有才能的作家也会写出失败的作品；写过一本好书的人也可以写出一本坏书。

他谈到了当时最敏感也最受关注的世界观与生活、创作的关系，批评了某些高论：

> 我们都知道，连最有才能的人也不能凭空捏造生活；一个从未见过英雄人物的作家，即使搞通了写不写缺点的问题也写不出一个英雄来。生活是创作的源泉。然而没有正确的世界观，他就没法正确认识生活、分析生活……就写不出活生生的人；对新事物没有感情的人就写不出值得人欢迎和热爱的新鲜事物。作家要是没有一肚皮的话想告诉人，他怎么能写作？作家要是没有自己想说的话，他为什么要写作？

他又说：

> 作家的学习和改造都是非常重要的……但是它们也得跟作家的创作活动结合起来，才可以产生效果。学习和改造是没有止境的……我们绝不能等到改造好了才动笔……作家必须不断地写作，写作是他的工作，也是他的义务。作家用写作来为人民服务。广大读者向作家要求的是作品，更多的作品，而且更好的作品……

从二十年代苏联拉普派开始到五十年代中国都在鼓吹、强调只有掌握了唯物辩证法，树立了正确的世界观，才能认识生活、写作；首先是战士、革命者，然后才是作家。巴金的批评恰恰是针对这种高论的。① 也正是在这个认识的基础上，他十分强调创作的个性：

> ……因为创作里必须有作者自己的东西……不久以前曾经有人主张用"合作"的办法翻译外国文学作品，把几个人的译本糅在一起成一种新的译文，说是尊重每个人的劳动。我想原作者一定不会同意这个办法，

---

① 譬如在林默涵的《胡风反马克思主义的文艺思想》一文中就说："首先要具有工人阶级的立场和共产主义世界观，没有这种立场和世界观，那就不管你的'主观战斗精神'怎样强烈，也不可能正确地充分地反映今天的现实。"参见《文艺报》1953年2月。

因为它抹煞了作品的个性。也有人把一部外国长篇小说拆散，交给几个人翻译，这是同样地看不起原著，也不尊重原作者。

我并不是说创作不是集体的事业。相反，我强调地说，创作是集体的事业，而且完全不是作者个人的事业。但是创作是个人的劳动，作品是有个性的……

他还以李白和杜甫、高尔基的《草原上》和契诃夫的《草原》、肖洛霍夫和法捷耶夫的小说为例作比较，说明同时代，有相同的世界观，甚至生活在相仿佛的环境里，也会写出各自不同风格、不同个性的作品来。任何天才的作家又都与当时社会和各自生活经验有关。说到这里，他忽然笔锋一转，联系到久被人们嘲笑的国统区里的所谓亭子间作家的问题。①他反唇相讥：

……即使写历史小说，也得先了解人，了解生活。人们从前喜欢挖苦亭子间的作家，其实做一个亭子间的作家也得先在社会里混了一些时候，才关在亭子间里写作。一辈子关在亭子间里的人，连活都活不下去，哪里谈得上创作……

这次巴金可把久埋在心里的那股"气"发了出来。因为对"亭子间作家"的误解、嘲笑，实际上否定了国统区作家，否定了文学艺术作品是个人化创造性劳动的特点。而这种有意无意的误解和嘲笑却已流传很久了，该是以正视听了。

巴金接着还强调作家应该要求自己严肃认真地、全心全意地使用全副精力从事他的工作；即使写过十部好作品，但在写第十一部时也应当拿出全副精力。这时，他相当尖锐但又幽默地批评了一种现象：作家们把时间花在作报告、讲创作经验、出席各种会议活动上面。他提出了一个"时间"问题，

---

① 毛泽东《在延安文艺座谈会上的讲话》中曾提道："同志们很多是从上海亭子间来的；从亭子间到革命根据地，不但是经历了两种地区，而且是经历了两个历史时代。一个是大地主大资产阶级统治的半封建半殖民地的社会，一个是无产阶级领导的革命的新民主主义社会。"

其实涉及的是某些著名作家的生活方式问题，甚至文艺体制问题。他说：

> 让一个从事创作的人有充分的时间，至少也得有拿起笔写完若干字的时间，而且也得有执笔以前的酝酿、思索的时间。我想在这里讲一个小故事：去年十二月我送一位西德政论作家上飞机。我们都到得很早，正坐在候机室谈应酬话，他忽然说，近两个月你们这里外宾多，你们像这样接送客人，恐怕没有时间写文章吧。我不知道这是关心还是挖苦。我只好说，我也不常接送客人。但是我得承认这只是我个人的愿望。事实是有一个时期火车站和飞机场已经成了我们几个人（有作家也有音乐家）的会客室了，一天跑两次也是常事……我们在为上面所说的必要的活动花去大部分时间以后，还得检讨自己没有完成创作计划，用各种各样的帽子扣在自己的头上。

批判俞平伯——胡适——胡风政治运动前后延续了一年多，政治空气紧张，强调"舆论一律"；人们从胡风事件中发现连日记、书信、朋友来往中语言稍有不慎就可能罹祸株连。教条主义、机械唯物论、文艺为政治服务、要求文艺图解政策等等极端思想统治文坛。① 巴金就是在这样沉闷的气氛下发出了这种异端的声音，也是巴金在1949年后第一次比较系统地在文艺方面提出的批判性意见。他是为了爱护这个新政权，促进中国文艺事业的健康发展，才袒露心扉，比较畅快地说出了自己思考已久的心里话。但是，似乎并没有引起会议的重视。因为他的意见与会议的主流论调显然并不是一样的。

中国作协第二次理事会扩大会议是在1956年2月27日至3月6日举行

---

① 这种说法在当时一些文艺界领导人和批评家的讲话、文章中几乎随时可见。这里只摘引陈涌的《论文艺与政治的关系——评阿垅的〈论倾向性〉》一文中的一小段话作参考："在现在说来，无论如何一个创作者个人的经验总是有限的，而集中地代表全体人民利益的共产党和人民政府，却经常总结着巨大的政治经验，这是任何即使伟大的天才都不可以和它相比拟的，而这些经验便体现在共产党和人民政府的政策里面。我们的创作者无论如何是应该和这些政策经验靠近，吸取这些经验，溶解这些经验，使它普及到每一个角落和每一个群众中去。"参见《人民日报》1950年3月12日。

的。会议的目的在于鼓励、发展、繁荣文学创作。中央领导大概也看到了创作萎缩、作家无所适从、创作中"相当普遍存在的最有害的毛病之一公式化、概念化的倾向"。所以企图通过这个会议有所纠正,用意还是好的。但是周扬在报告中把出现这种现象的原因仍然归罪于作家们"把丰富多样的生活和人物性格加以简单化";对于生活"采取回避或旁观的态度";"没有正确理解艺术反映现实的'特殊形式'"。会上有些作家循着这个路子慷慨激昂地批评作家们对于现实生活的"根本态度"有问题,有的指责作家们"倦怠"、"懒惰"、"政治责任感不强"等等。周扬还把反对公式化概念化倾向与批判庸俗社会学联系起来,这也是对的。但是他和他的同僚们不可能坦白正视庸俗社会学的发展和猖獗正是他们这些年来大肆鼓吹、倡导、斗争的结果。事实上,周扬们不可能真正认识到问题的根子。他在报告中继续强调学习党和国家的政策"具有决定的意义","文学艺术离开了政策,就是离开了为当前政治斗争服务的立场"。

无论如何,这个会议毕竟还是一个建设性的会议,是讨论文学创作本身的问题而不是政治性会议,是意在推动创作、气氛比较宽松平和而不是批判战斗的会议。会议期间,毛泽东、刘少奇、周恩来等领导人还接见了会议代表,陈毅到会作了报告。这都是表示亲和鼓励的态度。所以巴金才有可能讲出与众不同的真知灼见,不仅未受指责,还被周扬报告中称为"当代五位语言艺术大师"之一,即"茅盾、老舍、巴金、曹禺、赵树理"。

巴金回到上海不久,于1956年5月16日,代表上海作协理事会在上海作家代表大会上作了题为《在建设社会主义文学的旗帜下前进》的报告。这个报告当然只是一个官样文章,不是出于巴金之手。当天下午,市委书记柯庆施作报告。20日,市委宣传部长张春桥作总结,要求"作家们应该更好地加强政治上的勇气,充沛自己的社会主义热情,不怕失败,勇于创作……应该根据文学事业的特点来考虑问题,解决问题"。就是这些思想极端的权势者,在向作家们指手画脚、发号施令的同时,也不得不装出一副开放的姿态。

在这个会议上,巴金被选为上海作协分会主席,周而复、于伶、章靳以、许杰为副主席。

128. 追 求 真 理

现在，我们不得不花费点笔墨补叙一下1956年以后的社会政治情况。因为上述中国作协第二次理事会的召开，旨在推动文学创作发展的建设性的会议基调，以及后来巴金的许多故事都与这个特殊的历史背景有关。

对于当时社会情况，官方是这样解释的："先后进行了土地改革、抗美援朝、肃清反革命、三反五反和思想改造的五大运动"，"取得社会主义革命的基本胜利"[1]。然后对农业、手工业、资本主义工商业的三大改造以及发展国民经济第一个五年计划的实现又取得了巨大的成功。因此，"国内主要矛盾已经不再是工人阶级和资产阶级的矛盾，而是人民对于经济文化迅速发展的需要同当前经济文化不能满足人民需要的状况之间的矛盾；全国人民的主要任务是集中力量发展社会生产力，实现国家工业化，逐步满足人民日益增长的物质和文化需要。"[2]"党对于学术性质和艺术性质的问题，不应当依靠行政命令来实现自己的领导，而要提倡自由讨论和自由竞赛来推动科学和艺术的发展。"[3]也就是说，在取得了伟大胜利后，可以转入和平建设的轨道上来了。

但是，从另一个角度来认识，恰恰因为多年的批判斗争和改造，如周恩来在政府工作报告中所说："这些运动都是在党的领导下以群众性的斗争形式进行的"，"某些问题的处理是比较粗糙的，因而损伤了一些从旧社会来的、资产阶级的知识分子的自尊心"。[4]引起社会变动、政治空气紧张、知识分子心

---

[1] 周恩来：《在第一届全国人民代表大会第四次会议上的政府工作报告》，参见《社会主义教育课程的阅读文件汇编》（第一编）（上）第220页，人民出版社1958年版。

[2] 《中国共产党中央委员会关于建国以来党的若干历史问题的决议》，参见《三中全会以来重要文献选编》（下）第751页，人民出版社1982年版。

[3] 刘少奇：《中共中央向第八次全国代表大会的政治报告》，参见《社会主义教育课程的阅读文件汇编》（第一编）（上）第183页，人民出版社1958年版。

[4] 同[1]，第221页。

1956年，在北京北海。左起：孔罗荪、章靳以、巴金、周而复

存疑惧；经济建设中也出现很多矛盾，如轻重工业、工农业生产的失衡，供需紧张；国际上，苏联东欧国家发生严重政治变动等等，这种种负面压力使中共中央不得不考虑到需要缓解矛盾，创造一个平和宽松的环境才有利于国家的稳定和建设。这是被迫的，只是出于策略上的考虑。

也许，两种解释都有道理，两种情况都是存在的。但是有一点可以肯定，即到了1955年10月，毛泽东仍然还在强调阶级斗争。他在中共七届六中全会上的结论中说："在这个十五年的期间内，国际国内的阶级斗争会是很紧张的。我们已经看见是很紧张的。在阶级斗争中，我们已经取得了许多胜利，并且将要继续取得胜利。""反唯心论的斗争，从《红楼梦》那个问题上开始，还批评了《文艺报》，以后又批判了胡适，批判梁漱溟，已经搞了一年。我们要把唯心论切实地反一下，准备搞三个五年计划。"①可见,那时的毛泽东战意犹酣,对阶级斗争的估计和还要继续搞上十多年的战略思想是很坚定明确的。只是两三个月后突然出现转机和政策调整,不能说没有情势突变所迫的因素,这才能真正理解一年多后那场反右斗争不是突如其来的。

这种政策调整最早的公开的信息是在1956年1月周恩来的报告中传达出来的。在中共中央召开的知识分子问题会议上,周恩来的讲话中心就是"为了最充分地动员和发挥知识分子的力量",对于知识分子工作中存在的问题和缺点进行了批评,并对今后提出了一系列相应的改进措施,对解除知识分子疑虑是有积极意义的。当然,他仍然重申,"党中央认为:对于旧时代的知识分子必须帮助他们进行自我改造,使他们抛弃地主阶级和资产阶级的思想,接受工人阶级的思想……"这就是说,再次肯定所谓"旧时代的知识分子"的原罪,肯定思想改造的必要性,"继续帮助知识分子进行自我改造,是党在过渡时期的重要政治任务之一","知识分子的改造既然是阶级斗争的一种反映,这个改造过程本身就不可能没有相当的斗争"。②

周恩来作报告时,巴金正在德国访问。回国后当然得悉了这个讲话的精神。他似乎很单纯,既没有表示欢欣鼓舞,也没有疑虑重重。他相信共产党说话是算数的。而他所做的一切,也都是为了爱护这个党,为了国家的利益,为了社会进步。出于这样真诚善良的愿望,讲心里话,讲真话,有何不可呢!

现在是那个独立思考、追求真理、献身国家人民的巴金,从近几年的矛盾中挣脱出来,战胜了曾经有过的软弱,要像高尔基小说中的丹柯那样,掏出燃烧的心,奋然前行。于是,他在作协理事会上呼吁创作个性,他在别的许多会议上也热情发言。他还写了许多杂文随笔。1956年至1957年间的巴金,和许多知识分子一样,成为思想活跃犀利、写作相对比较酣畅的一年。这又一次证明,当作家的思想挣脱束缚以后,将会获得怎样生动的创造力。

1956年是鲁迅逝世二十周年。北京举行了隆重的纪念大会和学术报告会。

---

① 《毛泽东选集》第5卷,第199页,人民出版社1977年版。
② 《周恩来选集》(下)第162—178页,人民出版社1984年版。

十八个国家的作家专程前来参加。上海,在虹口公园修建的鲁迅新墓和新的纪念馆落成。巴金在 5 月召开的中国作协上海分会理事会上当选主席,这次又担任了上海纪念鲁迅的筹委会主任。所以,以这个身份,他在鲁迅墓迁葬仪式上和上海的纪念大会上分别致词。迁葬仪式是在 10 月 14 日举行的。茅盾、周扬、许广平等专程来上海,清早,与巴金、金仲华、章靳以、唐弢等到万国公墓移运鲁迅灵柩。巴金和金仲华先将印有"民族魂"大字的旗帜献盖在灵柩上。运到虹口公园后,他们一起扶着灵柩慢慢将其落入墓穴。这使巴金想起二十年前几位青年作家包括自己、胡风在内抬柩的情景。那天宋庆龄挽着许广平站在一起。宋庆龄向六千送葬的人群讲话,呼唤过"将来的光明"。今天宋庆龄仍然扶着流泪的许广平。她们的头发花白了,看着鲁迅

1956 年 10 月,在上海虹口公园鲁迅墓迁葬仪式上致词。右前站立者为许广平和宋庆龄

1956年，在鲁迅墓前。左起：峻青、孔罗荪、章靳以、巴金、唐弢

雕像正沐浴在秋日的辉映中，墓前高大的广玉兰的绿叶在微风中摇曳，桂花的清香随风飘来。这时的巴金幻想着鲁迅如果能活到今天，"每个人都有多少话要告诉先生啊！"

从鲁迅逝世以后，三四十年代中，巴金陆续写过大约七篇有关纪念文章。这次，他却一气写了五篇文章和两个讲话稿。也许因为众多报刊邀约之故，也许因为特定身份需要他去讲话撰文。但是，与以前不同的是，巴金在这些文章中充溢着近几年少有的气势，流泻着一股昂扬兴奋的激情。

他在10月19日上海举行的纪念大会上致开幕词时突出讲了两个重点：一个是鲁迅热爱青年热爱人民，一个是鲁迅一生没有停止过对真理的追求。他说：

> 为了追求真理，他敢于面对一切的攻击、嘲笑、诬蔑、漫骂、通缉

和暗杀的威胁。为了追求真理,他不惜"更无情面地解剖自己"。为了追求真理,他终于从进化论走到了阶级论,从革命的民主主义走到共产主义,而且找到了他引以为荣的"切切实实、足踏在地上,为着现在的中国人的生存而奋斗"的同志……

这样的思想几乎贯穿在他这个时期写的纪念鲁迅的文章,尽管其基调仍然与官方对鲁迅的评价相一致,但是言外之音还是能够有所辨识的。《秋夜》是一篇优美而富有激情的散文。他把高尔基作品中的丹柯形象与鲁迅联系起来。他说:

先生的心一直在燃烧,成了一个鲜红的、透明的、光芒四射的东西。我望着这颗心,我浑身的血都烧起来,我觉得我需要把我身上的热散发出去,我感到一种献身的欲望……

他仿佛听到了鲁迅的召唤:

"难道为了你们,我还有什么顾虑?"
"难道我曾经在真理面前退却?在暴力面前低头?"
"为了追求真理我不是敢说、敢做、敢骂、敢恨、敢爱?"
"……"
"那么仍然要记住:为了真理,要敢爱、敢恨、敢说、敢做、敢追求!"

巴金在用鲁迅的话告诫勉励人们,更是勉励自己。他在给青年文学杂志《萌芽》写的一篇《我认识的鲁迅先生》中,说得更具体些。他说:鲁迅与青年人交往时,"他不教训人,不说教,他以身作则,处处给年轻人做榜样……"他引用了日本作家鹿地亘的话来佐证自己的认识。鹿地亘说,那是"无言的激励","不是向人'指示行为'的东西,而是唤醒'对于行为的热情'的东西"。所以巴金特别强调说:

他是一个非常认真的人，也是一个言行一致的人。

他说了就要做。他的一生是追求真理的一生。

这几乎是巴金最为看重、严格要求自己实践的座右铭。巴金在以前二十年中写的许多纪念文章中也都特别谈到过鲁迅的爱，对青年的爱和对人民的爱。至于鲁迅对真理的追求则是不言而喻的。但是，这次在每篇文章中都特别强调和大声呼唤，显然与最近几年的经验和思考是有关的。他深深地感到，追求真理，为真理而献身，在今天仍然有其特殊的、重要的、现实的意义，特别需要唤醒人们重新认识、重视、行动起来。其中特别批评了文艺界领导们流行的"说教"、"教训人"、作"指示"等等，他对此有切肤之痛。

那时，巴金还写了一篇介绍高尔基短篇小说的文章，名叫《燃烧的心》，其思想精神与纪念鲁迅文章大致相仿。他在文中率直地批评说："在作家中间有着各种不同的人，有些人写出好文章，却不让读者看见自己；有些人装腔作势在撒谎；有些人用花言巧语把读者引入陷阱。但是，有更多的人，严肃地在创作的道路上追求真理。"他还反驳流行的极端教条主义理论，即一味强调只有写正面人物英雄人物，写光明写学习榜样才是社会主义现实主义。巴金用高尔基作品作例子，说明即使写的是一些平凡的流浪汉，从作者的鲜明爱憎中一样可以受到感染引起激动，产生追求新的生活的力量。巴金对于这种教条理论一直是不同意的、反感的，也曾委婉地表示自己的看法。但更多的是，在那种政治空气下附和着对自己旧作的否定。现在他敢于说出心里话，真实的思想。他要像过去一样，为真理而斗争。纪念鲁迅的那组文章委婉地抒发了他当时的激情和追求。

129. "鸣"起来吧！

1956年至1957年间，巴金写了一些杂文随笔。正如鲁迅说过的，那种杂文往往"是感应的神经，是攻守的手足"，既便于表述自己的思想，也能迅

1956年，巴金等文学界人士在上海向曾荷金纪念碑献花

捷击中时弊，"立刻给以反响或抗争"。那时正是发动鸣放的时期，有的报刊讨论小品文的兴亡问题，许多报刊积极邀约名家撰写杂文随笔，一时空气显得活跃起来。在开人代会时，胡乔木见到巴金等人，也怂恿他们写点杂文。《人民日报》编辑袁鹰专门写信请巴金写稿，再一次转达胡乔木的"致意"，希望他能满足读者的要求，也为《人民日报》增加光彩。于是巴金的这类文章也与当时其他作家的优秀杂文随笔一起应运而生。如果说，1956年巴金写的一

组关于鲁迅的文章是一种激情呼唤,那么这组杂文随笔则是他对当时社会、文艺思想以及有关鸣放等问题的独立思考的结晶。

从毛泽东提出"百花齐放,百家争鸣"方针,陆定一就此专门作了讲话开始,思想文化界,党内党外议论纷纷,意见分歧。其实,归根结底还是让不让人们自由鸣放的问题。巴金正是抓到了这个要害,写了一篇题为《"鸣"起来吧!》的文章,仅用不到五百字的篇幅,力排众议,说:

> 现在还是"言归正传",让大家先来"鸣"一下吧。倘使把时间大量地花在事前的讨论上,等到得出结论,定下不少新的清规戒律,号召大家起来齐鸣的时候,恐怕就没有多少人有勇气来"鸣"了。

他针对那些老是装出一副维护党的利益,唯恐一鸣放就会天下大乱,实质是设置障碍的极端思想,幽默而豁达地说:

> 我觉得即使有人"乱鸣",也比没有人"鸣"好些。要是没有人"鸣",那么一切的讨论和号召岂不是成了多余的吗?

在那些思想极端的人中间就有一个姚文元,叫嚷现在"矫枉过正的现象的严重",只有"恰到好处的批评是最尖锐、最正确的批评"。巴金讥讽说:"他给我们指出了'说话恰到好处应该是我们的努力方向'。"大概出于对虚伪地赞成鸣放实则阻挠鸣放的人的厌恶,也可能是痛感当时的空气过于沉闷压抑,巴金在这篇《"恰到好处"》中尖锐地批评说:

> 现在好像还有这样的一种人,他们嫌鸣声聒耳,他们害怕"百家争鸣"会造成一个思想混乱的局面,于是挖空心思在考虑防止混乱的办法。其实这番苦心也是多余的。正因为在我们学术界中,"守口如瓶"、"惜墨如金"的人到处皆是,"人云亦云"有了广大市场,"百家争鸣"的方针才有提出来的必要。现在是不是有了"百家争鸣"的盛况呢?倘使鸣声

真正多得像汽车喇叭那样叫人厌烦了,我们自然会静下来听"恰到好处"的指示,等"恰到好处"的结论……既然鼓励别人讲话,最好还是少来些限制,暂时不必发什么"恰到好处"的通行证之类。发通行证的办法对"百家争鸣"的方针会起一种抵制作用的。

巴金的这番锐利批评是直接针对姚文元的,但又不只是对一个小小的姚文元而言的。当时颇有一些像姚文元之流的极端分子恨不得天天过"舆论一律"鸦雀无声的日子。他们在巴金的笔下,就是一些"连脸部表情都是'正确'的人","要是人一动脑筋,就想到说话应当说得'恰到好处'……"巴金很熟悉这样的人,也很厌恶这样的人。他在《"独立思考"》一文中有更深入的描写和思考,不只是对某些人,而是对某些社会现象的剖析了:

有些人自己不习惯"独立思考",也不习惯别人"独立思考"。他们把自己装在套子里面,也喜欢把别人装在套子里面。他们拿起教条的棍子到处巡逻,要是看见有人从套子里钻出来,他们就给一闷棍,他们听见到处都在唱他们听惯了的那种没有感情的单调的调子,他们就满意地在套子里睡着了。

因为这种人往往是有权势的,或是为权势所支持的。棍子就是这种权势的象征。所以他进一步指出:

他们的棍子造成了一种舆论,培养出来一批应声虫,好像声势很浩大,而且也的确发生过起哄的作用……

在中国能够独立思考的人还是占大多数,他们对大小事情都有自己的看法。他们并不习惯别人代替他们思考,但是他们也不习惯公开发表自己的意见,却喜欢暗地叽叽喳喳……要是他们真的大"鸣"起来,教条主义者的棍子就只好收起来了。

这种形象的描写和深刻的分析与前几年那些政治运动、政治批判联系起来，可以感到巴金胸中郁积了多少的愤懑和苦闷，又有着怎样清醒的思考，以及对思想文化界某些随声附和现象的强烈不满；更不必说对那些持着棍子到处打人的"文化打手"、"文化杀手"们的痛恨了。现在他明知写这些文章是会得罪人的，是会使那些"打手"们伺机报复的，但他已不顾及这些了。因为他被鲁迅的追求真理，敢想、敢说、敢做的精神鼓舞着。

那时，他的写作和战斗的意志很旺盛。有针对别人的意见而发的，也有反驳别人的批评的。巴金和这些对手论战好像很轻快，文风泼辣而幽默，往往用三言两语就把对方驳了回去。因为只要能够自由发表意见，只要说理，对那些仗着某种政治势力挥舞教条的棍子而横行文坛的人来说，实在是经不起一驳的。因为他们从来不是靠说理吃饭的，更不必说追求真理了。

巴金写的《秋夜杂感》仍是围绕这样的问题，批评与"恰到好处"论调一样的所谓要求"争得好，鸣得好"，其实质仍是要让那些"没有'好'的把握的人只好'噤若寒蝉'了"。他说："人并非电铃，只要给手一按就会发出'鸣'声。"因为需要对问题研究、思考，才会有见解，否则就是后面有人拿着鞭子赶打，也是"鸣"不了的。

譬如巴金对当时戏曲改革撇开演员的舞台创造，把一些优秀剧目改得面目俱非；报刊编辑任意删改作家文稿；对频繁发生的交通事故使幼童无辜丧生的事情无动于衷，反倒一味鼓吹今天的儿童们如何幸福等等怪现象，都有尖锐的批评。他批评的虽是具体问题，然而对长久以来被渲染得通体光明不能说一个"不"的社会来说，在一定程度上表达了老百姓藏在心里欲说不能说的话。最有代表性的大概可以《论"有啥吃啥"》为例。

前几年，国家开始实行五年计划是为了更大规模推进国民经济建设。但又因为政治经济路线的偏颇和失误，出现了许多困难和问题。最具有讽刺意味的是，1955年7月初，全国人大正式批准逮捕"反革命分子"潘汉年、胡风，宣称反胡风斗争取得巨大胜利的同时，各地先后实行粮食定量供应，然后是各种食品、布、日用品等也都凭票证供应。从此中国的经济生活进入了一个票证时代，长达三十年之久。票证本身就是物质匮乏、生产不足、供不应求、生活低水平的标志。这样,天天叫喊成就、战无不胜的神话在老百姓心中不能不打个问号。针对这种疑虑和不满,就有一种文过饰非,反过来苛求群众、指责群众的歪理上下相传:什么错误难免、付学费、十个指头和一个指头、前进中的困难等等;要发扬艰苦朴素作风、要顾全大局、要看到国家利益、要看到伟大成就……诸如此类的训诫不时见诸于报刊、文件和出自领导人之口。

1955年底,巴金准备去德国开会,先到北京,住在新侨饭店。在餐厅吃完饭结账要收粮票,他因离家时忘带了,弄得很窘。1956年底巴金以人大代表的身份到家乡成都视察,发现这个天府之国竟没有什么可买的东西,猪肉紧缺情况超过上海,连鸡蛋都很缺少。上海市场物品紧张恐慌的情况几乎是开埠以来罕见的。日本经济展览会在上海举行,萧珊去参观,看见小卖部前挤满了排队的人,多得可怕,秩序大乱。

于是,上海报纸舆论和某些领导讲话就提出了一个"有啥吃啥"的口号来对付市民,无非要市民免开尊口。巴金在文章中说:

> 他们的需要也应当受到尊重……我们国家里现在的确有少数这样的人,他们只图自己方便,宁愿叫多数人不方便。对于他们,"有啥吃啥"的说法就是一个锦囊妙计。

在另一篇《"艰苦"与"浪费"》中,他说:

> 倘使因此抹煞了人们的各个不同的嗜好,不允许人们按照嗜好挑选他们的消费品,甚至强调地主张人们必须毫无选择地接受供应部门供给他们的东西……这不过是打起"艰苦朴素"的招牌,替不合规格的产品或次货推广销路而已。

他还以上海马路上每年搭大牌楼为例,"用光辉灿烂的装饰来点缀气象万千的上海的市容";他反问,怎么不见有人理解为发扬"奢侈浪费"的精神。

他还质疑：北京在拆真牌楼，是为了交通安全；上海却在搭假牌楼，是以壮观瞻，这又是发扬了什么精神。

这些短小的杂文随笔，谈的是具体社会问题，却颇耐人寻味，发人深思。或者说，巴金的杂文触碰到了一些神圣不可侵犯、永远正确的政治神话，因而招来了不少的争论。这些年来萦绕在人们心里已有很多疑问、困惑和不满[①]。巴金文章虽然只写了十几篇就因为反右派的厮杀声大作而戛然中止，但却讲了真话，讲出了人民的心声。

130．"把文艺交给人民"

1956年到1957年6月这一年半的时间里，巴金仍然忙于开会，仅到北京参加人大会议和作协的会议前后就有三次。1956年初到柏林开会，年底到成都视察。如此，一年之中有三四个月时间花在旅行和开会，还不算上海日常的无穷尽的名目繁多的甚至毫不相干的会议。所以他从成都回来不久接受记者采访时曾说：打算在以后尽量减少不必要的交际工作。如果上海不允许他有较多的写作时间，那他就决心回成都去。

显然，巴金对于这种生活方式是不满意的，很想摆脱。幸而这一年的会议多数是在气氛比较平和而不是批判斗争中度过的，是在相对开放，在一定程度上能够比较自由地发表意见、讲讲真话，而不是在政治压力下讲套话、唱一个调子。尤其是在1957年3月，他和上海文化界许多人士一起到北京参加了全国宣传工作会议，先听了毛泽东在前一个月最高国务会议上的讲话录音，然后毛泽东又到会讲了一番话，还每天分别召见各专业小组部分代表谈话，催促人们鸣放，独立思考。一再强调："我们主张放的方针，现在还是放得不

[①] 作家杨沫在日记中记述（1957年5月6日）："上午看了徐迈进同志记录毛主席最近对省市委书记的谈话，启发甚大。几年来，我们对知识分子的思想和广大人民的自由，抓得太紧了，人民有怨言和不满，现在要放一下，大大地放，并说'百花齐放，百家争鸣'是长远政策，不是'诱敌深入'。"《自白——我的日记》第303页，花城出版社出版。

够，不是放得过多。"①

接着，巴金又参加中国作协创作规划会议，毛泽东又接见了部分代表，巴金也在其中。毛泽东又鼓动他们说，马克思、恩格斯当时写文章都是以理服人，现在有些人写文章是以势压人。在文学界，周扬更是多次讲话，宣传解释"双百"方针，说：这个方针提出"和苏共第二十次代表大会提出对斯大林的批评有关。不管这个批评的本身怎样，它有一个很大的好处，就是思想解放，迷信破除"。"今天的共产主义者已经成熟到这样的程度，社会主义的力量已经可以允许这样独立地去思考，公开地发表自己的意见。"②这些大大小小的讲话，特别是毛泽东的讲话，使这些文化界的人听得如痴似醉，心悦诚服。巴金边听边做笔记，觉得毛泽东讲得明白、讲得深、讲得全面，含义丰富。

于是，这些文化教育科技界人士振奋起来。巴金在这个时期写了许多杂文随笔，在一些会议上讲了许多有激情、有创意的批评性意见，特别是关于改进文艺工作领导方面。

1957年4月27日，中共上海市委邀请巴金、章靳以、傅雷、罗稷南等二十多位作家座谈"对党的领导和'放'、'鸣'等问题"。人们诚恳地谈了不少意见。巴金也发了言。但是第二天市委机关报《解放日报》报道此会时却把巴金的主要意见略去了。于是在5月7日第二次座谈时，他又对上次发言作了补充。他列举了一些例子，如赵丹曾建议在上海举办一个为文艺工作者服务的活动场所——文艺俱乐部，周恩来得知后作了具体安排。但是上海却强调困难而无法实现，稍后报纸上还批评这是"铺张浪费"。再如写杂文，又是代表市委意见的《解放日报》强调"写杂文要学习鲁迅，抓主流"。意思是批评工作中的缺点，批评社会上的消极现象不是主流，就不应该写。巴金写的《论"有啥吃啥"》和另一位著名杂文家林放都遇到这种批评。巴金很愤慨地尖锐地反驳说：

---

① 《毛泽东选集》第5卷，第416页，人民出版社1977年版。
② 《周扬文集》第2卷，第405—406页，人民文学出版社1985年版。

领导上希望我们写文章全面，事实上提意见的人就不可能全面，因为他们没有搞实际工作，没法了解许多内部情况，难免片面；可是搞领导工作的人倒应该全面，而事实上却常有并不全面的时候……

他以《文艺月报》为例，当初为了没有登载胡风第三批材料而被《解放日报》公开点名指责为犯了很大的政治错误，使《文艺月报》的销路一下子从二十多万份跌到二三万份。但是即使全国性文学杂志《人民文学》也并未重复登载报纸上已经普遍登过的东西，又有什么必要进行公开批评，使读者莫名其妙，也因此使编辑部里那些热爱工作、事业的人们反倒给整得"哑口无言"，但心里是不满意的。巴金明确表示自己挂名主编却又无法表示自己的看法，尽管私下不断谈过不同意这种做法。巴金说：

把热爱自己工作的人整成了应声虫，等于损害作家的独立思考。

巴金的结论是：

我说领导上不重视文艺工作，是说领导上对文艺上的问题没有认真研究、认真讨论，却常常匆匆作出决定，甚至发出粗暴的批评。
总之，需要领导的时候看不见领导，不需要批评的时候，批评倒偏偏来了。

谈到领导问题，巴金第一次谈到自己也有许多可以被称为"领导"的职务，但又是什么样的情况呢！

我们常常谈领导，可是我作为作协分会主席，就感觉到作协的工作好像没有人在领导。就是在作协里面也没有人专门研究创作上的问题；对怎样发展创作，组织创作等问题，也没有人认真考虑。究竟谁在领导作协，我也始终搞不清楚。只有在党支部通知我写某人某人的材料的时候，我才感觉到我在被领导,因为什么时候要,我就得在什么时候写。

我是专业作家,也只能做个挂名主席,有些问题我和作协的看法也不相同,有时我代表作协在会上讲话,也不是讲自己的意见。

这些话够辛辣也够沉重的了。它画出了许多非党知识分子貌似有许多身份、头衔、职务,其实并未真正受到尊重,发挥作用。

巴金在这次会上和后来记者采访时还对上海的出版工作和话剧工作提出批评。他认为上海的图书出版是"又缺又滥",人们需要的书买不到,人们不需要的书多得卖不出去,只好积压在仓库里。他列举了许多例子证明这种不正常的现象。譬如一方面纪念鲁迅,号召学习鲁迅,一方面《鲁迅全集》一次只印两万册,很多人买不到书;曹禺的《原野》、《蜕变》被出版社看做"没有重版的必要";周而复的《白求恩大夫》被认为是"提倡个人崇拜"而不出版;巴金的《谈契诃夫》被出版社列为翻译作品,还因为"对译者情况尚未了解"而不能决定是否出版。1955年5月,巴金以人大代表的身份视察上海的出版工作才了解到这个情况。他不无揶揄地问出版社负责人:"是否我的情况你们还不了解?"对方颇窘。巴金在发言中为他们开脱说:"其实这也难怪,新文艺出版社的两位社长外面事情多,整天在外面开会,当然没法了解社内情况。"那时的情况就是如此,业务干部整天泡在会海里面,也就只能不务正业了。话剧在上海本是艺术力量很强,是有过光荣历史的剧种。但现在剧场少,剧本创作不受鼓励,有才华的演员长久没有机会得到演出。在上海,话剧有观众,也有演员。"在舞台艺术上有成就的演员像石挥、项堃、张瑞芳、黄宗英、章曼苹……不是都在上海吗?"巴金说:

演员总要演戏,不演戏就不叫演员。一个演员几年不演戏,领导上不在乎,但是对国家对演员来说,都是一个损失。

巴金谈这些意见是认为"上海的文艺领导部门对话剧并不重视"。既然毛泽东和中共中央号召人们帮助共产党整风,这些有充分事实根据的建设性的意见，这些出于善意的诚恳的意见，对于真的有志于改进工作、有益于人民和国家的政治领导人来说，应该是从善如流、感激不尽的。然而人们包括巴金哪里想到会是另一种情况。不只他直接批评的上海文艺领导部门的头头如张春桥之流如芒刺背，怀恨在心，即使毛泽东对当时各种意见也已大为逆耳，准备反击了。

巴金最重要的一次发言是在5月15日至16日中共上海市委召开的会议上。后来《解放日报》是这样报道的①：

> 巴金认为应该把文艺交给人民送到群众中去受考验，不能由少数领导同志根据自己的好恶干涉上演或出版……
>
> 巴金认为思想领导是必需的，这要由党负责，由市委来抓。但所谓艺术领导，他认为还可研究。他认为在艺术方面作协最好让作家们发挥各人的创造性，少领导，多帮忙。他说："要是上海作协甚至全国作协的全部力量能够培养出几个或一个托尔斯泰来，那对我们国家多好，但可惜这是办不到的。文艺创作主要依靠作家自己的艰苦的劳动。固然在作品写成发表以后，也就成了社会的财产，但是我们不能依靠领导的指示来写任何作品。"所以他认为作协的主要工作应当是办好刊物，为作品争取出版条件，保护作品的著作权，在作家体验生活进行创作的时候，多给他们帮助，等等。

这条报道还引述了其他人如姚篷子、王西彦、邵洵美等的发言，但是大标题做的是《巴金说文艺应该交给人民》。巴金后来回忆当时说这话时心里还是很紧张的。他说了"应当把文艺交给人民"后刚刚坐下，又有点不放心，站起来再说明自己的原意是：

> 应当把文艺交还给人民。

---

① 《解放日报》1957年5月17日。

巴金这个简单概括的意见可谓击中六七年来文艺界所有问题的要害，也可以说直接批评到了现存的文艺体制。要求把文艺交还给人民，也就是说现在的文艺不为人民所有，而为少数有权势者所有。他们说好就好，说坏就坏；说怎么改就怎么改，说不能出就不能出（出版、演出）。作家读者只能听命于一些领导的裁决。这是中外古今没有的。巴金痛感到这个现象的严重，阻碍了文艺的发展，于是大胆直言：文艺应该属于人民。这是无可怀疑、无可挑剔的道理。但他仍然感到一种压力，也意识到这句话"兹事体大"。他无论如何不会想到在他发言前两天，毛泽东给党内高层领导写了一篇文章，已经秘密策划要反击所谓右派了。

131. 旧作再受欢迎

这个时期，巴金比往年又特别忙碌些。

中国作协为了体现"双百"方针，想到巴金、章靳以过去曾经一起办过有影响的《文学季刊》、《文季月刊》，作协的好几位负责人当年都是这些刊物的撰稿人；甚至就是在这些刊物上发表作品后走上文坛的，因此印象特别深刻。现在想请他们主持办一个以发表长篇小说、诗歌、剧作为主的大型文学刊物。为了便于他们工作，可把编辑部设在上海，每期编成的稿件寄北京印刷出版。这就是1957年正式创刊的《收获》。刊物的日常编辑工作虽然由章靳以负责，但巴金既为主编，当然也要出主意、组稿等。从当时文学界的创作态势来说，要真正得到有较高思想艺术价值的作品又非易事，所以办刊物原是很辛苦的。

1957年3月，在中国作协创作规划会议上，巴金见到丁玲。临行前一天，他和章靳以、孔罗荪又去登门看望丁玲。他们对丁玲当时的情况是有些了解的。一年多前，在党内已将丁玲、陈企霞打成反党集团，《文艺报》等报刊公开严厉批判过所谓"一本书主义"（实际上成了丁玲错误的代名词），"正是支持我们这些内部敌人的主要代表思想之一"，"是在跟'胡风集团'里应外合，起着帮助敌人的作用"。① 1956 年下半年，党内对丁陈问题开始重新审查迄无结论。就是在这种情况下，他们对处于逆境的作家朋友一样采取热情友好的态度前去看望。想当年，巴金去朝鲜战场，还是丁玲以中宣部文艺处领导人的身份安排指导巴金的。现在巴金仍然尊重她，邀请她为《收获》写稿。

这次谈话时，丁玲因为自己的问题不免流露出一些委屈情绪；她还谈到了人民大学女学生林希翎如何有才华云云。巴金不是党员，与章靳以、孔罗荪都是上海作协的，不便介入中宣部、中国作协的党内斗争。从作家的角度来说，本来就应该远离这种政治斗争和人事矛盾，不幸的是现在处处事事都会碰到，令人尴尬。

那年人民文学出版社在出版了《鲁迅全集》新版以后，又筹划编辑出版现代文学史有代表性的作家文集，如《沫若文集》、《茅盾文集》、《巴金文集》、《郑振铎文集》、《叶圣陶文集》……所以从 1956 年起，巴金也要花很多时间整理校改文集各卷的文稿。巴金有一个习惯，每次重印旧作，他就边看边改，不只是文字上的，也有内容情节上的改动。据说《家》就改过八遍。他总是追求尽可能的完善，希望读者能更好地理解他的思想感情。例如，修改后的《家》，婉儿不再像鸣凤一样死去，而是在冯乐山家里活了下来，继续饱受折磨。这样处理显然更合乎生活逻辑。《火》的第二部中，战地服务团团员分手时，原来留下《克鲁泡特金自传》作为鼓励指引人生道路的读物，现在改为法捷耶

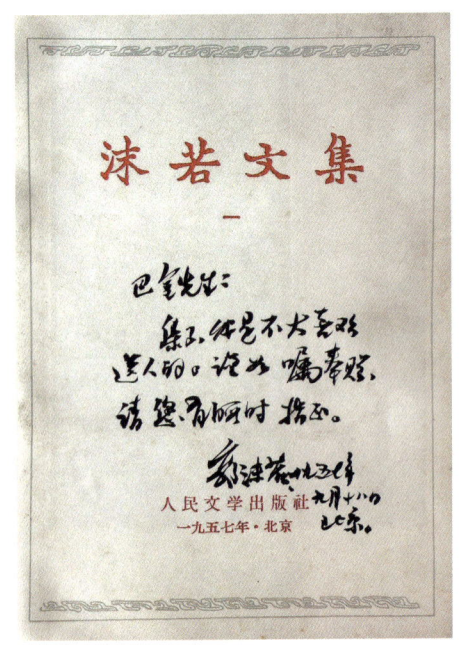

郭沫若赠书题签

---

① 《文艺报》1956 年 2 月。

巴金签名赠给萧珊的书

夫的《毁灭》。第三部人物的结局有重大改动，几位年轻人走向了"圣地"（暗示延安）。显然这是为了适应当时的政治宣传。

《巴金文集》第一卷是在1958年3月出版的。巴金在1957年5月为文集写了一篇《前记》，基本上是在1951年出版的《巴金选集》序言的基础上充实改写的。但是，对于自己的旧作，巴金不再像当初那样夸大缺点，彻底否定为"我的作品没有为这伟大的工作尽过一点力量"，而是改为"我的作品并没有为这个伟大的工作尽过多少力量"；原来说"有时候我真想把它们藏起来"，现在他强调说：

> 为了这四五百万字的作品，我也曾付出过相当大的代价。作为我三十年的文学工作的一点成绩，我保留了它们。我对我的工作并未失去信心……

对于新中国，原来说"现在一个自由、平等、独立的新中国的建设开始了"。

现在改为"现在新中国的社会主义的建设开始了"。这种改动是很微妙的，不只是提法上要适应现在的政治口径。过去巴金曾经梦想过的，强烈关注追求过的"自由"，在解放初头几年的文章中还曾多次提到过，现在则成为一个敏感禁忌的名词，完全消失不见了。

中国文人从来讲究政治抱负，追求政治理想，但是如此句斟字酌于这些政策变化，把自己作品的价值时时放在政治天秤上去衡量，使作家的思想不能不受到束缚，精神不能不处于小心谨慎的状态。巴金是个热爱自由的作家，既然现在的气氛还允许说出一点自己心里的话，长久以来对种种否定自己旧作的议论本就有保留的不同的看法，这时为什么不可以说一说呢？尽管是非常有限的。但他无论如何不会想到，上海市委书记柯庆施却在党内会议上"尖锐地批评了大量出版资产阶级作家的文集问题，并举巴金为例"。而他本人却还蒙在鼓里。

这时，北京的外文出版社翻译出版英文版《家》。本来这是一件好事。但是编辑认为对外宣传要保持新中国的形象，因此对书中一切有碍于这种形象的描写都要删除干净，并要求作者自己动手斧削。这样大段大段的甚至整章的删节，显然破坏并有损于原作完整的艺术构思。巴金虽然心疼，但编辑提出的理由事关"国家形象"，似乎是难以拒绝的。何况肯出外文版已是很幸运了，做些删节毕竟是局部的枝节的问题，于是也就不遑顾及了。在这些地方，巴金给人的印象是：这位著名作家挺好说话，好商量，没有架子，没有脾气。但是，巴金心里还是不痛快的。

那年，巴金的老友陈西禾还执导拍摄了电影《家》。这部影片从编写剧本到拍摄完成历时两年半。演员阵容很强，有孙道临、魏鹤龄、张瑞芳、王丹凤以及年轻的张辉等。剧本完成后先给巴金看过。陈西禾和摄制组主要创作人员还到巴金家里访问座谈。巴金着重对觉新、觉慧等人物性格特点作了分析，帮助演员理解。后来他和萧珊还到上海电影厂去观看他们的拍摄情况和部分"毛片"。他鼓励老友陈西禾大胆创造，"使改编本成为有创造性的艺术品"。陈西禾以前就改编过巴金的《春》，是在香港拍摄的。文艺理论家叶以群建议选取其中一部分作为再创造的主体，而舍弃其他部分，使它成为一个自具中心、

1957年，在电影《家》的拍摄现场。前排左起：
张瑞芳、巴金、孙道临；后排右一：导演陈西禾

自有特点的新作品。但是，这部影片公映后，观众反应比较强烈，人们熟悉原著，也就更容易提出各种意见。巴金也不满意，对编导缺少创造性，对人物性格把握不准确，优秀演员没有机会很好地发挥等等方面都有许多批评。

后来他写了《给观众的一封回信》，比较详细地谈了自己的看法："我习惯于通过人物来批判不合理的社会制度。在我所有的作品里面我认为有罪的是制度。""在那个家里，暴君是旧社会中的好人高老太爷，那些年轻人的命运都掌握在他的手里……"即使这样，如果"鞭挞了人却宽恕了制度，这倒不是我的原意了"。

无独有偶，那时香港也拍摄上映了《春》、《秋》。1956年11月，影片的

导演和主要演员白燕、红线女等到上海看望巴金。巴金对于这两部影片比较肯定,认为导演和演员"发挥了各人的创造性"。香港后来还继续拍摄了好几部根据巴金小说改编的电影。

无论如何,这一两年的气氛总是好多了。编印文集、翻译出版外文版、改编拍摄成电影上映……都说明巴金旧作重新受到关注和重视,也说明巴金的旧作仍然拥有大量的读者,为青年一代所理解、欢迎和接受。巴金对于旧作也有了新的信心。

巴金的作品并没有过时。

132. 家乡之梦

自从1955年9月巴金全家迁入武康路新居以后,因为居住条件的改善,不仅免去狭窄拥挤之苦,还因为有了较大的空间,生活上心情上似乎都有了舒缓的余地。全家老小都很高兴。萧珊添置了许多家具,特别是对客厅和书房更是费了一番功夫,使大量的藏书都能陈放在书架上,其中包括两架从银楼里买来的银器柜改作书柜用。屋前一大片草坪和院子里的葡萄架,尤其为巴金所喜欢。看到密密累累垂挂的紫绿相间的葡萄,全家增添了一份丰收的喜悦。

巴金多么希望能够在家里安安静静地生活,写自己想写的作品。因为相对宽松的社会环境使他又开始涌动一种创作的欲望,有时也构思《激流三部曲》之后的续篇,描写觉慧离家以后的生活命运,连书名都想好了:《群》。他也非常想帮助萧珊,满足她强烈的求知、译著、从事实际工作的愿望,改变目前这种陷在繁重的家务活动中的生活方式。萧珊最憧憬向往的也是他们前几年有过的两个人一起工作的情景,萧珊可以随时得到巴金的帮助。在译述过程中偶有心得,甚至有自己满意的构思和译文,她就会默默地望着巴金,期待着从他那里得到赞许和鼓励。这时萧珊就会有一种幸福感。她常常觉得自己就是为了他而在工作着生活着。

然而巴金仍然很难得到这样安静写作的机会。一年多的时间里，除写了一些杂文随笔外，只写了两本短篇小说《活命草》和《明珠和玉姬》，描写朝鲜少年在战争年代的遭遇和感情。但是巴金对于这些写作成果是远远不能满足的，却又无可奈何。因为他的生活方式和时间已经不是他自己能支配和任意改变的了。

1956年11月29日，他又受命以全国人大代表的身份去四川省考察图书出版发行工作。同行的有宋云彬，是一位著名的文史专家。他们坐飞机先到重庆。那是一架运输机，乘客只有他们两人（只有六个座位）。十多年前抗战时，他们都在此居留过，现在故地重游，颇多感慨。刚好大嫂客居重庆儿子的家里，巴金去看望了她，发现大嫂老了，耳朵也聋了。第二天，他们游了北碚，洗了温泉浴。当晚坐火车离去。到成都后，住在永兴巷招待所。然后随着北京来的视察小组去灌县都江堰视察。

描写朝鲜儿童生活的小说封面

巴金虽是成都出生，住到十九岁才离开家乡，但却还是第一次到闻名两千多年的都江堰，观看了纪念李冰父子的二王庙，还去走了索桥。那桥长约٠里，是用粗竹绳捆成的，上面铺着木板，当然也不严整，更何况还有许多破损的，在桥上走，悠悠晃晃，还能看见木板下面的江水、沙石。桥栏也是竹绳编就的。巴金游兴大发，竟来回走了两次，觉得并不像人们说的那样惊险可怕。不过，走在桥上那种颤动，特别是有一次迎面一位农民挑着担子大步走来，使桥晃动得更厉害了，巴金似乎也能处变不惊。他还在桥上看到"鱼嘴"石头，正是都江堰的前端，把岷江分成内外江的地方。他不由得敬佩起了古人修建都江堰的胆识和远见。他看到离此不远的地方正在准备修建一座大的水电站。他感到一种美好的、温暖的、闪光的东西在昭示着自己。

在成都的日子里,巴金和宋云彬视察了四川省图书馆。以后,巴金又去过新华书店、四川大学等。在四川大学,他遇到青年时代的朋友卢剑波。后来还与吴先忧等一起游武侯祠,饮茶清谈。吴先忧现在是十三中校长,当年和巴金一起搞社团活动,为了实践无政府主义的苦行精神,他抛弃学业到裁缝店里当学徒,把吃苦受累赚来的钱充当社团的活动经费。巴金为他的献身精神和言行一致深深感动,引为先生。现在重新见面,格外欢欣和感慨。

刚好,四川省正在开文学创作会议,当然就要请他去和大家见面、讲话。他说:"据说四川人会讲话,我可是个例外。解放前,我很少在公共场所出现。解放后参加集会讲话,也只是拿着稿子念。"巴金说的是真话,萧珊就最清楚他的这个特点。不过,现在他确实慢慢地练出来了。在这个创作会议上就作了一个非常精彩的演讲。他把沉在心底的苦涩的经验告诉青年们说:

倘使是我真正想说话时写出来的东西,就勉强可读;而当有人把我当作家要我写,又非写不可,不得不写时,我写出的东西就是很坏的。

我感到,普通人也可以写出一部好东西,只要他真正有生活,认认真真地写。写作是种艰苦的劳动,必须要全心全意,把全部心血放到里面去……

写东西,每个人有每个人的方法,创作需要创造性,特别需要说别人没有说过的话,如果别人已经说得很多了,就用不着我们再来说。一部成功的作品,总是说别人没有说过的话,而且又说得好。

巴金希望青年作家要刻苦,要有创造性,要独立思考,要从生活实际出发,而不要人云亦云。他几乎完全没有涉及到当时非常强调的思想改造、世界观和所谓唯一的最好的社会主义现实主义创作方法等等这样一些极端的主流意识形态。

成都对于巴金来说,是一个刻骨铭心难以忘却的地方。他生于斯,长于斯。这里有他的爱,也有他的恨。最重要的是这里曾经有过他童年的梦,有过他感情上割不断理还乱的老家。巴金的老家情结一直萦怀在心，才会写《家》，才会写《憩园》，写许多有关的散文，倾诉他心底的深情。现在他回来了，他又重新看到自己的家乡，看到家族里的亲人，看到少年时代的同学、朋友，他感到激动而又欣喜。

从十九岁离家至今，巴金几乎不曾特地专程回过老家。抗战时期，他在大后方漂泊流亡，才有机会两次回过成都。1941年，间隔了十八年后，他第一次回来，曾到他熟悉的正通顺街去寻访过儿时的足迹，但物是人非，旧的公馆依旧，主人却已换了人家，成了当时保安处长的住宅了。后来他写的散文《爱尔克的灯光》记叙斯时斯情，抒发了对于老家复杂的感情，怀着留恋的心情又一次离开这个出生之宅。1942年，他第二次去到成都住了三个月，竟没有再去探访。这次，他回成都与以往几次不同。那时是作为一个作家，一个普通平民回家，探亲访友以外，与当地社会无关；如今，是作为全国人民代表视察来的，而且他又有很多官方和团体的头衔。当地报纸报道他的行踪，省里市里的官员也热情接待他。因此在一般官场礼仪同时，人们更是怀着浓厚的乡情欢迎他，引他为本乡的骄傲。成都市市长李宗林是位老革命，以前在新疆军阀盛世才统治时坐过牢，经受过酷刑的考验。但他又是一位非常重感情、重乡情、重友情的人。他对巴金的到来，不仅热情接待，也十分亲切相处。有一天，他们谈天时，说到老家，李宗林问巴金："你要不要去看看？"

于是，有一天，李宗林陪巴金重游故居，同去的还有他的一位侄女。李公馆原来刻有"长宜子孙"四字的照壁没有了，花园也没有了。原来的厅堂住室大致仍还如旧，连两株桂树和一株香椿也还依然枝丫伸展，房后的竹林竟还是他离家时那个样子。他走过三姐住室的窗下，到大哥住室，也到自己的住室看看。他想起了大哥成婚时的情景，也想起了祖父做寿时的情景，似乎还听到祖父的咳嗽声，太太们的打骂声和丫环们的哭叫声……他也由此联想到自己作品中的种种描写；那个年代的影子又一次出现在他的眼前。

他们一行拍了一些照片。有巴金在祖父卧室的窗下，有在堂屋门前，有在他和三哥住室前的……这次终于留下了有纪念意义的照片，是过去没有的，以后也不会再有机会了，因为不久整个故居都拆掉了。巴金当时却还在想"以

1956年,在成都故居早年居住的卧室窗外

后我还会再来"。他对这个地方的依恋之情,那种永远抹不去的老家情结,真是太深了。

他的许多子侄辈国炯、国煜、国炜、国贤等都多次来探望他,陪他一起看戏。他也去探望过大舅母、姑妈。在成都,看戏也是一个必有的活动。巴金自幼喜欢看川戏。他与川剧团的一些著名演员陈书舫、舒元卉、戴雪如都很熟悉,晚上几乎都是在剧场里度过的,使他一饱眼福,沉醉在悠扬高亢的乡音韵律中。当然巴金也遍尝了家乡菜——川菜,吃了著名的小吃赖汤圆、龙抄手。但是物资供应紧张、商品匮乏的现象也已蔓延到了这个"天府之国",连鸡蛋都缺少,当地人喜爱的"茶食"也因此做不了。猪肉紧张超过上海。成都竟无可买之物带回上海去。最后巴金只带了点豆豉、花椒面回去。

巴金在成都住了二十天左右,既有视察的任务,又有许多亲友探访叙谈,日程排得满满的,忙得他又累又疲倦,连睡眠也不足。但是,在那浓浓的乡情和宽松随和的氛围中,他呼吸到一种别的地方没有的,使他特别感动、亲切、沉醉的深情厚谊。这就是老家所特有的、对于一个游子的馈赐。李宗林市长在送别时,还真诚地邀约他有机会再来多住些日子,安排安静的环境,让他静心写作。巴金确是满载着乡情离去的。

133. 评巴热潮

这个时期，对于巴金作品的研究和评论渐渐多了起来，形成一个小小的热潮。有些论文还相当长、相当有分量。

巴金作品所以重新引起人们的兴趣，大致有两个原因。一个是他的作品仍然畅销，在图书馆里借阅率仍是居高不下，其中青年读者尤居多数。加上上海、香港两地拍摄成电影上映后，在老百姓中更是广为传播。这样大的影响不能不引起人们的重视。另一个是这些作品都是三四十年代创作的，其思想内容与当下流行的主流意识形态以及具体政策显然是有距离的，恰恰也因此受到读者欢迎。这也正是出版机构对于这个时代的作品严加筛选的原因，同时也需要人们对这种现象作出相应的解释。

在对巴金作品的评论中又有两种情况：一种是文艺领导人的谈话或评论，具有权威性，代表官方的态度；一种是文学史教授、评论家的研究。他们也可能受了前者某些影响，但毕竟是个人的研究成果。

第一种情况最早以丁玲在1949年、1950年两次演讲或文章为代表，前面已有记叙。当时她是中宣部文艺处长。她的基本看法是，希望"喜欢看巴金的书的读者，只要稍稍跳跃一下……直截了当地跨到现在的时代"，就会改变知识分子的兴趣，接受新事物，喜欢新文艺，阅读描写工农兵的书。[①]

丁玲虽然这么说，读者还是依然读。所以文艺领导人仍然关心此事。据说，1954年胡乔木在苏联养病，得知巴金来莫斯科参加契诃夫纪念活动，就约到医院晤谈了一次，颇多鼓励。他希望巴金把自己的作品整理整理，叫人写一篇分析批判文章。还说冯雪峰写也可以。后来冯雪峰却表示"我的能力不能写这样的文章"。

但是，以后冯雪峰还是写了一篇《关于巴金作品的问题》，发表在1955年

[①]《丁玲文集》第6卷，第86—87页，湖南人民出版社1982年版。

12月20日的《中国青年报》上,是应该报的邀约,解答青年读者阅读过去时代的作品时提出的一些问题。冯雪峰就以巴金作品为例,作了解释。他认为,"巴金在解放前基本上是一个现实主义的进步作家","因为他的作品在一定程度上反映了时代和社会的真相,同时在反帝反封建的斗争中所起的主要作用是进步的"。他还说,"巴金在解放前的思想和世界观有进步的一面,也有错误的一面,而进步的一面应该说是主要的。在解放前,他在思想上是一个个人主义者,并且有无政府主义的倾向,这是一方面。但他是一个民主主义者,一个热烈的反封建和反帝国主义者,这使他的作品具有反封建主义的热情、渴望光明的积极倾向和爱国主义的情绪,这又是另一面。应该说,后者是主要的"。因此,"解放后国家出版社选择他的主要作品重新出版,就是由于这原因"。

冯雪峰对巴金作了这样的基本评估后,还认为巴金的世界观中错误的一面限制了他,"不能从阶级分析的观点和被剥削的劳动人民的要求来认识和揭露地主阶级的罪恶;他的揭露和批判就不能很彻底、很尖锐"。其次,他描写的觉慧等所走的道路,"不是真正革命的道路";"巴金对觉慧等人也是有某些批判的,但他没有从真正革命的观点去批判"。冯雪峰希望读者"有批判有分析地去读,那是从每种作品里都能够学到一些东西的","看到在'五四'时期这种家庭的崩溃情况……"①

显然,冯雪峰的文章更像是对巴金和巴金的作品作政治鉴定,用当时流行的政治观和文艺观来衡量巴金等一些所谓旧时代过来的老作家及其作品,据此厘定其得失。所谓错误的世界观无非是说巴金不是共产党员,不是共产主义世界观,没有掌握马列主义,因此描写的人物即使像觉慧那样反对封建主义的青年,也不过是小资产阶级而非共产党革命者。冯雪峰这篇文章很难说是一篇真正的文艺评论。当时对这些老作家的作品就是在政治思想评价上纠缠不清。冯雪峰的文章还是努力地进行分析和说理,站在共产党的立场尽可能给予较多的肯定和较高的评价。这也大致反映了领导层对于巴金的基本

---

① 《冯雪峰论文集》(下)第384页,人民文学出版社1981年版。

看法。

所以，当巴金努力实践毛泽东文艺路线，两次深入朝鲜战场，写出一批关于志愿军的通讯、散文、小说时，周扬在1953年9月第二次文代会的报告中就热情鼓励说："巴金的关于朝鲜战场的作品以作者素有的全部热情歌颂了我们这个时代的真正的英雄。"① 1956年初，在政治空气相对宽松的情况下，周扬在中国作协第二次理事会上的报告中，要求青年作者要重视艺术技巧，并把巴金列为五位"当代语言艺术大师"之一②。

至于教授、学者们研究评论的情况还是有所不同的，最有代表性的是北京大学教授王瑶，他也是最早评论巴金的一个。1951年出版的他的现代文学史开山之作《中国新文学史稿》中说：

> （巴金）是鼓励人牺牲自己去追求大众的幸福的，这样的人得到了最热烈的同情和歌颂。也就是这些语言和故事，常常激动了和燃烧了不满现实的青年读者的心……作者文笔流畅，有很圆熟的技巧，包藏不住的热情随文字倾泻而下，对提示青年正视现实走向革命，起了相当好的作用。虽然他并不明确地指示青年应走的道路，他的政治思想也不就是中国现实所需要的，作品中又有很浓厚的虚无色彩，但在中国的现实社会里，一个学校的青年常常受了巴金小说的启示而走上革命……思想性艺术性都是有的，不过不很健全罢了。但就在读者中所发生的影响来说，仍是有积极的启发作用的。③

王瑶教授也是努力用历史唯物主义的观点去审视过去的作品，是从历史的观点和美学的观点着眼的，所以更能使人信服。对于巴金在四十年代的作品如《寒夜》、《憩园》等，王瑶认为，"作者以深厚的人道主义的悲悯胸怀，写出了这些不大为人注意的小人物的受损害的故事和结局……"这些分析是

---

① 《周扬文集》第2卷，第236页，人民文学出版社1985年版。
② 《文艺报》1956年5—6合刊，第15页。
③ 王瑶：《中国新文学史稿》（上）第233—235页，新文艺出版社1954年版。

从文学的社会的历史出发，是实事求是的，成为1949年后最具有权威性和学术价值的巴金研究。

1957年9月，王瑶又完成了《论巴金的小说》的长篇专题论文，对巴金各个时期的小说代表作有更详尽的论述。他认为，"反封建的民主主义和同情被压迫者的人道主义精神，而这正是推动作者热情写作的动力"，"使它的主要倾向与由'五四'开始的现代文学的主流取得了基本上的一致"。"在中国人民民主革命过程中发生了很大的启蒙作用。"对于巴金作品中众多的知识分子、妇女形象特点以及艺术特征，王瑶都有很好的分析。他明确地表示："不同意把这种弱点过分夸大，来否定这样一位有重要成就的作家的贡献。但我们也不赞成那种无批判地把缺点也加以美化的态度。"①

稍后又有几部有影响的文学史的作者如叶丁易、刘绶松等人也对巴金作品作了相当的评价和论述。值得注意的是《人民文学》1957年7月号刊登的扬风的《巴金论》，最有分量。他对巴金的思想倾向、巴金的创作、巴金小说中的典型化特点三个方面展开了较充分的论述。由于扬风对巴金作品的喜爱和对作者的崇敬，使他的论述文字充满了激情，具有现实的针对性。譬如，他认为：

> 巴金作品中最杰出的一部分作品，如《激流三部曲》，现在以至将来都将如伟大史诗一样，放射出它的光彩，保有不衰竭的艺术生命力，吸引着读者，并将长久地保留在读者的记忆中。

这个论断与那些认为巴金的作品已经过时，不适合现代青年阅读的说法是针锋相对的。

其次，扬风认为巴金不是无政府主义者，而只是受过无政府主义的某些思想影响。巴金的思想倾向是在"初步的民主主义思想里，即已孕育着革命民主主义的因素"；而他的一部最杰出的作品"可以说已站在社会主义现实主

---

① 引文均见《王瑶文集》第5卷，第413、414、417、467页，北岳文艺出版社1995年版。

义的'门槛'前"。扬风用心良苦，意在对这几年批评巴金非马列主义思想而贬低他的说法予以辨正。但是，扬风有一点与他的论战对手一样，即都接受了"无政府主义是科学的社会主义的死敌"、是反动的这一基本观点，因此竭力想把巴金从无政府主义思想范畴中解脱出来，淡化成仅仅受了一些思想影响。这与巴金早年的思想、实践、经历并不相符。扬风论述的价值在于确实把巴金作品中的积极方面充分地阐释了。

再其次，扬风认为，巴金的作品中"那要求革命的呼号，要求改变生活现状的呐喊，却是高昂的"。巴金的思想明确表现为，"参加到实际的革命斗争中去，个人的力量，个人的生命，才会显得有意义，才会无限的大、无限的充实和丰富"。这些思想和他所描绘的生活图画正是"表现了'五四'初期社会生活的历史动向"。

扬风的这些看法与王瑶是完全一致的，也是非常重要的。对近几年老是抓住所谓没有指出正确道路来否定、批评巴金的作品的说法，都是很有力的反驳。

其他如辽宁的思基、四川的谭洛非的论文都有很好的分析。苏联、日本、中国香港的学者也有研究文章在这个时期陆续发表。这都说明巴金的作品不容忽视，在国内外有很大影响，在文学史上占有一席位置。同时也说明社会生活相对宽松，不同看法就有可能得到发表。也鼓励了人们去作这类课题的研究，写出较多的有独立思考的论著。